21世纪初中国高等教育调查研究丛书 · 中国普通高校专业选择的研究

21世纪初中国高等教育调查研究丛书

主编 谢作栩

中国普通高校
专业选择的研究

樊明成 著

海峡出版发行集团 | 福建教育出版社

丛书主编：谢作栩

编　　委：谢作栩　黄　旭　成知辛　刘自团　樊明成　谭　敏

　　　　　蔡映辉　罗奇萍　郑春生　陈小伟　蔡明星　杨　倩

序

随着高等教育规模的不断扩大和高等教育办学形式的日渐多元，大学生群体的构成也日益复杂，他们在文化熏陶和价值观念上的差异也更加明显。对在校大学生相关行为特征进行研究已成为国际高等教育研究的一个重要领域。特别是在美国等高等教育发达国家，由于大学生的主体地位普遍较为明显，因此有关大学生群体的研究已非常细致和深入。在我国由于学生主体地位长期遭到忽视，对大学生的深入研究还比较少，更缺乏系统的、大规模的持续性调查研究。为构建以生为本的现代大学体制，必须要加强这方面的研究工作。

美国和我国台湾地区对大学生相关行为特征的研究成果较多、较深，从它们的实践经验来看，开展这方面的研究，一个最基本的前提就是要有大规模、系统的问卷调查做支撑。在美国，1972年国家教育统计中心采用分层随机抽样的方式共调查和追踪了全美1 300所中学（包括公立、私立和教会学校）的23 000名高年级学生，收集了国家层面研究的相关数据，并以此为基础进行了大量分析研究；在我国台湾，2003年由台湾"国科会"赞助及"教育部"支持的一项计划——"台湾高等教育资料"之建置正式开始启动，旨在建立有关台湾高校办学状况的全台湾性数据库，为有关单位提供完整、可靠的信息，作为决策依据，并提供给研究人员作为研究资料。由于高等教育实证性研究所需经费较大，因此，大陆许多高等教育学者只能做一些零星的、小范围的和短期性的调查研究，其研究结果不仅低效，而且难以连续。鉴于此，厦门大学教育研究院"教育部人文社会科学重点研究基地"——高等教育发展研究中心从2006年开始组织建立"中国高等教育研究数据库"，该数据库是有关中国高等教育调查与统计资料的全国性数据库，也是"985工程"二期哲学社会科学创新基地厦门大学"中国特色高等教育体系"建设项目的重要内容之一，旨在为高等教育科学研究、管理决策及其他相关人员提供准确、完整、可靠的数据服务，以提高研究的广泛性、长效性和学术水平。目前"中国高等教育研究数据库"建设已初具雏形。

"中国高等教育研究数据库"当前已完成的建设项目中，"2007级大一新生问卷调查数据库"是调查样本范围最广、数量最大的项目。"21世纪初中国高等教育调查研究丛书"的相关成果就是以该建设项目为基础完成的，作者是我们厦门大学教育研究院的谢作栩教授及其所指导的博士生。多年来，谢作栩教授和他的研究团队一直关注并致力于高等教育社会学的研究，发表了一系列有影响的研究成果。作为一名从事高等教育社会学研究的学者，他深知实证调查的必要性和重要意义，因此，在负责"中国高等教育研究数据库"建设的过程中，和本院部分师生投入了大量的时间和精力，倾注了心血和热情。今天，他们又鼎力合作，推出了这套"21世纪初中国高等教育调查研究丛书"，再次向我们展示了这个团队的研究实力和精神风貌。该套丛书共有9本，除了一本总的调查报告——《当代中国大学生背景与学习生活调查报告》外，其他8本专著都是在博士学位论文基础上修改形成的。他们以全国性大规模的大学生调查资料为依据，以大学生为主体深入剖析我国高等教育中存在的问题，分析我国现行高等教育宏观管理体制和高等学校内部管理体制存在的弊端，探索更加有效地促进大学生自主发展，增进高等教育公平与效率的政策、策略和措施。总的来看，本套丛书至少有以下几方面特色：

一、研究主题明确，为解决高等教育实际问题提出了可资借鉴的意见和建议。择校、选择专业、大学生期望、少数民族的高等教育机会、大学生能力自我认同、大学生就业及阶层流动等是该套丛书诸位作者研究选题的重要切入点，也是研究高等教育公平问题难以回避的重要议题。在现阶段，能否妥善解决好这些问题，关乎我国全面建设小康社会和构建和谐社会的重要进程。丛书这些成果，对高等教育中存在的现实问题用实证的方法在统计量化的基础上得出相关的分析结论，剖析深刻，为解决实际问题提出了意见和建议，不仅深化了对高等教育公平的研究，同时也为有关部门和高等学校的决策提供了重要参考。

二、研究样本宏大，调查内容丰富细致。该套丛书所使用的主要调查数据

——"2007级大一新生问卷调查数据库"共对我国大陆31个省市自治区175所普通高校的2007级大一学生发放问卷55 595份，其中返回有效问卷47 170份。调查内容涉及学生家庭背景、中学生涯、大学生涯、个人的兴趣爱好和能力的自我评价等四大部分54项。在学术研究充满急功近利、急于求成的浮躁风气的今天，该团队做如此大规模的细致调查研究，实属难得。

三、研究方法得当，凸显了多学科研究高等教育问题的特点。除了坚持定量分析和定性分析相结合的研究方法外，该套丛书的作者们并不拘泥于教育学的理论和方法，而是从社会学、心理学、经济学、管理学、民族学等学科视角来分析各自研究的问题，真正凸现了高等教育学多学科观点的研究方法特点。

总的说来，我认为"21世纪初中国高等教育调查研究丛书"的研究内容，既具有鲜明的时代性，又具有较强的前瞻性，该丛书的出版既是21世纪初中国高等教育发展的见证，也是未来中国高等教育发展与研究可资的比照基础，具有长期的生命力。

潘懋元

目　录

绪　论

一、问题的提出 ……………………………………………………………… 1

二、相关概念的界定 ………………………………………………………… 2

三、研究的目的与意义 ……………………………………………………… 6

四、研究的主要假设 ………………………………………………………… 7

五、研究的思路、内容与方法 ……………………………………………… 8

第一章　高等学校专业选择的研究文献综述

第一节　国外关于高等学校专业选择的研究介绍 …………………… 14

一、关于"学生选择专业的影响因素"研究 ………………………… 14

二、关于"不同性别学生选择专业的差异"研究 …………………… 20

三、关于"不同家庭社会经济地位学生选择专业的差异"研究 …… 24

四、关于"不同族类学生选择专业的差异"研究 …………………… 27

1

  五、关于"不同专业选择结果的学生学习差异"研究 …………… 31
第二节 国内关于高等学校专业选择的研究综述 …………………… 32
  一、关于"学生选择专业的权利"研究 …………………………… 32
  二、关于"学生选择专业的影响因素"研究 ……………………… 36
  三、关于"学生选择专业的群体差异"研究 ……………………… 42
  四、关于"学生选择专业的达成度与满意度"研究 ……………… 52
  五、关于"不同专业选择结果的学生的学习差异"研究 ………… 55
  六、关于"中国高等教育适应学生选择专业的问题与对策"研究 …… 56
第三节 已有研究的总结和本研究的补充与拓展 …………………… 59
  一、已有研究的总结 ………………………………………………… 59
  二、本研究的补充与拓展 …………………………………………… 62

第二章 中国普通高校专业选择研究的理论基础

第一节 社会学理性选择理论 ………………………………………… 64
  一、理性选择理论的主要内容 ……………………………………… 64
  二、理性选择理论对有限理性的兼容 ……………………………… 66
  三、理性选择理论对中国普通高校专业选择研究的适切性 …… 72
第二节 文化再生产理论 ……………………………………………… 74
  一、文化再生产理论的主要内容 …………………………………… 74
  二、文化再生产理论对中国普通高校专业选择研究的适切性 …… 81
第三节 需要层次理论 ………………………………………………… 86
  一、需要层次理论的主要内容 ……………………………………… 86
  二、需要层次理论对中国普通高校专业选择研究的适切性 …… 89

第三章 中国普通高校专业选择概述

第一节 高等学校专业选择及其历史与现状 ………………………… 92
  一、选择与高等学校专业选择 ……………………………………… 92

二、高等学校专业选择的发展简况 ·············· 94
　　三、中国普通高校专业选择的简要回顾 ·············· 95
　　四、当前中国普通高校专业选择的途径与机制 ·············· 99
第二节　中国普通高校专业选择的重要意义 ·············· 102
　　一、专业选择对学生的重要意义 ·············· 103
　　二、专业选择对高等学校的重要意义 ·············· 108
　　三、专业选择对社会的重要意义 ·············· 112
第三节　高等学校专业选择的评价依据 ·············· 115
　　一、选择的主体性 ·············· 116
　　二、选择的自由度 ·············· 117
　　三、选择的公平性 ·············· 118
　　四、选择的达成度和专业满意度 ·············· 119

第四章　中国普通高校专业选择的影响因素分析

第一节　中国普通高校专业选择影响因素的总体分析 ·············· 121
　　一、普通高校专业选择主要影响因素的分析 ·············· 122
　　二、不同类型高校专业选择主要影响因素的分析 ·············· 124
第二节　中国普通高校专业选择影响因素的群体差异分析 ·············· 134
　　一、普通高校专业选择影响因素的性别差异 ·············· 135
　　二、普通高校专业选择影响因素的城乡差异 ·············· 138
　　三、普通高校专业选择影响因素的阶层差异 ·············· 144
小　　结 ·············· 149

第五章　中国普通高校专业选择的结果分析

第一节　中国普通高校专业选择的达成度分析 ·············· 152
　　一、普通高校专业选择达成度的总体分析 ·············· 152
　　二、普通高校不同专业学生选择专业的达成度分析 ·············· 156

  三、普通高校专业选择达成度的群体差异分析 …………………… 169

第二节　中国普通高校专业选择的布局分析 ………………………… 173
  一、普通高校专业选择的性别布局分析 …………………………… 174
  二、普通高校专业选择的城乡布局分析 …………………………… 184
  三、普通高校专业选择的阶层布局分析 …………………………… 194

小　　结 ………………………………………………………………… 203

第六章　中国普通高校专业选择结果的满意度分析

第一节　中国大学生对就读专业满意度的总体分析 ………………… 208
  一、大学生对就读专业满意度的总体评价 ………………………… 208
  二、不同专业大学生对就读专业满意度的评价 …………………… 211

第二节　中国大学生对就读专业满意度的群体差异分析 …………… 217
  一、大学生对就读专业满意度的性别差异 ………………………… 217
  二、大学生对就读专业满意度的城乡差异 ………………………… 224
  三、大学生对就读专业满意度的阶层差异 ………………………… 231

第三节　中国大学生对就读专业满意度的影响因素分析 …………… 238
  一、学生的个人特性及其专业选择对专业满意度的影响 ………… 244
  二、家庭背景与高中（中职中专）经历对专业满意度的影响 …… 249
  三、高校特征与专业自身对专业满意度的影响 …………………… 251
  四、本、专科专业满意度影响因素的比较分析 …………………… 253

小　　结 ………………………………………………………………… 255

第七章　中国普通高校专业选择的问题分析与对策建议

第一节　中国普通高校专业选择的问题分析 ………………………… 258
  一、学生选择专业的主体性不强 …………………………………… 259
  二、学生选择专业的自由度不高 …………………………………… 261
  三、学生选择专业的不公平问题突出 ……………………………… 269

四、学生选择专业的达成度与满意度不高 …………………… 271
第二节　中国普通高校专业选择的对策建议 …………………… 275
　　一、对高等学校的改革建议 …………………………………… 275
　　二、对政府的改革建议 ………………………………………… 289
　　三、对学生选择专业的建议 …………………………………… 295
小　　结 …………………………………………………………… 297

结　语 ……………………………………………………………… 298
参考文献 …………………………………………………………… 303
附　录 ……………………………………………………………… 315
后　记 ……………………………………………………………… 335

绪　　论

一、问题的提出

10多年来，伴随着高等教育规模的扩张和政府财政投入教育增长的不足，中国大学生缴纳的学费迅速增加，其在生均教育成本中的比重不断攀升。与此同时，为适应建立社会主义市场经济体制的需要，高等学校毕业生就业制度逐步由过去的统包分配过渡为双向选择和学生自主择业，学生所受教育的情况直接影响着其就业状况。在这种情况下，由学生所受教育的差异导致的就业差异和与之伴随的收益差异日益明显，而近些年就业形势趋于严峻的现实又在客观上助长了这种差异。面对这一形势，支付了大笔学费的学生越来越不满足于仅获得一张高等教育文凭。于是，伴随着高等教育入学机会的增多，在高等教育日趋多样化的情况下，学生对所受高等教育的选择性不断增强。

在对高等教育的诸多选择中，选择专业是一个重要方面。选择什么样的专业对于学生来说具有越来越突出的重要性，它不仅涉及学生的人格特征和相关能力是否适合的问题，还关系到将来的就业。然而在中国高等教育领域，长期以来形成的计划体制与计划思维，很少考虑到学生的个性和权利。从设置专业、课程到招生入学，再到人才培养，主要是在政府和高校预先设计好的"专业"框架内进行，学生在自身成熟度不够和缺乏相关信息或信息不充分的情况下被迫确定可能影响自己一生的专业，之后又几乎没有更改的余地，这导致了许多学生学习的积极性不高和毕业生的结构性就业问题；归属于不同群体的学生，因为自身的条件以及知识和信息掌握的不同，他们在选择专业上处于不同的境地。为了改变不良的处境，越来越多的学生努力争取转专业，有的人甚至通过退学重新参加高考以获得新的专业选择机会。在转专业受到严格限制的情况下，一些学生积极采取应对策略，如通过辅修专业、双学位、自学和修习其他专业课程乃至参加各种"考证"等来寻找自己的兴趣点和希望。姑且不说这些补救措施效果如何，它必然要求学生更大的付出与投入，且它只为一部分学生所采用，对于大多数专业选择不当的学生来说，不得不在既定的专业框架下接受高等教育，其质量和效果自不必说。

伴随着高等教育规模的继续发展和学生主体意识的进一步增强，中国学生在选择高等学校专业上存在的问题会越来越突出。在这种情况下，研究当前中国普通高校专业选择的现状，分析其存在的问题并探寻相应的对策，是非常必要的。

二、相关概念的界定

1. 专业

在中国，高等学校的专业是指高等教育培养学生的各个专门领域。大体相当于《国际教育标准分类》的课程计划或美国高等学校的主修。根据社会职业分工、学科分类、科学技术和文化发展状况及经济建设与社会发展需要划分。高等学校据此制定培养目标、教学计划，进行招生、教学、毕业生分配等项工作，为国家培养、输送所需的各种专门人才。[①] 鉴于当前中国有不少普通高等学校实行按专业大类招生，本研究在对有关专业自身的情况进行分析时将"专业"从两个层次上进行了归类：一是大类"专业"，在本科指学科门类层面上的专业，即根据《普通高等学校本科专业目录》（1998年颁布）划分的哲学、经济学、法学、

---

① 顾明远. 教育大辞典（第3卷）[Z]. 上海：上海教育出版社，1991. 26.

教育学、文学、历史学、理学、工学、农学、医学和管理学等 11 个学科门类的专业；在专科指按《普通高等学校高职高专教育指导性专业目录（试行）》（2004 年颁布）划分的农林牧渔大类、交通运输大类、生化与药品大类等共 19 个专业大类层面的专业。二是小类"专业"，在本科指学科门类下属的 71 个二级类（本研究称为专业类）层面的专业，如经济学类、政治学类、教育学类、体育学类、中国语言文学类、数学类等；在专科指 19 个专业大类下属的 78 个专业类，如农业技术类、公路运输类、生物技术类、财务会计类等。鉴于大多数小类"专业"包含的各具体专业在许多方面已经比较接近，因此本研究只在需要特别说明的情况下才会在分析中提到具体的专业，如本科的财政学、应用心理学、对外汉语、艺术设计、考古学、生物技术、土木工程、临床医学、市场营销；专科的植物保护、畜牧兽医、农业经济管理、城市交通运输、工业分析与检验、钻探技术、建筑工程管理、数控技术、服装设计、导游、家政服务、商务英语、广告设计与制作、森林消防等。需要指出的是，在本科层次上之所以要从二级类乃至最宽泛的学科门类层面上探讨专业选择问题，除了便于概括全貌以外，还因为科类在很大程度上也与学生兴趣及将来就业领域密切相关。正如潘懋元先生等人主编的《新编高等教育学》所指出的那样："不同科类，是为社会不同的行业、领域培养专门人才的。因学科性质和适应的行业、领域不同，都应有各自特殊的培养目标。"[①] 从实践来看，不同学科门类对学生的要求及学生毕业后的就业情况都存在很大差别。同时，由于中国具体专业不仅种数众多，而且名称复杂，出于概括的需要，本研究在涉及专业本身的分析时，一般是从涵盖若干具体专业的专业类或涵盖更多具体专业的学科门类（专科是专业大类）层面进行分析。

2. 热门专业与冷门专业

"热门专业"指学生积极选择的专业。在一般情况下，这类专业的录取竞争比较激烈，按志愿录取比例和录取分数都相对较高，就业形势（包括就业机会和就业质量）比较好。相反，"冷门专业"是指学生选择积极性不高的专业。在一般情况下，这类专业的录取竞争不激烈，按志愿录取比例和录取分数相对较低，就业形势不太好。需要强调的是，从就业形势来看，热门专业与冷门专业的差别

---

① 潘懋元，吴丽卿，黄锦汉. 新编高等教育学 [M]. 北京师范大学出版社，1996. 64.

并不仅仅在于它们的就业率高低，还在于它们的就业层次或就业质量如何。例如，一些很容易就业的专业并不是热门专业，因为它的就业质量不高，如从业辛苦，这导致愿意选择的学生不多。

3. 选择

本研究基于学生主体的视角探讨高等学校的专业选择问题，文中的"选择"指的是学生对高等学校专业的选择。在这一选择行为中，选择的主体是学生，选择的客体是高等学校提供的多种专业，二者的范围是比较确定的。因此，学生对高等学校专业之外的选择或其他主体对高等学校专业的选择均不属于本研究中"选择"的范畴。如此一来，学生对职业的选择，政府、社会群体或非学生个人对高等学校专业的选择等相关选择只可能是本研究中"选择"的影响因素，而不在本研究中"选择"的范围之内。

4. 学生

中国学生对高等学校专业的选择主要在高考填报志愿时进行，但有少数学生是在入学后进行专业选择，一部分学生虽然在高考志愿填报时进行了专业或专业大类的选择，但他们在入学后通过转专业或第二次专业选择而继续进行着专业的选择。因此，中国学生在进入高等学校前后都存在着专业选择行为，这些"选择"都在本研究的范围之内。正因为此，本研究中的学生包括高等学校的志愿入学者和已入学者，即高三毕业生和大学生。由于研究生教育属于更加专门化的高等教育，其入学者在专业选择上受限于本、专科阶段所学专业，因此不在本研究的范围之内。从地域范围上看，本研究中的学生指的是中国大陆地区的学生，不包括港、澳、台地区的学生。但是，作为比较研究的部分除外。

5. 社会阶层

社会学领域的重要概念之一，指依据一定的划分标准，对全体社会成员进行分层后形成的在社会中处于不同地位的社会群体。作为一种归类的结果，同一社会阶层成员之间在价值观、态度和行为模式等方面具有许多相似性，而不同社会阶层的成员之间在这些方面存在较大的差异性。在不同的情况下，由于划分标准的不同，社会阶层划分的结果也有所不同。本书在专业选择研究中将根据社会阶层的不同进行群体差异分析，所采用的社会阶层划分标准为中国社会科学院"当代中国社会结构变迁研究"课题组提出的标准，该课题组在对改革开放以来中国社会结构进行系统分析的基础上，以人们的职业分类为基础，以组织资源、经济资源和文化资源的占有状况为标准，将中国社会成员划分为十大阶层，[①] 具体情况为：

(1) 国家与社会管理者阶层：指在党政、事业和社会团体机关单位中行使实际的行政管理职权的乡科级及以上行政领导干部。

(2) 经理人员阶层：指企业中非业主身份的高中层管理人员及部分作为部门负责人的基层管理人员。

(3) 私营企业主阶层：指雇工在8人及以上的私营企业的业主。

(4) 专业技术人员阶层：指在各种机构中专门从事各种专业性工作和科技工作的人员，如医生、教师、工程师、会计师、律师等。

(5) 办事人员阶层：指党政机关中乡科级以下不含乡科级的普通公务员和各种企事业单位中的基层管理人员和非专业性文职人员。

(6) 个体工商户阶层：指雇工在8人以下的小雇主、自我雇佣者以及小股东、小股民、房屋出租者等。

(7) 商业服务业员工阶层：指在商业和服务行业中从事非专业性的、非体力的和体力的工作人员。

(8) 产业工人阶层：指从事体力、半体力的生产工人、建筑业工人及相关人员，包括农民工。

(9) 农业劳动者阶层：指有农业户口且仍主要从事农、林、牧、渔业生产的农民。

(10) 城乡无业、失业、半失业者阶层：指无固定职业的劳动年龄人群，城乡无业、失业、半失业者。

根据"当代中国社会结构变迁研究"课题组的研究结果，国家与社会管理者阶层拥有组织资源，经理人员阶层拥有文化资源或组织资源，私营企业主阶层拥有经济资源，专业技术人员阶层拥有文化资源，办事人员阶层拥有少量文化资源或组织资源，个体工商户阶层拥有少量经济资源，商业服务业员工阶层、产业工

[①] 陆学艺. 当代中国社会阶层研究报告 [M]. 北京：社会科学文献出版社，2002. 8-23.

人阶层和农业劳动者阶层拥有很少量的3种资源,城乡无业、失业、半失业者阶层基本没有3种资源。在3种资源中,组织资源是最具有决定意义的资源,而经济资源和文化资源对于决定人们的社会阶层位置来说越来越重要。

为概括起见,本研究根据各社会阶层掌握资源的多少按照相近原则对10大社会阶层进行了合并,具体为:将以上(1)至(3)3个阶层合并为"优势阶层",将以上(4)至(6)3个阶层合并为"中间阶层",将以上(7)至(10)共4个阶层合并为"基础阶层"。显然,优势阶层掌握了大量的组织资源和经济资源,而基础阶层只掌握有少量的3种资源,中间阶层掌握的资源数量居于二者之间。

三、研究的目的与意义

1. 研究目的

本研究的目的主要体现为以下4个方面:(1)全面了解当前中国学生选择高等学校专业的影响因素、达成度及他们对就读专业的满意度评价,分析学生对就读专业满意度的影响因素;(2)把握不同性别、不同家庭居住地(城镇和农村)、不同社会阶层的学生在选择专业的影响因素、达成度、进入的专业领域以及对就读专业的满意度等方面的差异状况,从微观层面考量当前中国高等教育领域中的公平问题;(3)分析中国高等教育的管理体制、高等学校的专业设置及其招生与教学管理制度等方面在满足学生选择专业需要上存在的问题;(4)提出一些有利于提高学生选择专业的满意度、促进专业选择的公平和对专业选择不当者提供弥补机会的对策建议。

2. 研究意义

本研究立足于中国高等教育中的具体问题,既有理论意义又有实践意义。

从理论上看,本研究从一个较新的角度探讨学生在教育中的主体性问题,是在新的领域对教育基本理论的检视和拓展,对于丰富相关理论尤其是主体性教育理论具有一定价值。同时,本研究从专业选择的角度探讨微观层面的高等教育公平问题,又是对教育公平理论的补充和提升。

从实践上看,本研究分析中国学生在选择高等学校专业上存在的问题,探讨中国高等教育在宏观管理、招生、专业设置以及教学管理等方面存在的不足，对于改革现有高等教育制度，提高学生选择专业的满意度和学习积极性，为学生的主体性、个性和创造性发展提供更好的教育平台，引入市场竞争机制以促进高等学校教育教学质量的提高，增强大学生对劳动力市场的适应性，减轻结构性就业问题以及促进高等教育公平等，都具有一定的参考价值。

尤其重要的是，在个性彰显的时代，在高等教育大众化推进带来就业形势难以缓和的情况下，学生付费上学和自主择业必然导致他们选择专业的自主性进一步增强，这使学校和院系在控制生源的数量和质量方面越来越困难。研究学生对专业的选择尤其是研究他们的背景、他们选择专业的影响因素等与其专业选择结果之间的关系，对于指导学生选择专业，对于学校和院系招到适合的学生并制订科学的发展规划等都具有重要意义。与此同时，学生选择专业的研究也有助于政府决策部门运用立法、拨款、评估和政策指导等手段，从宏观上调控高等学校的专业设置和学生的专业选择行为，以适应社会和市场发展的长远需要。

四、研究的主要假设

1. 当前中国普通高等学校专业选择的重要性已非常突出，因此学生选择专业是非常认真的，在过程上大多是理性的，但其结果却不尽如人意，入学后选择专业的机会不多，选择余地也不大，学生的主体地位没有得到充分尊重。

2. 不同的高校类型由于办学历史、社会声誉、专业设置、学费情况和就业预期等有所不同，学生选择专业时所考虑的主要因素就会存在差别，学校在满足学生专业选择需要上也会存在差异，学生对就读专业的评价也因此会有所不同。不同的专业因为在学习辛苦程度和就业预期等方面存在差异，学生们在选择的积极性和满意度评价上也会存在差别。

3. 由于家庭社会经济地位和文化背景等方面的不同，各个群体的学生在选择专业的影响因素、达成度和所进入的专业领域上就会存在差异，他们对专业选择的结果即所读专业的评价也有所不同。而作为一种调整措施，不同群体的学生获得再选专业的机会存在差异。

4. 专业满意度与专业选择的影响因素、达成度、学生所属群体的特征、高校类型和专业自身等因素存在一定的相关性，而对这种关系的把握有利于增加学生选到让自己满意的专业的可能性。

5. 由于学生对就读专业的满意度评价不同，这导致他们在学业规划上存在差异，然而高等学校并未为此做好相应工作以满足学生多样化发展的需要。

五、研究的思路、内容与方法

1. 研究的思路

本研究依据大规模调查资料，以普通高校专业选择的发生过程为主线，综合运用理性选择理论、文化再生产理论和需要层次理论，分析当前中国学生选择专业的影响因素、达成度以及他们对就读专业的满意度评价，考察归属于不同群体的学生在这些方面以及他们进入专业领域上的差异，从多个角度探讨专业满意度的影响因素。在此基础上，分析当前中国普通高校专业选择中存在的主要问题及其原因，总结近年来中国普通高校基于学生选择专业需要的教学管理改革之经验教训，提出优化中国普通高校专业选择的对策建议。

2. 研究的主要内容

围绕专业选择的主要方面和研究目的，本研究主要探讨了以下几个内容：

第一是中国普通高校专业选择的重要意义及其评价依据。前者从学生、高等学校和社会三个方面探讨了中国普通高校专业选择的重要意义，后者则从专业选择的主体性、自由度、公平性、达成度和满意度等4个方面分析了专业选择的评价论据。

第二是中国普通高校专业选择的影响因素。该部分又分为总体分析和群体差异分析两个小部分，在总体上既对普通高校总体进行分析，又分6类院校进行了分析和比较；群体差异分析分别按性别、城乡和阶层3个维度进行。

第三是中国普通高校专业选择的结果。该部分分为专业选择的达成度和专业选择的布局情况，前者从普通高校总体、6类院校、学科门类（专业大类）和专业类层面就当前中国学生选择专业的志愿达成度进行总体分析，并在普通高校总体和6类院校层面进行群体差异分析；后者按性别、城乡和阶层3个维度在学科门类（专业大类）和专业类层面就不同群体学生进入的专业领域进行差异分析。

第四是中国普通高校专业选择结果的满意度评价。这一项内容分为3部分，一是从普通高校总体、6类院校和专业类层面就当前中国普通高校学生对就读专业的满意度评价进行总体分析；二是按性别、城乡、阶层3个维度在总体、6类院校和专业类层面对大学生的专业满意度进行群体差异分析；三是从学生的个人特性及其专业选择、家庭背景与高中经历、高校特征与专业自身等方面对影响大学生专业满意度的因素进行回归分析。

第五是中国普通高校专业选择的问题与对策。这部分主要是根据前面3部分的结论，结合跟踪调查和访谈资料，分析当前中国普通高校专业选择中存在的主要问题及其原因，在总结国内现有相关改革的经验之基础上，探索优化专业选择和促进专业选择公平以及弥补不满意的选择结果的对策建议。

3. 研究的主要方法

研究方法的选取对本研究来说具有非常重要的意义，根据研究的目的、对象和内容，本研究主要选用了以下方法。

（1）文献法

作为一种古老而又常用的研究方法，文献法对本研究也有非常重要的价值。在整个研究过程中，本研究广泛采用了文献法，主要是通过查阅相关书籍和学术期刊、学位论文等文献，收集大量的研究资料，用以总结前人的研究成果，学习相关的理论和方法，梳理历史，并在此基础上进行一些比较与借鉴等。

（2）调查法

本研究所探讨的是中国高等教育实践中的专业选择这一主题，具有很强的现实感和操作性，采用调查法收集现实资料在研究中具有非常重要的地位。根据需要，本研究采用的调查法主要是问卷调查法，并辅以访谈法。

A. 调查问卷的基本情况

毋庸置疑，调查问卷的制定是问卷调查法的关键一环。本研究所采用的调查数据来自两次问卷调查，一是厦门大学"985工程"重点建设项目之一的"中国高等教育研究数据库"，[①] 该数据库收集数据时所使用的调查问卷为"大一新生调查问卷"（调查问卷见附录一），是在台湾地区广泛使用的"大一新生调查问

---

① 中国高等教育研究数据库网址：http://www.hedb.xmu.edu.cn/

卷"基础上的修订版。该调查问卷在总体上是一份普查性问卷，涉及学生的背景资料，高中或中职生涯，大学生涯，学生个人的兴趣、能力及心理和社会发展情况等许多方面，与专业选择直接有关的项目有专业选择的影响因素、满意度、志愿录取情况及转换专业的打算等。为了增强该问卷对中国大陆地区的适应性，在"中国高等教育研究数据库"负责人的主持下，调查问卷经过多次反复的修订并进行了试测和完善，笔者也一直参与了这一工作，这为本研究获得可信的相关调查资料奠定了基础。二是"中国普通高校专业选择的调查——补充问卷"（调查问卷见附录二）调查，该问卷调查由笔者通过电子邮件的方式进行，为了增加学生的回复量，所设计的项目不多，但完全是围绕本研究的主题而展开的。该问卷由笔者编制并征求了一些老师和同学的意见和建议，且通过电子邮件的方式进行了试测和完善。

B. 调查的抽样和实施

"大一新生调查"所调查的对象是分布于大陆31个省（市、区）的175所普通本、专科院校的2007级在校本、专科学生，自2007年11月开始陆续发放问卷，至2008年6月问卷回收工作完成，历时8个月左右。调查采用配额抽样法（Quota Sampling），共发放调查问卷55 595份，回收48 143份，其中有效问卷为47 170份。问卷回收率约为86.60%，所发问卷总有效率约为84.85%。

"中国普通高校专业选择的调查"是对2007级大一新生中部分学生的跟踪调查，该调查利用回收的2007级大一新生调查问卷中部分学生留下的电子邮箱地址，通过电子邮件的方式进行。问卷发出时间为2009年2月19日至28日，至2009年4月1日止共收到有效的回复答卷643份，其中可用于追踪研究的有效问卷600份。[①] 由于在600份有效问卷中，有536份的被调查对象是本科生，专科生数量较少，出于样本量的考虑，本研究在对跟踪调查结果进行统计分析时主要采用本科生的调查样本。

此外，作为一种辅助性的调查方法，本研究还利用腾讯网络交流软件（QQ2008版）对少量被调查的学生进行了访谈（访谈提纲见附录三）。根据回收

---

① 由于存在大量邮箱地址错误、邮件被拦截、邮件无人收读等因素，所以无法统计发出问卷数目。

的2007级大一新生调查问卷中学生留下的联系方式（QQ号码），本研究抽取了数十个学生作为拟访谈的对象，从2009年2月起到2009年3月止，最终成功联系上并访谈过的学生共22人，对其中个别学生还进行了电话访谈。

C. 调查数据的前期处理

2007级大一新生问卷调查的项目和具体内容非常多，除了学生本人的背景性因素外，本研究主要就其中与专业选择直接相关的3个方面内容进行分析。一是学生选择专业影响因素的重要性程度情况，包括父母和家人的影响、个人兴趣、职业生涯发展潜力等11项因素，要求学生回答在他们选择院系和专业时这些影响因素的重要性程度，答案选项包括"完全不重要"、"不太重要"、"重要"、"非常重要"4个等级。由于教育部规定高等学校招生不能直接使用院系名称作为招生专业名称，当前中国普通高校仍然按专业（或专业类）招生，因此学生回答的影响因素事实上反映的是选择专业的影响因素。二是学生就读专业与高考志愿的关系，答案选项包括"按自己所报志愿被录取的"、"在自己所报院系内不同专业间被调剂录取的"、"在非自己所报院系间被调剂的"或是"其他"情况。三是学生对目前就读专业的满意度情况，答案选项包括"非常满意"、"满意"、"一般"、"不满意"和"非常不满意"5项。

为了便于分析，本研究对第二、三个方面的调查数据进行了处理。在就读专业与高考志愿的关系上，由于"其他"情况比较特殊且只占有效数据的3.6%，本研究将其作为缺失值处理，并把"在自己所报院系内不同专业间被调剂录取的"和"在非自己所报院系间被调剂的"合并为"调剂录取"，从而使就读专业与高考志愿的关系最终为"按志愿录取"和"调剂录取"两种。在学生对目前就读专业的满意度情况方面，本研究将"非常满意"和"满意"合并为"达到满意"组，而将"一般"、"不满意"和"非常不满意"合并为"未达到满意"组，以便通过计算"达到满意"者所占的比例来衡量学生对所读专业的满意度情况。

当然，在分析和讨论以上三方面的内容时，本研究还借助了2007级大一新生调查中其他方面的一些调查内容进行论证。

（3）统计分析法

根据需要，本研究主要采用SPSS13.0统计软件包，辅以Excel的统计功能，对问卷调查取得的大量一手资料进行统计分析。需要说明的是，本研究基于调查的一些特殊性，在分析中计算了两个较为特别的统计量：

A. 重要性指数

分析影响学生选择高等学校专业的主要因素是本研究的重要内容之一。如上所述，"2007级大一新生问卷调查"列出了父母和家人的影响、个人兴趣、职业生涯发展潜力等11项可能影响学生选择专业的因素，要求学生回答在他们选择院系和专业时，这些因素的重要性如何，答案选项设计采用 Likert 四等分法，分别为"完全不重要"、"不太重要"、"重要"、"非常重要"4个等级。为了分析各影响因素对学生选择专业的影响程度，本研究拟把重要性程度赋值为：完全不重要＝1；不太重要＝2；重要＝3；非常重要＝4。并通过计算"重要性指数"[①] 这一指标来表示各影响因素对调查总体在选择专业时影响力的大小。"重要性指数"根据下列公式计算：

$$重要性指数 = \sum_{i=1}^{4} a_i x_i / 4$$

其中：a_i 表示在由"非常重要"到"完全不重要"的4个重要性等级中，第 i 个等级的加权系数，当 i 等于1，2，3，4时，a_i 分别等于4，3，2，1；x_i 表示在由"非常重要"到"完全不重要"的4个重要性等级中，对某个项目回答其重要性为第 i 个等级的人数占该项目有效回答总人数的百分比。

B. 概率比

概率比是由条件概率转化而来的一个统计量。条件概率是用来描述学习机会的一个重要指标，在专业选择研究中，它反映的不是能否进入高等教育的机会大小，而是一种假设进入高等教育后学习某一专业的概率，由于去掉了单纯的入学机会大小——能否接受高等教育，它所反映的差异要小于入学前各社会群体进入高等学校某专业的机会差异。本研究之所以使用由条件概率转化而来的概率比来反映归属于不同群体的学生就读某专业的概率，是因为本研究的主要依据不是政府统计数据，而是调查数据，在抽样上不可能做到与专业（专业类）结构和社会结构一致。在这种情况下，使用条件概率并不能有效地反映某个群体的学生就读

---

① 此方法转引自钟宇平，陆根书. 收费条件下学生选择高校影响因素分析[J]. 高等教育研究，1999（2）：31-37, 41-42.

各专业的概率，也无法较为准确有效地反映归属于不同群体的学生在就读专业（专业类）上的差异，而使用概率比虽然也不能反映某个群体的学生就读各专业的概率，但它能够直观有效地反映归属于不同群体的学生在就读专业（专业类）上的差异。概率比在统计方法上与条件概率有所不同，它由下面的计算公式表示：

某一群体学生学习某专业（专业类）的概率比＝调查中某专业（专业类）学生总数中某一群体学生所占比例/调查中某一群体学生数占调查总人数的比例，即：

某一群体学生学习某专业（专业类）的概率比

$$= \frac{调查中某专业（专业类）学生总数中某一群体学生所占比例}{调查中某一群体学生数占调查总人数的比例}$$

根据这一计算公式，概率比等于 1 表明某一群体的学生就读某专业（专业类）的概率与平均水平相当，大于 1 则表明某一群体的学生就读某专业（专业类）的概率高于平均水平，而小于 1 则表明某一群体的学生就读某专业（专业类）的概率低于平均水平。可见，概率比反映的是高等学校某专业（专业类）的群体构成，而不是某社会群体进入某专业（或某类专业）的机会。由于已有大量的研究证明了中国不同社会经济地位的学生在能否接受高等教育和进入哪类院校上存在明显的差异，因此本研究在从社会学角度探讨学生的高等教育入学机会时，主要探讨的是学生选择专业的结果——就读各专业的机会问题，采用由条件概率转化而来的概率比这一统计指标来衡量这一差异是比较适合的做法。

（4）比较法

高等学校专业或主修的选择是世界高等教育的共有现象，而中国普通高校的专业选择机制及其社会背景又与国外的情况有所差别，考察其他国家高等学校的专业选择情况有利于拓展视野，在比较中分析问题，借鉴经验，为改善中国普通高校的专业选择提供参考。本书并未专列国际比较部分，但在国外文献分析的基础上，本研究在对中国普通高校专业选择的基本情况及存在问题的分析和对策探索中，都采用比较法进行比较或借鉴。

第一章　高等学校专业选择的研究文献综述

综述前人的研究成果，总结其主要观点和结论，分析这些研究存在的不足，把握尚待研究的问题等，对于确定本研究的对象、视角、内容乃至方法等，是非常重要的一环。本章围绕"高等学校专业选择"这一主题，在第一节主要介绍美国和法国学者在这方面的一些研究成果，第二节是综述国内学者的相关研究情况，第三节是对国内外已有研究进行总结和评价，在此基础上确定本研究的基本范畴。

第一节　国外关于高等学校专业选择的研究介绍

国外对高等学校专业选择的研究主要从社会学角度分析不同性别、不同社会经济地位、不同种族的学生在高等学校专业选择上的差异，探讨其影响因素，这类研究非常多，而且视角范围广，研究已达到比较深入细致的程度，这里仅做简要介绍。

一、关于"学生选择专业的影响因素"研究

这类研究较多，从主要因素的考察到多因素分析，从直接因素到间接因素，

研究越来越深入。

经济学界习惯于从投入产出的角度分析人类行为，因此那些注意到大学生主修计划选择的人如科赫（Koch，1972）和采希拉和洛佩斯（Cebula & Lopes，1982）认为学生在他们的教育选择中受到预期的教育投资回报率的影响。[①] 班伯格（Bamburger）估计了一个专业选择模型，认为专业选择受两个因素影响：取得某一专业学位后的预期收益和成功取得某一专业学位的概率。[②] 法国社会学者布东（Boudon，1973，1979）提出了学生（和其家庭所做的）学业选择的理性行为模式。在他看来："一个年轻人决定选择某一学业导向，是根据花费/获利的原则，并整合一定的参数做出的。某种学业选择目前和未来的好处与不利（社会的、经济上的、心理上的）是什么，它有什么风险（学业失败、失业）？决策者处于社会之中，而社会背景强烈地改变着他们进行学业选择所依据的不同标准的价值……社会环境不仅仅是在统计上与某种学业选择相关的因素，它首先是'行动者在选择某一学业导向时努力权衡利弊和风险的一个参照点'。"[③] 由此可见，布东认为学生对学业的选择是个体的一种理性选择，但由于个体的社会归属不同，他处于不同的选择情境之中，其选择是在不同的社会和教育（因素）限制的背景中完成的，因此理性选择的结果仍然是多种多样的和不平等的。对于布东的理性行为模式，一些研究者并不完全赞同，佩勒努（Perrenoud，1986）指出："在可能由于结构限制带来的压力而出现冲动的或常规的反应，或强迫性选择的时候，将学业选择理解为理性决策或策略是莽撞的。"[④] 伯杰（Berger，1988）研究发现，控制背景特征，一个人选择一个主修而放弃其他主修的可能性会随着一个主修在当前估价的将来收益流的增加而增加。另一方面，选择一个主修的可能

[①] Jacqueline C Simpson. Segregated by Subject: Racial Differences in the Factors Influencing Academic Major Between European Americans, Asian Americans, and African, Hispanic, and Native Americans. The Journal of Higher Education; Jan/Feb 2001; 72, 1; Pg. 63-100.

[②] 转引自孟大虎. 不确定环境中的抉择：从专业选择到职位决策［J］. 北京师范大学学报：社会科学版，2004（3）：99-104.

[③] ［法］玛丽·杜里-柏拉，［法］阿涅斯·冯·让丹. 学校社会学［M］. 汪凌，译. 上海：华东师范大学出版社，2001. 74-75.

[④] 同上书，75.

性并未受到该主修与其他主修之间预测的起薪收入差别的重大影响。① 罗沙和迪穆拉米斯特（Rochat & Demeulemeester，2001）认为学生面临的风险是影响专业选择的重要因素。在他们看来，个人选择大学和专业至少面对两类风险：（1）学生顺利完成学业的可能性（简称"学业竞争风险"）；（2）学生毕业后获得较高市场回报的可能性（简称"就业竞争风险"）。对于一个回避风险的学生来说，通过选择低风险的专业也许不失为明智之举。② 莫尔丁（Mauldin，2000）、金（Kim，2002）、普里查德（Pritchard，2004）等人的研究更加全面地考虑到了学生选择专业的影响因素，他们发现：一般说来，学生选择主修领域极大地受到他们对相关的学科兴趣、找到工作的可能性、学科能力和潜在的收入所影响。③

查尔斯·A·玛尔格威（Charles A Malgwi）；玛莎·A·蒙（Martha A Howe）和普莉西拉·A·伯纳比（Priscilla A Burnaby）2003年对美国东北地区某商学院788名各年级大学生进行了关于选择主修的影响因素调查。发现大约2/3（524人）的学生（包括转学过来的学生）在刚进入商学院时选择一个明确的主修领域。从选择主修的影响因素来看，对学科的兴趣是影响最大的因素，平均值为4.36，④ 其次是生涯发展潜力（3.95）和潜在的工作机会（3.88），另外3个因素也高度相关，学科能力倾向（3.77）、付费水平（3.74）和学院在该领域的声誉（3.60）。而父母、高中的指导人员和教师的影响程度较低，与学科相关的高中课程也影响不大。从性别上看，付费水平、生涯发展潜力和潜在的工作机会对男生的影响大于对女生的影响，而学科能力倾向对女生的影响大于对男生的影响，它在影响女生选择主修领域的因素中居第二位，但在影响男生选择主修领域的因素中居第五位。在后来学习生涯中，大约52％的被调查者没有改变主修，

---

① Mark C. Berger. Predicted Future Earnings and Choice of College Major. Industrial & Labor Relations Review；Apr 1988；41，3；Pg. 418-429.

② Rochat D, Demeulemeester J L. Rational choice under unequal constrains：The example of Belgin higher education ［J］. Economics of Education Review，2001，20（1）：15-26. 转引自钟宇平，雷万鹏. 风险偏好对个人高等教育需求影响的实证研究——以高中生对农业、林业和师范院校需求为例［J］. 高等教育研究，2005（1）：19-24.

③ Charles A Malgwi；Martha A Howe；Priscilla A Burnaby. Influences on Students' Choice of College Major. Journal of Education for Business；May/Jun 2005；80，5；Pg. 275-282.

④ 影响程度按五等分计算，5表示最大影响，1表示没有影响。

41%的学生改变了主修1次，7%的学生改变主修超过1次。从影响学生改变主修的因素来看，在列出的10个积极因素中，学科兴趣、生涯与工作机会、高额的补偿费用是3个最重要的因素，影响程度平均值分别为4.48、3.71、3.45。[1]与原定学科相关的一些消极因素也可能成为学生改变主修的原因，在原来确定主修后又改变主修的学生中，生涯和工作机会、介绍性的课程和与其他学生的讨论成为学生改变主修的3个主要影响因素，影响程度平均值分别为2.68、2.57和2.40。[2]

宋春燕和詹妮弗·E·格利克（Song & Jennifer E. Glick，2004）依据美国"全国教育纵向研究"中的数据资料，对9 202名1994年离开高中的学生进行了大学主修选择方面的分析和研究。该样本为全国性代表样本，包括8 618个白人，176个中国人，152个菲律宾人，113个朝鲜人和143个东南亚人。结果显示，虽然家庭资本措施能够在大学入学上提供强有力的解释力，但这些措施并不能对男性的大学主修选择产生重大影响。家庭背景特征如母亲的教育、家庭结构和父母亲的介入都对上大学有重大影响。然而他们对大学主修的影响却不大，这与1997年戴维斯和古比（Davies & Guppy）的研究（认为来自更高社会经济背景的学生并没有更多的途径进入有利领域）相一致。这意味着一旦学生进入大学后，家庭特征对学生在大学的主修选择施加的影响较小，男性尤其如此。这表明大学入口体现出父母影响的最大点，利乌（Liu，1998）分析认为，父母可能满意于子女进入了大学且感到自己该做的工作已经完成，因此减轻了他们施加给子女的压力。此外，许多大学生不再住在家里，也许减轻了家庭和父母对他们大学生活的影响程度。[3]

美国社会学界辛普森（Simpson，2001）根据2 368份美国高中及以上阶段学生的纵向调查资料（调查时间分别在1980、1982、1984、1986年），进行了大学生主修计划影响因素的种族差别分析。结果显示，大多数能够潜在影响主修计划

---

[1] 本次统计包含170名原未确定主修但后来确定主修的被调查者。

[2] Charles A Malgwi；Martha A Howe；Priscilla A Burnaby. Influences on Students' Choice of College Major. Journal of Education for Business；May/Jun 2005；80，5；Pg. 275-282.

[3] Chunyan Song；Jennifer E Glick. College Attendance and Choice of College Majors Among Asian-American Students. Social Science Quarterly，2004（5）：1401-1421.

选择的因素在种族之间并没有显示出重大区别。有3个因素对所有3个种族类别[①]的成员的主修选择有着相似的影响，它们是性别、学业准备和私人对高中与学院的控制。除了非裔美国人、西班牙裔美国人和印第安人会主要选择文科和技术学科计划为主修以外，学生的性别是选择主修计划的一个最强有力的决定性因素。在学业准备方面，总体上说，学生在高中修的数学课程越多，则越有可能选择技术类学位计划，白人受这个影响更强一些。学生的数学成绩也影响主修的选择，对任何种族的学生来说，数学测验分数越高，学生主修技术类学位而不是健康、商业、公共服务或文科学位的可能性越大。学生在高中修的科学课程数量也影响大学的主修，除与健康相关的主修以外，学生在高中修的科学课程越多，就越可能主修技术类而不是商业、公共服务或文科类学位。私人对教育机构的控制是影响各种族学生选择主修的因素，就读私立高中会减少主修技术类学位计划的可能性，而进入私立学院或大学则增加主修技术类学位计划的可能性。[②]

　　许多其他研究也证明早期教育经历影响着学生对高等学校专业的选择，例如，格里芬（Griffin, 1990）基于对3 000名大学生的调查报告指出，在高中阶段注册学习高级数学课程的情况是学生是否会从事数学或科学事业的一个最佳预测因子。梅普尔和斯蒂吉（Maple & Stage, 1991）对753名大学生进行的研究发现，高中阶段学习数学和科学课程的数量对学生在大学的学习领域具有重要的直接影响。托马斯（Thomas, 1984）对2 090名大学低年级和高年级学生的问卷调查表明，与那些非主修科学课程的大学生相比，主修科学课程的大学生在高中阶段学习了更多的数学和科学课程。[③]卓士蒂、尼格和普拉特（Trusty、Ng & Plata, 2000）的研究指出，学生在以前的学业成绩明显地与后来的中等后学校入

---

　　① 欧裔美国人为一类，亚裔美国人为一类，西班牙裔美国人、非裔美国人和印第安人为一类。

　　② Jacqueline C Simpson. Segregated by Subject: Racial Differences in the Factors Influencing Academic Major Between European Americans, Asian Americans, and African, Hispanic, and Native Americans. The Journal of Higher Education; Jan/Feb 2001; 72, 1; Pg. 63-100.

　　③ Bradford F Lewis; Shelley Connell. African American Students' Career Considerations and Reasons for Enrolling in Advanced Science Courses. Negro Educational Review; 2005 (2/3): 221-231.

学以及学习领域的选择发生联系。① 宋春燕和詹妮弗·E·格利克（Chunyan Song & Glick，2004）对美国9 202名1994年离开高中的学生进行的大学主修选择方面的研究发现，学生在高中数学中获得更高的分数不仅更可能进入大学，而且趋向于选择具有更高收入潜力的大学主修。男性和女性一样，高中数学测验成绩是一个最强有力的预测因子。② 对高中生的调查也印证了这点。刘易斯和康奈尔（Lewis & Connell，2005）对87名修习高级科学课程的非裔美国高中学生（其中女生72名，男生15名）的问卷调查表明，大多数（72.14%）的学生声称学习高级科学课程至少是考虑从事一种与科学相关的事业。55.17%的学生指出学习高级科学课程至少有一个原因是为事业准备、为大学准备或期望学到更多东西。85.96%的学生表示自己在选择科学课程之前，首先对科学相关的事业很感兴趣。③

鹏和赖特（Peng & Wright，1994）、考（Kao，1995）考察了不同族类父母对子女教育期望的差别，发现与拉丁美洲人和美国白人的父母相比，亚洲人的父母对子女的教育期望更高。作为这种差别的结果，利昂和塞拉菲卡（Leong & Serafica，1995）研究指出，亚洲学生认为在他们的教育和与职业相关的选择中，来自父母的压力较大。④ 利昂和周（1994）、刘（1998）等人认为，在许多亚洲文化传统中，一个人与职业相关的选择也是一个家庭的选择，因为子女在父母年老的时候需要照料他们的福利和幸福。⑤

此外，国外也有研究指出家庭文化因素对学生专业选择的影响。"来自最有教养家庭的大学生们所做的专业选择表明他们对学业指导方面的'好买卖'了如指掌。"⑥ 毋庸置疑，家庭教育背景不同的学生，所获得的有关学业指导方面的知识和信息也就不同，在专业选择上也就会产生差异。还有研究根据霍兰德的人格——职业匹配理论，探讨了人格特征对大学主修的影响。如宋春燕和詹妮弗·E·

---

①②④⑤ Chunyan Song；Jennifer E Glick. College Attendance and Choice of College Majors Among Asian-American Students. Social Science Quarterly，2004（5）：1401-1421.

③ Bradford F Lewis；Shelley Connell. African American Students' Career Considerations and Reasons for Enrolling in Advanced Science Courses. Negro Educational Review；2005（2/3）：221-231.

⑥ ［法］玛丽·杜里-柏拉，［法］阿涅斯·冯·让丹. 学校社会学［M］. 汪凌，译. 上海：华东师范大学出版社，2001. 40.

格利克（Song & Glick，2004）对美国 9 202 名 1994 年离开高中的学生进行的大学主修选择方面的分析和研究发现，对男性来说，高自尊的人与更有利的主修选择相联系。①

二、关于"不同性别学生选择专业的差异"研究

国外对不同性别学生选择高等学校专业的差异进行了不少研究，且得出大致相同的结论：女生更多进入人文社会学科领域，而男生更多进入工程技术学科领域。如戴维斯和古比（Davies & Guppy，1997）、卡伦（Karen，2002）的研究发现，即使排除能力的因素，作为女性，与进入较少选择性的机构和选择较少有利的大学主修联系在一起。卓士蒂、尼格和普拉特（Trusty、Ng & Plata，2000）也指出，有一致的证据表明，女性比男性更多地选择在大学主修社会学科和人文学科以及相应的职业。②法国社会学者布迪厄（Bourdieu，另有译为"布尔迪约"、"布尔迪厄"等，本书写作中统一采用学界用得较多的"布迪厄"，引文和注释则保持原译名）和帕斯隆（Passeron，另有译为"巴斯隆"）主要从进入大学的不同"学院"这一层面研究了不同性别学生进入大学专业的差异。在《继承人》（1985年）一书中，作者指出："同一社会出身的男女青年上大学机会的接近，不应掩盖如下事实：进入大学后，他们不学同一专业的可能性很大。"③不管出身如何，女生选文科的可能性最大，男生选理科的可能性最大。在布迪厄和帕斯隆看来，这是受传统的男女劳动分工模式（和"天资"）的影响。

通过对法国 1961—1962 学年 211 879④ 名大学生进行统计分析，布迪厄等人发现：比较普遍的情况是，更多的女生被判定进入培养教师的文、理学院；农业工人的女儿上大学后进入这两个学院的机会为 92.2%，同一出身的男生进入这两个学院的机会为 80.9%；工人的儿子和女儿进入这两个学院的机会分别为 80%

---

①② Chunyan Song；Jennifer E Glick. College Attendance and Choice of College Majors Among Asian-American Students. Social Science Quarterly，2004（5）：1401-1421.

③ [法] P. 布尔迪约，J.-C. 帕斯隆. 继承人——大学生与文化 [M]. 邢克超，译. 北京：商务印书馆，2002. 7.

④ 同上书，114.

和85.3%；一般雇员的儿子和女儿进这两个学院的机会分别为63.6%和74.4%；中级职员的儿子和女儿进这两个学院的机会分别为68.5%和84.1%；高级职员的儿子和女儿进这两个学院的机会分别为59.3%和74.3%（见表1-1）……总之，在选择专业方面受到的限制，女生大于男生。女学生的社会出身越低，选择越可能受限制。出身于上层社会的女生上大学的机会与男生明显相等，进文学院的机会也少些（48.6%）。① 我们知道，与美国强调通识教育不同的是，法国高等教育专业化程度较高，进入一定的学院与相关专业的联系比较紧密，学生所在学院的不同在更大程度上反映着所读专业的差别。

法国学者玛丽·杜里-柏拉（M. Dubar-Bellat）和阿涅斯·冯·让丹（A. Van Zanten）从就业的角度分析了不同性别学生的专业选择问题，认为不论受教育程度如何，女生失业的总是多于男生，但造成女生就业困难的原因并非完全在于专业的因素。毋庸置疑，女生就业的一部分障碍来自于其主要定位在竞争激烈的第三产业劳动市场，尤其是再就业妇女的加入更加剧了竞争程度。但是，女生"像男生那样"通过选择专业来解决问题是不够的。甚至当她们接受过"男性式"教育，也会有更多的人失业。②

辛普森（Simpson，2001）对2 368份美国高中及以上阶段学生的纵向调查资料的分析也显示，对所有种族类别来说，女生比男生更可能从事与健康相关的、商业的、公共服务的或文科的而非技术学科的学位计划。尤其是与健康相关的和公共服务这两类学位计划，女生选择与健康相关的学位计划的可能性是男生的5倍，选择公共服务这类学位计划的可能性是选择技术学位计划的4倍。③ 一些研究认为，女性选择具有较低退化价值（low obsolescence costs）的大学主修（如英语、文学等），因为她们比男性更多地期望从工作调到家庭生活。因此赚钱可能

---

① ［法］P. 布尔迪约，J.-C. 帕斯隆. 继承人——大学生与文化［M］. 邢克超，译. 北京：商务印书馆，2002. 7.

② ［法］玛丽·杜里-柏拉，［法］阿涅斯·冯·让丹. 学校社会学［M］. 汪凌，译. 上海：华东师范大学出版社，2001. 49.

③ Jacqueline C Simpson. Segregated by Subject：Racial Differences in the Factors Influencing Academic Major Between European Americans, Asian Americans, and African, Hispanic, and Native Americans. The Journal of Higher Education；Jan/Feb 2001；72, 1；Pg. 63-100.

表1-1 不同社会出身的人的学习机会（1961—1962）

家长的社会——职业属类	学生性别	入学机会（%）	条件概率（%）				
			法学	理学	文学	医学	药学
农业工人	男	0.8	15.5	44.0	36.9	3.6	0
	女	0.6	7.8	26.6	65.6	0	0
	平均	0.7	12.5	34.7	50.0	2.8	0
农民*	男	4.0	18.8	44.6	27.2	7.4	2.0
	女	3.1	12.9	27.5	51.8	2.9	4.9
	平均	3.6	16.2	37.0	38.1	5.6	3.1
服务人员	男	2.7	18.6	48.0	25.3	7.4	0.7
	女	1.9	10.5	31.1	52.6	4.7	1.1
	平均	2.4	15.3	41.3	37.0	5.5	0.9
工人	男	1.6	14.4	52.5	27.5	5.0	0.6
	女	1.2	10.4	29.3	56.0	2.6	1.7
	平均	1.4	12.3	42.8	39.9	3.6	1.4
一般雇员	男	10.9	24.6	46.0	17.6	10.1	1.7
	女	8.1	16.0	30.4	44.0	6.1	3.5
	平均	9.5	21.1	39.4	28.6	8.6	2.3
工商业主*	男	17.3	20.5	40.3	24.9	11.0	3.3
	女	15.4	11.7	21.8	55.7	4.8	6.0
	平均	16.4	16.4	31.8	39.1	8.1	4.6
中级职员	男	29.1	21.0	38.3	30.2	8.5	2.0
	女	29.9	9.1	22.2	61.9	3.4	3.4
	平均	29.6	15.2	30.5	45.6	6.0	2.7
自由职业者与高级职员	男	58.8	21.8	40.0	19.3	14.7	4.2
	女	57.9	11.6	25.7	48.6	6.5	7.6
	平均	58.5	16.9	33.3	33.2	10.8	5.8

*这两个纯粹是统计上的分类，它们包含了多种不同的社会集团：农民包括所有农业经营者，而不管其经营规模；除手工业者和小商人之外，工商业主还包括在统计中未能单独计算的工业家。

资料来源：[法] P. 布尔迪约，J.-C. 帕斯隆. 继承人——大学生与文化 [M]. 邢克

超,译.北京:商务印书馆,2002. 9-10.

不是女性在做出与职业相关的选择时的唯一优先考虑因素。①

查尔斯·A·玛尔威(Charles A Malgwi)、玛莎·A·豪(Martha A Howe)和普莉西拉·A·伯纳比(Priscilla A Burnaby)于2003年对美国东北地区某商学院788名各年级大学生进行的调查发现,大约2/3(524人)的学生(包括转学过来的学生)在刚进入商学院时选择了一个明确的主修领域。在该学院提供的18个商业或与商业有关的主修领域中,不同性别大学新生的选择有很大不同,女生主要选择会计(17%)、市场营销(12.2%)和管理(10.5%);不同的是,男生主要选择的是财经(17.4%)、计算机信息系统(10.8%)和会计(10.8%)。②

宋春燕和詹妮弗·E·格利克(Chunyan Song & Jennifer E. Glick,2004)对美国9 202名1994年离开高中的学生进行的大学主修选择方面的分析和研究显示,虽然亚洲女性和白人女性在大学入学的可能性上只显示出很小的不同,但亚洲女性在更有利的大学主修的选择上与白人女性有着很大的不同。一旦亚洲女性确定上大学,她们显示出较少地受到大学主修中基于性别的隔离的影响。除了朝鲜出身的女性以外,其他三个亚洲女性群体比白人女性选择具有更高收入潜力的大学主修。东南亚和菲律宾女性更是如此。③

也有研究证明男女之间的差异有缩减的趋势。如雅各布斯(Jacobs)的研究结果发现,从1970年到1980年,理工类学科教育机会的性别差异变小。威尔逊(Wilson)和布尔迪扎(Boldizar)的研究结果亦表明,美国各学科教育机会的性别差距正在缩小。1973年,女性比例最小的学科是工学、农学和神学;1983年,女性比例最小的学科为工学、物理和神学;相形之下,商学的比例从1973年的13.1%提高至43.5%,农学的比例从9.7%提升至31.6%,而工科类女性所占的

---

①③ Chunyan Song;Jennifer E Glick. College Attendance and Choice of College Majors Among Asian-American Students. Social Science Quarterly,2004(5):1401-1421.

② Charles A Malgwi;Martha A Howe;Priscilla A Burnaby. Influences on Students' Choice of College Major. Journal of Education for Business;May/Jun 2005;80,5;Pg. 275-282.

比例则略微上升，但依然很小，1973年为1.6%、1983年为12.8%。[①]

三、关于"不同家庭社会经济地位学生选择专业的差异"研究

国外关于这方面的研究相对较多，本书在此仅举例介绍。在《再生产》（1970）和《继承人》（1985）中，布迪厄和帕斯隆对这一问题进行了大量的分析和论述。作者认为，由于社会出身的不同，学生在教育获得上的不同，不仅表现为能否进入高等学校，还表现为他们进入专业上的差异。他指出："如果说性别方面的不利主要表现在把女生放逐[②]到文学院，那么就应当说社会出身方面的不利造成的后果要严重得多。因为，它既表现为对一些出身低下的儿童的纯粹淘汰，又表现为对免遭淘汰的人在选择专业方面的限制。"[③]

根据对法国1961—1962学年211 879名大学生的社会出身进行的统计结果，布迪厄和帕斯隆分析了不同社会出身的大学生的高等教育入学机会的差异以及他们进入大学各专业的机会。就专业选择的机会来看，社会出身越低的子女，其就读文理学院的可能性越大，而在法学、医学或药学就读的机会反而越少。如农业工人的子女，在文理学院就读的机会高达84.7%，而在法学、医学或药学就读的机会却只有15.3%；与此形成鲜明对比的是，自由职业者与高级职员子女在文理学院的机会为66.5%，在法学、医学或药学就读的机会上升到33.5%，见表1-1。对于文学院中出身于某一职业属类的学生所占的比例，布迪厄等人认为其含义很不清楚，因为文学院对一些人来说是强制选择的结果，但它及其中的社会学、心理学或语言等专业，也可能成为出身于就学机会最多阶级的大学生的避难所。"这些人因社会原因被'强迫'接受高等教育，但缺乏积极的动机，只好选择这些至少表面上给他们以社会声望的专业。"[④]

从表1-1中可以看出，出身于处在不利地位阶级的大学生主要进入文学院和

---

① 转引自郭丛斌，曾满超，丁小浩．中国高校理工类学生教育及就业状况的性别差异［J］．高等教育研究，2007（11）：89-101．

② 放逐：指被迫选择某学院或某专业（本书注）。

③④ ［法］P．布尔迪约，J．-C．帕斯隆．继承人——大学生与文化［M］．邢克超，译．北京：商务印书馆，2002．7-8．

理学院，出身于富裕阶级的大学生主要进法学院和医学院。因此在选择专业方面受到的限制，下层社会大于上层社会。在《再生产》一书中，作者总结说："总之，越到社会底层，进入高等教育就越必须以一种对选择的限制为代价。对处于最不利地位的属类来说，可以一直发展到几乎强制性地把他们放逐到文理专业当中……进入一个给定水平教育的机会最多的那些属类，同样有最多的成功机会，可以进入和以后在学校里及社会上最多的成功机会连在一起的那些学校、科类和专业。"①

布迪厄和帕斯隆也分析了造成不同属类学生所学专业不同的原因，认为不同社会出身的学生在专业选择上的差异，是来自不同社会出身的各种影响的合力作用的结果。从布迪厄和帕斯隆的分析中可知，学生的家庭经济状况、知识基础、态度和能力、在学业和出路等信息方面的不平等，把某些职业、某些学业上的选择和某一社会阶层联系起来的文化模式，以及适应支配学校的模式、规则和价值观的禀赋等因素，都影响着学生对高等学校专业的选择。而由于社会出身的不同，学生在这些影响因素上存在着明显的差异，出身下层阶级的子女处于劣势。一个家庭环境影响的事实是："大学生中，承认在中学毕业会考第一部分或第二部分选择分科时遵循了家庭建议的人，出身越高比例越大，同时教师在这方面的作用随之减小。"② 值得一提的是，布迪厄等人研究发现，造成大学生就读专业差异的原因在过去教育经历中就已经产生了。例如，出身于下层阶级的大学生被放逐到理学院的情况从他们一上中学就开始了："他们往往是进市立普通教育中学，即几乎是自动地进入现代科。他们没有别的办法，只能把被迫的选择当做自己的志愿。"③ 这一结论也得到其他相关研究的支持，如卡耶（Caille，1996）研究发现，在法国，从初一年级开始，对第一外语的选择就带有家庭出身的烙印。26％的教师子女选择学习德语，而工人或非劳动力子女只有8％。玛丽·杜里-柏拉（M. Dubar-Bellat）和阿涅斯·冯·让丹（A. VanZanten）研究发现，后来的选修课也遵循同样的社会分化逻辑。这些选择与学生的学业水平不无关系（如选择拉

---

① ［法］P. 布尔迪约，J.-C. 帕斯隆. 再生产——一种教育系统理论的要点［M］. 邢克超，译. 北京：商务印书馆，2002. 242-244.

② 同上书，18-19.

③ 同上书，147.

丁语的学生比其他学生少），不过仍然与学生们的社会出身联系紧密。在初二年级，来自有利阶层的学生39.5%选择拉丁语，而出身不利阶层学生的这一比例为14.6%。①中学所选学科无疑影响着后来的专业选择，尤其是那些强调某些学科知识的专业。基于这一事实，布迪厄等人强调了过去的不平等经历对造成后来变化的影响，他们指出："大学生按社会出身、性别或过去学业的某些特点等标准分成若干属类。如果像人们经常做的那样，不知道这些属类在过去的学习过程中受到过不平等的选择，就无法完全理解这些标准造成的所有变化。"②

玛丽·杜里-柏拉和阿涅斯·冯·让丹在《学校社会学》也介绍了一些关于高等学校专业选择的研究成果。他们从多个角度研究发现，家庭经济状况影响着学生的专业选择。首先，经济状况的不同意味着抗风险能力的不同，而人们无疑会考虑学习某一专业可能承担的风险程度。在这种情况下，完成学业需要的时间和费用等便对学生选择大学专业有所影响。"出身贫困的大学生（一般是女生）更看重专业选择可能的失败危险，而不是所追求的效益。没有财政困扰，因此不大会为冒险付出的代价（和时间代价）而犯愁的学生们的抉择却相反，他们会在最难的专业（医学、大学校预科班）里'尝试自己的机会'，并打算失败的话再重新考虑进入风险性较小的专业（如大学级技术学院、文学、经济等）。这些专业却是贫民出身学生的'首要选择'。"③其次，玛丽·杜里-柏拉和阿涅斯·冯·让丹还考察了不同经济状况学生选择专业在地域上表现出来的差异，发现在拥有某些高等教育设施的中等城市里，业士们④，特别是他们中出身不利的业士们倾向于集中选择本地的专业，这很可能是因为经济方面的原因，因为当一个大学生在本地大学读书的时候，其父母对此花费得相对较少。玛丽·杜里-柏拉和阿涅斯·冯·让丹考察发现："当法国积极地在一些中等城市设立大学专业的时候，人们注意到这会更多地影响经济困窘的学生的专业选择（他们对当地的现有的专

---

① [法]玛丽·杜里-柏拉，[法]阿涅斯·冯·让丹. 学校社会学［M］. 汪凌，译. 上海：华东师范大学出版社，2001. 34.

② [法] P. 布尔迪约，J.-C. 帕斯隆. 再生产——一种教育系统理论的要点［M］. 邢克超，译. 北京：商务印书馆，2002. 85.

③ [法]玛丽·杜里-柏拉，[法]阿涅斯·冯·让丹. 学校社会学［M］. 汪凌，译. 上海：华东师范大学出版社，2001. 40.

④ 法国通过高中会考的证书，是高等教育的准入文凭，本书注。

业趋之若鹜)。"① 再次,玛丽·杜里-柏拉和阿涅斯·冯·让丹还注意到了学业失败时不同经济状况学生表现出的与专业选择相关的行为差异。发现在学业失败时,出身贫民阶层的大学生和出身殷实阶层的大学生在是否坚持某一专业上有所不同。"一般出身殷实阶层的大学生更可能选择留级(固执地留在某一专业),而出身贫民的大学生则更多地会选择放弃。一般来说,正是这些行为差异造成了高等教育中可观察到的学程之社会不平等的精要。"②

罗沙和迪穆拉米斯特(Rochat & Demeulemeester,2001)的研究显示:在控制学术能力的条件下,低收入阶层的学生倾向于选择教育学、人文和艺术类专业——尽管这些专业的市场回报较低。相反,高收入阶层的学生更愿意选择市场收入较高的理工类专业。上述现象的解释需借助于经济学中风险理论。因为在学业竞争中选择教育类课程、人文和艺术类专业面临的风险更小。相对而言,工程、化学和数学等专业学习的竞争性更强,学生顺利完成学业将面临更多风险。因此,对回避风险的学生来说,他们更不愿意选择这类专业。③

四、关于"不同族类学生选择专业的差异"研究

美国是一个多种族移民的国家,在这方面的研究开展得比较多。美国"全国研究委员会"和许多其他研究都认为学业准备影响学术主修的选择,非裔美国学生、西班牙裔美国学生和印第安学生几乎被分流到非学术课程且常常取得较差的成绩,缺少数学和科学品质,而这些品质对于完成需要大量数学和科学课业支撑

---

① [法]玛丽·杜里-柏拉,[法]阿涅斯·冯·让丹. 学校社会学[M]. 汪凌,译. 上海:华东师范大学出版社,2001. 121-122.

② 同上书,40-41.

③ Rochat D, Demeulemeester J L. Rational choice under unequal constrains: The example of Belgin higher education [J]. Economics of Education Review,2001,20(1):15-26. 转引自钟宇平,雷万鹏. 风险偏好对个人高等教育需求影响的实证研究——以高中生对农业、林业和师范院校需求为例[J]. 高等教育研究,2005(1):19-24.

的学术主修是必要的。因此，这些学生自觉不自觉地远离某些主修，比如工程学。① 铃木（Suzuki，1988）研究发现，亚裔美国人，不论男女，更可能在一个相对有限的范围选择主修领域，如工程、物理和生物科学，计算机科学和数学，而在教育和人文学科领域数量不多。温尼克（Winnich，1990）、谢和歌耶特（Xie & Goyette，2003）研究认为，亚裔美国人在经济上的成功在很大程度上归因于他们对具有潜在高收益的学业计划的选择。② 亚洲人在主修选择上之所以有这一特点，可能与生存有关。利昂（Leong，1991）、梁、艾维和铃木（Leung, Ivey & Suzuki，1994）、谢和歌耶特（Xie & Goyette，2003）研究认为，亚裔美国人在科学和技术领域的选择能够带来相应的声望、收入和安全，这是影响其在异国生存状态的重要因素。这样的价值对于从小在美国社会化的孩子们来说可能变得不重要了。唐、福阿德和史密斯（Tang, Fouad & Smith，1999）的研究指出，那些在美国居住时间较短和与亚洲人为邻的人更可能选择典型的"亚洲人的"学院主修，即与科学和技术相关的主修。③

辛普森（Simpson，2001）以 2 368 份高中及以上阶段学生的纵向调查资料（调查时间分别在 1980、1982、1984、1986 年）为依据，进行了大学生主修计划影响因素的种族差别分析。在选择主修计划的种族差异方面，统计结果显示：

1. 亚裔美国人明显比欧裔美国人或西班牙裔美国人更可能主修与健康有关的课程计划。
2. 亚裔美国人明显比非裔美国人更少主修商业或公共服务方面的课程计划。
3. 亚裔美国人明显比西班牙裔美国人更少主修公共服务方面的课程计划。
4. 欧裔美国人明显比非裔美国人更可能主修文科，见表1-2。

---

① Jacqueline C Simpson. Segregated by Subject: Racial Differences in the Factors Influencing Academic Major Between European Americans, Asian Americans, and African, Hispanic, and Native Americans. The Journal of Higher Education; Jan/Feb 2001; 72, 1; Pg. 63-100.

②③ Chunyan Song; Jennifer E Glick. College Attendance and Choice of College Majors Among Asian-American Students. Social Science Quarterly, 2004 (5): 1401-1421.

表1-2 被调查者在各主修领域获得学位的百分比

	西班牙裔美国人	印第安人	亚裔美国人	非裔美国人	欧裔美国人	样本量
健康和生命科学	13%	14%	21%	14%	11%	290
商科	35%	24%	27%	38%	34%	817
公共服务	15%	24%	8%	14%	12%	307
文科	21%	24%	21%	17%	25%	528
技术学科	16%	14%	23%	17%	18%	426
样本量	457	21	128	448	1314	2368

注①T检验结果，群体之间差异显著（P<0.05）。

②商科包括会计学、银行学、财政金融、管理、市场营销、公共关系等主修领域；健康和生命科学包括生物学、血液学、护士、药学、理疗、动物学等主修领域；文科包括区域研究、英语、美术、语言、心理学、社会学等主修领域；公共服务包括刑事司法、教育、公园和休闲（Parks & Recreation）、公共管理、社会工作等主修领域；技术学科包括计算机科学、工程学、数学、物理和统计学等主修领域。

资料来源：Jacqueline C Simpson. Segregated by Subject：Racial Differences in the Factors Influencing Academic Major Between European Americans, Asian Americans, and African, Hispanic, and Native Americans. The Journal of Higher Education；Jan/Feb 2001；72，1；Pg. 63-100.

然而，亚裔美国人母亲对子女主修选择的影响较大。奥布（Ogbu，1995）和赵（Chao，1995，1996）研究发现，亚裔美国人母亲比非裔或欧裔美国人母亲更强调教育对她们孩子的重要性。母亲的影响促进亚裔美国学生选择主修公共服务类学位计划而不是技术类学位计划，而他们在一般情况下更可能选择技术类学位计划，这可能反映出女人还在信奉着传统的价值体系。①辛普森（Simpson，2001）的研究也发现了母亲对子女主修选择影响的族类差别。与其他种族美国学生的母亲相比，亚裔美国学生的母亲对学生选择主修有更大影响，特别是在对公

---

① Jacqueline C Simpson. Segregated by Subject：Racial Differences in the Factors Influencing Academic Major Between European Americans, Asian Americans, and African, Hispanic, and Native Americans. The Journal of Higher Education；Jan/Feb 2001；72，1；Pg. 63-100.

共服务类主修的选择方面。在公共服务或技术类主修上，母亲越是关注高中阶段的课业，亚裔美国学生越可能选择主修公共服务而非技术类学位计划。母亲对课业的关注对非亚裔学生的主修选择影响不大。在控制其他变量的情况下，在母亲监督他们的高中课业的情况下，亚裔美国学生有21%的可能性主修公共服务类计划，而在母亲不监督的情况下，这一比例为12%。另外，母亲对学生生活选择的影响在亚裔美国学生和欧裔美国学生之间有很大不同。母亲对学生生活选择的影响对欧裔美国学生的主修选择没有重大影响，但母亲对亚裔美国学生的生活选择影响越大，这个学生越可能选择一个公共服务类而非技术类学位计划。如果母亲在他们的生活中是一个有效的力量，亚裔美国学生有14%的可能主修公共服务类计划，如果母亲不是一个有效的力量，这一可能性降到不足2%。[①]

辛普森（Simpson，2001）的研究还发现了私人对教育机构的控制影响着不同种族学生的主修选择。在就读私立高中的学生中，欧裔美国学生和亚裔美国学生主修与健康相关的学位计划的人大约是主修技术类学位计划的4倍；亚裔美国学生主修商业和文科类学位的人分别是主修技术类学位的2.5倍和大约4倍；欧裔美国学生主修商业和文科类学位的人分别是主修技术类学位的2.5倍和3倍。非裔美国人、西班牙裔美国人和印第安人在私立学院或者大学里主修健康、商业、公共服务或文科类学位的人，比主修技术类学位的大约少30%，亚裔美国人在私立学院或大学里主修健康、商业、公共服务或文科类学位的人，比主修技术类学位的大约少50%。[②]

不同族类学生选择大学主修所考量的主要因素在一定程度上可以反映在选择的结果上。宋春燕和詹妮弗·E·格利克（Chunyan Song & Jennifer E. Glick，2004）对美国9 202名1994年离开高中的学生进行的大学主修选择方面的分析和研究显示，在所有的群体中，东南亚人选择的大学主修产生最高的平均起薪，为27 420美元，白人的主修选择在产生起薪上明显低于中国人、菲律宾人和东南亚人，平均为25 430美元。在亚洲人中，朝鲜人选择的主修在产生起薪上明显低于

---

①② Jacqueline C Simpson. Segregated by Subject: Racial Differences in the Factors Influencing Academic Major Between European Americans, Asian Americans, and African, Hispanic, and Native Americans. The Journal of Higher Education; Jan/Feb 2001; 72, 1; Pg. 63-100.

菲律宾人和东南亚人。①

五、关于"不同专业选择结果的学生学习差异"研究

布迪厄等人对这方面的问题也有一些涉猎，如他们研究发现，在法国文科教育的传统系统中受到高度评价的哲学专业，高级职员子弟的成绩明显高于其他各类学生；但他们在社会学专业里的情况却相反，成绩最差。对这两种完全相反的表现，布迪厄等人做出了如下解释："社会学专业事先就被确定，应当对特权大学生中学习最差的人起到神奇的避难所的作用。因此，他们在这里受到选择的程度比其他出身的同学要低……一种诸如社会学的专业所特有的相对低的（这里是与哲学专业相比）选择性，可以保证它以最小的学习代价换取在知识界的重要地位，从而在教育系统中占有一个不合常理的位置。越是在处于有利地位的阶级中，这一情况就越突出。"② 在专业学习的积极性方面，布迪厄等人研究发现，学习过程浅薄涉猎的情况主要表现在资产阶级出身的大学生身上，因为"他们没有真正的危险，可以表现出由更大安全感所造成的超脱：直接与教学计划有关的书和学校的书读得比较少，更多的人去学远离本专业的或其他学校的课程，对自己更宽容"③。在专业学习的条件方面，布迪厄等人研究指出，除去家庭收入不同可以解释学生之间的差距以外，"自由"文化这一在大学某些专业取得成功的隐蔽条件，在不同出身的大学生之间的分配也很不平均。"在熟悉文艺作品方面，文化特权十分明显，这只有经常去剧院、博物馆和音乐厅才能做到（学校不可能组织，或只能偶尔组织这些活动）。"④正是因为这些因素对学生学业可能造成的影响，不同专业选择结果的学生在学业上才表现出不同属类之间的差异，而这种差异又制约着学生的专业选择行为。在这里可以发现，不同专业选择结果对学生学

---

① 起薪数据源自 1993 年 9 月报道的全国性薪水调查. Chunyan Song；Jennifer E Glick. College Attendance and Choice of College Majors Among Asian-American Students. Social Science Quarterly，2004（5）：1401-1421.

② [法] P. 布尔迪约，J.-C. 帕斯隆. 再生产——一种教育系统理论的要点 [M]. 邢克超，译. 北京：商务印书馆，2002. 97-98.

③④ [法] P. 布尔迪约，J.-C. 帕斯隆. 继承人——大学生与文化 [M]. 邢克超，译. 北京：商务印书馆，2002. 20.

业的影响，是与家庭背景因素交织在一起的。布迪厄等人也进一步指出："选择在决定一个大学生群体与其学业关系的所有方面，都表现出他们所属的阶级与整个社会、与社会成功及与文化的根本关系。"①

可见，国外关于高等学校专业选择的研究集中于专业选择的影响因素与群体差异，强调专业选择的动机与公平问题，从性别到社会阶级或阶层，再到种族，在社会学视角上研究专业选择行为已经较为深入。

第二节 国内关于高等学校专业选择的研究综述

由于中国高等教育研究起步相对晚，长期以来又集中于宏观层面的理论和实践问题的探讨，加之在高等教育计划模式下学生主体地位长期被忽视，这导致中国对学生选择专业的研究起步晚，专门研究少。近年来，伴随着高等教育的大众化、市场化和学生主体意识的崛起，对大学生的研究逐步兴起，关于专业选择的研究也日益增多。本研究在资料搜集中发现，除了大量供学生填报志愿参考的非研究性的书籍和文章以外，在专著、学位论文和期刊论文中，也有少量关于学生选择高等学校专业的专门研究和许多有关专业选择的零星研究。概括起来，这些研究主要体现在以下几个方面：

一、关于"学生选择专业的权利"研究

国内关注学生选择高等学校专业的人一般都认为自主地选择专业是学生的一项权利（权力）或自由，持这种观点的人主要有李均（2000）、王汝凤（2001）、季诚钧、彭志忠（2003）、彭志武、秦毅、赵颂平、张荣祥、张素勤（2004）、周光礼、代成功（2005）、白亚军、张玉斌、张青玉、周建平、杨金华、叶正龙、曾志平（2006）、赵雄辉、徐献忠、陈峰、陈家荪、方惠圻（2007）等，其论证的角度主要有以下几个方面：

---

① ［法］P. 布尔迪约，J.-C. 帕斯隆. 继承人——大学生与文化［M］. 邢克超，译. 北京：商务印书馆，2002. 24.

彭志武（2004）、代成功（2005）、赵雄辉（2007）等人从认识论的角度论证了学生自主进行专业选择的合理性。彭志武认为，学习自由允许学生根据自己的兴趣对学校、专业、教师进行选择，支持学生做出最适合自己的决断和设计，保证学生潜能和创造性的发挥。大学应当允许学生按照自己的兴趣，根据自己的能力在入学一段时间后，自主选择另一专业。① 代成功指出，允许高校学生重新选择专业原本就是受高等教育权的应有之意，现在我们所尝试的只是如何把它返还给学生，并以此来培养他们自我负责的精神，提高其对学习的兴趣，保证教学目标的实现，促进学术研究的进步。还是那句老话，"鞋子合适不合适，只有脚才知道"。② 赵雄辉认为，学术自由是高等学校生机与活力的象征，一所大学没有了学术自由，它就没有了发展的动力，它的生命就会枯竭。学习自由是学术自由思想的重要组成部分，学习自由的核心是选择，对学校、专业、课程、教师、学习方式、学习时间等方面的各种选择。于是，追求学术自由必然要赋予大学生在高等教育服务消费时的选择权利，让消费者充分利用学校资源，自己决定学习什么、如何学、向谁学、在哪里学，以及形成和自由表达自己的思想。③

彭志忠（2003）、赵颂平、张荣祥、张素勤（2004）、赵雄辉（2007）等人从现实需要角度论证了学生的专业选择自主权。彭志忠认为，从高等教育发展的现实与未来的角度思考，赋予大学生专业自主权具有重大的现实意义。给学生充分的自主权，让学生对影响自己前途命运和心理满足程度的教学构成要素享有选择权，有利于学生发挥主观能动性和积极性，也有利于教学过程的双向交流和教学相长，更有利于培养既有健康人格又适应社会需要的人才。因此，保障大学生的专业自主权，大学生最终选择的专业才能更符合自己的能力条件和兴趣爱好，也更符合社会发展的要求，更有利于人才成长……学生高考填报志愿带有相当大的盲目性。进入大学后，经过一段时间的学习，大学生对所学专业有了一定的了解，在此基础上要求重新选择自己所学的专业应当是允许的……大学生应当享有

---

① 彭志武. 教学管理制度创新与大学生创造能力培养［J］. 交通高教研究，2004（4）：80-82.

② 代成功. 公立高等学校学生权利研究［D］. 吉林大学，2005. 37.

③ 赵雄辉. 论大学生的选择权［J］. 辽宁教育研究，2007（1）：9-12.

充分的专业自主权,中国应该废止对大学生转专业、转系所做的种种限制。① 赵颂平等人对浙江省5所高校1 502份调查问卷的统计发现,大学生对选择权充满了渴望,但是他们对现实又表现出了无可奈何的情绪。在回答"你对选择专业这一权利的渴望程度"时,有95.47%的学生选择"强烈"或"较为强烈";有89.13%的学生认为选择专业的权利实现得不充分。② 赵雄辉抽取湖南省内13所高校的在校大学生1 345人进行调查,回收有效答卷1 315份。统计结果表明,在13项权利中选出最期待享有的5项时,比例最高的就是选择权,73.6%的学生期待享有这一权利。有84.5%的学生"完全赞成"或"基本赞成"学校应该允许大学生自己选择专业。③

赵颂平、张荣祥、张素勤(2004)、赵雄辉(2007)等人从落实学生主体地位的角度探讨了学生选择专业的权利。赵颂平等人研究认为,主体性教育的基本目的是让学生拥有更多的自主权。自主权是主体性的重要基础和保障。让学生享有自主性才能使学生拥有主体性。而自主权的核心要素是让学生拥有充分的选择权,包括学生进校后对所学专业、学制设置、任课教师、教学资源及其他教育过程构成要素享有充分的选择权、决定权。因此,在推进主体性教育时,如果忽视学生选择权的实现,主体性教育最终也无法实现。④ 赵雄辉研究认为,作为全面发展最高境界的人的个性形成与创造力的发挥需要尊重学生的主体性,而尊重主体性就应该给学生在影响自己前途与命运的服务内容、形式、时限等方面的选择权,使他们在选择中发展和完善。选择本身就是一种主体性行为,是主体地位和主体意识的重要表现。只有在自主选择的过程中,主体性才会真正体现出来。⑤ 毋庸置疑,这里的选择包括对专业的选择。

周光礼(2005)、赵雄辉(2007)、徐献忠、陈峰、陈家荪(2007)从受教育权或学习权的角度探讨了学生选择专业的权利。周光礼认为,学习自由主要来源于宪法受教育权中的教育选择自由权。教育选择自由权包括选择学校的自由、选择专业的自由、选课的自由、上课的自由以及参与讨论与表达意见自由等几个方

---

① 彭志忠. 大学生专业自主权问题探析[J]. 当代教育论坛, 2003(7):72-73.
②④ 赵颂平,张荣祥,张素勤. 大学生选择权的现实状况及实现途径[J]. 辽宁教育研究, 2004(8):22-24.
③⑤ 赵雄辉. 论大学生的选择权[J]. 辽宁教育研究, 2007(1):9-12.

面。学习自由是学生的权利,它包括选择学什么的自由、决定什么时间学的自由、怎样学的自由,形成自己思想的自由。其依据是宪法受教育权条款。① 赵雄辉指出,《普通高等学校学生管理规定》明确指出:"学生可以按学校的规定申请转专业。学生转专业由所在学校批准"。这样,从国家法定制度层面,大学生有了第二次甚至第三次再选择专业的权利。② 徐献忠等人研究认为,高校学生学习权主要包括学习自主权、学习保障权和学习成果享受权三个方面。学习自主权是指学生个体根据社会需求出发,在正确认识和分析自己的天赋、特长、兴趣、爱好、潜能的基础上,对自己的素质、知识、能力结构的发展方向、发展目标、发展方式的一种自主选择、设计和实施的权力。它包括:(1)选择学校的权利。(2)选择专业的权利。(3)选择教师的权利。(4)选择课程的权利。(5)选择学习方式的权利。③

此外,秦毅(2004)、赵雄辉(2007)等人还从消费者权益的角度论证了学生选择专业的权利。秦毅认为,从消费者权益的角度来看,学生及其家长可以根据自己的需求选择所想获得的消费——教育服务的种类、项目等等,亦即学生可以根据自身要求选择学校、专业、课目等。④ 赵雄辉指出,根据中国《消费者权益保护法》第九条规定:"消费者享有自主选择商品或者服务的权利。消费者有权自主选择提供商品或者服务的经营者,自主选择商品种类或者服务方式。消费者在自主选择商品或者服务时,有权进行比较、鉴别和挑选。"那么,承认大学生是高等教育服务消费者就自然应该赋予其选择权利。⑤

也有研究指出了学生专业选择权的行使不是完全自由的,应有所限制。过度自由的选择给学生学习带来的不利后果已为实践所证实,正如已故的卡内基教学促进基金会主席博耶说的那样:"今天,我们学校的几乎所有学生都能获得必要的卡内基学分,领到一张文凭,可是在我们支离破碎的学术世界里,他们没有得到的是更为贯通的知识观,更为综合、更为真实的生活观,对许许多多的学生来

---

① 周光礼. 学习自由的法学透视 [J]. 高等工程教育研究,2005 (5):24-28.
②⑤ 赵雄辉. 论大学生的选择权 [J]. 辽宁教育研究,2007 (1):9-12.
③ 徐献忠,陈峰,陈家苏. 高校学生学习权初探 [J]. 江西师范大学学报(哲学社会科学版),2007 (2):109-113.
④ 秦毅. 高校学生权力的探索 [J]. 扬州大学学报(高教研究版),2004 (6):44-47.

说，学习已成为追求旁枝末节学问的一种操练。"① 赵雄辉（2007）研究指出，无论是从理论上分析，还是从实际运行的可能性分析，大学生都不可能在短时期内得到完全充分的自由选择，而是在一定限制下的自由选择。有限度的自由选择才是合理的自由，是维持消费公平和保持高等教育良好运行秩序的需要。无限度的自由既不符合教育服务的规律，也不利于人才成长，会使那些学习积极性低的学生懒散、虚度时光，浪费教育资源，造成消费者不必要的损失。②

彭志武（2004）、周光礼（2005）、赵雄辉（2007）等人还探讨了中国学生选择专业的权利（权力）或自由的不足问题。彭志武认为，现行的高考制度，学生报考专业带有很大的盲目性，对不喜欢的专业，学习起来缺乏热情和动力。这实际上侵犯了学生的学习自由权，即选择专业和选择自我发展的权利。③ 在周光礼看来，由于中国高等教育资源稀缺，考生为了确保录取被迫同意调剂到自己不喜欢的专业，因此，在这种模式下，学生选专业的自由极其有限。④ 赵雄辉的研究指出：事实上，中国一些高等学校为了让学生享有多次选择专业的权利，采取了一些人性化的措施，给予了更多的转专业机会。但是，大学生享有的专业选择权还远远没有得到满足，其原因主要是学校对转专业的比例、条件限制过严，要收取较高的选择费用。也有的是由于学生的独立意识和选择能力的限制，不善于选择专业所致。⑤

二、关于"学生选择专业的影响因素"研究

赵叶珠和钱兰英于1997年12月对厦门大学与郑州大学1994、1996级部分本科生的调查（发放问卷1 500份，收回有效问卷1 395份；其中男生占62.8%，女生占37.2%）表明，男女大学生在填报志愿时主要考虑的因素是该专业的就业前景，占样本总数的51.2%；根据自己的兴趣爱好来填报专业的占31.1%，居

---

① 荆磊. 大众化背景下我国大学生学习自由问题 [J]. 医学教育探索，2004（3）：11-13.

②⑤ 赵雄辉. 论大学生的选择权 [J]. 辽宁教育研究，2007（1）：9-12.

③ 彭志武. 教学管理制度创新与大学生创造能力培养 [J]. 交通高教研究，2004（4）：80-82.

④ 周光礼. 学习自由的法学透视 [J]. 高等工程教育研究，2005（5）：24-28.

第二位;在填报志愿时首先考虑的是能否上学,至于读什么专业持无所谓态度的学生占10%,居第三位;回答填报志愿时考虑家庭经济负担人数仅占5%。男女大学生在填报志愿时所考虑的因素顺序相同,只是在考虑家庭经济负担时,男生所占比例比女生稍高一些,见表1-3。这主要可能是由于样本中女生来自城市的占大多数,男生来自城镇、农村的较女生多之缘故(女生中有64.8%来自城市,而男生中47.3%的人来自农村和乡镇)。

在填报志愿时,有一半以上的学生都是未参考父母和老师的意见自己做出的选择;其次,有近20%的学生就读的专业是通过学校调剂过来的;此外,按回答问题人数所占百分比多少的顺序依次是:听取父母的意见(16.6%),听取兄长、同辈的意见(5.9%),听取中学老师的意见(4.4%)。就男女大学生比较而言,男生中自己拿主意的所占比例较女生要高,见表1-4。这或许说明,男生的独立性较强一些,而女生较男生更趋于依赖她所信赖的人。

表1-3 填报志愿时主要考虑的因素

	总计		男		女	
	人数	%	人数	%	人数	%
专业的就业前景	714	51.2	436	49.8	278	53.6
自己的兴趣爱好	434	31.1	277	31.6	157	30.3
家庭经济负担	70	5.0	55	6.3	15	2.9
能上大学,读什么专业无所谓	140	10.0	83	9.5	57	11.0
未选	37	2.7	25	2.9	12	2.3
合计	1 395	100	876	100	519	100

资料来源:赵叶珠,钱兰英.九十年代大学生专业选择行为研究[J].青年研究,1999(4):12-15.

表 1-4　选择专业时的参考意见（总计）

	总计		男		女	
	人数	%	人数	%	人数	%
自己选的	711	53.1	481	54.9	230	44.3
听取父母意见选的	229	17.1	117	13.4	112	21.6
听取中学老师意见选的	61	4.6	42	4.8	19	3.7
听取兄长、同辈意见选的	82	6.1	48	5.5	34	6.6
未报此专业，是被调剂过来的	255	19.1	150	17.1	105	20.2
其他	44	3.2	30	3.4	14	2.7
未选	13	0.9	8	0.9	5	1.0
合计	1 395	100	876	100	519	100

资料来源：赵叶珠，钱兰英．九十年代大学生专业选择行为研究［J］．青年研究，1999（4）：12-15．

分析认为，随着经济体制的转轨，影响学生专业选择的因素前后有了很大变化。首先，收费制度的改革使家庭对大学生子女的培养由以前的投入较少转为要有相当的投入，有投入就期望有回报，高投入就期望有高回报，因而，在填报志愿时就不可避免地要考虑与此专业有关的职业、行业将来的收益情况；其次，用人单位与个人"供需见面，双向选择"的就业制度使填报专业志向时更多地考虑到专业的就业前景问题。至于考虑自己的兴趣、理想等则退居其次。调查显示，家庭经济负担只是少数人（主要是来自农村的学生）在报考专业时考虑的因素。总之，在计划经济体制下，人们选择专业时的出发点是个人，其归宿是社会；在市场经济体制下人们选择专业的出发点是社会，其归宿是个人。①

赵宏斌根据北京师范大学赖德胜教授主持的"毕业生就业意向与就业行为研究"课题组对全国 30 所大学的 2002 届毕业生进行的问卷调查资料（共收回有效问卷 5 334 份，问卷覆盖西部地区、中部地区和发达地区的部委院校 12 所、地方

---

① 赵叶珠，钱兰英．九十年代大学生专业选择行为研究［J］．青年研究，1999（4）：12-15．

院校 14 所和职业院校 4 所），分析得出，影响专业选择的主要因素依次有"易就业"、"专业热门"、"性别因素"、"感兴趣" 4 个指标。其中"易就业"和"热门"两项指标的含义相近，是大学生选择专业的先决指标，选择概率分别达到 53.0% 和 39.5%，反映了大学生在入学前对未来专业前景和职业价值的预期。[①]

童腮军采用自编问卷"高考学生专业选择问卷调查表"和"大学生专业选择问卷调查表"以及台湾省"大学入学考试中心兴趣量表"，对高考生（按重点中学、二类完中和农村完中在上饶市分层抽样）和大学二、三年级学生（在南昌大学、江西师大、上饶师院、上饶医专等 4 个院校抽样，涉及 22 个专业）共计 1 050 人进行了调查，收回有效问卷 1 011 份，其中高考生 451 人，大学生 560 人。根据统计结果，该研究从个人因素、家庭因素、学校因素、社会因素 4 个方面对影响考生专业选择行为的主导因素进行了统计（见表 1-5）分析，结果如下：

（1）个人因素方面：学生选择专业时最注重个人的兴趣特点，其次是为了个人的理想，再次是为了将来更好就业。男女生在注重兴趣的方面无显著性差异；在注重个人理想方面有显著性差异，女生的理想成分更多；在注重将来就业方面差异极其显著，男生更注重自己的将来就业。

表 1-5 专业选择的影响因素调查结果

		总计		男		女	
		人数	%	人数	%	人数	%
个人因素	个人兴趣	409	40.4	224	39.4	185	41.8
	个人理想	290	28.7	146	25.7	144	32.6
	将来就业	278	27.5	184	32.3	94	21.3
	身体条件	11	1.1	8	1.4	3	0.7
	其他	23	2.3	7	1.2	16	3.6
	合计	1 011	100	569	100	442	100

[①] 赵宏斌. 人力资本投资收益——风险与大学生择业行为 [J]. 北京师范大学学报：社会科学版，2004（3）：119-125.

(续)

		总计		男		女	
		人数	%	人数	%	人数	%
家庭、老师、同学影响	父母的态度	88	8.7	29	5.1	59	13.3
	老师的推荐	133	13.2	63	11.1	70	15.8
	个人的兴趣	730	69.2	442	77.6	288	65.2
	上届同学的推荐	40	4	27	4.8	13	3
	其他	20	1.9	8	1.4	12	2.7
	合计	1 011	100	569	100	442	100
高校因素	大学知名度	172	17	97	17	75	17
	大学的就业情况	303	30	165	29	138	31.2
	大学的地理位置	130	12.9	76	13.4	54	12.2
	大学的综合实力	381	37.7	224	39.4	157	35.5
	其他	25	2.4	7	1.2	18	4.1
	合计	1 011	100	569	100	442	100
专业与学校的关系	重专业不重学校	232	22.9	134	23.6	98	22.2
	专业和学校同等重要	637	63.1	347	61	290	65.6
	重学校不重专业	60	5.9	39	6.8	21	4.7
	无所谓	63	6.2	42	7.4	21	4.8
	其他	19	1.9	7	1.2	12	2.7
	合计	1 011	100	569	100	442	100
热门专业与冷门专业	热门专业	676	66.7	366	64.4	310	70.1
	冷门专业	102	10.1	64	11.3	38	8.6
	两者兼顾	193	19.2	127	22.3	66	14.9
	无所谓	40	4.0	12	2.0	28	6.4
	合计	1 011	100	569	100	442	100
社会因素	社会需求	620	61.3	335	58.9	285	64.5
	国家经济形势	214	21.2	135	23.7	79	17.9
	国家政策	47	4.6	33	5.8	14	3.2
	舆论导向	96	9.5	53	9.3	43	9.7
	其他	34	3.4	13	2.3	21	4.7
	合计	1 011	100	569	100	442	100

资料来源：童腮军. 高考学生专业选择行为研究 [D]. 江西师范大学, 2003. 19-26.

(2) 家庭因素方面：学生选择专业时在父母的态度、老师的推荐、个人的兴趣、上届同学的推荐4个因素中，个人的兴趣占主导地位，其次是老师的推荐，再次是听从父母的态度，最后是上届同学的推荐。女生受父母的态度与老师的推荐影响显著大于男生，表明男性的独立性相对来说要强一些。学生不管是来自城市的或农村的，他们在专业选择时较少考虑家庭的经济因素。只是那些家庭经济的确困难的学生在专业选择时，才不得不考虑家庭经济承受能力。

(3) 高校因素方面：学生在专业选择时受到高校诸多因素的影响。影响面由大到小依次为：大学的综合实力、大学的就业情况、大学的知名度、大学的地理位置；男女生之间在受上述4个方面的影响上差别不大。

(4) 专业与学校关系因素方面：学生在专业选择上还要受专业与学校关系的影响。绝大多数同学既看重专业又看重学校，但也有一定的人数是看重专业是否适合自己；男女之间在这个方面差别不大。

(5) 热门专业和冷门专业的影响方面：多数学生注重热门专业，仅有10.1%的学生会选择冷门专业，男女生选择专业在热门专业和冷门专业上均无显著差异，但在两者兼顾上，男生显著高于女生。

(6) 社会因素方面：学生在专业选择时受到很多社会因素的影响，在社会对人才的需求、国家的经济形势、国家政策、舆论导向等因素中，选择专业时看重这几个因素的人所占比例依次递减。男女生在考虑社会需求和舆论导向上无显著差异，但男生比女生更为看重国家经济形势和国家政策等因素，二者之间存在显著差异。

这项研究的主要结论是：高考学生专业选择时受到个人因素、家庭因素、高校因素、社会因素4大因素的影响；个人兴趣在专业选择中占有主导地位；专业选择具有强的职业倾向，认为专业等于将来的职业；高考学生在专业选择时存在许多误区：盲目追求热门专业和名校，个人兴趣至上，只强调第一志愿而忽略了其他志愿，专业兴趣与专业类型并不完全吻合；男女生在专业选择上存在着一定的差异。[1]

应松宝对西南地区11所高校大学生共计3 539人的调查表明，有48.8%的

---

[1] 童腮军. 高考学生专业选择行为研究 [D]. 江西师范大学, 2003. 6, 19-26, 29.

人回答在填报大学志愿时考虑了将来的工作情况,有17.34%的人回答没有充分考虑,有33.9%的人回答没有考虑。①

罗丹于2007年下学期对厦门大学和山东工商学院在校大学生(2005年入学学生为主)的专业选择情况进行了问卷调查,分别获得分析样本147份和316份(或者400份,注:因答卷存在部分问题没有回答的情况,316份是将调剂生比例低于50%的合并起来计算,400份则将所有调剂生都计算进来。)统计分析得出:选报专业时,学生关注的程度分别是:专业未来的就业前景(35.74%)、是否爱好或擅长(24.41%)、被录取的可能性(23.31%)、专业实力(11.43%)、其他(2.83%)、收费(2.29%)。②

三、关于"学生选择专业的群体差异"研究

1. 性别差异研究

方跃林(1990)对厦门、福州两地共9所高校1 708名1990级学生的调查结果显示,女生较多集中于人文社会学科及师范科,理工科的女生为数甚少。如文科和师范科的女生比例分别为38.12%和36.21%,高于样本总体的女生比例(33.2%),特别是理工科女生最少,只占理工科学生的17.05%。统计显示,在科类构成上,男女性别间有显著差异,见表1-6。

表1-6 大学生性别差异(%)

		男	女
科类差异	总体差异	66.80	33.20
	文 科	61.88	38.12
	理工科	82.95	17.05
	农 科	76.53	23.47
	中医科	72.94	27.06
	师范科	63.79	36.21
		$X^2=25.62$	$P<0.001$

---

① 应松宝. 我国大学生就业过程研究[D]. 西南交通大学,2006. 42.
② 罗丹. 规模扩张以来高校专业结构变化研究[D]. 厦门大学,2008. 172-174,179.

资料来源：方跃林. 社会阶层化与高等教育入学机会的差异研究［D］. 厦门大学，1991. 9.

郭丛斌等人利用北京大学教育经济研究所 2005 年的大学生就业调查数据（包括东、中、西部地区 16 个省份 34 所高校共 21 220 份有效问卷）为基础分析得出，在 15 593 名就读于不同学科门类的本科毕业生中，人文学科男生比例明显低于女生，二者分别为 37.6% 和 62.4%；社会学科中男女比例基本持平，分别为 47.98% 和 52.02%；相比之下，理工科男生的比例则明显高于女生，其中理学的男女比例分别为 57.48% 和 42.52%，而工学的男女比例差距则非常明显，二者分别为 77.31% 和 22.69%；其他学科（如医学、农学等）的男女性别分布也呈现男性多于女性的特点，其中男性所占比例为 57.83%，女性所占比例为 42.17%。在子学科中，学数学和化学的女生比例高于男生，其中数学学科女生的比例比男生高出近 8 个百分点，而化学学科女生的比例则比男生高出 12 个百分点。与之相反，物理、生物、计算机的男生比例则明显高于女生，在物理中表现得尤为明显，男女生的比例相差 32 个百分点。[1]

郑新蓉研究指出，近年来，中国女性选择的专业在进一步扩展，生物工程和计算机等专业中的女生人数也有所增加。然而，高校专业性别分化的现象依然明显。女性在选择专业时一般偏向女性好找工作及社会上认为更适合女性学习的学科——人文学科、财会、语言、师范等。在性别差异上的原因，有研究表明，认为数理化等理工类学科属于男性学科的说法没有足够的理论和事实根据。许多女生没能学好数理化，并不是因为她们不聪明，而是社会的舆论和偏见对她们造成的压力，使她们在没有学习数学之前便对自己的数学学习能力产生怀疑，对数学产生了恐惧感。理科教科书与妇女和女孩的日常经历脱节，而且并未对女科学家给予肯定。另外，现行的教学过程多是按照男生的思维方式进行的。研究认为，这样的做法有可能在一定程度上对女孩学数学造成不利影响。[2] 叶文振认为，中国出现了女性偏重选择人文和社会科学的情况，一定程度上是因为高等教育的体

---

[1] 郭丛斌，曾满超，丁小浩. 中国高校理工类学生教育及就业状况的性别差异［J］. 高等教育研究，2007（11）：89-101.

[2] 郑新蓉. 性别与教育［M］. 北京：教育科学出版社，2005. 139-141.

系并没有考虑到男女的性别差异，根据女性的认知特点和需要设立一些课程。①

2. 城乡差异研究

余嘉元（1989）对南京市 615 名高中生的抽样调查表明，在专业选择上，城市学生和农村学生存在差异的原因在于：城市学生和农村学生受地域、经济、文化因素的差异的影响，职业理想、价值观存在一定差异。农村学生一般希望找到一个城市工作，在专业选择上首先考虑的是能被大学录取，其次是能否有一个稳定的职业。而城市学生首先考虑的是该专业热不热，分配怎样，待遇如何，如果不能读一个本科的好专业，宁肯选择一个专科的好专业，先上一个好专业，以后再设法读本科。②

方跃林（1990）的调查研究显示，城市学生更多地集中在热门专业，占热门专业的 73.62%（见表 1-7）。造成城乡差异的原因之一是农村一般都比较偏僻而闭塞，无法获取大量最新信息，不能尽多尽快地了解人才需求信息和职业社会声望的变化，还是把眼光放在一些传统学科。再加上农村学生家长文化素质低，不能对学生填报志愿进行有效的指导，等到入校后才发现进入了冷门专业。此外，农村学生还面临着"考上吃皇粮，落第做农夫"的重要抉择，他们不敢在填报志愿时冒风险，只能选择把握性较大的学校和专业，甚至有的专报冷门专业，认为"只要考上就行"，有许多学生都因志愿没填好而屈居较差的学校和专业中。③

表 1-7　大学生家庭居住地差异（%）(1990)

专业差异		市区	城镇	农村
专业差异	热门专业	48.29	25.33	26.38
	冷门专业	20.49	27.12	52.39
			$X^2 = 169.09$	$P<0.001$

资料来源：方跃林. 社会阶层化与高等教育入学机会的差异研究 [D]. 厦门大学，1991. 11.

---

① 叶文振. 女性学导论 [M]. 厦门：厦门大学出版社，2006. 190.

② 孟东方，李志，周顺文，朱勋春，苏玲. 学生家庭社会经济地位与高等学校类型及专业选择的相关性研究（下）[J]. 渝州大学学报：哲学社会科学版，1996（4）：65-79.

③ 方跃林. 社会阶层化与高等教育入学机会的差异研究 [D]. 厦门大学，1991. 13.

孟东方等人于1995年对重庆市8所不同类型的高等学校共计5 809名大学生进行的调查研究得出，在艺术、外语、医学、机械、政治、化工、资源环境、农业、物理、数学等专业，城市学生比例与总体呈现显著差异，城市学生就读艺术、外语、医学专业的比例明显高于总体中城市学生的比例，而在机械、政治、化工、资源环境、农业、物理、化学等专业，农村学生的比例明显高于总体中农村学生所占比例。可见，城市学生更多选择的是与经济联系紧密、经济收入颇丰的专业，而更多的农村学生选择的是一些比较传统、艰苦的专业。在师范院校中，农村学生大多数集中在传统的专业，而城市学生多读新开专业和热门专业。城市学生在艺术、外语专业比例显著高于农村学生，而在中文、政治、物理、数学专业城市学生比例显著低于农村学生。[①]

余小波根据某电力学院2000级新生共计1 760人报到时所填写的"学生情况登记卡片"中的信息，按学生来源对他们的实际录取分数进行了比较分析，发现在1 599个有效样本中，农村考生入读排在前5位的专业分别是：物理学、建筑环境与设备工程、供用电技术、汉语言文学、热能动力工程，这些专业充其量也只能算是一般专业。而城镇考生入读排在前5位的专业分别是：计算机科学与技术、电气工程及其自动化、财务管理、经济学、电子信息与通信技术，这些专业恰好是当前社会上较热门、毕业后待遇较优厚的专业，大都是该院学生入读的首选专业。入读这些热门专业的城镇考生平均分非但没有高出农村考生，相反，农村考生愈是入读热门专业愈要付出更高的考分。其原因有三，一是城镇学生综合素质更好的条件使其在录取上占优势。二是由于经济等方面的原因，大部分农村学生为确保万无一失，填报志愿倾向于低估低报，且他们对专业、人才需求情况及未来的人才市场趋势方面的信息掌握不如城镇学生，这在客观上增大了社会分层在高等教育入学机会及专业入读上的不均等。三是招生中存在社会腐败和不正之风，而农村家庭明显不占优势；招生学校出于自身利益的考虑，也可能会把关注点更多地投在城镇考生身上而不是农村考生。[②]

---

① 孟东方，李志，周顺文，朱勋春，苏玲. 学生家庭社会经济地位与高等学校类型及专业选择的相关性研究（下）[J]. 渝州大学学报：哲学社会科学版，1996（4）：65-79.

② 余小波. 当前我国社会分层与高等教育机会探析——对某所高校2000级学生的实证研究[J]. 现代大学教育，2002（2）：44-47.

余秀兰采取整群抽样方法（以上课班级为单位）对南京大学 2002 级 9 个学院 19 个系的学生进行了问卷调查，发现学生的专业选择与学生的居住地、学生的户籍密切相关。从居住地看，农村学生选择的多是一些相对传统和冷门的专业；而热门专业如外语、国际贸易、会计、法律、计算机等，城镇学生占了大多数，特别是法语、国际商务，百分之百是城市人的领地。从户籍上看也基本类似，农村户口选择较多的专业是地球科学（42.4%）、中文（39.3%）、电子商务（39.2%）、历史（36.7%），这些专业除电子商务外，其余都是相对传统冷门的专业；选择较少的专业是法语（0 人）、国际商务（5.3%）、文科强化部（5.3%）、国际贸易（15.6%）、德语（15.8%）。这表明，即使农村孩子有机会上大学，其在专业选择上也处于劣势，多选择一些相对传统和冷门的专业。这些专业首先可能使其在将来就业竞争中处于劣势，其次可能使其获得新兴的、回报较高的职业机会较小，并导致相对低的经济地位。[①]

蒋国河调查了江西和天津 9 所公办院校的 2004－2005 级在校生，发放问卷共 3 000 份，回收有效问卷 2 828 份。统计结果表明，分属不同学科专业背景的在校大学生家庭居住地的城乡分布确实存在着差异，且这种差异通过正态分布检验，具有统计上的显著性（$\alpha<0.01$）。在历史学、社会学（心理学）、教育学、理学（样本中主要体现为化学、数学）、农林学、机电工程学（工科类）学科专业中分布着大量的农村生源，比例都在各学科在校生总体的一半以上，尤其是农林类和工科类的机电工程学，比例高达 60% 以上。与此相对应，除教育学有所例外，这些学科中的大中城市生源的比例都非常低，历史学科几乎已被大中城市生源所抛弃。究其原因，一是这些学科缺乏市场需求，就业困难，因此为家长和学生所排斥；二是某些学科虽然就业并不困难，但学习和工作较累较苦，收入也不见得高，很多家长也不愿自己的子女就读这样的专业。在文学、外语、法学、艺术、经济学、工商管理等学科中，农村生源的比例都在 40% 以下，因为除文学外，其他学科都是较有市场需求的学科，文学中农村生源的比例位居最低出人

[①] 余秀兰. 中国教育的城乡差异——一种文化再生产现象的分析 [M]. 北京：教育科学出版社，2004. 218-222.

意料。①

3. 家庭经济状况差异研究

方跃林（1990）的调查研究显示，家庭经济状况较差者较多进入农学、师范等学科，见表1-8。究其原因，是因为这些科类不仅免收学费，还能提供一定的生活费用。

表1-8 大学生家庭经济状况差异（％）（1990）

		上	中	下
	总体差异	9.60	59.0	31.40
科类差异	文科	14.88	64.16	20.96
	理工科	6.25	65.34	28.41
	农科	4.71	47.06	48.23
	中医科	3.51	46.94	49.49
	师范科	5.38	54.96	39.66
			$X^2=107.60$	$P<0.001$

注：中医科三个数据之和为99.94％，这是原文数据。

资料来源：方跃林. 社会阶层化与高等教育入学机会的差异研究 [D]. 厦门大学, 1991. 14.

武毅英等人的研究与此类似，指出无论是选择高校还是选择专业，学生都必须缴纳一笔相当可观的费用，如果想选择好一点的学校和专业的话，费用就更高。这无形之中已在中高收入家庭与低收入家庭子女之间划了一道分界线：低收入家庭的子女一般只能选择较差的学校和收费相对低廉的专业，而中高收入家庭的子女因条件许可能够选择更好的学校和更好的专业。②

钟宇平和雷万鹏则从对待风险的不同态度上分析了这种差异，认为由于风险与回报是正相关的，当不同社会经济背景的学生对大学学业竞争和就业竞争的风

---

① 蒋国河. 当前我国高等教育入学机会的城乡差异——基于对江西、天津高校的实证调查分析 [J]. 现代大学教育, 2007（6）：57-62.
② 武毅英, 吴连海. 高校收费对教育机会均等的负面影响及反思 [J]. 复旦教育论坛, 2006（2）：60-65.

险赋值（风险偏好）不等时，学生的专业选择将出现差异。因低收入家庭的学生比高收入家庭的学生回避风险的意愿更强烈，所以他们宁愿选择那些较易完成学业的专业；高收入家庭的学生更愿意承担教育投资风险，他们倾向于选择学业竞争更激烈、市场回报高的专业。①

4. 父母文化教育差异研究

方跃林（1990）的调查研究显示，父亲文化程度越高，其子女学习热门专业的可能性越大，但在冷门专业中差别则不是太大，父亲文化程度高的子女也占了不小比例（见表1-9）。② 他认为，父亲所从事职业的知识层次越高，越注意从大众传播媒介中获取信息，信息来源渠道也越多，对各种专业的社会声望的变化越明朗，在指导子女填报高考志愿时也就越能较准确地找到热门专业。

表1-9 大学生父亲文化程度差异（%）（1990）

专业差异		小学及以下	初中	高中及中专	大专及大专以上
	热门专业	16.50	20.02	23.32	40.16
	冷门专业	27.70	23.74	22.24	26.32
			$X^2=47.82$	$P<0.001$	

资料来源：方跃林. 社会阶层化与高等教育入学机会的差异研究［D］. 厦门大学，1991. 18.

5. 社会阶层差异研究

社会阶层的划分主要依据的是一个群体所拥有的经济的、文化的和组织上的资源，因此社会阶层的差异反映了多方面因素共同作用下的结果，国内主要以职业分类为基础划分社会阶层。在社会阶层化趋势的背景下，基于不同社会阶层的教育差异性研究越来越多，在专业选择方面主要有以下一些成果。

方跃林（1990）的调查研究显示，知识分子和社会管理者的子女学习热门专

---

① 钟宇平，雷万鹏. 风险偏好对个人高等教育需求影响的实证研究——以高中生对农业、林业和师范院校需求为例［J］. 高等教育研究，2005（1）：19-24.
② 方跃林. 社会阶层化与高等教育入学机会的差异研究［D］. 厦门大学，1991. 18-19.

业的比例要大于工人和农民子女的比例,企业家和私营业主的子女所占比例大于他们在样本总体构成上的比例。而在冷门专业中,农民子女最多,个体经营者子女所占比例大于其在样本总体中所占比例,见表1-10。

表1-10 大学生父亲职业类别差异(%)(1990年)

		工人	农民	知识分子	社会管理者	个体经营者	企业家	私营业主	其他
专业差异	热门专业	21.79	12.37	38.87	18.37	4.95	1.53	0.82	1.30
	冷门专业	18.04	32.13	28.06	10.24	7.33	1.40	0.47	2.33
					$X^2=44.41$	$P<0.001$			

资料来源:方跃林. 社会阶层化与高等教育入学机会的差异研究[D]. 厦门大学,1991. 16.

孟东方和李志(1995)的调查研究发现,就读热门专业的学生中父亲为企业事业单位干部、专业技术人员的比例较高,冷门专业学生中父亲为农民的多,父亲为工人、企事业单位干部、专业技术人员的比例较少,热门专业和冷门专业父亲职业人数分布呈显著差异。其原因有4:(1)工人家庭社会经济地位处于社会的中间层次,他们希望自己子女能读热门专业,明显不希望自己的子女就读冷门专业。(2)专业技术人员和企业事业单位干部本来就有着较高的社会地位,他们希望子女所从事的专业比自己更好,自然要鼓励孩子报考热门专业。(3)农民子女报考大学时较注重能稳当的录取,因此报考冷门专业的可能性较大。(4)在就业问题上,农民家长的最大心愿是让子女跳出"农门",对于子女就读什么专业,因文化水平所限,使他们无法关心、也不愿关心。相反,城市学生的父亲对子女选择什么样专业却非常关注,他们往往到处了解,打听消息,以选择最热门专业。[①]

刘宏元对武汉大学1995年面向全国29个省、自治区、直辖市招收的1 890名本科新生的基本情况进行了调查研究,发现家长的职业影响着子女就读的专

---

① 孟东方,李志. 学生父亲职业与高等学校专业选择关系的研究[J]. 青年研究,1996(11):24-29.

业。在基础学科专业（以数学和历史为例）中农民、工人子弟比例不仅高于整体比例，而且大大高于在热门学科专业中的比例。相反，在热门学科专业中党政企事业机关干部和知识分子子弟则占绝对比例，而工人农民子弟很少。究其原因：第一，自身因素。在竞争中高分学生、优秀学生干部等自身素质相对高的学生占有绝对优势，他们报考的成功率较大，而自身素质相对差一些的报考学生则有可能被调配到相关相近专业和基础学科专业。第二，家庭经济状况因素。热门专业较高的学费对家庭经济状况较好的学生无疑没有多少影响，但家庭经济状况困难的学生则对此不得不进行考虑和权衡，相对来说报考热门专业的也就少一些。第三，观念和信息灵敏度因素。由于工人农民相对于科教文卫人员和党政企事业机关干部来说，观念转变较缓，对人才市场的信息灵敏度较差，这对子女报考专业也有一定的影响。第四，社会交际能力因素。社会交际能力的大小对报考热门专业的成功率有一定影响，一般来说家长社会交际能力强则报考成功率大。在现实生活中，工人和农民，尤其农民的社会交际能力相对弱一点。[①]

余小波（2002）对某电力学院 2000 级新生共计 1 599 个有效样本的分析发现，干部子女多入读热门专业或该院强势专业，工人子女多入读一般专业，农民子女多入读冷门专业，干部子女入读热门专业明显高于工人和农民子女；愈是热门专业，农民的子女平均录取分愈要比干部和工人子女高。研究指出，尽管当前中国加快了高等教育大众化步伐，但社会分层在高等教育入学机会和专业就读上的影响仍然十分突出，其基本顺序是：干部、工人、农民。[②]

杨东平对北京理工大学部分学院 2003 级本科生家庭背景和学科专业的分析发现，学生在不同学科专业的分布，也越来越具有阶层的属性。优势阶层的子女更多地选择了热门专业和艺术类专业；而工人、农民等低阶层的子女选择冷门专业的更多。他对北京某高校 2003 级不同家庭子女的高考录取分数的统计显示，不同阶层学生的平均分，热门专业最高分与最低分可相差 20 分，冷门专业相差 37.4 分，艺术类专业则可相差 318 分。分析认为，拥有较多社会资本的高中级管

---

① 刘宏元. 努力为青年人创造平等的受教育机会——武汉大学 1995 级新生状况调查［J］. 青年研究，1996（4）：7-11.
② 余小波. 当前我国社会分层与高等教育机会探析——对某所高校 2000 级学生的实证研究［J］. 现代大学教育，2002（2）：44-47.

理和专业人员获得最多的实惠,他们享受了最大的录取分数差距,拥有较多经济资本的私企阶层也获得了实惠。在特别显示家长社会关系和经济能力的艺术类招生中,农民家庭子女享受的"优惠分"为零。①

谢作栩和王伟宜(2005)对来自陕西、福建、广东、浙江、湖南、安徽及上海等地的 8 所部属重点高校分布于 12 个专业共 1 613 个学生样本的分析得出,中上阶层子女更多地就读于一些优势专业或就学成本相对较高的专业,而大部分较低阶层子女选择的则是基础理论或收费较低的专业;优势专业中各阶层子女入学机会差异较大而普通专业中差异则较小。究其原因,由于中上阶层子女相对而言拥有较多的入学机会和较高的家庭支付能力,他们在选择专业时更多考虑到专业的冷热程度即个人预期收益,而较少考虑个人能否被录取的入学风险,因此倾向于选择那些有较强优势的专业。较低阶层子女的情况恰恰相反,由于他们的入学机会并不是很多,因而在选择专业时首先考虑的是能否被录取;出于理性的考虑,他们更偏向于选择那些竞争不是很激烈、录取可能性较高的基础理论专业或就学成本较低的专业。概括起来,对入学风险和个人预期收益的不同关注最终导致了各阶层子女在专业上的入学机会差异。②

此外,钟宇平和陆根书的研究从多个角度分析了专业选择的群体差异,他们依据 1998 年由香港中文大学教育学院主持的对中国北京、南京和西安 3 个地区 14 所高校共 13 511 名大学生的问卷调查所收集到的数据,分析了不同家庭背景子女在大学就读不同专业的机会差异,发现学生选择不同专业时,与其社会经济地位存在着显著的关系。父亲教育程度低、父亲的职业是工人或农民、家庭收入水平低、来自经济发展水平低的省份以及家庭居住于农村的学生,更多地选择教育、农林地矿工程和农学等专业。而父亲教育程度高、父亲的职业是党政机关干部、专业技术人员或大中小学教师、家庭收入水平高、来自经济发展水平高的省份和家庭居住于大中城市的学生,则更多地选择外国语言、新闻传播、艺术和管理、经济与法律等专业。因为政府对教育、农学以及有关艰苦专业提供一定数量

---

① 杨东平. 高等教育入学机会:扩大之中的阶层差距 [J]. 清华大学教育研究, 2006 (1):19-25.

② 谢作栩,王伟宜. 社会阶层子女高等教育入学机会差异研究——从科类、专业角度谈起 [J]. 大学教育科学, 2005 (4):58-62, 66.

的助学金或专业奖学金,或实行学费减免等措施,因而对社会经济地位低的学生具有更大的吸引力。[①]

四、关于"学生选择专业的达成度与满意度"研究

赵叶珠和钱兰英(1997)的调查表明,超过一半以上的男女大学生对自己的专业喜爱程度只在一般水平上;回答"没什么感情,凑合读下去"的人约占20%;回答"十分喜欢"的人数在15%以上;"对自己的专业很不喜欢"的仅占3.5%。可见,绝大部分的学生对自己的专业只停留在"一般喜欢"和"没什么感情,凑合读下去"的水平上,见表1-11。

表1-11 对目前所学专业的喜欢程度

	总计		男		女	
	人数	%	人数	%	人数	%
十分喜欢	214	15.3	153	17.5	61	11.8
一般喜欢	825	59.1	489	55.8	336	64.7
没什么感情,凑合读下去	301	21.6	198	22.6	103	19.8
很不喜欢	49	3.5	31	3.5	18	3.5
未答	6	0.4	5	0.6	1	0.2
合计	1 395	100	876	100	519	100

资料来源:赵叶珠,钱兰英.九十年代大学生专业选择行为研究[J].青年研究,1999(4):12-15.

该研究分析显示,在自己选择专业的学生中,十分喜欢现在所学专业和认为自己很适合学此专业的比例显然高于其他组学生,很不喜欢所学专业和认为不适合学本专业的比例也显著低于其他学生(见表1-12)。另外,学生对所报专业的了解程度与后来对所学该专业的喜欢程度、是否适合学此专业的自我评定之间存

[①] 钟宇平,陆根书.收费条件下学生选择高校影响因素分析[J].高等教育研究,1999(2):31-37.

在显著相关（r 值分别为 0.27 和 0.24，p＜0.001）。①

表 1-12 对各个方面的综合分析

	自己选的专业	听取他人意见选的	被调剂到现专业
对所报专业根本不了解	25.6	25.3	26.7
对所报专业十分了解	8.3	6.5	7.8
十分喜欢所学专业	22.4	8.6	6.7
很不喜欢所学专业	1.4	3.0	8.6
很适合学本专业	19.8	7.8	9.4
不适合学本专业	11.8	15.3	28.6

注：表中数据为百分比，表示从不同途径进行专业选择（第一列所示 4 种情况）时，学生对专业的不同了解、喜欢和适合自己的程度的比例，如数据第一栏第一列的 25.6 表示自己选择专业的学生当中有 25.6％的人对自己所报专业根本不了解，有很大的盲目性。

资料来源：赵叶珠，钱兰英. 九十年代大学生专业选择行为研究［J］. 青年研究，1999（4）：12-15.

申淑琴和杜晶波对部分较早实行并轨院校的一二年级学生进行的抽样调查（共发放问卷 500 份，回收 465 份）表明，23.8％的大学生表示对本专业有浓厚的兴趣，60.6％的大学生表示对本专业的兴趣一般，两者之和达 84.4％。大学生对本专业感兴趣的原因依次为"就业机会多"（占 38.5％）、"热爱该专业"（占 30.6％）和"更好地为社会服务"（占 16.8％）。这表明，大学生已把对专业的选择与就业紧密联系在一起。②

陈雷、贾朝霞和张良强对福州大学机械、化工、材料、电气自动化、计算机、土木、法学、社会学 8 个专业的 96 名 2004 级大一新生（每个专业 12 人，其中男女各 6 名）进行了专业选择的影响因素和满意度方面的调查，收回有效问卷 91 份，其中男生 48 份，女生 43 份。结果显示，近 41％的学生现在所学的不是

---

① 赵叶珠，钱兰英. 九十年代大学生专业选择行为研究［J］. 青年研究，1999（4）：12-15.
② 申淑琴，杜晶波. 大学生学习目的与动机的调查［J］. 思想教育研究，1999（4）：46-48.

自己原来所填报的专业，其中只有8%的学生满意自己现在所学的专业。仅有33%学生对自己所学专业满意，9.8%的学生对自己所学专业不满意。当初按照个人兴趣来选择专业的占74.7%，他们对自己现在所学专业满意的占37%，看来这些学生当初对自己兴趣的把握可能不准确。当初按照就业前景选择专业的学生占70.3%，他们对自己现在所学专业满意的仅有25%。在填报志愿时参考家长、老师和在校生意见的学生有28人，占30.7%；其中有8人满意，满意率为28.5%，见表1-13。

表1-13 大一新生选择专业的影响因素及其满意度情况

影响因素	合计		满意		一般		不满意	
	人数	比率%	人数	比率%	人数	比率%	人数	比率%
	91	100.0	30	33.0	52	48.2	9	9.8
个人兴趣	68	74.7	25	36.8	36	53.0	7	10.2
就业前景	64	70.3	16	25.0	43	67.2	5	7.8
老师、家长、在校生意见	28	30.7	8	28.5	18	64.4	2	7.1
学校名气	31	34.0	8	25.8	20	64.6	3	9.6

注：第三行中各满意度所占比例之和不等于100%，这是原文数字，本研究未做修改，特此说明。

资料来源：陈雷，贾朝霞，张良强. 专业选择的影响因素与满意度关系研究[J]. 文教资料，2005（33）：25-26.

赵宏斌（2004）对全国30所大学5 334名2002届毕业生的问卷调查资料的分析得出，由于各种原因未能按照自己的意愿选择专业，或者经过几年的大学学习不满意自己专业的人数竟高达53.0%。在不满意原因的7个指标中，"就业困难"和"专业前景不好"两项指标达到43.0%，在专业价值构成中的分量之重可见一斑。①

赵锦山于2006年5月至6月对广西某师范大学32个专业大一至大四学生的

---

① 赵宏斌. 人力资本投资收益——风险与大学生择业行为[J]. 北京师范大学学报：社会科学版，2004（3）：119-125.

抽样调查（发放问卷700份，回收有效问卷644份）发现，大学生对所学专业的就业情况评价总体偏低，59.5%的学生认为自己专业的就业情况不太好，12.2%的学生认为很不好，认为比较好的学生有25.9%，而认为非常好的只有2.3%。在专业兴趣上，认同自己专业的人数居多，52.6%的学生比较喜欢自己的专业，8.8%的学生非常喜欢自己的专业，不太喜欢自己专业的占33.4%，很不喜欢自己专业的占5.3%。在认为自己专业就业情况好的182名学生中，82.4%的学生喜欢自己的专业，而这一比例在就业率低的专业中降至53.0%，由此可见，学生对自己专业的喜好和自己专业的就业前景呈正相关关系。[1]

五、关于"不同专业选择结果的学生的学习差异"研究

赵叶珠和钱兰英（1997）的调查表明，学生对所报专业的了解程度与学生在学期间的学习用功程度、学习精力和效率，以及对学习和前途的信心也存在一定相关（r值分别为0.09，$p<0.01$，0.16和0.20，$p<0.001$），因此，可以初步推断，学生越了解要报的专业，也越觉得自己适合所学专业，这部分学生比其他学生更用功，因而学习精力充沛、学习效率更高，对学习和前途自然更有信心。[2]

赵锦山（2007）的调查研究发现，大学生对就业情况的评价对专业学习有很大影响，就业情况越好，学习积极性高，反之则低，二者呈正相关关系。此外，对就业情况评价不同的学生在专业学习行为上也存在差异，体现在有无专业学习计划、自习频率和自习时间等方面。就业情况好的专业占优势，就业率低的专业在这些方面明显偏低。[3]

罗丹（2008）对厦门大学和山东工商学院547名在校大学生的调查分析表明，假如再有机会重新选择，想换学校，并换专业的学生达到43.51%，希望换专业但不换学校的学生达到15.36%，二者加起来，想换专业的学生占到了

---

[1] 赵锦山. 大学生就业压力与专业承诺——一个理性选择理论的视角[J]. 科技和产业. 2007（6）：4-6，28.

[2] 赵叶珠，钱兰英. 九十年代大学生专业选择行为研究[J]. 青年研究，1999（4）：12-15.

[3] 赵锦山. 大学生就业压力与专业承诺——一个理性选择理论的视角[J]. 科技和产业. 2007（6）：4-6，28.

58.87%。两所学校的学生都希望换专业，山东工商学院希望换专业的学生达到了60%，厦门大学希望换专业的学生也达到了55.78%，见表1-14。可见，如果有机会，很多学生愿意重新选择专业。①

表1-14　假如现在有机会将如何选择？

选项	换学校，不换专业	换专业，不换学校	换学校，也换专业	既不换学校，也不换专业	未选	样本量
厦门大学	18(12.24%)	46(31.29%)	36(24.49%)	47(31.97%)	0	147
山东工商学院	87(21.75%)	38(9.50%)	202(50.50%)	24(6.0%)	49(12.25%)	400
合计	105(19.20%)	84(15.36%)	238(43.51%)	71(12.98%)	49(8.96%)	547

资料来源：罗丹. 规模扩张以来高校专业结构变化研究［D］. 厦门大学，2008. 184.

六、关于"中国高等教育适应学生选择专业的问题与对策"研究

已有一些研究探讨了中国高等教育在适应学生选择专业需要方面存在的问题，并提出了一些解决问题的对策。金顶兵研究指出，目前中国高校本科学生人数较多；学生按照院系注册和管理，并形成了与之相应的根深蒂固的人事安排制度、经费划拨方式和工作模式；在课程安排上也形成了专业基础课—专业课这样一种比较稳固的课程体系；各校都没有形成教师指导本科生的制度和工作习惯，而且这些教师工作繁忙，与学生接触逐渐减少。在这种情况下，如何形成专业选择的良性机制，使得学生的个性特点和大学的学科专业特点较好地匹配起来，还需要根据中国的国情进行艰苦的探索。② 通过北京大学元培计划实验班的案例分析，金顶兵等人提出3点建议：第一，在当前本科教育体制难以有根本性变化的情况下，高校应该尽可能放宽学生转专业的限制，要在制度安排、课程设计上为学生转专业创造条件，为学生在大学学习期间根据自己的兴趣和个性特点改换专

---

① 罗丹. 规模扩张以来高校专业结构变化研究［D］. 厦门大学，2008. 172-174，184.
② 金顶兵. 美国七所世界一流大学本科生专业选择的比较分析［J］. 北京大学教育评论，2006（3）：129-139.

业，提供更加宽阔的空间。第二，无论高校选择什么样的办法达到学生自主选择专业的目的，学校都要对现有的课程结构进行调整，加强通识教育和大学基础课程建设，改变学生一进大学就立即开始大量专业课程学习的状况，课程建设是实现学生自主选择专业的基础。第三，在课程建设、校内外环境条件比较成熟的学校，可以进行体制性突破的尝试。[①]

罗丹（2008）在调查分析中发现，在当前中国高考学生填报志愿的过程中，至少存在着下列几个不对称：首先，考生对填报志愿的相关信息需求旺盛，与社会提供的相关信息不够充分之间存在着不对称；其次，考生对专业信息的旺盛需求与社会提供的专业信息相对缺乏之间存在不对称；再次，考生和家长对就业信息的高度关注与社会和高校提供的就业信息缺乏之间形成不对称。在这种不对称情况下学生做出的选择，并不能令他们满意，因此影响到专业学习态度。同时，由于对专业就业信息的发布不全面，考生在选报专业的时候，并不能清楚专业的就业情况，因而存在着盲信网络等媒体报道的现象，出现部分专业的"拥挤"。[②]

作为一种弥补性的措施，转系转专业制度为许多学校的改革新举措，但有研究指出大幅度转系会出现的负面影响：(1) 可导致学科发展不平衡，使热门专业更热，冷门专业更冷，进而导致学科发展和人才培养失衡。(2) 不同专业受师资力量和教学实验条件所限，难以进行学生大规模的调整，如任由学生进出增减，会产生一些教育资源严重短缺，而同时一些教育资源又严重浪费及闲置的后果。(3) 一些院校有一般专业和重点专业之分，录取分数有高分段和低分段之别，低分学生如进了高分专业有失公允，会造成新的不公平。[③] 针对学科失衡问题，有研究提出可从3个方面着手解决：(1) 各高校应采取疏导的办法，而非堵截的方法。(2) 对于那些确属前沿基础专业的学科，国家应通过一系列倾斜性政策，扶持这些专业的发展，提高从业人员的待遇，给他们创造良好的工作环境、发展前

---

① 金顶兵. 中国制度环境下本科学生自主选择专业的探索与实践——北京大学元培计划实验班的案例分析[J]. 高等教育研究，2006（9）：88-93.
② 罗丹. 规模扩张以来高校专业结构变化研究[D]. 厦门大学，2008. 172-186.
③ 刘彤，孟凡波. 浅谈高校学生自由选择专业的利与弊[J]. 黑龙江高教研究，2004（9）：23-24.

景和成才空间等。(3) 转系并非完全放开,接收专业有一定的名额限制,有成绩作为杠杆。① 事实上,有报道指出,"学科发展失衡"、"低分转高分有失公允"、"影响教学秩序稳定",这些转系放开之初的担忧并未出现。在多所大学,一些原先预想会被踏破门槛的专业,转入人数并未达标,而不被看好的基础学科却成为学生二次选择的大热门,大学生进行二次专业选择时表现得理性而成熟。②

一些研究者指出实施按专业大类或专业类招生是改善学生专业选择的有效举措,如李旭荣认为,实行按大类培养的教育教学模式是当前一种开放式的教育教学管理模式,较之传统的人才培养模式,它可以从源头上避免或减少学生填报志愿时选择专业的盲目性和局限性,更好地调动学生的学习积极性。按大类培养延迟了专业选择时间,使学生能够相对准确地预测和了解毕业时国际和国内社会发展的趋势,使自己所学专业适应社会的需要。③ 吕慈仙指出,"按类招生"更加人性化,更加尊重学生的志向,便于学生重新做更灵活地选择;"按类招生"缩短了专业选择和就业的时间,有利于把握市场需求,提高就业率。④

台湾学者王秀槐就台湾学生的专业选择问题提出对策:(1) 加强中学的生涯辅导功能。(2) 将"生涯规划"列为高中必修课程。(3) 持续推动多元入学方案,并适度增加推甄申请名额。(4) 延后选择:实施大一、大二不分系。(5) 注重学生个别需要,增加学生选择弹性。⑤

此外,还有研究者从法律保障的角度指出应使大学生的专业选择权利上升到法制层面,建议《高等教育法》在学籍管理方面规定学生有受教育自由权,转

---

① 刘彤,孟凡波. 浅谈高校学生自由选择专业的利与弊 [J]. 黑龙江高教研究,2004 (9):23-24.

② 程瑛,周剑虹. 我喜欢,我选择——高等教育体系逐步敞开"自主选择专业"空间 [N]. 中国教育报,2003-02-19 (2).

③ 李旭荣. 按专业大类培养人才,促进教学改革的深入 [J]. 经济与社会发展,2005 (12):205-206,213.

④ 吕慈仙. 高等学校按学科大类招生的现状分析 [J]. 宁波大学学报:教育科学版,2007 (2):65-68,78.

⑤ 王秀槐. 大学生的科系选择——正视学生志趣不合问题 [R]. 台湾高等教育研究电子报,第一期第 14-24 页. http://info.cher.ed.ntnu.edu.tw/epaperi/index.php. 2006/2008-07-22.

系、转专业、选择课程（必修课程之外）等方面的权利。①

第三节　已有研究的总结和本研究的补充与拓展

本节主要是在对国内外已有研究进行总结评价的基础之上，确定本研究的一些基本范畴，如研究的立场、对象、内容、方法和理论分析框架等。

一、已有研究的总结

从以上论述可知，国外尤其是美国对大学生选择专业（主修）的研究起步较早，涉及面宽，视角广，研究也较为细致和深入。特别是在专业（主修）选择的影响因素和群体差异方面，国外的研究比较多也比较细致。研究的主要结论为：兴趣、预期收益（包括工作机会和潜在收入）、学科能力、付费水平等成为影响学生选择专业（主修）的主要因素；相当一部分学生在学业进程中会改变主修，其原因主要与兴趣和工作机会有关。不同性别、不同种族、不同家庭背景学生选择专业（主修）的影响因素存在一定的差异，他们各自在所进入的专业（主修）领域上也有所不同。从性别和家庭背景因素来看，女生和家庭背景较差的学生在专业（主修）选择中处于劣势，她们比男生和家庭背景较好的学生更多地进入那些预期经济收益和社会地位相对较低的专业（主修）领域。在不同的专业（主修）领域，具有不同家庭背景的学生存在学习上的差异，主要表现为上层社会子女由于具有更好的前途预期，他们学习条件较好，也较为洒脱，在学习内容上涉猎更多专业（主修）之外的课程，但在他们并不喜欢的专业（主修）领域成绩较差。本研究探讨的是中国普通高等学校的专业选择，不仅在研究对象上与国外不同，而且在内容上也与国外有很大差别，因为无论是高等教育体制（特别是专业选择机制）还是社会结构，中国的特殊性都非常明显。但是，国外研究的一些视角和方法为本研究提供了一些启示，它在客观上引导着本研究走向更加细致和深入。

---

① 刘冰. 中国高等学校学生权利救济研究 [D]. 东北师范大学，2007. 108.

由于中国高等教育在发展阶段、体制和市场卷入程度上与西方发达国家有所不同，中国高等学校专业选择的问题只是伴随着改革的推进在近20年来才逐步表现出来。因此，中国学界对高等学校专业选择的研究起步晚，专门研究比较缺乏，但相关的零星研究日益增多。根据本章第二节的梳理可知，近20年来特别是进入21世纪以来，中国学界对有关高等学校专业选择的研究得到日益拓展。从学生选择高等学校专业的权利的大量探讨，到高等学校专业选择的影响因素、群体差异，高等学校专业选择的达成度与满意度，再到不同专业选择结果的学生在学习态度和行为上的差异，以及中国高等教育在适应学生选择专业需要上存在的问题与对策等方面，都有不少涉猎，研究主要得出了以下观点和结论：

1. 专业选择权利或自由方面：研究者们从不同的角度出发进行了大量探讨，结果大多认为自主地选择专业是学生的一项权利（权力）或自由，应该得到尊重和保障，但这种权利或自由并不是完全的，应有所限制。研究也指出，中国学生选择专业的权利远没有得到满足，自由极其有限。

2. 专业选择的影响因素方面：研究比较一致的结论是，就业前景或社会需求、兴趣爱好等对选择专业的影响很大，而收费这一因素影响不大；除个人的选择外，按父母意见进行的选择也不少；男女生选择专业时考虑的因素存在一定差异，男生的独立性较强，女生更多受到他人的影响。

3. 专业选择的群体差异方面：研究结论认为，专业选择由于性别、城乡、家庭经济状况、父母受教育程度、社会阶层等方面的不同而存在差异。与男生相比，女生多选择人文社会学科领域的专业尤其是师范、语言类专业，较少选择理工科领域内的专业。与城镇学生相比，农村学生在专业选择上处于劣势，他们更多进入传统专业、冷门专业或需比较吃苦的专业，这些专业预期收益相对较低。家庭经济状况较差者较多进入农学、师范等所需经费投入相对较低的专业领域，而家庭经济状况较好者较多选择就读竞争性强也往往需要更多经费投入才能完成学业的专业。父母受教育程度越高，对专业选择的重要方面了解得越多，越能帮助子女选择到热门专业。较高阶层子女更多进入热门专业，而较低阶层子女更多进入冷门专业或收费水平较低的专业。

4. 专业选择的达成度与满意度方面：研究的基本结论是，经过高考志愿的填报和高等学校的录取，相当一部分学生未实现自己对专业的选择，他们被迫调剂到其他专业就读。大学生对就读专业的评价总体不高甚至可以说偏低,"满意"或"喜欢"自己所读专业的学生比例不高,满意与否的主要原因是他们是否感兴趣和就业前景如何,而是否喜欢要受到就业前景的影响。不论是按兴趣选择专业的学生,还是根据就业前景选择专业的学生,对就读专业感到满意的比例都不高,这反映了学生们无论是对自己的兴趣还是对专业的就业前景的把握都不够准确。

5. 不同专业选择结果的学生在学习态度和行为上的差异方面:研究认为,那些对所选专业认识和了解较多的学生,学习更为努力,更有信心,学习效率也更高。专业的就业情况影响着学生学习的积极性,二者呈正相关关系,因此那些进入就业相对较好专业领域的学生,在学习行为上表现更好,反之亦然。由于选择到让自己满意专业的学生所占比例不是很高,因此有相当大比例的学生想转换自己的专业。

6. 中国高等教育在适应学生选择专业需要上存在的问题与对策等方面:研究指出,中国高等学校在许多方面与国外不同,如何形成良性的专业选择机制尚需结合国情进行探索。在现行的专业选择机制下,学生由于信息掌握不充分,难以做出最终符合他自己或让他满意的选择决定;而作为弥补性措施的转专业制度,又因为可能导致学科、专业失衡、教育资源短缺和闲置并存、有失公允等问题而受到极大的限制。针对这些问题,有研究提出应放宽学生转专业的限制并尽量创造与之相适应的条件;调整课程结构,加强通识教育和大学基础课程建设,为学生自由选择专业奠定基础;在条件成熟的情况下可以突破现有体制,创设学生选择专业的良性机制。针对学科失衡的问题,研究提出应采取疏导而非堵截的方法,对那些很少人选择但对学科发展非常重要的基础性专业,国家应通过政策倾斜的办法进行扶持,而高等学校在转专业过程中也需要通过学业成绩或考试等手段进行必要的限制。按专业大类招生被认为是缓解专业选择问题的新举措,它可以延迟专业选择时间,增加学生对专业与社会需求等方面的认识,从而减少专业选择的盲目性。为确保学生享有专业选择权利,应在《高等教育法》的学籍管理方面做出相关规定。

综上所述,国外的研究主要集中在专业选择的影响因素和群体差异上面,研究已经较为深入细致;国内关于专业选择的研究虽然起步晚,但有关专业选择的研究已涉及许多重要方面，在结合国情的情况下也得出了一些具有一致性的观点和结论，这些观点和结论对本研究来说既是基础又提供了一些启示。

二、本研究的补充与拓展

由于中国普通高校专业选择机制与国外的情况有很大的不同，因此国内的研究在涉及内容上具有一些特别之处，而本研究在对国内已有研究的梳理过程中，发现了其中存在的一些不足和尚待研究的空间，这些不足和空间便成为本研究所要拓展的方面，它们主要是：

研究立场上：现有研究要么从学校立场出发，分析高等学校在满足学生专业选择需要上存在的问题及其原因，提出相关的改革措施；要么从学生立场出发，研究他们的专业选择行为，分析这些行为与专业满意度的关系，而很少将这二者结合起来进行分析。本研究在立场上意在将二者结合起来，以期既能为学校改革提出建议，又能为学生选择专业提供参考。

研究对象上：已有研究在调查的取样范围上局限于个别学校的调查，涉及的专业面也很小，未从全国的范围进行考察，也因为样本量的不足而无法进行分类探讨。本研究在调查对象上涉及中国内地 31 个省级行政区域，并在抽样上注意覆盖本专科共 6 类院校多种专业，样本量大，不仅具有较强的全国代表性，也能根据层次和高校类型的不同进行分类研究，使结论更具有针对性。

研究内容上：现有研究虽然也涉及了专业选择的影响因素、满意度以及不同群体学生在进入专业领域上的差异等许多重要方面，但在以下一些方面的研究尚为缺乏：专业选择达成度及其与专业选择影响因素的关系，专业选择影响因素、达成度与满意度的群体差异，不同学科（专业类）的专业满意度差异、不同群体的学生在不同学科（专业类）内的专业满意度差异，专业满意度的影响因素分析，学生入学后对就读专业满意度的变化，专业满意度不同的学生在学业规划和学习行为上的差异，学生再选专业（或转专业）的机会及其群体差异、选择余地等。这些方面的内容对于发现专业选择中的一些规律和特点，揭示微观层面的高等教育公平问题和中国高等教育体制上的问题等都具有重要价值。鉴于这些研究内容的缺乏，本研究对此进行了补充性的探索。

研究方法上：现有研究在方法上也存在一些不足，主要表现为调查和统计中量化手段的科学性或准确性问题。一方面，专业选择的影响因素往往是共同作用的，即学生最终选择某一专业，多种因素都产生了影响，而很少是某个因素单独作用的结果。因此，现有一些研究在调查问卷中采用非此即彼的回答方法来计算各影响因素的作用大小显然与实际不符，因此具有一定的局限性。本研究采用的调查问卷摒弃了非此即彼的选项，而要求学生选择各影响因素的作用大小，这样更符合实际，也更能在影响因素之间进行比较，找出主要影响因素。另一方面，现有研究在计算归属于不同群体的学生在选择专业上的差异时，多采用计算"条件概率"的方法。由于调查数据的构成不可能与高等学校的学科（专业）比例和不同群体的大学生比例完全一致，各学科（专业）的招生人数差距又很大，使用条件概率来反映不同群体的学生选择专业的差异在准确性和有效性上就会受到限制，而采用计算"概率比"的方法（见绪论）在一定程度上能够弥补这一不足。

最后，在分析中的理论运用上，现有研究多为经验性的描述和总结，较少对专业选择现象进行理论阐释和归纳概括，这使许多研究结果停留在较低的现象层面，上升到理论层面和规律性的东西不多。本研究在分析中综合采用了社会学理性选择理论、文化再生产理论和心理学的需要层次理论等，从多个视角对学生选择专业的行为及其原因进行了理论分析，以期能使研究更加深入。

第二章　中国普通高校专业选择研究的理论基础

本研究主要探讨的内容是学生选择专业的影响因素、结果、满意度及其群体差异和一些相关问题，根据内容的需要，研究主要采用社会学理性选择理论、文化再生产理论和需要层次理论作为分析的理论支持，本章即对这三大理论进行分节介绍。

第一节　社会学理性选择理论

一、理性选择理论的主要内容

在社会学领域，理性选择理论（Rational Choice Theory）是用经济学的方法研究社会学问题最为重要的理论之一，其核心观点是人以理性的行动，以满足自己的偏好，并使效用最大化。[①] 社会学"理性选择理论"的主要代表是美国著名

---

① 周长城. 理性选择理论：社会学研究的新视野 [J]. 社会科学战线，1997（4）：224-229.

社会学家科尔曼（James S. Coleman），经由其影响社会学界的著作——《社会理论的基础》（1990）一书的阐释，"理性选择理论"在西方社会学界产生了很大影响，并成为西方社会学理论的重要理论资源。

理性选择理论是建立在下列前提上的：第一，个人是自身最大利益的追求者。第二，在特定情境中有不同的行为策略可供选择。第三，人在理智上相信不同的选择会导致不同的结果。第四，人在主观上对不同的选择结果有不同的偏好排列。理性选择可以概括为最优化或效用最大化，即理性行动者趋向于采取最优策略，以最小代价取得最大收益。[①] 需要指出的是，社会学"理性选择理论"在形成和发展中逐渐形成了与传统的经济学理性假设之间的差别，社会学"理性选择理论"所假设的"理性人"，既不是纯粹工具理性的"经济人"，也不是仅受限于社会规范的"社会人"，他兼有"经济人"和"社会人"的性质，追求最大效益并受社会关系和社会规范的制约。因此，"理性人"所追求的"效益"并不局限于经济效益，还包括社会的、文化的、情感的、道德的多种偏好影响下的其他效用。可见，作为社会学领域的重要理论，理性选择理论虽然借用了经济学的理论和方法，但它不同于经济学所推崇的理性选择那样，把人只看成经济理性人，目的只是追求经济效益的最大化。

理性选择理论之所以能产生广泛的影响，一个重要原因在于它所认同的"理性选择"具有一定的价值。首先，理性选择是更高层次的选择。理性选择建立在感性选择基础之上，但它并不以感性选择为转移，相反，它会从感性的选择中洞察到更深刻的选择，能够摆脱感性选择的局限性、片面性。[②] 毋庸置疑，伴随着人类认识世界和改造世界能力的加强，人类的理性程度还能够不断上升。其次，理性选择是作为选择主体的人自身的选择，体现了人的主体性。理性选择从主体自身的需要出发，通过头脑的思维活动，力图使选择的行动达到效益的最大化。因此，理性选择是"理性人"自己围绕自身需要展开的选择行动，行动者的主体性得到了充分体现，它甚至成为选择是否理性的评判标准。科尔曼认为，判断一个行动是否理性不能从外部其他人那里找标准，而必须从行动者自身的角度来理

---

① 丘海雄，张应祥. 理性选择理论述评 [J]. 中山大学学报：社会科学版，1998 (1)：117-124.

② 周书俊. 选择论 [M]. 北京：中央编译出版社，2006. 122.

解这一行动,"局外人认为行动者的行动不够合理或非理性,并不反映行动者的本意。用行动者的眼光衡量,他们的行动是合理的"①。再次,理性选择是一种最符合目的的选择。人们在任何时候都是力图使自己所选择的行动最适合目标的实现,这是人类行动选择的一个内在趋势。不论是经济的、还是社会的目标,一个具体的理性选择的结果虽然不一定能实现最大的效益,从而最好地实现预定目标,但理性选择理论以一种理想的模式表明了人类对这种状态的永恒追求,比较符合人的心理需要。简言之,不论是经济效益,还是社会其他方面的效益,追求效益的最大化是人的正常心理需要,是行动的最佳目标,尽管在实践中这种目标常常由于各种原因而不能实现。基于这样的价值存在,可以说在一定的范围之内,理性选择理论具有一定的可信度和解释力。

二、理性选择理论对有限理性的兼容

由于存在一些缺陷,早期理性选择理论在解释社会行为中曾遇到过不少的困难,这使理性选择理论不但受到社会学,而且也受到发展中的经济学的批评。对于理性选择理论的不足,一个非常重要的方面便是它关于理性的假设受到许多质疑,因为效益最大化的目标要求理性选择理论所假设的"理性人"是完全理性的,但这被证明是不符合实际的,它抽象了行为主体对事件的认知局限以及信息、环境等不确定性因素对主体选择行为的影响,因而它遭到了批评。② 正是在这种情况下,美国经济学家、诺贝尔经济学奖获得者肯尼斯·约瑟夫·阿罗(Kenneth J. Arrow)和赫伯特·西蒙(Herbert A. Simon)等人以有限理性取代完全理性,使理性选择的预设条件较为贴近现实生活,从而也更为人们所接受。

阿罗最早提出了有限理性的概念,认为有限理性就是人的行为是有意识的理性,但这种理性又是有限的。西蒙则从心理学的角度出发,论证了人类行为的理性是在给定环境限度内的理性,是有限度的。在《理性选择的行为模型》(1955)

---

① [美]詹姆斯·S. 科尔曼. 社会理论的基础(上)[M]. 邓方,译. 北京:社会科学文献出版社,1999. 22-23.
② 何大安. 选择行为的理性与非理性融合[M]. 上海:上海三联书店、上海人民出版社,2006. 55.

一文中，西蒙指出："本文的任务是要用一种符合实际的理性行为，来取代经济人那种全智全能的理性行为。我们所提出的符合实际的理性行为，就是符合生物（包括人在内）在其生存环境中所实际具备的信息存取能力和计算能力的一种理性行为。"① 简单地说，选择行为总是在一定的环境中进行的，选择者在做出选择的过程中总会受既定条件下自身能力的限制，包括以一定知识储备为基础的计算能力、信息掌握及其处理能力等方面的限制。西蒙认为，选择的对象就像浮在海面上的一座巨大的冰山，选择者仅仅能看见露在水面之上的冰山的一小部分，而在海面之下的那部分，选择者无法观察且难以做出准确的判断。② 对心理学或认识论稍有了解就会知道，人的意识活动，从来就没有单纯的逻辑思维过程，它在实际过程中，一定是在理性和感性两个层面上同时展开的。选择行为中的意识活动也是如此，从来没有脱离人们的感性意识活动的单纯由理性思维支配的选择行为。③ 康德有句名言："感性无理性则盲，理性无感性则空"，既道出了理性对感性的指导意义，也指出了理性对感性的依赖，因此人在实际的选择过程中，其意识活动不可能是完全理性的。总之，人无法做到完全的理性，在现实生活中也就不可能找到最优方案，实现效益最大化。

西蒙以"囚犯两难问题"为例，说明在存在着不确定性的局面中，理性机制是非常脆弱的，无法达到效益最大化。他假设有两名共同作案的罪犯被警察逮捕，隔离审讯。警方的政策是"坦白从宽，抗拒从严"。如果肯与警方合作，供出他们的罪行，他就将得到宽大处理，对另一个顽抗的同伙将严加惩处。如果他俩都坦白交待，警方将根据其实际罪行，给予他们公正的惩罚。但如果他俩都拒不坦白，警方只能因证据不足而按轻罪处理。在不确定同伙会怎样选择的情况下，坦白交待对任何一人来说都是理性的选择，但这样选择的结果明显不如依据信任（相信同伙不会出卖自己）支配的非理性选择——都拒不坦白带来的结果要好。在这种情况下，个人的理性与集体的理性不一致，个人理性的选择却不是最优的选择，这使他们陷入两难选择的境地。

---

① [美]赫伯特·西蒙. 现代决策理论的基石——有限理性说[M]. 杨砾，徐立，译. 北京：北京经济学院出版社，1989. 7.
② 刘少杰. 国外社会学理论[M]. 北京：高等教育出版社，2006. 494.
③ 同上书，496.

基于人的理性的不完全，西蒙提出以有限理性的"管理人"代替完全理性的"经济人"。"管理人"在做出选择时，所遵循的并非"经济人"所遵循的"最大"或"最优"的标准，而是随遇而安，遵循"满意"的标准。为了说明这种情况，西蒙借鉴心理学的研究成果提出了"过程理性"的概念，指出行为是过程理性的，是指它是适当的深思熟虑的结果。① 因此，理性与非理性的区别不在于是否达到目的，也不在于采用何种手段去实现目的，而在于选择者是在何种意识活动形式支配下开展了选择行为。理性与非理性的原初含义也正是建立在意识活动的形式上，离开了对选择意识形式的分析，谈不上理性与非理性之分。② 换句话说，行为是否理性，并不在于它有没有采用最优方案，进而达到效益最大化，而在于行为产生的过程是不是经过一定程度的深思熟虑。西蒙举了许多例子说明人的理性的有限性及选择时遵循的满意准则，一个典型的例子是一个人旅行中口渴，见一大片瓜地，欲买瓜。瓜农说1元一个，此人如果想要"最优"，找一个最大最甜的瓜，这就要求他找遍整个瓜地并把西瓜一一打开尝试，这显然是不现实的，他只能在小范围找一下，找到一个感觉既大又熟了的，就买了。西蒙也指出了遵循"满意准则"的重要性，认为它与"最优"之间比较接近。他说："对任何实际目的来说，只要'合理地'设定了最低报酬要求，这个程序就可能是达到最优化的一个充分途径。"③

很显然，在吸收有限理性主张的过程中，理性选择理论的解释范围明显地得到拓展，解释力也不断增强，以致在一些经济学家看来，利他行为在一定程度上也是一种理性选择行为。如西蒙认为，利他行为可能是行动者期望获得社会的某种奖赏，这种奖赏可能与适应根本无关，但行动者认为这种奖赏有价值。他说："只要社会成员认为这些奖赏有价值，这些奖赏便可用以诱发为社会所赞许的行为，包括那些通常被认为是'利他的'行为。"④ 印度经济学家阿马蒂亚·森（Amartya Sen）认为，将自利作为行为的唯一动机，明显忽视了伦理考虑对人类

---

① [美]赫伯特·西蒙. 西蒙选集 [M]. 黄涛，译. 北京：首都经济贸易大学出版社，2002. 248.

② 刘少杰. 国外社会学理论 [M]. 北京：高等教育出版社，2006. 495.

③ [美]赫伯特·西蒙. 现代决策理论的基石——有限理性说 [M]. 杨砾，徐立，译. 北京：北京经济学院出版社，1989. 17.

④ 同上书，151.

行为的影响。他指出:"尽自己的最大努力实现自己追求的东西却只能是理性的一部分,而且这其中还可能包括对非自利目标的促进,那些非自利目标也可能是我们认为有价值的或者愿意追求的目标。把任何偏离自利最大化的行为都看成是非理性行为,就意味着拒绝伦理考虑在实际决策中的作用。"① 阿马蒂亚·森得出结论:每一项理性行动都以追求个人最大利益为依归的假设不能成立,这里我们至少应当把非自利的承诺当作理性行为的一部分。②

何大安认为,个体行为是否理性可以从认知、信息、环境这三个点上找到解释。"个体在面临选择时,如果他能充分发挥自己的认知,能对信息和环境所构成的不确定性进行充分的理性分析,并以之为基础做出选择,则他的选择就是理性的。相反,如果个体放弃自己的认知,没有对信息、环境的不确定因素进行理性分析,只是以直觉判断、经验或完全依据外部因素诱导而进行选择,则他的选择行为就是非理性的。从这个意义上来理解,可以将直觉、经验、从众心理、权威观念等看成是影响或决定个体非理性选择的变量。"③ 在他看来,个体在非金融领域中的选择行为,尽管也是在不确定条件下进行的,但通常是从容不迫地做出的,也就进行过理性思考,当他进行的是投资选择时,他首先考虑的是风险和收益;此时,效用最大化公理会起作用,换言之,他的选择标准必然是"风险厌恶"。"在这种情形下,绝大多数个体都会对投资选择项目围绕风险和收益展开可行性分析,他们会对影响风险和收益的信息进行搜集、整理和分类处理,会对环境的不确定性和复杂性因素进行研究,以至于充分发挥自己的认知水平。""如果撇开投资选择结果能否实现效用最大化,而仅从大多数个体的理性思考从而发挥了自己的认知水平来考察,那么,'大数定律'会支持以下的结论:在非金融市场中,投资者的群体选择行为通常呈现出理性选择的格局。"④

理性选择理论在社会科学领域得到了广泛的应用,其中包括一些教育问题的研究,也涉及一些关于高等学校专业选择问题的探索。例如,经济学界注意到大

---

① [印度] 阿马蒂亚·森. 伦理学与经济学 [M]. 王宇,王文玉,译. 北京:商务印书馆,2000. 21.
② 周文文. 伦理、理性、自由——阿马蒂亚·森的发展理论 [M]. 上海:学林出版社,2006. 94.
③④ 何大安. 个体和群体的理性与非理性选择 [J]. 浙江社会科学. 2007 (2):42-47.

学生主修计划选择的人如科赫（Koch，1972）、采布拉和洛佩斯（Cebula & Lopes，1982）认为学生在他们的教育选择中受到预期的教育投资回报率的影响。① 法国社会学者布东（Boudon）坚决拒绝所谓行动者可能被其无法意识到的力量所限定的思想，他提出了学生（和其家庭所做的）学业选择的理性行为模式（1973，1979），认为一个年轻人决定选择某一学业导向，是根据花费/获利的原则，并整合一定的参数做出的。某种学业选择目前和未来的好处与不利（社会的、经济上的、心理上的）是什么，它有什么风险（学业失败、失业），决策者处于社会之中，而社会背景强烈地改变着他们进行学业选择所依据的不同标准的价值。布东也指出，即使所有个体都明确表现出同样的理性，他们实际上所做的选择却多种多样，因为这些合理抉择是在不同的社会和教育（因素）限制的背景中完成的，它对（个体）归属于这个或那个社会群体再次进行整编。从这个角度来说，社会环境不仅仅是在统计上与某种学业选择相关的因素，它首先是"行动者在选择某一学业导向时努力权衡利弊和风险的一个参照点"。② 也有学者从风险的角度分析了学生对专业的理性选择，认为个人选择大学专业至少面对两类风险：(1) 学生顺利完成学业的可能性（简称"学业竞争风险"）；(2) 学生毕业后获得较高市场回报的可能性（简称"就业竞争风险"）。对于一个回避风险（risk aversion）的学生来说，通过选择低风险的专业也许不失为明智之举。因为在学业竞争中选择教育类课程、人文和艺术类专业面临的风险更小。相对而言，工程、化学和数学等专业学习的竞争性更强，学生顺利完成学业将面临更多风险。因此，对回避风险的学生来说，他们更不愿意选择这类专业。③

事实上，即使是反对理性选择理论采用简单化分析方法的布迪厄在某种程度

---

① Jacqueline C Simpson. Segregated by Subject: Racial Differences in the Factors Influencing Academic Major Between European Americans, Asian Americans, and African, Hispanic, and Native Americans. The Journal of Higher Education; Jan/Feb 2001; 72, 1; Pg. 63-100.

② ［法］玛丽·杜里-柏拉，［法］阿涅斯·冯·让丹. 学校社会学［M］. 汪凌，译. 上海：华东师范大学出版社，2001. 74-75.

③ Rochat D, Demeulemeester J L. Rational choice under unequal constrains: The example of Belgin higher education ［J］. Economics of Education Review, 2001, 20 (1): 15-26. 转引自钟宇平，雷万鹏. 风险偏好对个人高等教育需求影响的实证研究——以高中生对农业、林业和师范院校需求为例［J］. 高等教育研究，2005 (1): 19-24.

上也承认理性选择理论存在的价值,从他对"惯习"这一核心概念的阐释中可以发现这点。他指出:"惯习所指示的行动路线极可能伴有对成本和效益的策略性计算,这种策略性计算就将惯习以自己方式运作的过程提到了自觉的层面上。当主客观结构间的常规性的相互适应受到严重干扰时,危机就发生了。每当危机到来的情况下,至少对于那些处在依理性行事的位置上的行动者来说,真正的'理性选择'就可能接过这份担子。"① 当然,布迪厄也否定人的完全理性,他之所以使用"惯习"的概念来解释人的社会行动,其宗旨主要在于"摆脱唯智主义的[及理智中心论的(intellectualocentric)]"行动哲学。② 他指出,理性的有限不仅仅是因为可以得到的信息残缺不全;也不仅仅因为人类的思维从总体上来说是有局限性的——确实没有办法对各种情境做出充分认识,行动紧迫时就更是如此。而且还因为,人类的思维是受社会限制的,是由社会加以组织、加以建构的。③ 可见,布迪厄强调社会对理性选择的限制,认为个体选择行为受到社会各方面的影响和制约。布迪厄对经济理性主义原则的批评也说明了这点,他指出,理性行动理论狭隘地用唯经济主义的眼光理解实践活动中的"理性",无视行动者本人在经济方面和社会方面都受到的条件限制,因此看不见行动者的个体历史与集体历史。④

总之,社会学理性选择理论关注个体选择中受到社会因素的限制,在发展中越来越承认人理性的有限性。在这种情况下,用社会学理性选择理论分析人的选择行为时,需要注意人在理性地做出选择时所受到的各种制约。正如有研究指出的那样:"欲对复杂的个体行动做合理性阐释,除了从个体内部做出说明外,还不得不将个体定位于外部文化、制度的框架之上。"⑤

---

① [法]皮埃尔·布迪厄,[美]华康德. 实践与反思——反思社会学导引[M]. 李猛,李康,译. 北京:中央编译出版社,1998. 176-177.
② 同上书,19.
③ 同上书,170.
④ 同上书,167.
⑤ 陈彬. 关于理性选择理论的思考[J]. 东南学术,2006(1):119-124.

三、理性选择理论对中国普通高校专业选择研究的适切性

正是由于承认人理性的有限性，社会学理性选择理论越来越贴近实际，也获得了越来越多的认可，从而在社会科学中得到了广泛应用，其中也包括一些对高等学校专业选择的思考和探索。

有研究认为，理性选择理论在中国的应用还存在一些水土不服的问题。这是因为："在传统与现代的双重影响下，中国社会的行为选择在保有伦理性、情感性的基础上带有工具性的色彩。但工具性没有居于核心地位，其应用程度远不如西方。理性选择与感性选择在中国社会生活中相互渗透，感性选择仍居主导地位，仍是一种实践的模糊逻辑下的行为……仅以理性的原则和方法分析中国社会的现实问题不会找到真实的答案，因为理性选择的逻辑没有在中国得到真实完全的演绎。"[①] 很明显，这一观点并没有否定理性的原则和方法在中国的适应性，它在事实上只是强调了理性在中国的行为选择中的有限性而已。有研究指出，伴随着中国以经济建设为中心的转变和市场经济体制的逐步确立，人们的社会行动日趋理性化。理性选择理论，对中国人的行动的解释与从前相比更为有效。但是必须注意到中国传统文化的家庭中心主义可能使中国人理性行动的单位与西方相比更多的是家庭而非个人。[②]

中国已有少数关于高等学校专业选择的研究借用了理性选择理论。钟宇平等人认为，在信息不完全的情况下，理性个体难以精确估算高等教育成本和收益，由此导致个人高等教育需求出现偏差。根据 2003 年 4 月"高教需求调查"课题组对北京、江苏、湖北和陕西 4 省市共 10 513 名高三学生的调查资料，钟宇平等人分析指出，在中国社会背景下，风险偏好的确是个人高等教育决策中的重要制约因素，经典人力资本理论所假定的高等教育需求中的"风险中性"假设并不成立。从专业选择上看，由于风险与回报是正相关的。当不同社会经济背景的学生

[①] 李中原，徐春丽. 科尔曼的理性选择理论及其局限 [J]. 长春师范学院学报：人文社会科学版，2006 (6)：12-15.

[②] 丘海雄，张应祥. 理性选择理论述评 [J]. 中山大学学报：社会科学版，1998 (1)：117-124.

对大学学业竞争和就业竞争的风险赋值（风险偏好）不等时，学生的专业选择将出现差异。因低收入家庭的学生比高收入家庭的学生风险回避的意愿更强烈，所以他们宁愿选择那些较易完成学业的专业；高收入家庭的学生更愿意承担教育投资风险，他们倾向于选择学业竞争更激烈、市场回报高的专业。① 显然，不论是风险回避还是风险偏好，都反映的是学生面临风险的情况下所做的一种理性选择，尽管这种选择极不精确。王伟宜等人对中国34所高校分布于经济学、法学、教育学、文学、历史学、理学、工学、医学和管理学等9大科类的2000－2004级学生共7 264人的调查研究认为，就个人层面看，各阶层子女对不同科类的偏好是出于一种理性选择的结果。每个阶层子女在选择科类和专业时都会对个人风险和预期收益进行权衡。高收入阶层子女，由于他们拥有较多的入学机会，因此在选择科类中的某个专业时更多地考虑该专业的个人预期收益；而低收入阶层子女则相反，他们在选择专业时更多地考虑如何降低入学风险以便获得一定的入学机会。② 谢作栩和王伟宜对8所部属院校的文科、理科、工科及管理学四大科类中分布于12个专业的1 613个学生样本进行的分析也得出：较低阶层子女由于入学机会并不是很多，因而在选择专业时首先考虑的是能否被录取。出于理性的考虑，他们更偏向于选择那些基础理论专业或就学成本较低的专业，因为这些专业竞争不是很激烈，意味着较高的被录取的可能性。③ 孟大虎研究认为，在高等学校，虽然不同专业有着不同的预期收益，但这只是该专业所有人的平均值，各专业的收益值对于某个特定个人却是不确定的，因此同一专业内不同个体接受教育的收益率也存在差异。在这种状况下可以预期：虽然现期市场价值高的专业会成为抢手的热门专业，但是拥有不同禀赋的个人仍然会根据自己的特点来理性地选择专业。④ 当然，也有研究指出了专业选择中理性的有限性："每个人都是一个理

---

① 钟宇平，雷万鹏. 风险偏好对个人高等教育需求影响的实证研究——以高中生对农业、林业和师范院校需求为例[J]. 高等教育研究，2005（1）：19-24.

② 王伟宜，顾自安. 各阶层子女对高校科类选择的偏好与入学机会差异——基于偏好模型的解释[J]. 教育与经济，2005（2）：19-23.

③ 谢作栩，王伟宜. 社会阶层子女高等教育入学机会差异研究——从科类、专业角度谈起[J]. 大学教育科学，2005（4）：58-62，66.

④ 孟大虎. 拥有专业选择权对大学生就业质量的影响[J]. 现代大学教育，2005（5）：94-97.

性人,都希望以最小的付出获得最大的回报。但志愿选择不仅仅是个人的理性选择而且还受到社会因素的影响。"①

本研究探讨的是中国普通高等学校专业选择的问题,一个重要的内容便是对中国学生选择高等学校专业的行为进行分析。经验判断和已有研究表明,普通高等学校专业的选择对接受高等教育的学生来说意义非常重要,在其过程中进行一定程度的深思熟虑似乎是必要的程序,因此用理性选择理论来做一些分析应该是可行的。基于这一假设,本研究拟用理性选择理论对中国学生选择高等学校专业的行为进行分析。

第二节 文化再生产理论

一、文化再生产理论的主要内容

再生产理论发端于马克思的社会再生产思想,在后来的发展中因关注点的不同而分化出不同的理论模式,其中应用到教育社会学的再生产理论模式主要有经济再生产模式、文化再生产模式和霸权国家再生产模式三种。② 与教育的关系最为密切的是文化再生产理论,主要代表人物是法国学者布迪厄(Bourdieu)和他的同事帕斯隆(Passeron)。通过《继承人——学生与文化》(1964)和《再生产——一种教育系统理论的要点》(1970)的出版和在多国的翻译发行,"文化再生产理论"赢得了空前的学术声望,并逐渐成为西方教育社会学研究教育不平等现象的一个重要理论基础。

文化再生产理论产生于西方教育民主化思潮影响下教育规模扩张尤其是高等教育走向大众化乃至普及化的年代。由于教育机会的扩大在很大程度上并没有改变下层社会成员仍然处于社会下层的事实,使人们对教育促进社会流动的功能产

---

① 张杨波. 社会分层与农村学生受教育机会不平等——家庭经济、社会背景对农村考生高考填报志愿的影响[J]. 青年研究,2002(11):20-26.
② 杨昌勇. 新教育社会学:连续与断裂的学术历程[M]. 北京:中国社会科学出版社,2004. 115.

生一些怀疑，不少研究发现了社会不平等源自于教育自身仍然存在的不平等，文化再生产理论正是在这种情况下产生的。文化再生产理论主要探讨的是学校教育如何通过语言、价值观和知识的传递来进行文化的再生产，进而实现经济和社会的再生产问题。该理论认为，学校是文化传递的主要工具，学校在传递、再生产文化的同时，也再生产了不平等的阶级结构和社会关系。学校传递的文化是社会中的优势文化，学校并不是"文化"公平和中立的传递者，它在事实上积极维持和再生产社会不平等。①

作为文化再产生理论的主要代表，布迪厄通过理论的和实证的分析，比较具体深入地探讨了学校教育制度以文化为中介与社会经济制度之间发生的密切关系。他认为，学校传播的文化及其教育方式比较接近上层阶级的文化及其家庭教养方式，这使来自上层阶级家庭的子女更容易取得成功。同时，通过各种以技术选择为外衣（如考试）的社会选择，把社会等级变为学校里的等级，从而进行着社会等级的再生产。为了阐释学校教育在文化再生产和社会再生产中的功能，布迪厄使用了几个隐喻教育与社会分层之间关系的核心概念：文化资本、惯习和符号暴力。

1. 文化资本

布迪厄就文化在阶级复制中的作用做了大量深入的研究，他借鉴了马克思在《资本论》中用"资本"这个概念来分析资本主义社会再生产过程的做法，于20世纪60年代提出了"文化资本"（culture capital）这一概念，从而将资本区分为3种基本形态：经济资本（货币、财产和生产资料）、文化资本（占支配地位的生活方式、技能知识、审美品位偏好）和社会资本（职业声望、人际关系网络）。文化资本指的是"应用经济学法则分析社会各阶级及个体所拥有的总的文化背景、知识、气质和技术，特别指个体在社会上由遗传而得的一种可以促进学业成就的'语言与文化的能力'"。② 布迪厄认为，文化资本可以3种形式存在：（1）具体的状态，以精神和身体的持久"性情"的形式；（2）客观的状态，以文化商品的形式（图片、书籍、词典、工具、机器等），这些商品是理论留下的痕迹或

---

① 杨昌勇. 新教育社会学：连续与断裂的学术历程［M］. 北京：中国社会科学出版社，2004. 123-124.

② 顾明远. 教育大辞典（第6卷）［Z］. 上海：上海教育出版社，1992. 410.

理论的具体显现，或是对这些理论、问题的批判等；(3) 体制的形态，以一种客观化的形式，这一形式必须被区别对待（就像我们在教育资格中观察到的那样），因为这种形式赋予文化资本一种完全是原始性的财产，而文化资本正是受到了这笔财产的庇护。① 在对"文化资本"这一概念的应用中，布迪厄表述了以下4个观点：

(1) 社会各阶级之间的文化资本的分配存在不均等，处于支配地位的阶级拥有最多的文化资本。

(2) 教育制度体现着阶级利益和思想意识，尤其是当代西方社会的教育制度反映了支配阶级的文化形态，从而制约着文化资本的不平均分配。

(3) 学业成就与文化资本的差异存在密切关系，上层社会出身的学生由于从通常受过高等教育的父母处继承了更多的文化资本，因而能取得优良的学业成绩，少数出身下层的大学生缺乏这种资本，所以在需要广泛文化知识的问题上得分较低。

(4) 教育制度一方面受制于并再生产社会结构，另一方面因其自身的再生产能力以及保护学术文化资本价值的利益，从而具有"相对自治性"。②

显然，布迪厄使用"文化资本"这一概念，主要是为了说明基于社会出身不同而形成的文化资本积累的不同，进而导致学生学业成就方面的差异。可以理解，学校作为受制于一定社会经济制度的文化机构，其传播的文化更接近上层阶级的文化，这种文化传播无疑使上层阶级子女所习得的文化更具有"资本"的意义，从而使他们在文化资本积累中占据优势。由于学校对学生学业的评判标准也以上层阶级的文化为参照，在中学和高校教师本身都是从高度成功的学生中选拔出来的，法国更是如此，这使学生在获得学校资本如分数、学校记录、品质与资历等的过程中，拥有较多文化资本的上层阶级子女明显占优势。简单地说，积累了更多文化资本的学生也更容易获得较多的学校资本，即学业成绩。

2. 惯习

惯习（habitus，有译为习性）是布迪厄社会学理论中用于解释人的社会行动

---

① 布尔迪厄. 文化资本与社会炼金术：布尔迪厄访谈录 [M]. 包亚明，译. 上海：上海人民出版社，1997. 192-193.

② 顾明远. 教育大辞典（第6卷）[Z]. 上海：上海教育出版社，1992. 410.

的一个核心概念，它时刻对人的行动发挥着影响。用布迪厄的话说，惯习就是："生存策略的原则，这种原则能使行动者应付各种未被预见、变动不居的情境……（就是）各种既持久存在而又可变更的性情倾向的一套系统，它通过将过去的各种经验结合在一起的方式，每时每刻都作为各种知觉、评判和选择的母体发挥其作用，从而有可能完成无限复杂多样的任务。"① 从布迪厄对这一概念的表述和其他说明中可以发现几点：

首先，惯习是一种深刻地内化于个体身上的行动操作原则，它能够持久存在并时刻发挥作用，这就不同于我们常说的"习惯"。对此，布迪厄也指出，"惯习"不是"习惯"（habit），它是深刻地存在于性情倾向系统中的、作为一种技艺（art）存在的生成性（即使不说是创造性的）能力，是完完全全从实践操持（practical mastery）的意义上来讲的。②

其次，惯习蕴含着历史和经验的积淀。惯习是在长期的历史实践中逐渐形成的一种策略生存原则，它是历史的产物，是稳定持久的。它持久地对人的社会行动产生影响，有利于行动者应付各种难以预料的情境。布迪厄之所以使用这一概念，有一个原因就是它能说明性情倾向、品位和偏好的持续存在。他指出："惯习自身脱胎于一整套历史，它就和这整套历史一起，筛选着可能有的各种反应，并强化了其中的某些反应。"③ 当然，布迪厄的惯习也不是一成不变的，他指出："由于惯习是历史的产物，所以它是一个开放的性情倾向系统，不断地随经验而变，从而在这些经验的影响下不断地强化，或是调整自己的结构。它是稳定持久的，但不是永久不变的！"④

再次，惯习不完全是个人性的，它是社会的、集体的。惯习是通过体现于身体而实现的集体的个人化，或者是经由社会化而获致的生物性个人的"集体化"，是特定经济条件的产物。因此，在社会中处于同一阶级的人，所拥有的惯习在结构上相似，他们的行动倾向也就趋于一致。布迪厄指出："属于同一个阶级的许

---

① ［法］皮埃尔·布迪厄，［美］华康德. 实践与反思——反思社会学导引［M］. 李猛，李康，译. 北京：中央编译出版社，1998. 19.
② 同上书，165.
③ 同上书，168.
④ 同上书，178.

多人的惯习具有结构上的亲和（structural affinity），无需借助任何集体性的'意图'或是自觉意识，更不用说（相互勾结的）'图谋'了，便能够产生出客观上步调一致、方向统一的实践活动来。"① 可见，惯习是体现在个体身上的近乎集体无意识的东西，它对行动的影响是一种自然而然的过程。基于社会地位的差异，不同的阶级在长期的社会经验中形成了不同的惯习。学校教育作为统治阶级文化的传播者，也有利于培养和塑造统治阶级的惯习，具有统治阶级惯习的人也更容易取得成功。布迪厄指出："要想真正察觉到并把握住那些形式上向所有人开放的'潜在机会'，你必须占有最低限度的经济资本和文化资本。"② 因此，统治阶级惯习的维系实际上就是统治阶级文化再生产的重要组成部分。

最后，惯习本身并不是行为的全部决定因素。布迪厄虽然指出了惯习的持久性和它时刻对行动的影响，但也否定了它对行动的决定性。他指出："只是在确定的结构的关联中，惯习才产生出一定的话语或一定的实践活动……完全相同的惯习，在不同的场域刺激和结构中，会产生出不同的、甚至相互对立的结果。""惯习这个概念，提示的是社会行动者既不是受外在因素决定的一个个物质粒子，也不是只受内在理性引导的一些微小的单子（monad），实施某种遵照完美理性设想的内在行动纲领。"③ 从这点来看，惯习可以说是一种行动的倾向性。

综上所述，惯习具有深刻持久性和非决定性，它包含着历史的和集体的元素，而正是因为惯习的这些特征，使它为解释"文化再生产"现象提供了人类学的基础。布迪厄在应用"惯习"这一概念来解释学生的自我期待与现实为他们提供的实际机会之间存在着某种关系的时候，认为学生自我选择教育的机会和成功的概率表面上是一种个人的选择与期待，实际上这种期待并非他个人所有，而是他那个社会阶层所共有的，是在长期的社会经验中形成的，并代代相传、习以为常，不易改变。④

3. 符号暴力

---

① ［法］皮埃尔·布迪厄，［美］华康德. 实践与反思——反思社会学导引［M］. 李猛，李康，译. 北京：中央编译出版社，1998. 169.

② 同上书，168.

③ 同上书，181.

④ 郭凯. 文化资本与教育场域——布迪厄教育思想述评［J］. 当代教育科学，2005（16）：33-37.

布迪厄指出:"符号权力或暴力是通过言语构建给定事物的能力,是使人们视而可见和闻而可信的权力,是确定或者改变对于世界的视界,因而确定或改变了对于世界的行动乃世界自身的权力,是一种几乎是魔术的权力,借助于特殊动员手段。它可以使人获得那种只有通过强力才可以获得的东西的等价物。作为上述权力,它只有被认同的时候,也就是说,作为任意性被误识的时候,才能发生功效。"① 从这种概念的表述和布迪厄在其他地方的阐释中,我们可以发现符号暴力可以从以下两个方面来理解:

(1) 符号暴力实际上是一种权力。这种权力不同于一般的权力,它是通过语言建构起来的,具有"魔术"色彩;它借助于特殊动员手段,便可以使人获得那种只有通过强力才可以获得的东西的等价物。这种权力不同于诸如监狱、军事、警察等硬性暴力,它是一种得到普遍认同的软性暴力。布迪厄强调,现代社会除了这些硬性暴力外,更依赖于符号权力这种软性暴力来维护统治和支配的合法性。②

(2) 符号暴力是施暴的对象所认可的一种暴力。符号暴力之所以受到施暴的对象认可,是因为施暴的对象并没有领会到那是一种暴力,反而认可了这种暴力,布迪厄将这种现象称为"误识"(misrecognition),并指出这种超出了意识和意愿控制的误识在性别支配中非常明显。正因为此,布迪厄又将符号暴力理解为:在一个社会行动者本身合谋的基础上,施加在他身上的暴力。③

通过对文化资本、惯习和符号暴力等概念的组织运用,布迪厄在其著作中论述的文化再生产理论主要包含以下一些观点:

1. 教育行动是一种符号暴力

布迪厄指出:"所有的教育行动客观上都是一种符号暴力",这是因为教育行

---

① Bourdieu, P. Language and Symbolic Power,p170. 载:朱国华. 权力的文化逻辑 [M]. 上海:上海三联书店. 2004. 108. 转引自王伟宜. 中国不同社会阶层子女高等教育入学机会差异研究 [D]. 厦门大学,2006. 44.

② 王伟宜. 中国不同社会阶层子女高等教育入学机会差异研究 [D]. 厦门大学,2006. 44.

③ [法]皮埃尔·布迪厄,[美]华康德. 实践与反思——反思社会学导引 [M]. 李猛,李康,译. 北京:中央编译出版社,1998. 221.

动具有双重专断性,它"是由一种专断权力所强加的一种文化专断"。① 在布迪厄看来,教育行动的双重专断性体现在:一方面,在教育方式上,教育行动是以一种强加和灌输的专断方式进行的,这种专断权力的基础是一个社会构成内各集团或阶级之间的权力关系。另一方面,在教育内容上,教育行动所传播的又是一定阶级或集团专断的文化,反映了该阶级或集团对文化的一种专断性选择。教育行动之所以具有双重专断性并得以开展,是因为存在着教育权威,这种权威因性质不为人知,在客观上被承认为合法权威。

2. 学校通过符号暴力,实现文化再生产

布迪厄认为,作为一种获得了合法性而成为权威的符号暴力,教育行动使它强加和灌输的文化专断得以再生产,从而有助于作为它专断强加权力的基础的权力关系再生产。由于各种教育行动属于一个受主教育行动支配的系统,这就使教育行动"有助于再生产这一社会构成特有的文化专断系统,即主文化专断的统治,并由此促进把这一文化专断置于主导地位的权力关系的再生产"②。因此,学校教育行动是为统治阶级和集团的文化专断服务的,它再产生着统治阶级的文化。具体地说:学校强加和灌输给学生的是统治阶级的文化,塑造的是统治阶级的惯习,这使在统治阶级文化背景中长大的学生拥有更多的文化资本,他们也更容易习得学校所赏识的知识技能、审美品位和生活方式,从而取得学业上的成功。通过这种选择和再生机制,统治阶级的文化得以再生产。

3. 从文化再生产到社会再生产

如上所述,学校教育行动不仅再生产统治阶级的文化专断,还促进把这一文化专断置于主导地位的权力关系的再生产,从而实现从文化再生产到社会再生产的过程。具体地说,拥有不同文化资本的学生在学校制度的安排下,获得了不同的学业成就,体现为学校颁发的各种文凭和证书,如不同层次、不同学校、不同专业的文凭以及不同的分数、不同的学校记录和不同的称号等,而这些带有等级色彩的学业成就通过个人的职业获得转化为不同的经济回报和职业地位,最终引导着社会结构中特定位置的继承者走向与其前辈相似的社会位置。如此一来,学

---

① [法] P. 布尔迪约, J.-C. 帕斯隆. 再生产——一种教育系统理论的要点 [M]. 邢克超, 译. 北京: 商务印书馆, 2002. 13.

② 同上书, 18-19.

业等级转化为社会等级，实现了从文化再生产到社会再生产的过程。上层阶级子女由于从家庭中继承了较多的文化资本、经济资本和社会资本，获得了更多和更好的教育机会，从而也积累了更多的文化资本，取得更大的学业成就，并最终在较为充分的经济资本和社会资本的帮助下，获得经济回报和社会地位更高的职业。布迪厄总结说："进入一个给定水平教育的机会最多的那些属类，同样有最多的成功机会，可以进入和以后在学校里及社会上最多的成功机会连在一起的那些学校、科类和专业。"①

4. 不平等的合法化

从以上论述可知，文化再生产的社会再生产功能是通过将学业等级转化为社会等级来实现的，而学业等级又是通过各种考试和没有考试的淘汰来给定的，这掩盖了它本身是由社会等级转化过来的事实，使人们觉得社会等级的划分是建立在天赋与努力基础之上的，与既有的等级和文化无关。从而，经过学校教育这一文化再生产的转化，社会不平等的再生产取得了合法化的外衣。布迪厄总结说："不平等的社会因素的作用巨大，它可以使教育制度在经济条件平等的情况下，把社会特权转化为天资或个人学习成绩，从而不中断地维护不平等。表面的机会均等实现得越好，学校就越可以使所有的合法外衣服务于特权的合法化。"②

综上所述，文化再生产理论主要探讨的是学校是如何合法地通过符号暴力这种文化专断，实现文化再生产，进而实现社会再生产的过程。在实践基础上，布迪厄和帕斯隆结合大量法国学生的学业情况及其家庭背景资料，对这一过程进行了分析论证。

二、文化再生产理论对中国普通高校专业选择研究的适切性

虽然有不少人认为布迪厄过分强调了教育对社会等级秩序的再生产功能，忽略了教育所具有的促进社会阶层流动的作用。但在教育机会不平等的情况下，教

---

① [法] P. 布尔迪约, J.-C. 帕斯隆. 再生产——一种教育系统理论的要点 [M]. 邢克超, 译. 北京：商务印书馆, 2002. 244.
② [法] P. 布尔迪约, J.-C. 帕斯隆. 继承人——大学生与文化 [M]. 邢克超, 译. 北京：商务印书馆, 2002. 31.

育在复制社会已有秩序上的作用无疑是更加明显的。战后世界高等教育规模的扩张已经表明，教育机会的扩充并未消除根植于社会不平等的教育机会的不平等，也因此无法消除由此造成的人们在财富、收入、身份地位方面的不平等。因为不同社会群体所接受的高等教育在教育过程和教育结果上仍然存在较大差异，进而取得不同的经济回报和社会地位。正如卢卡斯（Lucas）2001 年提出的"有效地维持不平等"（Effectively Maintained Inequality）的理论那样："社会经济处于优势的成员无论在何时何处都会确保他们自身和子女教育机会的优势。如果教育机会在数量上的差异是明显的，那么优势阶层将获取数量上的优势；如果教育机会在质量上的差异是明显的，那么优势阶层将获取质量上的优势。只要某个特定的教育程度还没有普及，处于社会经济状况优势的阶层将使用各种资源来确保获得该程度的教育。一旦该层次教育变得普及了，他们将使用他们的能力确保数量类似但质量更好的教育。"[1] 正因为此，布迪厄是第一个批评二战以后流行的扩大教育机会以缩小社会不平等的公共政策的社会学家之一。他指出了法国高等教育中两个同时发展的趋势之间的基本悖论：在高等教育方面选择的增加，提供了比以前更多的教育机会，但是同时也强化了高等教育系统内部以阶级为基础的社会分层。[2] 在这种情况下，运用文化再生产理论开展教育公平问题的研究日趋兴盛，其中也有一些与专业选择相关的研究。

  从第一章的研究文献综述可知，在 20 世纪 70 至 80 年代，布迪厄和帕斯隆等依据大规模的数据资料，运用了文化再生产理论来解释不同社会经济地位学生选择高等学校专业的差异，发现不同家庭社会经济地位的学生在入读大学专业上存在明显差异，社会出身不利者进入大学往往以专业选择的限制为代价。通过对 211 879 名大学生的社会出身进行的统计分析，发现出身于处在不利地位的阶级的大学生主要进入文学院和理学院，出身于富裕阶级的大学生主要进法学院和医学院。在《再生产》一书中，作者总结说："总之，越到社会底层，进入高等教

---

[1] S. R. Lucas. Effectively Maintained Inequality: Edueation Transitions, Track Mobility, and Social Background Effeets. [J]. American Journal of sociology, 2001, 106(6): 1642-1690. 转引自丁小浩. 规模扩大与高等教育入学机会均等化 [J]. 北京大学教育评论, 2006 (2): 24-33.

[2] ［美］戴维·斯沃茨. 文化与权力：布尔迪厄的社会学 [M]. 陶东风, 译. 上海：上海译文出版社, 2006. 219, 225.

育就越必须以一种对选择的限制为代价。对处于最不利地位的属类来说，可以一直发展到几乎强制性地把他们放逐到文理专业当中……进入一个给定水平教育的机会最多的那些属类，同样有最多的成功机会，可以进入和以后在学校里及社会上最多的成功机会连在一起的那些学校、科类和专业。"① 总之，在布迪厄看来，学术的选择是通过以阶级为基础的自我选择塑造的。

除了布迪厄和帕斯隆以外，国外其他一些学者也从文化再生产的角度分析了学生在专业选择上的不平等。玛丽·杜里-柏拉和阿涅斯·冯·让丹从多个角度研究发现，家庭经济状况影响着学生的专业选择。由于经济状况的不同意味着抗风险能力的不同，而人们无疑会考虑学习某一专业可能承担的风险程度。在这种情况下，完成学业需要的时间和费用等便对学生选择大学专业有所影响。② 罗沙和迪穆拉米斯特（Rochat & Demeulemeester，2001）的研究显示：在控制学术能力的条件下，低收入阶层的学生倾向于选择教育学、人文和艺术类专业——尽管这些专业的市场回报较低。相反，高收入阶层的学生更愿意选择市场收入较高的理工类专业。③ 然而戴维斯和古比（Davies & Guppy，1997）、宋春燕和詹妮弗·E·格利克（Chunyan Song & Jennifer E. Glick，2004）的研究则显示，家庭资本措施虽然能够在大学入学上提供强有力的解释力，但这些措施并不能对男性的大学主修选择产生重大影响。家庭背景特征如母亲的教育、家庭结构和父母亲的介入都对上大学有重大影响，然而他们对大学主修的影响却不大，男性尤其如此。④

近些年来，中国高等教育大众化扩大了中下层社会子女的入学机会，甚至使不同阶层的学生在能否接受高等教育上的差距有所缩小，然而这种机会的扩大也

---

① ［法］P. 布尔迪约，J.-C. 帕斯隆. 再生产——一种教育系统理论的要点 [M]. 邢克超，译. 北京：商务印书馆，2002. 242-244.

② ［法］玛丽·杜里-柏拉，［法］阿涅斯·冯·让丹. 学校社会学 [M]. 汪凌，译. 上海：华东师范大学出版社，2001. 40.

③ Rochat D, Demeulemeester J L. Rational choice under unequal constrains: The example of Belgin higher education [J]. Economics of Education Review，2001，20（1）：15-26. 转引自钟宇平，雷万鹏. 风险偏好对个人高等教育需求影响的实证研究——以高中生对农业、林业和师范院校需求为例 [J]. 高等教育研究，2005（1）：19-24.

④ Chunyan Song; Jennifer E Glick. College Attendance and Choice of College Majors Among Asian-American Students. Social Science Quarterly，2004（5）：1401-1421.

并不意味着入学机会的公平,因为教育获得上的差异逐步转入到更加深层的领域,上层社会子女更多接受精英高等教育,或者是获得经济回报和社会地位更高的教育。相反,下层社会子女更多获得大众型高等教育,或者是获得经济回报和社会地位较低的教育。作为一种教育不平等的较为隐蔽的形式,中国学界对不同家庭出身的子女在专业选择上的差异的研究相对较少,因此运用文化再生产生理论来分析专业选择的研究也不多,但本研究认为文化再生产理论对中国普通高等学校专业选择研究也具有一定的适用性,其原因可能有以下几个方面:

(1) 就读不同的专业意味着不同的经济回报和职业地位。伴随着中国市场经济体制的建立和完善,中国普通高等学校毕业生就业体制改革逐步推进,劳动力市场也逐步形成,在这种情况下,学习不同的专业意味着进入不同的工作领域和取得不同的经济回报和职业地位;当前在高等教育日益大众化的趋势下,高等教育的多样化使这种回报的差异更加明显。

(2) 社会阶层的分化使专业选择的不公平日益突出。改革开放以来,伴随着经济体制改革的深入,中国社会阶层分化日益明显。陆学艺等人的研究认为,中国社会已分化为十大社会阶层,凡是现代化社会阶层的基本构成成分都已具备,现代化的社会阶层位序已经确立,一个现代化社会阶层结构已经在中国形成。在社会阶层分化的情况下,处于中上阶层的家庭便会积极利用所掌握的经济资本、文化资本和社会资本等要素,争取使子女进入较好的专业领域,而下层社会的家庭在这方面自然处于劣势。例如,由于中国社会发展水平相对较低,城乡和区域差距大,在高等学校专业信息匮乏的情况下,不同家庭背景出身的子女在专业选择时获得的专业信息在数量和质量上都会存在较大差异,拥有较多经济资本和文化资本的家庭无疑更能利用自身具备的条件选好专业。因此,在"专业"这一层面上,高等教育机会在不同群体间的分配是不均等的,而不平等的专业学习机会就意味着不同的经济回报和职业地位。

(3) 中国学生选择高等学校专业的机制助长了家庭因素的影响,有利于家庭社会经济地位的复制。中国高等学校专业选择的途径主要是通过高考志愿填报的方式进行,受多种因素的限制,专业选定之后便难以改变。可以想象,学生在自身独立自主性尚不强,还未远离家庭的情况下选择专业时,受家庭因素的影响相对较大,父辈的社会经济地位比较容易得以延续。

（4）有关中国高等学校专业选择的差异性调查也证明了文化再生产理论的适切性。从前面的文献综述部分可知，尽管当前中国关于学生选择高等学校专业的差异性研究不多，但在整体上都支持了文化再生产理论的主要观点。如余秀兰（2004）研究发现，农村孩子在专业选择上处于劣势，多选择一些相对传统和冷门的专业。这些专业首先可能使其在将来就业竞争中处于劣势，其次是可能使其获得新兴的、回报较高的职业机会较小，并带来相对低的经济地位。文化再生产使农村孩子获得比城市孩子更低等的学术资格，而低等的学术又直接决定了其相对低等的职业地位和社会地位，从而完成了从文化再生产到社会再生产的过程。① 谢作栩和王伟宜对来自陕西、福建、广东、浙江、湖南、安徽及上海等地的8所部属重点高校共1 613个学生的调查样本分析发现：中上阶层子女更多地就读于一些优势专业或就学成本相对较高的专业（这些专业预示着将来较高的个人预期收益），而大部分较低阶层子女选择的则是基础理论或收费较低的专业（这些专业相对而言有比较多的入学机会）。究其原因，主要是因为中上阶层子女相对而言拥有较多的入学机会，加之其家庭有较高的支付能力，因此他们在选择专业时更多的是考虑专业的冷热程度，即该专业未来个人预期收益的高低，而较少考虑个人能否被录取的入学风险；与此相反，较低阶层子女由于入学机会并不是很多，在选择专业时首先考虑的是能否被录取。②

需要指出的是，与国外的情况不同，当前中国高等教育刚进入大众化初期阶段，高等教育在一定程度上仍然是一种比较稀缺的资源。对于广大下层劳动人民子女来说，接受高等教育往往是一种向上流动的机会。因此，当前中国高等教育在文化再生产中的作用与西方国家有所不同，它是在更多地促进社会流动的基础上的社会再生产，这种再生产伴随着社会结构的巨大变迁，特别是中产阶层的扩大。也就是说，当前中国高等教育一方面促进了广大下层社会成员向上的代际流动，使之成为新的社会阶层；另一方面，当前中国高等教育又以比较隐蔽的方式再生产了"文化屏障"，维护着较高社会阶层子女的优势地位。用文化再生产理

---

① 余秀兰. 中国教育的城乡差异——一种文化再生产现象的分析[M]. 北京：教育科学出版社，2004. 222.

② 谢作栩，王伟宜. 社会阶层子女高等教育入学机会差异研究——从科类、专业角度谈起[J]. 大学教育科学，2005（4）：58-62，66.

论来解释，虽然教育扩张在低水平教育上实现了更大的平等，却无法降低高水平教育的不平等；学校教育除了促使低阶层子女完成主流价值观方面的社会化外，同时也通过较高水平教育文凭将低阶层子女从职业结构中的优势位置中排除出去，以维持高阶层的地位与特权。①

当然，文化再生产理论在多大程度上适合中国普通高等学校专业选择的研究，是需要进一步证实的问题。本研究的主要内容之一，就是在对中国学生选择普通高等学校专业的大量调查的基础上，采用文化再生产理论的一些观点和方法，来分析中国学生选择普通高等学校专业的情况，以期能把握中国学生在普通高等学校专业选择上存在的差异及其背后的原因。与此同时，这也是应用中国的教育与社会政治经济之间关系的实践，对文化再生产理论的一种检视。

第三节 需要层次理论

一、需要层次理论的主要内容

需要层次理论是美国人本主义心理学家马斯洛（Abraham Harold Maslow）根据人类特性是在生物进化阶梯上渐次形成的这样一个原理而推演出的一种著名的动机理论。该理论在超越不同文化的国家和各种社会形态的基础上，把人的基本需要分为生理的需要、安全的需要、归属和爱的需要、尊重的需要和自我实现的5种需要②：

1. 生理的需要。这是人类最原始最基本的需要，指饥需食、渴需饮、寒需衣、住需所、病需医，以及要结婚等。马斯洛认为，在一切需要之中，生理需要是最优先产生的，但是有限度的，当需要被满足时，它就不再作为行为的动力而存在。在学习和工作中，生理需要通常被转化为对更多的金钱和物质的需求和期待，因为更多的金钱和物质能够更好地满足生理的需要。但是，对金钱和物质的

---

① 郝大海. 中国城市教育分层研究（1949—2003）[J]. 中国社会科学，2007（6）：94-107.

② 时蓉华. 社会心理学 [M]. 杭州：浙江教育出版社，1998. 241.

追求并不一定只是生理需要所驱动的,这是因为:"获取更多报酬的雄心也可能反映了亲和需要以及得到更多尊重或更多权力的需要。正是后者使得人们可以在生理需要满足以后,仍然保持对金钱的欲求。"①

2. 安全的需要。如需要安全、稳定;免受恐吓、混乱的折磨;对体制、秩序、法律的需要;对保护者实力的要求等。安全的需要是自我存在的需要,除了对此时此地的考虑以外,还要考虑今后。安全的需要包括生理上的安全和心理上的安全,在学习和工作中,心理上的安全需要如学习成绩稳定、升学有保障,或工作稳定、收入有保障以及情感安适等。在社会结构剧变的年代,许多人心理上的安全需要得不到满足,缺乏安全感。

3. 归属和爱的需要。归属的需要指人们渴望同他人有一种充满深情的关系,渴望自己在所属群体和家庭中有一个位置。每一个人都愿意为达到这个目标而做出努力。关于爱的需要,马斯洛认为既包括给予他人的爱,也包括接受他人的爱。在学习和工作中,归属的需要常表现为在心理上把自己归入某一个群体,即在该群体中找到自己的归属感,与群体其他成员保持良好的人际关系。

4. 尊重的需要。这是一种自尊、自重和来自他人的尊重的需要。这种需要可以分为两大类:一是对于实力、成就、优秀、胜任、自信、独立和自由的欲望;另一种是对于名誉和威信来自他人对自己尊重的欲望,即要求自己有名誉、威望和地位。这些需要的满足可以增长人们自信的感情,觉得自己生活在这个世界上有价值、有用处,这些需要一旦受挫,就会使人产生自卑、软弱、无能等感情,从而失去信心。

5. 自我实现的需要。是要求实现个人聪明、才智、理想与抱负。这是最高层次的一种需要。马斯洛把自我实现一词加以限定:说到自我实现需要,就是指促使他的潜力得以实现的趋势,这种趋势可以说成是希望自己越来越成为自己所期望的人物,完成与自己能力相称的一切事情。

需要层次理论认为,这 5 种需要是按层次由低到高逐级上升的,生理需要和安全需要属低级需要,尊重的需要与自我实现的需要属于高级需要,归属和爱的需要为中间层次,基本上也属于高级需要。当较低的需要满足以后,追求高一级

---

① 沙连香. 社会心理学[M]. 北京:中国人民大学出版社,2002. 131.

的需要就成了驱使行为的动力。低级的需要必须先得到满足，这是基础，然后才能逐级上升。当然，马斯洛也指出，这个层次顺序并非很"刻板"，而是有许多例外的。① 的确，人的高级需要可以调控人的低级需要，在一定情况下还可以不顾低需要的满足而追求高级需要的满足，"舍生取义"、"士可杀不可辱"、"生命诚可贵，爱情价更高，若为自由故，二者皆可抛"（裴多菲）等，便属于这种情况。

需要层次理论还认为，人的行为是由优势需要所决定的，在同一时间、地点、条件下，人存在多种需要，其中有一种占优势地位的需要决定着人们的行为。当一种需要满足以后，一般地说，它就不再是行为的积极推动力，于是，其他需要就开始发生作用。但不能认为某一层次的需要必须完全满足以后，下一层次的需要才会成为优势。实际上，优势需要满足后出现的新需要，并不以突然的跳跃形式出现，而是以缓慢的速度从无到有，由弱到强，逐步发生的。因此，马斯洛的层次理论并非是一种"有"或"无"的理论结构，它只不过是一种典型模式，这种需要分类只说明了一种基本的趋向，即需要具有不同层次，这种层次的优势又是不断变动的，当优势需要获得满足以后，它的动力作用随之减弱，高一级的需要才处于优势地位。②

心理学界对马斯洛的需要层次理论多持肯定的态度，尽管也有一些学者对这一理论提出了批评，但这并不能改变它在整体上的合理性：首先，马斯洛将人的需要分为从低级到高级的不同层次，是合乎逻辑的，符合系统论原则。系统论强调结合性、层次性、整体性等要求，马斯洛的理论正符合了这些要求。其次，需要层次理论把千变万化的人类需要分为5类，也是合理的，因为人们都会有共同的需要。再次，对需要的跨文化研究证实，低级的需要在高级的需要之前首先获得满足具有普遍性，但高级需要的满足有跨文化的变化。最后，马斯洛把生理需要列为第一需要，把安全的需要、归属与爱的需要和尊重的需要都列为人的基本需要，这也是正确的。③

---

① 时蓉华. 社会心理学［M］. 杭州：浙江教育出版社，1998. 242.
② 同上书，243.
③ 同上书，245-246.

二、需要层次理论对中国普通高校专业选择研究的适切性

马斯洛的需要层次理论尽管因为研究方法缺乏定量分析而存在说服力有所欠缺，以及过分强调遗传因素的作用，认为人的价值是一种先天的潜能而存在一定的局限性，但其合理性的一面对于我们做好管理和教育工作具有很大的参考价值。正因为此，需要层次理论被广泛应用到许多领域，特别是运用于教育、工业、宗教、组织与管理、治疗、自我改善等方面。

毋庸置疑，人的行为是受动机支配的，选择行为也不例外，它反映了人的某种需要。一个人在一定的情况下做出某种选择而放弃另一种选择，是由他（她）当时的优势需要所决定的。由于人的需要具有由低级到高级的层次之分，而且在决定人的行为中是逐级递进的，因此人的选择行为也反映了人的需要层次特点，选择学上把这称之为选择的需要优势递进规律，即指任何一种选择，其选择主体在选择能够最大限度满足自己需要的客体时，总是要根据主体需要的层次，经过从低级到高级不断深化的过程。选择的这一规律，普遍地存在于一切选择过程，是选择活动所必须遵循的一条基本规律。①

人们对教育的选择无疑也反映了某种教育能够满足人们的某种需要，最迫切的需要往往决定着人们最终选择哪一种教育。学界有人将教育区分为"生存教育"和"地位教育"，也反映了教育在满足人的需要中具有层次性。生存教育就是一个人为适应某一社会的基本生存而必须接受的教育。相应地，地位教育即指超出基本生存所必需的、以获取更好的社会职业地位为指向的教育类型。② 一方面，就同一种教育而言，有的人接受教育主要是为了满足生存的需要，而有的人接受教育主要是为了满足获得某种地位的需要。另一方面，就一定的人来说，某种教育主要是满足生存的需要，而另一种教育主要是满足获得某种地位的需要。总之，某种特定的教育到底是生存教育还是地位教育，都视主体的需要而定。研究指出，这两种教育需求对不同社会阶层、不同境遇的个体来说，是很不平衡

---

① 张卓民，宋曙. 一般选择学［M］. 沈阳：辽宁人民出版社，1991. 169.
② 刘精明. 国家、社会阶层与教育［M］. 北京：中国人民大学出版社，2005. 77.

的，人们接受教育的这种形式上的差异，成为一个社会中教育不平等的重要来源。① 不难理解，对社会阶层较低或境遇较差的人来说，他们接受教育大多停留在满足"生存"这一低层次需要上，所受教育程度也相对较低；相反，对社会阶层较高或境遇较好的人来说，接受教育大多早已经超越了满足"生存"需要这一层次，他们更多是为了获得某种"地位"，因此所受教育程度也相对较高。从这里可以看出，用需要层次理论来揭示人们接受教育的动机，进而分析教育上的不平等现象，在理论上是行得通的。

学生对高等学校专业的选择是他们对教育的一种比较具体的选择，也应该反映了他们的不同的需要。在精英高等教育阶段，高等教育是一种非常稀缺的资源，接受高等教育就意味着美好前程，因此在满足个人需要上一般都超过了"生存"的层次，人们对专业的选择一般都是为了满足更高层次的需要。然而，在高等教育日益大众化的背景下，伴随着就业竞争的加剧，学生对高等学校专业的选择既可能主要是满足获得某种地位的需要，也可能主要是满足生存的需要，当然还可能是满足其他层次的需要，且不同的社会阶层所要满足的需要有所不同，这也为国外的一些研究所证明。利昂（Leong，1991）、梁、艾维和铃木（Leung，Ivey & Suzuki，1994）、谢和歌耶特（Xie & Goyette，2003）研究认为，亚裔美国学生在科学和技术领域的选择带来相应的声望、收入和安全，这对在异国社会生存来说是重要的因素。这样的价值对于从小在美国社会化的孩子们来说可能变得不重要。② 总之，运用需要层次理论分析学生选择高等学校专业的动因，在一定程度上是可行的。

当前在中国，由于基础和中等教育的日益普及，使教育需求的差异越来越体现在高等教育上。而伴随着高等教育大众化带来中下阶层子女高等教育入学机会的扩大，这种差异又日益进入高等教育的某些具体领域如专业的选择中。从社会学角度上讲，优势阶层为了保住自己的既有地位而力图"有效地维持不平等"，主要表现为使子女获得更多的优质高等教育资源，让他们进入经济回报和社会地位更高的专业。在这种情况下，专业选择的差异成为高等教育不公平的一种重要

---

① 刘精明. 国家、社会阶层与教育[M]. 北京：中国人民大学出版社，2005. 77.
② Chunyan Song；Jennifer E Glick. College Attendance and Choice of College Majors Among Asian-American Students. Social Science Quarterly，2004（5）：1401-1421.

而比较隐蔽的形式。正如刘精明所指出的那样："教育选择可能会从一些特定教育阶段和特定教育形式中退出，它迫使社会优势阶层不断开辟和发展新的、用以标示自身身份的教育形式。因此，如果社会阶层结构的再生产仍然需要以教育为基本的转化机制的话，必然需要创生出更为隐秘和严格的地位教育形式。"[①] 运用需要层次理论分析学生选择专业的动因，对于揭示这种比较隐蔽的高等教育不平等现象，有一定的启发意义。

从以上的分析可知，运用需要层次理论分析学生选择专业的动因不仅可行，也很重要，它对于把握学生的学习动机，深刻地揭示高等教育的不平等现象，是有帮助的。本研究将应用需要层次理论，分析中国学生选择某些专业的动因，进而在社会分层的基础上，揭示出中国学生在专业选择上存在的不平等以及可能存在的其他问题，如主要满足低层次需要等，同时也验证需要层次理论对于专业选择的适用性。

---

① 刘精明. 国家、社会阶层与教育[M]. 北京：中国人民大学出版社，2005. 124.

第三章　中国普通高校专业选择概述

本章旨在阐述中国普通高校专业选择的基本情况，并探讨对其进行评价的主要依据，为后面的分析提供实践基础和评价方向。第一节界定高等学校专业选择，在梳理世界高等学校专业选择发展概况的基础上，简要回顾中国普通高校专业选择的发展历程，介绍当前中国普通高校专业选择的途径与机制；第二节分析当前中国普通高校专业选择的重要意义；第三节探讨对高等学校专业选择进行评价的主要依据问题。

第一节　高等学校专业选择及其历史与现状

高等学校专业选择是人类社会的一种选择现象，它有自身的构成要素和发展历程，在中国还有一定的特殊性，在此做简要阐述。

一、选择与高等学校专业选择

选择，顾名思义，就是挑选、抉择的意思，是指从多种备选对象中进行挑选与确定的过程。在冯契主编的《哲学大辞典》中，选择是反应者对被反应者的特征、状况、属性进行的取舍。① 综合前人的理解，张卓民等人在其建立选择学的重要著作《一般选择学》中，对选择这一概念做出如下界定："选择是一个表征事物之间特定关系的范畴，它是在价值引导下确定系统以某种方式存在和运动的一种有目的性的活动过程。"② 可见，选择的目的性很强，它内在地包含有"择优"的意思。如果把选择看成是一个行为系统，那么这个系统必然有其基本的构成要素。从选择的一般"解剖结构"来看，选择是由选择主体（选择者）、选择客体（被选择者）和选择环境（选择背景条件）所组成的行为系统。这是选择得以发展、得以进行的基本结构骨架。③ 显然，任何一个选择，都少不了这三个基本要素：选择主体、选择客体和选择环境。

高等学校专业的选择作为一种选择行为，也少不了这三个基本要素。进一步说，高等学校专业的选择作为一种相对具体的选择行为，其选择的基本要素也相对比较确定。就选择主体来说，由于接受高等教育的人是学生，因此高等学校专业选择的主体自然就是学生，而不是其他人。就选择客体来说，高等学校专业选择的客体是高等学校提供的多种专业。显然，高等学校专业选择的主体和客体都是比较确定的。选择环境与选择主体和选择客体有很大的不同，它是选择主体在选择过程中的参考因素，在选择过程中的作用是对选择主、客体发生影响。任何选择行为都不是在真空中进行的，都离不开一定的环境和条件，而除了在特殊的情况下以外，选择的环境通常是比较复杂的，许多因素往往交织在一起，对选择产生着影响作用。从作用性质上看，有些环境因素对选择主体的选择起着正面作用，而有些环境因素对选择主体的选择起着负面作用。高等学校专业选择的环境也比较复杂，家庭背景、相关信息、他人的影响等都可能构成选择的环境。总之，高等学校专业的选择是学生在一定的环境作用下从学校提供的多种专业中挑选出自己愿意就读的专业的过程。

---

① 冯契. 哲学大辞典（修订本·下）[Z]. 上海：上海辞书出版社，2001. 1737.
② 张卓民，宋曙. 一般选择学 [M]. 沈阳：辽宁人民出版社，1991. 82.
③ 同上书，122.

二、高等学校专业选择的发展简况

从世界范围来看,高等学校专业(主修)的选择有一个发展历程。欧洲中世纪大学开办不久,主要培养神职人员,传播普遍性的知识,学生所学课程大多相同,即拉丁文文法、修辞学和逻辑学,因此他们对专业的选择受到极大的限制,自由度很低。伴随着学术自由原则在德国大学的确立,学生选择专业的自由逐步得到重视。经由哈勒大学和哥廷根大学的积极提倡,再到1810年柏林大学建立,学术自由成为德国大学办学的基本原则。除了教师从事学术研究的自由以外,学生的学习自由(Lernfreiheit)也是学术自由的重要组成部分,其主要含义为:大学生享有组织安排自己的学业、确定学习重点,以及选择教师、课程及学习地点等权利。具体内容为:在不违反高等学校有关学业和考试基本规定的前提下,学生有权自由选修课程,自己选择学习计划的专业重点及自由整理和表达其学术见解。[①] 从这里可以看出,伴随着学术自由原则的确立,学生逐步获得选择学习领域的自由,这与专业选择的自由在本质上是一致的。与此同时,工业革命以后,社会分工的进一步发展逐渐影响到教育领域,专业高等院校纷纷建立,综合性大学也不得不进行专业教育,这一发展趋势使专业(主修)的选择日益成为普遍现象。

德国的学习自由对美国和欧洲其他国家的影响相当深刻,19世纪的美国大学不仅接受了学习自由的理念,而且第一次通过创立选修制和学分制使学习自由制度化,进而影响着许多国家高等教育的改革和发展,使学生对专业(主修)的选择日益成为理所当然的事情。在美国《不列颠百科全书》中,学术自由指:"教师和学生不受法律、学校各种规定的限制或公众不合理的干扰而进行讲课学习、探求知识及研究的自由……对学生而言,学术自由的基本内容包括:可自由地学习感兴趣的学科;可形成他们自己的论断和发表他们自己的意见。"[②] 的确,美国大学的专业(主修)选择一般是在学生进入大学学习一至两年之后进行,除

---

① 顾明远. 教育大辞典(第3卷)[Z]. 上海:上海教育出版社,1991. 15.
② 转引自周光礼. 学术自由与社会干预——大学学术自由的制度分析[M]. 武汉:华中科技大学出版社,2003. 29-30.

少数限制人数的"封顶专业"以外，大多比较自由。瑞典早期建立的两所大学在19世纪就享有德国大学那样的学术自治，教授自由地探究知识，学生自由地选择学习科目，国家很少对研究、教学与学习的自由加以限制。到20世纪50年代初，一旦学生进入了高校大门，并没有选择学科的限制，除了那些实行"限额制度"的有限制的系科（医学、工程学等）之外。①

联合国于1948年通过的《世界人权宣言》站在人权的高度肯定了人们选择学习领域的权利。在其第26条中关于教育权利的规定有三个方面：一是人人都有受教育的权利；二是教育之目标在于充分发展人的个性，加强对人权及基本自由之尊重；三是父母对其子女所应受教育的种类，有优先选择的权利。② 显然，这肯定了人们对教育种类的选择权，只不过该宣言主要针对的是未成年人的教育，因此强调的是作为监护人的父母替子女选择教育种类的权利，未专门提及大学生对教育种类的选择权利问题。但经过多年的发展，大学生自由选择专业（主修）的原则得到了人们的充分肯定，以致有的国家还把它上升到了法律地位，如德国1976年公布的《大学基准法》第三条第四项规定："大学生之学习自由（Die Freiheit des Studiums）在不违反学习规则与考试规则规定下，特别包含选课之自由，在其决定攻读学科中选择重点方向之权，以及处理与发表其学科或艺术上之见解。"③

三、中国普通高校专业选择的简要回顾

中国教育领域内的专业选择思想早已有之，如早在宋代，大教育家胡瑗创立"分斋教授法"时，就允许学生自由选择学习科目。该法分"经义斋"和"治事斋"。经义斋以学习六经经义为主。治事斋又分治民、讲武、堰水（水利）和算历等科。凡入治事斋的学生每人选择一个主科，同时还加选一个副科。学生各因

---

① ［加］约翰·范德格拉夫，等. 学术权力——七国高等教育管理体制比较［M］. 王承绪，等，译. 杭州：浙江教育出版社，2001. 71.
② 翁文艳. 教育公平与学校选择制度［M］. 北京：北京师范大学出版社，2003. 30-31.
③ 董保城. 教育法与学术自由［M］. 台北：月旦出版社，1997. 50.

其才分别入经义斋或治事斋。他这种分斋教学、学生学习一个主科、一个副科的教育制度,在当时来说是一种创造性的改革,从内容、时间来看,这项改革,在世界教育史上也是首创的。① 近代高等教育确立之后,中国主要沿袭西方发达国家体制,学生在选择专业上问题不大。在民国时期,学生具有教育选择自由被高校管理者视为当然。如北京大学学生就具有转专业自由和退学自由权。在转专业自由权方面,《北京大学各种通则》第二节第十条规定,同科内转入其他学门,无需考试;跨科转入其他学门则须考试。由此可见,学生具备转专业的自由权利,但受一定学术标准的约束。② 总之,到新中国成立以前,中国学生在报考大学时只需要明确选定报考的学院,具体专业也是到大学学习一段时间之后确定的。当时的大学涵盖的学科范围较广,学生专业选择的范围也比较广。③ 这一状况在台湾地区得到部分延续并上升到了法律层面,台湾"司法院"大法官在民国八十四年(1995年)做出的第380号解释中曾指出:"学生选择科系与课程之自由属于大学自治之权限。"④

新中国成立之初,高等学校仍然沿袭旧制。1952年起,中国高等教育全面学习前苏联经验,进行院系调整,开始设置专业,并按专业配置师资和经费,严格根据国家对专业人才的需求计划招收学生。在这一教育体制下,学生入学前通过志愿填报进行专业选择,进校后几无更改余地,选择专业的自由度受到极大限制。从政府颁布的关于转系(专业)的文件中,可以看出学生进校后选择专业的可能性相当小。例如,1990年1月国家教委颁布的《普通高等学校学生管理规定》⑤对转系(专业)与转学的规定如下:

第二十条 学生有下列情况之一者,可允许转系(专业)、转学:(一)学生确有专长,转系(专业)、转学更能发挥其专长者;(二)学生入学后发现某种疾病或生理缺陷,经学校指定的医疗单位检查证明,不能在原系(专业)学习,

---

① 熊明安. 中国高等教育史 [M]. 重庆:重庆出版社,1988. 261-262.
② 刘冰. 中国高等学校学生权利救济研究 [D]. 东北师范大学,2007. 85.
③ 金顶兵. 中国制度环境下本科学生自主选择专业的探索与实践——北京大学元培计划实验班的案例分析 [J]. 高等教育研究,2006 (9):88-93.
④ 董保城. 教育法与学术自由 [M]. 台北:月旦出版社,1997. 179.
⑤ 国家教育委员会. 普通高等学校学生管理规定 [EB/OL]. http://www.moe.gov.cn/. 1990-01-20/2009-03-23.

但尚能在本校或其他高等学校别的系（专业）学习者；（三）经学校认可，学生确有某种特殊困难，不转系（专业）或不转学则无法继续学习者。根据毕业生分配制度的改革和社会对人才需求情况的发展变化，必要时学校可以适当调整部分学生的专业、系。

第二十一条 学生转系（专业），转学均由本人向所在系申请。转系（专业）转学的手续，按下列办法办理：（一）学生在本校范围内转系（专业），由系主任提出，所在系（专业）推荐，拟转入系（专业）审核同意，由学校教务部门审批。（二）转入其他学校者，经两校同意，还须由学校所在省（自治区、直辖市）主管高教部门批准（跨省市者须两地主管高校部门批准）。并由转入省（自治区、直辖市）抄送转入校所在地区公安、粮油部门。学生转系（专业）、转学的手续，应在每学年开学前办理。

第二十二条 有下列情况之一者，不予考虑转系（专业）、转学：（一）新生入学未满一学期者；（二）由一般院校转入重点院校者；（三）由专科转入本科者；（四）本科三年级（含三年级）以上或专科二年级（含二年级）以上者；（五）师范院校（学校认为不宜学师范者除外）转入其他院校者；（六）自费转入公费者；（七）无正当理由者。

显然，这一规定对转专业的限制很严，因此能转专业者必然寥寥无几。然而进入20世纪90年代以来，伴随着市场经济体制的建立和毕业生分配制度的改革以及付费上学的推行，在高等教育向大众化推进以及毕业生就业形势日趋严峻的情况下，按专业招生并严格限制学生转专业的做法已越来越不适应形势发展的需要，学生要求转专业的呼声越来越高。在这种情况下，中国一些高等学校开始在既有体制框架下进行改革，与当时加强通识教育、拓宽大学生的知识面的目标追求不谋而合，按专业大类招生逐渐兴起。所谓按专业大类（也有的称为"学科大类"）招生，就是按照由多个具体专业组成的"类"进行招生，如教育学类、中国语言文学类、电气信息类、公路运输类（专科）等，也可能是更为宽泛的"类"，如理学类、农学类、农林牧渔大类（专科）。按专业大类招收的学生入学前只选择专业大类，进入学校后一般按院系统一管理，学习基础性课程一段时间后再根据自己的意向选择具体专业。显然，按专业大类招生给了学生第二次选择专业的机会，但其选择余地就看他们进入的"类"所涵盖的专业范围大小了。不管怎么说，这一举措对扩大学生选择专业的权利具有积极意义。

鉴于学生转专业呼声的高涨，政府也出于顺应形势发展的需要，在学生管理规定上做出了相应的调整。2005年9月1日起实施的《普通高等学校学生管理规定》第十八条规定，"学生可以按学校的规定申请转专业。学生转专业由所在学校批准。学校根据社会对人才需求情况的发展变化，经学生同意，必要时可以适当调整学生所学专业。"① 可以看出，与1990年的规定相比，政府不再限制转专业行为，而把对转专业的处理权转移给了高等学校。在这种情况下，学生能否转专业，转专业难易程度，以及他们再选专业的余地等都与所在学校的政策相关。一些学校为规范学生转专业的行为，在学校重要文件中对学生转专业的权利进行了明确规定。例如：2006年1月1日起实施的《吉林大学章程》第五十一条规定，学生除享有宪法、法律、法规及规章规定的权利外，还享有下列权利：（一）公平接受学校教育，平等利用学校公共教育资源，获得增强实践与创新能力的基本条件保障；（二）按规定条件和程序重新选择专业，跨学科、学院选修课程……②

综上所述，1952年院系调整后相当长一段时期内，中国学生选择专业基本上是通过入学前填报志愿的方式进行，在政策的严格限制下，入学后几乎没有选专业的机会。进入20世纪90年代以后，伴随着高等教育体制改革的推进以及高等教育大众化的发展，政府和高等学校对学生入学后选择专业的限制有所放松，通过按专业大类招生和转专业的途径，一部分学生获得了再选专业的机会。总之，与1952年院系调整后相当长一段时期相比，当前中国普通高校专业选择已开始突破计划体制的束缚，学生入学后选择专业的现象不断增多。在这个过程中，高等教育大众化的发展与学生选择专业需要之间有着相互促进的关系。一方面，高等教育大众化的发展为学生选择专业提供了更多的机会，也增加了专业选择的必要性。众所周知，高等教育大众化发展的一个显著特点是高等教育多样化，而多样化的高等教育不仅使教育选择日益成为求学者的需要，也为选择者提

---

① 中华人民共和国教育部. 普通高等学校学生管理规定［EB/OL］. http：//www. moe. gov. cn/. 2005-03-25/2008-09-20.

② 吉林大学.《吉林大学章程》［EB/OL］. http：//xiaobao. jlu. edu. cn/php/xwview. php? page=1&.&id=4578&.&qk=199. 2005-12-29/2008-09-12.

供了更多的选择可能。同时，在高等教育大众化带来高等教育多样化的背景下，个体只有根据社会的需要和自己的特点选择接受适合自己的高等教育，才能取得更大的成绩，适应社会发展的需要。另一方面，学生对专业的选择有助于促进高等教育的多样化，进而有利于高等教育大众化的发展。在高等教育大众化背景和市场经济条件下，学生作为一个个选择专业的个体，无疑会考虑到社会和市场的不同需求，而这种多样化的需求反映到高等教育领域，最终促使高等教育朝向多样化发展。正如国外学者所言："复杂的社会和分化的经济市场显示出种类繁多的需求，这些需求恐怕是单独一种类型的高等教育机构所不能满足的，所以需要多样化。"[1] 毋庸置疑，高等教育的多样化是高等教育大众化健康发展的必然趋势。中国要继续推进高等教育大众化，就得推进高等教育的多样化，而一个行之有效的办法就是通过市场需求来引导，专业选择正好提供了这一途径。总之，正是在中国高等教育大众化的过程中，伴随着高等教育投资体制和就业体制的改革，中国普通高校专业选择现象才越来越多。

四、当前中国普通高校专业选择的途径与机制

从上面的论述可知，以学生为主体，当前中国普通高校专业选择的途径归纳起来有三种情况：第一种是入学前就选定具体专业，入学后便无法转换；第二种是入学前虽然选定了具体专业，但入学后还获得转专业的机会；第三种是入学前选定专业大类，入学后再确定具体专业。三种途径各有特点，共同构成当前中国普通高校的专业选择机制。

第一种作为传统的专业选择途径，计划性最强但操作简单。高校根据社会的需求和自己的办学基础设置专业，配备教师、仪器设备、教学行政用房等办学条件，并根据这些条件制定和发布专业招生计划。高中毕业生则根据高等学校的招生计划、自己所了解的社会需求和自己的兴趣、性格、相关能力等填报专业志愿，完成专业选择的过程。由于招生名额的计划性和学生之间的竞争博弈，最后

---

[1] ［荷兰］弗兰斯·F·范富格特. 国际高等教育政策比较研究［M］. 王承绪，等，译. 杭州：浙江教育出版社，2001. 399.

经过高等学校的录取，学生选择专业的目的并不一定能够取得成功，而高等学校各专业录取的学生也不一定都是该专业的志愿选择者。显然，这一途径有明显的局限性，因此作为弥补性措施的第二种途径逐步得到推行。

第二种途径是在第一种途径基础之上的补充，它增加了一些学生选择专业的机会。与第一种途径相同的是，首先是学校根据社会需求和自身办学条件设置专业并制定和发布招生计划，学生综合考虑多种因素后填报高考志愿，完成第一次专业选择过程。通过高等学校的录取，学生进入了不同的专业领域。由于多种原因，如学生未实现自己对专业的选择，只是被迫进入某专业，或者是因为对专业选择的重要方面把握不当等，学生可能没有选择到让自己满意的专业，他们往往缺乏学习积极性，希望能够转换自己的专业。学校考虑到学生发展的需要和就业问题等，逐步提供了一些转专业的机会，以扭转他们第一次做出的不当选择。由于在现有的学校管理体制下，转专业会给学校工作带来许多麻烦，为了减小其负面影响，许多高等学校都对转专业做出了一定的比例限制，并通过考试、收费等手段来进行调控。例如，四川大学对95级工科学生试行转专业试点时规定：为保证学校教学秩序的相对稳定和国家对各专业人才的需求平衡，转专业学习的学生人数暂时控制在5%左右。转专业学习的学生应向学校缴纳一定费用（优秀生除外）。[1] 天津师范大学1997年修订的"学籍管理条例"中规定：学生入校后第二年可通过转入系的严格考核，转入新专业。[2] 浙江工业大学于2002年9月出台优秀生转专业的制度，规定全日制一、二年级普通本科生，第一学年结束专业排名前10%的优秀生允许在全校范围内转专业，第二学年结束专业排名前10%的优秀生允许在全院范围内转专业。2004年将允许转专业比例提高到30%，2006年再次扩大到40%。[3] 北京大学对学生转专业的比例控制比较宽松，2005年将转系转专业的比例提高到20%。[4] 为鼓励考生报考，2007年，上海交通大学表示，

---

[1] 李凡，刘华. 管理服务教学，试行重选专业 [J]. 高等工程教育研究，1998 (1)：55-56.

[2] 方惠圻. 对高校转专业现状的思考 [J]. 天津师范大学学报（社会科学版），2007 (3)：77-80.

[3] 雷树祥. 高校学生转专业的现状分析与思考 [J]. 高教与经济，2007 (1)：21-24.

[4] 金顶兵. 中国制度环境下本科学生自主选择专业的探索与实践——北京大学元培计划实验班的案例分析 [J]. 高等教育研究，2006 (9)：88-93.

各省（市）、自治区高考成绩前 30 名（高考原始成绩，不含各类加分）的优秀学生，在进校后 3 个月内，可在全校范围内重新选择专业或学院（包括各类试点班）。① 需要指出的是，学校的名额限制虽然逐步放宽，但在各方面的限制条件下，实际能转专业的人数所占比例仍然非常小。

第三种专业选择途径实际上是入学前后两次选择构成一个专业选择的过程。高等学校根据社会需求和院系（或学科）办学条件制定和发布院系（或学科）所涉专业的专业大类招生计划，学生根据学校的招生计划和自身情况选择涵盖多个具体专业的专业大类，进入学校学习一段时间后再在该专业大类里面确定具体的专业，一般被称为按专业大类招生和培养。按专业大类招生的兴起在当时一方面是适应加强通识教育、拓宽基础的需要，另一方面也成为高等学校照顾学生兴趣，减少选择失误的一种途径。例如，中国地质大学（北京）从 94 级学生开始，在学分制的基础上实行了理工科本科前两年大基础，后两年选择专业的培养模式。本着"大基础、宽口径、多方向"的办学方针，所有在校理工科本科专业，前两年的课程全部统一，在第四学期末，进行全校同级本科生的跨系、跨专业的二次专业选择。② 进入 21 世纪后，大类招生在全国范围内迅速兴起。有研究通过对全国 104 所"211 工程院校"（除军事系统 3 所外）2006 年的招生计划分析发现，有 56 所高校不同程度地实施了"按类招生"，比例达到了 53.8%。③

由于学生再选专业的余地直接由他所进入的专业大类的范围所决定，因此在招生专业大类涵盖专业面比较大的高等学校或其部分招生计划中，按专业大类录取的学生的专业选择余地就大，反之亦然。例如：2001 年起北京大学启动的元培计划实验班，学生进校时只按文、理分类，不分专业。第二学期末提出专业选择意向，一般在第三学期末最后确定专业。④ 显然，进入这种实验班的学生选择专业的余地就很大，但这种情况在全国比较少见。在北京大学的其他院系，专业大类的范围也一般都在院系所涉及的专业范围之内，因此学生选择专业的余地就

---

① 郭莹. 上海交通大学：各省前 30 名可自由选专业 [N]. 京华时报，2007-04-04 (6).
② 赵乐华. 从二次专业选择看本科教育的发展 [J]. 中国地质教育，1996 (2)：48-49.
③ 吕慈仙. 高等学校按学科大类招生的现状分析 [J]. 宁波大学学报：教育科学版，2007 (2)：65-68, 78.
④ 金顶兵. 中国制度环境下本科学生自主选择专业的探索与实践——北京大学元培计划实验班的案例分析 [J]. 高等教育研究，2006 (9)：88-93.

相对较小。在其他高校,专业大类也通常局限于院系范围内的专业,如在2006年的招生计划中,山东大学开设29个大类涵盖了80个专业,厦门大学开设25个大类涵盖了52个专业,北京大学开设22个大类涵盖了60多个专业,浙江大学开设20个大类涵盖了60个专业,武汉大学开设19个大类涵盖了54个专业,同济大学开设19个大类涵盖了47个专业。[①] 可见,这些专业大类所涵盖的专业平均没有超过3个。

以上三种专业选择途径共同构成了当前中国普通高校的专业选择机制:高校根据社会需求和自身办学条件制定和发布专业或专业大类的招生计划,学生根据招生计划和自身情况选择一定的专业或专业大类;选择了专业者入学后可根据自身情况和学校规定决定是否争取转专业,而选择了专业大类者则进一步确定具体专业,在学校政策许可的情况下,也可转到专业大类之外的其他专业;进而,高校根据毕业生就业情况、办学条件和学生选择专业的情况等因素调整后来的专业招生计划,影响着后来学生的专业选择,照此不断循环反复。概括起来,当前中国普通高校的专业选择机制是以学生为选择主体,以高校根据社会需求和办学条件而提供的招生专业为选择客体、以一定环境条件下高考志愿的填报和入学后的转专业或确定具体专业为选择过程的一个行为系统。在这个系统中,选择主体、选择客体以及它们所处的选择环境构成了选择行为的基本要素,选择客体制约着选择主体的选择范围,选择主体的选择活动又影响着选择客体的发展变化,而在这个过程中,选择环境始终发挥着影响。

第二节 中国普通高校专业选择的重要意义

选择是自然界与人类社会普遍存在的一种现象,由于它是一个择优的过程,因此选择是事物发展和进化的一个重要法则。事物的发展和进化,正是在选择中进行的,也正是通过选择实现的。选择的本质,从选择的目的看,是主体寻求自身所需要的价值;从选择的作用看,选择能够推进优化过程;从选择的结果看,

---

[①] 吕慈仙. 高等学校按学科大类招生的现状分析 [J]. 宁波大学学报:教育科学版, 2007 (2): 65-68, 78.

选择是保持事物存在和发展的必要途径和手段。① 高等学校专业的选择是人类社会的一种选择活动，无疑具有其重要价值。正因为此，哈佛大学认为，专业选择是一个重要的决定，需要学生进行调查、理性判断和创造性研究。耶鲁大学要求学生全面了解他们准备进入专业的各种要求。② 对于中国学生来说，普通高校充分自由的专业选择对于作为选择主体的学生和提供选择对象的高等学校以及整个社会来说，都具有非常重要的现实意义。

一、专业选择对学生的重要意义

1. 专业选择是对学生主体性地位的尊重

主体性作为一个主体应具有的基本属性，它发挥的程度对学生产生着多方面的影响。从教育领域来看，主体性的发挥有利于提高学习效果。教育学原理告诉我们，学生是教育的对象，教育质量的高低最终体现在学生的身心发展上，外部的知识、技能能否内化为学生的身心素质，关键在于学生在学习活动中的主体性发挥程度如何。基于主体性对学生学业成绩的影响，王道俊教授等人指出，在教育过程中，必须使学生真正处于主体地位，能充分发挥主体作用，主动、积极和富有创造性地进行学习，以提高主体性。只有这样，才能提高教育质量。③ 对学生主体性地位的尊重有利于提高学生学习的积极性，因为它满足了学生高层次的心理需要，给他们带来学习动力，驱动着他们朝着更高的要求进步。根据马斯诺（Maslow）的需要层次理论，人的行为是由优势需要所决定的，当人们的低级需要（如生理需要、安全需要）得到充分满足后，追求高级需要（如尊重需要、自我实现的需要）的满足就成了驱使行为的动力。大学生的文化教育程度高，比较容易理解高级需要的价值，在低级需要得到充分满足的情况下，更容易产生高级的需要，因此他们对尊重和自我实现的需要比未接受过高等教育的其他人群更为强烈，这种需要往往成为他们努力学习的驱动力，而对他们选择专业的尊重便是

---

① 张卓民，宋曙. 一般选择学 [M]. 沈阳：辽宁人民出版社，1991. 97.
② 金顶兵. 美国七所世界一流大学本科生专业选择的比较分析 [J]. 北京大学教育评论，2006（3）：129-139.
③ 王道俊，郭文安. 主体教育论 [M]. 北京：人民教育出版社，2005. 51.

对其尊重需要的一种满足。

作为一个主体的基本属性,主体性发挥和发展得如何,或者说其是否得到尊重,对一个人各方面的发展都有重大影响。对于大学生来说,除了学业成绩以外,主体性的发展还有许多重要意义,例如,市场经济是一种主体性经济,只有能够发挥主体性的人才能主动、积极地参与社会经济生活,并为社会进步做出贡献;终身教育要求把学生培养成为学习的主人,也需要学生发展其主体性;一个人个性的充分发展和创造性的发挥,也有赖于主体性的落实。

主体性体现在许多方面,主要指作为主体的人在思想和行动中表现出来的"能动性、自主性和自为性"。主体能动性首先表现为主体的自觉性,其次表现为主体的选择性,第三方面表现是主体的创造性。① 选择本身就是一种主体性行为,是主体地位和主体意识的重要表现。只有在自主选择的过程中,主体性才会真正体现出来。② 因此,对于学生来说,自主地选择专业是主体性的重要体现,它对大学生学习的主体性发挥着重要影响。可想而知,一个人如果被动地选择某专业,那么他学习的积极性往往是不够的,更容易表现出较强的被动性。毋庸置疑,专业学习是大学生的主要活动,其主体性的发挥和发展自然而然地影响着他们在大学生活和社会实践诸方面的主体性发挥。

2. 专业选择有利于学生提高学业成就

教育受到人身心发展特点的制约,这是教育的规律之一,而因材施教是教育的基本原则,这都要求根据学生的情况实施教育。在高等教育阶段,学生对专业的选择也内在地包含着他们根据自身的身心特点如性别、个性(包括需要、动机、兴趣、气质、性格、能力等)等情况选择学习内容,这相当于使高等学校招到适合各个专业的学生,因此对保证和改善学习效果,提高学生的学业成就无疑具有重要的现实意义。众所周知,兴趣在学习和工作中的作用是毋庸置疑的,孔子曰:"知之者不如好之者,好之者不如乐之者。"这句话所说的就是这个道理。近年中国普通高校兴起的转系转专业现象,主要原因之一就是与兴趣不符有关,以致有学者指出:"转系、自由选择专业背后有一个现代教育的重要价值观,就

---

① 李福华. 高等学校学生主体性研究 [D]. 华东师范大学,2003. 10-11.
② 赵雄辉. 论大学生的选择权 [J]. 辽宁教育研究,2007 (1):9-12.

是学习自由。选择什么专业是学生的权利,保证的是一种学术兴趣,只有这样才能有高质量的学习和研究。"① 相关的调查也证明了这一道理的存在,如发表在《科学》杂志上的一个调查(由弗吉尼亚大学的科学教育家对1988年的3 359名八年级学生进行的跟踪调查)显示,那些数学成绩平平但对科学表示出兴趣的学生,最终获得大学理工科文凭的比例要明显大于那些数学成绩超过平均分,但对科学没有兴趣的学生。前者获得理工科大学文凭的占到34%,而后者仅为19%。② 从责任归因来看,如果学生就读的专业是他自己自主地选择的,那么他就更愿意对自己的行为负责,从而表现出学习的积极性;反之,如果他是被迫地选择就读某专业,那么他更容易将责任分散到他人、体制或命运不好等方面,从而更可能消极应付。因此,责任感源于主体的自主选择,没有自主选择的责任感是不存在的,主体的思想、行为也是没有任何意义的。这正如莫兰(Morin)在《复杂思想:自觉的科学》中指出的那样:"责任感是一个人道主义的伦理学的概念,它只对自觉的主体有意义"。选择与责任是统一的。③ 陈安朝等人对420名大学生的调查分析结果显示,学生进入大学后选择专业是否理想,对学生在校时的学习状况影响较大。所学专业不是自己所要选择专业的学生中,大多数是应付学习或厌倦学习,两者的比例之和高达85.6%。这些学生大多是被动选择专业的,他们缺乏学习的动力,没有明确的学习目标,以至于由于学习成绩差而降级或退学。在被调查的学生中,回答有放松学习想法的有97人,其中有74人回答这种想法与专业有关,达到了76.3%,说明学生选择专业理想与否,对学生在校期间的学习状况有较明显的影响。④ 与此类似,薛艳对南京师范大学、南京大学、东南大学、江苏省教育学院、南京艺术学院、南京邮电学院六所高校比较具有代表性的数学、哲学、美术、建筑、自动化五个专业的学生(选取学生共600名,获有效问卷552份)的测查表明,学生的专业匹配性(学习者的学习特点与各专业所要求的学习方式的吻合程度)与学业成绩之间存在着极其显著的正相关,即大

---

① 转引自方惠圻. 对高校转专业现状的思考[J]. 天津师范大学学报:社会科学版,2007(3):77-80.
② 啸天. 理科专业选择:兴趣比学习成绩更起作用[J]. 成才之路,2007(21):27.
③ 李福华. 高等学校学生主体性研究[D]. 华东师范大学,2003. 10.
④ 陈安朝,余嘉政,杨静. 学生选择专业与学习成绩的关系分析[J]. 卫生职业教育,2006(2):98-99.

学生的专业匹配性对学业成绩的影响极其显著：大学生的专业匹配性等级越高，学业成绩也越高；反之，如果专业失配，则不利于学生的学习，从而影响学习效果。专业匹配性高，则学生对所学专业的喜好程度、学生在校期间获得各类奖学金的情况、综合素质测评的排名、参加社会实践的成果以及能力发展的状况也较好；反之，如果专业失配，则不利于学生的其他发展。[①] 显然，专业选择有利于增加学生的专业匹配性。总之，所选专业是否适合自己的身心特点直接关系到学生学习的积极性和效果，进而制约着他们的学业成就，而尽可能地提供专业选择的机会，无疑有利于减少专业不适应性问题。

3. 专业选择有利于学生追求教育回报

个人的命运与人生中的许多选择有关，但必须把握好几个关键的选择，如升学、就业、婚姻、职业、升迁，等等。在每一个关键的选择中又会有许多选择，比如，在升学选择中，选择什么样的学校，选择什么专业，这就可能规定了自己今后的发展方向，决定或规定着今后的命运、今后的职业等。[②] 的确，专业性是高等教育的基本属性，高等学校实施的教育主要是专业教育，其较大的差别性使专业选择对劳动力职业生涯中的很多问题，如工资水平、职业定位、行业选择及流动收益都会产生很大影响。因为"专业选择表明了教育的职能由通用（一般）性人力资本培训第一次进入到了专用性人力资本培训，路径依赖导致初始专业选择形成的专业专用性投资积聚了基本的职业专用性人力资本，限定了未来可能的职业选择和流动方向"[③]。因此，专业虽然不能决定未来的职业，但它对未来职业的影响是较大的，学生选择专业有其经济价值。专业与收益的关系已为大量的研究所证明，如美国经济学者伯杰（Berger，1988）利用美国"全国男青年的纵向调查"的相关数据，对1966年和1974年从高校商科、人文社会学科、工科、科学和教育五大科类毕业的学生（624个有效样本）进入劳动力市场的起薪和获得12年经验之后的薪水情况进行的分析得出：在1966年毕业进入劳动力市场的五

---

① 薛艳. 大学生的专业匹配性对学习和发展的影响［D］. 南京师范大学，2005. 21，52.

② 周书俊. 选择论［M］. 北京：中央编译出版社，2006. 145.

③ 孟大虎. 从专业选择到职业定位——专用性人力资本视角下大学生就业行为分析［J］. 中国青年研究. 2005（7）：48-51.

个学科领域的学生群体中,主修工科的毕业生的起薪最高,年薪为 23 734 美元(按 1986 年美元价值计算),其次是科学(23 346 美元),随后是商科(19 268 美元)和人文社会学科(16 709 美元),起薪最低的是教育(15 818 美元);当获得 12 年的经验后,年薪由高到低分别为商科(39 441 美元)、工科(36 202 美元)、人文社会学科(31 512 美元)、科学(31 122 美元)、教育(26 682 美元)。在 1974 年毕业进入劳动力市场的五个学科领域的学生群体中,起薪(年薪)由高到低依次为工科(26 420 美元)、商科(21 811 美元)、科学(17 240 美元)、教育(17 054 美元)、人文社会学科(16 704 美元),12 年后,起薪(年薪)由高到低依次为工科(30 813 美元)、科学(28 372 美元)、商科(25 037 美元)、人文社会学科(18 936 美元)、教育(18 173 美元)。[①] 可见,在不同的专业领域(学科),毕业生的经济收益差别很大。赫恩(Hearn)和本顿(Bunton)的实证研究也发现,美国学士学位获得者中,与处于最低收入的教育学专业毕业生相比,工程学和医学专业超出他们收入的 46%,商学和理学超出 21%~23%,社会学超出 12%,人文学科超出 5%。赫克曼和李(Heckman & Li)发现,中国年轻人收入因为大学教育将增加 43%,但是受教育人群在教育收益方面存在实质性(substantial)差异,其中的专业收益率差异也较明显。[②] 戴蒙特和安德里萨尼(Daymont & Andrisani,1984)、格哈特(Gerhart,1990)等人的研究指出,学院主修的不同能够解释男性和女性之间近 45% 的收入差别。[③] 宋春燕和詹尼弗·E·格利克(Chunyan Song & Jennifer E Glick,2004)研究发现,大学生选择或进入的主修类型直接影响他们的职业机会,进而导致不同的赚钱能力。温尼克(Winnich,1990)、谢和歌耶特(Xie & Goyette,2003)研究认为,亚裔美国人

---

① Mark C. Berger. Predicted Future Earnings and Choice of College Major. Industrial & Labor Relations Review; Apr 1988; 41, 3; Pg. 418-429.

② 转引自孟大虎. 不确定环境中的抉择:从专业选择到职位决策 [J]. 北京师范大学学报(社会科学版),2004(3):99-104.

③ Solnick, Sara J. Changes in Women's Majors from Entrance to Graduation at Women's and Coeducational Colleges. Industrial & Labor Relations Review. Ithaca: Apr 1995. Vol. 48, Iss. 3; pg. 505.

在经济上的成功在很大程度上归因于他们对具有潜在高收益的学业计划的选择。①

除了专业自身对收益的影响外，学生与专业特点的匹配性也会影响到教育投资的收益。如果学生的个人特征如性别、个性等方面的特点与专业特点不匹配，其所能带来的经济收益也就大打折扣。美国心理学家霍兰德（John. L. Holland）提出过人格——工作匹配理论，认为一个人的人格和一定的工作类型相匹配。因此学生就读的专业如果与他的人格特点不相符，这势必制约着他在相关领域从业的成就。事实上除了人格特点以外，其他方面的匹配度也有着类似的影响。总之，专业选择是一个人一生中最重要的选择之一，它与一个人将来的职业及其成就关系重大。

中国向来有尊师重教的传统，但这一优良传统在实践中被异化为学生对教师的服从，他们在教育中的主体性因此遭到忽视。在高等教育阶段，长期的精英模式导致了教育供给的不足，这也为学生被动地接受高等教育提供了土壤。在这种情况下，学生对教育的选择权利得不到充分的发挥，包括对专业的选择。同时，在过去的计划经济体制下，大学生人数很少，毕业后由国家包分配，不愁就业问题，待遇差别也不大。在这种情况下，学生选择专业的意愿也不是特别强烈。随着高等教育规模的扩大，随着大学生付费上学和市场经济体制下自主择业的逐步推行，学生在学费增多，就业及其待遇差别日益加大的情况下，越来越关注接受高等教育的产出和回报——学业成就、就业机会及其所能带来的经济收入。总之，他们越来越期求接受高等教育能够凭借现有的条件获得最大的效益，因此对专业选择的需求日益强烈。

二、专业选择对高等学校的重要意义

1. 专业选择有利于增强高校的社会适应性

物竞天择，适者生存。选择作为一个择优的过程，是事物发展进化得以实现的基本条件。从这个意义上说，选择就是适应。学生对专业的选择有利于学生自己的发展和适应社会，而作为提供选择对象的高等学校，在不断地满足学生选择

---

① Chunyan Song; Jennifer E Glick. College Attendance and Choice of College Majors Among Asian-American Students. Social Science Quarterly, 2004（5）：1401-1421.

需要的过程中，也保持着与社会需要的紧密联系，从而跟上社会发展的步伐。原复旦大学校长王生洪说："学生的选择也可以让我们得到更多的信息，比如哪些学科可以适当保持，哪些专业可适当扩大规模，或者有所缩减。"①

伴随着高等教育大众化的继续推进，在高等学校之间和高等学校内部的院系、专业之间，生源竞争从无到有，由弱到强，学生对专业的选择便在学校内部创造了一个优胜劣汰的竞争环境，这一环境可以使那些社会需求量大的专业得到快速发展，使社会需求量小的专业压缩规模，社会已经不需要的专业最终退出市场。在这一市场规律的支配下，高等学校在专业设置上能够通过学生的专业选择灵活地适应社会的需求，从而有利于增强它的社会适应性。众所周知，美国高等学校就是在市场竞争中生存和不断发展的。曾任芝加哥大学校长的赫钦斯（Hutchins）在《美国高等教育》（1936 年）一书中指出，公众一时的兴趣也和那些百万富翁的一时兴趣一样受到高校的关注。他说："如果公众对都市报纸感兴趣，那么新闻学院就会立刻如雨后春笋般出现。如果公众对大企业的发展怀有敬畏之心，那么同样受到尊重的商学院也会纷纷出现。如果一个行政当局由于扩大联邦政府的活动范围导致公务员队伍的增加，那么公共服务方面的培训就会成为高校的首要责任。"② 可见，社会的需求或公众的兴趣成为美国高等教育发展的重要动力。尽管在许多人看来，高等教育对国家发展非常重要，是经不起失败的事业，但美国高等教育发展史表明，大量高等学校的关闭并没有影响美国高等教育成为当今世界最强大的高等教育的事实。据统计，在 19 世纪中晚期美国高等教育大发展期间，共建立 800 多所高等院校，但到 1900 年只有 180 所生存下来；1969－1975 年间，美国新增了约 800 所院校，但同时又有 300 所院校被迫关闭或合并；仅 20 世纪 70 年代，在新设 260 所院校的同时，也有 144 所停办。③ 美国学者马丁·特罗（Martin Trow）在分析美国高教发展时把"市场和与市场有关的各种力量"看成是贯穿于美国高教发展的五大因素中的核心因素。美国著名高

---

① 程瑛，周剑虹. 我喜欢，我选择——高等教育体系逐步敞开"自主选择专业"空间［N］. 中国教育报，2003-02-19（2）.

② ［美］罗伯特·M·赫钦斯. 美国高等教育［M］. 汪利兵，译. 杭州：浙江教育出版社，2001. 4.

③ 转引自陈列. 市场经济与高等教育［M］. 北京：人民教育出版社，1996. 70-71.

等教育专家戴维·里斯曼（David Riesman）也认为："这种从注重学术价值到注重学生消费者的转变是美国高等教育史上两次最重大的方向上的转变之一。另一次转变发生在一个世纪前现代大学取代古典的学院。"①

中国高等教育起步晚，在发展过程中又多次遭受挫折和打击，因此在规模上长期处于精英阶段，高等学校一般不用担心毕业生就业问题和生源问题，这使学校之间和学校内部的竞争不大。而高等学校无论培养什么专业的人才，他们都能在社会上找到经济待遇和社会地位都不错的工作岗位，这使高等学校逐步形成因人设岗和因教师而设置专业和开设课程的传统，学生选择专业的权利遭到忽视。然而，随着中国高等教育规模向大众化的推进，高等学校之间和高等学校内部的生源竞争逐渐产生并日趋激烈，学生在学费上涨和就业困难的形势下，已经不再仅仅满足于接受高等教育，而越来越看重接受的是什么样的高等教育，将来是否有就业竞争力。这一变化极大地增强了学生及其家长对高等教育的选择意识，其中一个重要方面就是对专业的选择。培养人才是高等学校首要的和最基本的职能，这决定了高等学校是因为学生而存在的，因此生源对学校具有头等重要的意义。为了吸引生源，高等学校不得不根据学生选择专业的倾向调整专业设置及其招生计划，更好地满足学生选择专业的需要。在这种情况下，学生一般会选择有利于自己就业的专业，其结果便是社会需求量大、好就业的专业在所占比例上得到扩大，而那些社会需求量小、就业形势严峻的专业在所占比例上被迫缩小。通过这一市场规律，高等学校在不断的变革中保持着与社会发展相适应。

2. 专业选择有利于高校提高教育质量

从前面的论述可知，学生对专业的选择有利于增强学生个人特点与专业特点的匹配性，因此有利于高等学校招到适合各专业的学生，从而提高学生的学业成绩，提高学校的教育质量。除此之外，从高等学校的角度来看，在生源竞争日趋激烈的形势下，学生对专业的选择给高等学校的院系和专业的教师和管理者们带来了压力，这在一定程度上能够促使他们改革人才培养方案，调整专业方向和课程设置，加强师资培训，改进教学方法等，进而提高人才培养质量。最终，整个

---

① 陈学飞. 应确立为大学生未来发展服务的价值目标［J］. 中国高等教育，2001（22）：23-24.

学校的教育质量不断得到提升。

毋庸置疑，学生对某一专业的满意度评价影响着他（她）是否选择或放弃该专业，而学生对具体某一专业的满意度评价要受到该专业的办学水平的影响。本研究在 2009 年 2 月至 4 月对 2007 级 643 名大学生的跟踪调查（开放式问题）和对个别学生的访谈中也了解到，同一个专业，如果办学水平高，学生能够学到不少知识，他们的满意度会相对较高，反之亦然；与此同时，一个专业的办学实力在某所学校各专业中的相对位置和水平也影响着学生的满意度评价，普通专业甚至冷门专业如果是某校的强势专业或招牌专业，学生的评价一般会相对较高。之所以在同一个专业，不同学校的毕业生就业难易程度不等，就与办学水平关系紧密。因此，从整体上看，在控制兴趣因素的情况下，学生对所读专业的满意度评价既反映了该专业的冷热状况，也反映了该专业的办学水平及其在学校中的相对位置。这样一来，高等学校各院系和专业的教师及管理者们，在无法调整自己的专业的情况下，还能通过提高质量的途径满足学生的需要，从而赢得生源。

如前所述，在精英高等教育阶段，中国高等学校数量少，远不能满足学生的入学需求，高等学校及其院系和专业之间的竞争很小，根本不用担心办学不好导致规模缩小甚至退出市场的问题。高等学校作为文化传承的重要机构，肩负着整理和传播传统文化的重任，这使它自然形成一定的保守性，变革的积极性不够。正是由于市场的竞争原则很少渗透到高校中来，中国高等教育改革尤其是人才培养模式的改革似乎只是高等学校自身的事情，缺乏广泛的社会参与，在专业设置与调整上尤其如此。然而，伴随着高等教育大众化的推进，毕业生就业问题日益突出，高等学校及其院系和专业之间的竞争日益凸显。在这种情况下，学生将成为促进教学改革的重要力量。正如罗素（Russell）指出："教育的动力应当来自学生的总原则，任何时候都不能变。周围的环境应当有助于这种动力。"[①] 学生对专业的选择不仅有利于高等学校根据市场需求调整专业设置，从而保持它的社会适应性，还能迫使高等学校各院系和专业的教师和管理者们不断探索人才培养问题，提高教育质量，以更好地满足学生选择的需要。

---

① ［英］伯特兰·罗素. 罗素思想小品 [M]. 庄敏，江涛，编. 上海：上海社会科学院出版社，1996. 177.

三、专业选择对社会的重要意义

1. 专业选择有利于减轻结构性就业问题

多项研究表明,当前中国高等学校毕业生就业问题比较突出,结构性矛盾比较明显。从专业角度看,一方面,高等学校培养的一些专业性人才供过于求,毕业生就业比较困难,但学校仍在大量培养;而另一方面,社会急需的一些专业性人才又比较缺乏,用人单位招不到所需人才,但学校尚未积极进行调整以培养这类人才,或者是在现有体制下无法进行调整。这样一来,学校培养的人才在专业结构上与社会所需人才的专业结构不相适应,从而导致了不同专业毕业生就业难易的不同,这便是结构性就业问题在专业层面上的表现。由于中国普通高校的专业在很大程度上是根据社会对人才规格的需求设置的,与社会分工的联系较为紧密,课程涉及面比较窄,这导致毕业生适应面不宽,使用人单位在招聘人才时一般要求专业对口,以致专业已成为许多职业领域的一种屏障,就像不同劳动力市场之间存在分割现象一样。复旦大学于 2005 年对近 2 000 名历届毕业生进行的一项跟踪调查显示:用人单位在挑选毕业生时,专业是否对口仍是最主要依据。① 由于一个人学习了某一专业,可能决定了他只能在少数职业领域内找到比较合适的工作,也可能决定了他没有任何机会进入许多工作部门。在这种情况下,因为专业的结构问题导致结构性就业问题便更加突出,这无疑是整个社会教育和人力资源的极大浪费。

如前所述,高等学校也会根据社会的需求设置专业和调整专业招生计划,但高等学校作为一个庞大的科层组织,在应对这一问题上显得灵活性不够。市场需求是多变的,高等学校和国家行政管理部门作为计划制定者,所依据的信息肯定是不充分的,不可能对各专业的需求情况做出准确预测,而对专业选择的限制无疑隔断了人才的闲置和缺乏之间的反馈机制,使人才培养与劳动力市场的需求之间的结构性矛盾无法进行及时的调整,从而加重了毕业生就业问题。学校各院系和专业的教师及其管理人员往往出于自身当前利益的考虑,在专业招生计划的调

---

① 金柯. 求职,专业对口最主要[N]. 解放日报,2005-01-09.

整上表现出保守性，对学生的就业考虑得并不够。据统计，2000年农学在各学科中的就业率排序为第10位，处于最后一名，而2003年为第4位，至2006年一跃成为第一位。[①] 由麦可思公司（MyCOS）完成的"2007届大学毕业生求职与工作能力调查"（共调查了20万毕业半年后的学生）显示，在635个本科专业中，最热门的10个专业半年后的失业人数达到6.67万人，占本科毕业生总失业人数的32.9%。在10个失业人数最多的本科专业中，热门专业占了9个。在573个高职/专科专业中，10个热门专业半年后的总失业人数高达11.6万，占了高职/专科半年后失业人群的28.6%。失业人数最多的10个高职/专科专业中，就有8个是热门专业。毕业半年后，本科专业的平均就业率是91.2%，但是很多热门专业的就业率并没有达到这个水平，其中法学专业就业率只有86%，存在严重过热迹象。[②] 显然，入学前学生积极选择的热门专业并不一定是好就业的专业。如果给予学生入学后充分地选择专业的机会，无疑有利于这一问题的解决。已有调查研究表明，学生转专业的一个重要影响因素就是就业机会。正因为此，一些市场前景不好的专业，学生入学率呈逐年下降的趋势，退学、转学和转专业等比例逐年上升。总之，让分散的一个个学生去把握市场信号比政府和学校去把握市场更加灵敏有效。值得注意的是，由于信息的不充分，学生在入学前对劳动力市场的需求了解得并不多，他们往往趋于选择社会上传播已久的"热门专业"，而学校为了吸引生源，又倾向于根据学生的这种选择偏好设置和调整招生专业。在这种情况下，学生的选择倾向并不能充分地反映劳动力市场的需求，且由于劳动力市场的多变性，使入学前的专业选择在适应劳动力市场上存在不足。如果能给予学生入学后选择专业较为充分的机会，那么这一问题将有效得到缓解。因为学生可以更准确地掌握某专业毕业生的就业情况，可以在与劳动力市场距离更近的时间内做出调整，从而使高等学校的专业设置与调整更直接地反映劳动力市场的需求，进而减轻结构性就业问题。当前在就业形势日趋紧张的情况下，缓解结构性就业问题对维护社会稳定和继续推进高等教育大众化具有非常重要的现实意义。国外早有研究指出："大学应对学生专业选择变化的能力是其在经济形势或

---

① 周劲松. 影响高校毕业生就业的教学因素研究 [D]. 湖南师范大学, 2007. • 61-62.
② 李春莲. 20万名毕业生调查显示, 越热专业就业越难 [N]. 中国青年报, 2008-06-23（2）.

劳动力市场发生变化的情况下能否继续扩大规模的必要条件。"①

2. 专业选择有利于促进高等教育公平

专业选择有利于促进高等教育公平,这至少有两个方面的理由。一方面,在社会日益强调个性的时代,公平的尺度是以尊重个性为前提的,因此具有多元化的特点,而不再是一个统一的尺度。因此,对于大学生来说,在入学机会公平的基础上,如果他(她)所受的高等教育与自身的个性特点相适应,那么就达到了更高层次的高等教育公平,可以称之为"差异的公平"或"多元尺度的公平"。如前所述,专业选择是实现一个人所受高等教育与其自身个性特点相适应的重要途径,它自然也就成为实现更高层次高等教育公平——"差异的公平"的一种重要途径。正是基于"选择"在这种公平中的重要意义,有研究者将这种公平又称为"选择的公平",认为"多元尺度的公平"中的"选择的公平"不仅意味着所有个体有选择符合自己能力(个性)的教育的自由权利,而且还意味着不同文化群体有选择符合自身文化特征与需要的教育(内容)的权利。② 显然,如果专业选择越是能够实现学生个人特点与专业特点的匹配,那么它也越具有公平的意义。

另一方面,较为充分的专业选择有利于减小学生因为家庭背景和生活环境的不利带来的影响。从文献综述部分可知,已有研究表明,中国归属于不同群体的学生由于家庭背景和生活环境等方面的不同,他们在抗风险能力和对专业选择的相关知识与信息的掌握程度以及其他可利用的资源上存在差别,这导致了他们在就读专业上的一些差异。这种差异的大致情况是,与优势群体的学生相比,弱势群体的学生更多进入预期收益和职业地位不高的冷门专业、一般专业或学习和从业较为辛苦的专业。显然,这种差异与上文中谈到的因为性别或个性的不同而在学习领域上的差异在性质上是完全相反的,这里的差异是一种不公平的表现,而因为个性的不同而导致的学习领域上的差异则是一种更高层次的公平。

中国之所以在专业选择上存在不公平现象,应该与现行的专业选择机制有

---

① Paul Windolf. Expansion and Structural Change: higher education in Germany, the United States and Japan, 1870-1990 [M]. Westview Press, 1997: 36. 转引自罗丹. 规模扩张以来高校专业结构变化研究 [D]. 厦门大学, 2008. 210.

② 翁文艳. 教育公平与学校选择制度 [M]. 北京:北京师范大学出版社, 2003. 95.

关。与国外不同的是，中国普通高校的专业选择主要是入学前高考志愿的填报，这可能造成两方面的不利影响。一方面，许多学生对自己的个性和所选专业特点的认识都不太清楚，因此难以保证自己适合该专业，那些调剂录取的学生更是如此。另一方面，由于存在是否被录取的风险，而弱势群体的学生对风险的态度更多倾向于回避，这使他们更可能选择竞争性不大的专业。与此同时，入学前的专业选择也使不同家庭背景的学生在专业选择相关的信息掌握上差异较大，从而也使弱势群体的学生在专业选择上处于不利地位。此外，当前中国普通高校虽在试行入学后的选择——转专业，但比例不大，其限制条件往往使弱势群体学生的选择机会相对更小。如果中国学生有较充分的选择专业的机会，那么学生与专业的匹配性会明显增加，而家庭背景的作用又将因为专业信息和专业选择权利向所有人开放而大大减小，从而有利于促进高等教育公平。本书在第一章的文献综述部分曾提到，宋春燕和詹妮弗·E·格利克（Song & Jennifer E. Glick，2004）对美国9 202名1994年离开高中的学生进行的大学主修选择研究发现，虽然家庭资本措施能够在大学入学上提供强有力的解释力，但这些措施并不能对男性的大学主修选择产生重大影响。这与1997年戴维斯和古比（Davies & Guppy）的研究（认为来自更高社会经济背景的学生并没有更多的途径进入有利领域）相一致。这意味着一旦学生进入大学后，家庭特征对学生在大学的主修选择施加的影响较小，男性尤其如此。[①] 由于中国在同一所大学内，除少数特殊专业以外，各专业的学费差距不是特别大，因此如果学生入学后容易获得选择专业的机会，则可以预计不同群体学生在就读专业上的不公平性会明显缩小。

第三节 高等学校专业选择的评价依据

行为好与不好，人们往往从不同的角度对之进行评价。在现代评价理念中，对行为的评价已经不再只关注行为的结果，而是既关注行为的结果，也强调行为的过程。用教育评价理论的概念来说，前者是终结性评价，后者是形成性评价。

[①] Chunyan Song；Jennifer E Glick. College Attendance and Choice of College Majors Among Asian-American Students. Social Science Quarterly，2004（5）：1401-1421.

高等学校专业的选择是由选择主体（学生）、选择客体（专业）和选择环境三个基本要素构成的行为系统，若按照现代评价理念的要求，从整个社会来说，高等学校专业选择好与不好，除了看结果如何以外，还要看这三个基本要素发挥的作用情况。具体地说，可以分别从以下几个方面进行评价。

一、选择的主体性

接受高等教育的对象是已经成年的大学生，这决定了高等学校专业选择的主体只能是学生，而不是其他人员，因为主体总是根据自己的需要选择客体，也必须以自己的需要确定对象的价值。① 中学或大学的教师、学兄学姐、同学、朋友乃至社会其他人充其量只是构成选择环境的影响因素，而不可能是选择的主体，否则就是学生选择主体地位的缺失，这对学生的学习、生活和社会实践都将产生不利影响。因此，学生的主体性发挥程度如何，理应成为专业选择的一个评价依据。鉴于选择主体的主体性地位非常重要，选择学研究中把主体性原则作为选择的首要原则。所谓主体性原则，是指选择主体在选择过程中起着主导作用，它决定着、制约着选择过程的性质和规模。它说明选择过程自始至终是在选择主体的支配下发生的，实现的。② 学生在专业选择中的主体性体现在两个方面，其中一个方面是选择的主动性，即学生在选择专业的过程中充分发挥了自己的主观能动性，他（她）是根据自己的需要和条件主动地对多个专业进行分析和思考，从中权衡利弊，最终做出选择决定。显然，选择的主动性的反面，就是选择的被动性，这种情况在当前中国普通高校的专业选择中是比较常见的，被调剂录取的学生事实上就是一种对专业的被动选择。另一个方面是选择的自主性，即选择是由学生自己做出决定的，而不是由其他人代他（她）做的决定。许多经验和已有研究表明，在中国普通高校的专业选择中，由非学生本人做出的专业选择决定并不少见。

---

① 张卓民，宋曙. 一般选择学［M］. 沈阳：辽宁人民出版社，1991. 97.
② 同上书，214.

二、选择的自由度

自由是人类的一种永恒追求,它也是选择的一种潜在目标,选择体现着自由。人们在社会生活的许多方面都期望获得和拓展选择的自由,对高等学校专业的选择也是如此,选择的自由度应成为专业选择的评价依据。专业选择的自由度主要体现在三个方面:选择机会的限制条件、选择的范围(选择学中称为"选择域"或"选择的可能性空间")、对选择对象的认识和把握。首先,选择机会的限制较少,则选择的自由度越高,反之,选择机会的限制越多,选择的自由度就越低。其次,选择的范围越大,则选择的自由度就越高,反之亦然。选择的范围直接关系到选择的优化功能,因为选择是在多个选择对象基础上的择优过程,如果选择的范围很小,就不能保证优化选择的基本数量。再次,对选择对象的认识和把握较充分,则选择的自由度越高。因为从认识论角度看,自由意味着对规律的认识和把握。如果对选择对象的认识和把握越充分,那么其选择就越自由。选择的自由是主体对客体认识的必然结果。没有或缺乏对选择客体必然性、规律性的认识,就没有选择的自由。① 众所周知,随着生产力的发展和科学技术的进步,随着人类认识世界和改造世界的能力的增强,人们获得了越来越多的选择机会,选择的范围逐渐扩大,这意味着选择的自由度得到扩大。从前面的论述中可知,就世界高等教育发展历程来看,人们对专业的选择也存在这一趋势,选择的机会越来越多,选择的范围也日益扩大。

当然,与任何其他自由一样,专业选择的自由也不是绝对的,它总是在既定范围内的自由。在上述选择自由体现的三个方面,都不可能使自由无限大,因为任何选择都是有条件的。马克思就曾强调了选择背后的客观物质决定性,他指出:"如果他要进行选择,他也总是必须在他的生活范围里面、在绝不由他的独立性所造成的一定的事物中间去进行选择的。"② 事实上,一定程度的限制对选择主体来说并不都是消极的,太多的选择反而可能不利于主体目标和价值的实

---

① 张卓民,宋曙. 一般选择学 [M]. 沈阳:辽宁人民出版社,1991. 182.
② 中共中央马克思、恩格斯、列宁、斯大林著作编译局. 马克思恩格斯全集(第3卷)[C]. 北京:人民出版社,1960. 355.

现,因为随着选择数目的增加,要为决定提出理由的需求也在提高;努力去寻找理由会使你做出当时看来合适的决定,但未必能使你做出日后仍觉得合适的决定。① 所以,黑格尔指出:"一个志在有大成就的人,他必须,如歌德所说,知道限制自己。反之,那些什么事都想做的人,其实什么事都不能做,而终归于失败。"②

三、选择的公平性

公平是现代社会追求的重要目标,是现代教育发展的基本原则。如前所述,专业选择有利于促进教育公平。反过来,这种公平性到底如何,就与专业选择的情况有关。如果专业选择本身是不公平的,那么它在促进教育公平上的作用就会缩小。因此,选择的公平性应成为专业选择的评价依据之一。根据前面的论述,专业选择有利于促进教育公平至少有两个方面的理由:一是专业选择通过使学生和专业特点相匹配来达到"差异的公平",二是专业选择通过缩小家庭背景对专业选择的影响而减小不公平。但在特定的选择机制下,专业选择在这两方面的效果并不一定理想。

专业选择总是在一定的条件下进行的,选择环境对选择主体和选择客体都可能产生影响。具体地说,一方面,不同的学生在不同的环境下,对自身和专业的认识和把握是不同的,这就可能使一部分学生无法选到与自己特点相匹配的专业。另一方面,学生具有不同的家庭背景,他们在专业选择中受到家庭的影响是有差异的,这种差异可能导致他们在选择范围上有所不同,弱势群体的学生更可能局限于一些冷门专业、一般专业或学习和从业都比较辛苦的专业,因为他们往往会考虑选择就读某专业的风险和成本。正如国外学者指出的那样:"如果一个人只能为他自己选择,那么他只能选择那些他能够'承受'其成本的选择方

---

① [美]巴里·施瓦茨. 无从选择[M]. 凌伟文,译. 北京:中国商务出版社,2005. 108.
② [德]黑格尔. 小逻辑[M]. 贺麟,译. 北京:商务印书馆,1980. 174.

案。"① 这显然会导致不公平的结果。国内已有研究指出,从整个社会层面来看,倘若各阶层子女在科类及专业入学机会上的差异过大以至于不利于较低阶层子女时,且特定阶层子女大致只能选择特定的学科或专业,那将同时违反效率原则和公平原则。就公平原则来讲,应该是每个阶层的子女在各个科类和专业的选择上有大致相同的机会。倘若高阶层子女更多地就读于一些科类中的热门专业而低阶层子女大多只能选择那些较普通的基础理论专业,意味着各阶层子女在科类和专业入学机会方面存在显著的差异,这不符合公平原则。② 此外,家庭背景的影响还可能导致第一种不公平,即由于信息掌握程度的差异,弱势群体的学生与专业的匹配性可能会更差。总之,专业选择的公平性主要体现在学生与专业的匹配性程度及其群体差异、不同群体的学生进入专业领域的差异等方面。学生与专业的匹配性程度越高,则专业选择越公平;群体差异越小,则专业选择越公平。

四、选择的达成度和专业满意度

专业选择有明确的目标,而是否达成目标应该是对专业选择进行评价的重要依据。如前所述,选择是主体从客体中寻找满足自身需要的某种价值,因此专业选择的目标并不是专业本身,而是通过就读这一专业所能获得的价值。但从选择的结果来看,由于中国普通高校专业的选择还有一个能否达成的问题,而这个问题对能否实现专业选择的目标非常重要,在这种情况下,需要从两个方面来对专业选择结果进行评价:一是专业选择的达成度,即是按志愿录取的还是调剂录取的,而调剂录取的学生中有多少人能够获得再选专业的机会。二是就读专业对主体达到自身目标的效果如何。由于这一状况无法直接掌握,只能通过学生对就读专业的满意度来进行评价,其理由如下:

选择是优化的过程,优化是选择的基本目的。从专业选择来说,学生作为选择的主体,在心理上自然是想从学校提供的众多可供选择的专业中找到能够最好

---

① [英]安东尼·德·雅赛. 重申自由主义:选择·契约·协议[M]. 陈茅,等,译. 北京:中国社会科学出版社,1997. 77.
② 谢作栩,王伟宜. 社会阶层子女高等教育入学机会差异研究——从科类、专业角度谈起[J]. 大学教育科学,2005(4):58-62,66.

地满足自己需要的专业，即追求"最佳效益"，然而教育选择不是单纯的经济选择，其价值标准非常复杂，没有一个能够用来衡量所有学生追求的"效益"的统一标准，学生也无法用一个统一的标准来说明其就读专业的效益高低。在这种情况下，采用学生的"满意度"指标不失为一个可行的办法，因为可以推知，学生越满意，便意味着他们所读专业比较符合其追求的目标，他们也更愿意为此付出努力，因此便越能实现他们的目标。在这种情况下，他们的专业选择便是不错的选择。

第四章 中国普通高校专业选择的影响因素分析

高等学校专业选择对学生的重要意义使中国学生在专业选择的主渠道——高考志愿填报中慎之又慎，他们通常会考虑多种因素，多方比较后做出决定。本章主要以2007级大一新生调查资料为依据，对中国普通高校专业选择的影响因素进行实证分析。第一节从总体和学校层面对中国学生选择专业的影响因素进行总体分析，第二节从性别、城乡和社会阶层划分的角度对中国学生选择专业的影响因素进行群体差异分析。

第一节 中国普通高校专业选择影响因素的总体分析

本节以2007级大一新生调查样本为依据，在不做社会群体划分的情况下分析中国学生选择普通高校专业的影响因素，并在6类高校之间进行主要影响因素的比较。2007级大一新生调查列出了自己的兴趣、工作机会、职业生涯发展的潜力、自己的学（术）科能力、考虑分数落点、父母和家人的影响、师长的影响、朋友、同学、学长（姐）的影响、延续高中或中职时的科类、奖学金、为了进入这所学校等11项可能影响学生选择专业的因素，要求学生回答在他们选择院系和专业时，这些因素的重要性如何，选项分为"完全不重要"、"不太重要"、

"重要"、"非常重要"四个等级。为了分析各影响因素对学生选择专业的影响程度，本研究一方面通过计算选择"重要"或"非常重要"者所占的比例来确定专业选择的主要影响因素和最主要影响因素，另一方面又通过计算"重要性指数"（详见绪论）这一指标来反映各影响因素对学生总体在选择专业时影响力的大小。重要性指数越大，表明学生总体在选择专业时，某一因素的影响越大；反之，重要性指数越小，表明该因素的影响越小。

一、普通高校专业选择主要影响因素的分析

依据多数原则和评价习惯，本研究把达到60％以上的人（即多数人）认为在他们选择专业时居于"重要"或"非常重要"的因素界定为"主要影响因素"，这类因素对专业选择的影响较大；把达到80％以上（即绝大多数人）的人认为在他们选择专业时居于"重要"或"非常重要"的因素界定为"最主要影响因素"，这类因素对专业选择的影响非常大。

统计结果显示，在11个可能影响学生选择专业的因素中，自己的兴趣、工作机会、职业生涯发展的潜力等3个因素对学生选择专业的影响非常大，认为这些因素为"非常重要"或"重要"的人数占被调查总数的比例都超过了80％，居于前3位。同时，自己的学（术）科能力、考虑分数落点、父母和家人的影响等因素的重要性程度也较高，超过60％的人认为这些因素在专业选择时居于"非常重要"或"重要"的位置，在11个因素中居于4至6位。"师长的影响"居于一般的位置，认为它"重要"或"非常重要"的人数与认为它"不太重要"或"完全不重要"的人数相当。对于其余4个影响因素，认为它们属于"不太重要"或"完全不重要"的人占多数，表明这些因素对调查总体来说在专业选择中的影响不大，见表4-1。

根据上述标准可知，当前中国大学生在选择专业时的最主要影响因素有3个：即自己的兴趣、工作机会和职业生涯发展的潜力，另有自己的学（术）科能力、考虑分数落点、父母和家人的影响等3个因素成为主要影响因素。根据重要性指数计算的结果，这6个因素的重要性程度依次递减。显然，学生选择专业既强调自己的兴趣，又看重专业的就业机会和自己从事某类职业的潜力，并能考虑

表 4-1　普通高校专业选择的影响因素

影响因素	完全不重要	不太重要	重要	非常重要	重要性指数	排序
自己的兴趣	3.85%	11.92%	47.42%	36.81%	79.30%	1
工作机会	4.87%	11.54%	46.39%	37.19%	78.98%	2
职业生涯发展的潜力	5.73%	13.25%	47.25%	33.77%	77.27%	3
自己的学（术）科能力	5.26%	17.36%	49.37%	28.01%	75.03%	4
考虑分数落点	10.04%	25.19%	45.57%	19.19%	68.48%	5
父母和家人的影响	8.56%	30.15%	44.18%	17.11%	67.46%	6
师长的影响	11.42%	37.78%	42.37%	8.42%	61.95%	7
朋友、同学、学长（姐）的影响	12.72%	46.28%	34.88%	6.12%	58.60%	8
延续高中或中职时的科类	16.21%	43.49%	31.14%	9.16%	58.32%	9
奖学金	20.40%	47.97%	24.48%	7.16%	54.60%	10
为了进入这所学校	30.39%	42.68%	20.66%	6.27%	50.70%	11

N=47170

数据来源：中国高等教育研究数据库：http://www.hedb.xmu.edu.cn/

到自己的学科基础和高考分数等现实条件。这些因素既涉及专业学习的动力和基础，又关乎到将来的出路和发展，还顾及到专业选择是否能够成功的问题。不难看出，当前中国大多数大学生在选择专业时已经考虑到了专业选择的最重要方面，他们力图将这些重要的方面结合起来，以达到满意的结果。在对其中 643 名学生的跟踪调查和个别学生的访谈中了解到，对于已经进入大二下学期的 2007 级学生来说，他们对自己所读专业满意与否的最主要原因就是他们是否感兴趣和就业前景的好坏，以及该专业是否适合自己，等。这就是说，当前中国绝大多数学生选择专业时所考虑的因素表明了他们的目的就是选到满意的专业。根据社会学理性选择理论的发展推动者赫伯特·西蒙（Herbert A. Simon）的有限理性学说，人的理性是有限的，人在做出选择时所遵循的并非"经济人"所遵循的"最大"或"最优"的标准，而是"满意"的标准。行为是过程理性的，是指它是适当的深思熟虑的结果。① 显然，当前中国大多数大学生选择专业至少在过程上是非常理性的，他们对这一事关自己前途的选择非常重视，做出的决定在很大程度上是经过深思熟虑的，而较少是随意的选择。

父母和家人的重要影响反映了中国传统文化中家庭中心主义的特征，子女接受高等教育被看成是全家人的大事，他们在选择专业时容易受到家庭的影响，从而使整个选择表现出集体理性的特点。这一结论与国外一些研究结果一致，利昂和周（Leong & Chou, 1994）、利乌（Liu, 1998）等人研究认为，在许多亚洲文化传统中，一个人与职业相关的选择也是一个家庭的选择，因为子女在父母年老的时候需要照料他们的福利和幸福。②

二、不同类型高校专业选择主要影响因素的分析

不同类型的高校由于办学基础、培养目标、学费和就业等情况的不同，学生选择其专业时如果理性地计算自己的投入和产出问题，所考虑的因素就会存在一定的差别。分析这些实际存在的差别，对于高校根据自身的情况做好招生工作和专业设置与调整工作，具有重要的现实意义。本研究将中国普通高校分为"211院校"、公办一般本科院校、公办高职高专院校、独立学院、民办本科院校和民办高职院校6类，以此来考察不同类型高校学生选择专业的差异状况。这里以上文对专业选择"主要影响因素"和"最主要影响因素"的界定为标准，来分析不同类型高校的学生选择专业主要影响因素及其差异状况。

1. "211院校"专业选择的主要影响因素

统计结果显示，"211院校"大学生选择专业的主要影响因素有5个，根据重要性指数计算的结果，这5个因素按照由强到弱的重要性顺序依次为自己的兴趣、工作机会、职业生涯发展的潜力、自己的学（术）科能力和考虑分数落点。具体地说，认为这些因素在专业选择时"重要"或"非常重要"的学生所占比例

---

① [美]赫伯特·西蒙. 西蒙选集[M]. 黄涛, 译. 北京：首都经济贸易大学出版社, 2002. 248.

② Chunyan Song; Jennifer E Glick. College Attendance and Choice of College Majors Among Asian-American Students. Social Science Quarterly, 2004 (5): 1401-1421.

分别为 84.16%、79.86%、77.73%、76.69%、66.36%，见表 4-2。从这里可以看出，只有"自己的兴趣"被绝大多数人（即 80% 以上）认为在选择专业时属于"重要"或"非常重要"的原因，因此"211 院校"专业选择的最主要影响因素只有这一个。显然，与上文普通高校学生选择专业的主要影响因素相比，"211 院校"专业选择的前 5 个主要影响因素及其重要性顺序是一致的，但主要影响因素少了"父母和家人的影响"，最主要影响因素少了"工作机会"和"职业生涯发展的潜力"。

表 4-2 "211 院校"专业选择的影响因素

影响因素	完全不重要	不太重要	重要	非常重要	重要性指数	排序
自己的兴趣	3.68%	12.16%	48.63%	35.53%	79.00%	1
工作机会	5.53%	14.61%	50.38%	29.48%	75.95%	2
职业生涯发展的潜力	6.24%	16.04%	49.90%	27.83%	74.84%	3
自己的学（术）科能力	5.37%	17.95%	50.74%	25.95%	74.32%	4
考虑分数落点	9.48%	24.15%	47.17%	19.19%	69.01%	5
父母和家人的影响	9.27%	32.49%	43.44%	14.79%	65.93%	6
师长的影响	11.11%	38.18%	42.57%	8.14%	61.94%	7
延续高中或中职时的科类	16.57%	42.82%	32.40%	8.22%	58.07%	8
朋友、同学、学长（姐）的影响	13.44%	47.90%	33.53%	5.14%	57.60%	9
为了进入这所学校	28.51%	41.83%	23.21%	6.46%	51.91%	10
奖学金	22.44%	51.77%	21.62%	4.16%	51.87%	11

N=10139

数据来源：中国高等教育研究数据库：http://www.hedb.xmu.edu.cn/

2. 公办一般本科院校专业选择的主要影响因素

公办一般本科院校大学生选择专业的主要影响因素也有 5 个，它们按照重要性由强到弱的顺序依次为自己的兴趣、工作机会、职业生涯发展的潜力、自己的学（术）科能力和考虑分数落点，认为这些因素在专业选择时"重要"或"非常重要"的学生所占比例分别为 84.78%、82.74%、80.70%、77.91%、67.81%，见表 4-3。显然，这类高校学生选择专业的主要影响因素及其重要性顺序与"211 院校"是完全一致的。所不同的是，这类高校学生选择专业的最主要影响因素有 3 个，除了"自己的兴趣"与"211 院校"相同以外，还多了"工作机会"和"职业生涯发展的潜力"。与普通高校总体情况相比，公办一般本科院校少了"父母和家人的影响"这一主要影响因素。

表 4-3 公办一般本科院校专业选择的影响因素

影响因素	完全不重要	不太重要	重要	非常重要	重要性指数	排序
自己的兴趣	3.52%	11.70%	46.81%	37.97%	79.81%	1
工作机会	5.00%	12.25%	46.90%	35.84%	78.39%	2
职业生涯发展的潜力	5.75%	13.56%	47.78%	32.92%	76.97%	3
自己的学（术）科能力	5.09%	17.00%	49.07%	28.84%	75.41%	4
考虑分数落点	9.05%	23.14%	47.15%	20.66%	69.85%	5
父母和家人的影响	9.48%	32.84%	42.42%	15.26%	65.87%	6
师长的影响	11.41%	38.05%	42.78%	7.77%	61.73%	7
延续高中或中职时的科类	15.78%	43.73%	31.47%	9.01%	58.42%	8
朋友、同学、学长（姐）的影响	13.15%	47.60%	33.46%	5.79%	57.97%	9
奖学金	20.36%	48.93%	24.22%	6.49%	54.21%	10
为了进入这所学校	30.72%	43.33%	20.11%	5.84%	50.27%	11

N=16429

数据来源：中国高等教育研究数据库：http://www.hedb.xmu.edu.cn/

3. 公办高职高专院校专业选择的主要影响因素

统计结果显示，公办高职高专院校大学生选择专业的主要影响因素有 6 个，它们按照重要性由强到弱依次为工作机会、职业生涯发展的潜力、自己的兴趣、自己的学（术）科能力、父母和家人的影响、考虑分数落点，认为这些因素在专业选择时"重要"或"非常重要"的比例分别为 87.28%、83.60%、83.94%、77.96%、63.62%、62.26%，见表 4-4。

与上述"211 院校"和公办一般本科院校相比，这类高校学生选择专业的主要影响因素有所不同，体现在两个方面：一是多了"父母和家人的影响"这一主要影响因素，二是各主要影响因素的重要性顺序有所不同。在公办高职高专院校中，"工作机会"和"职业生涯发展的潜力"都比"自己的兴趣"更重要，"父母和家人的影响"比"考虑分数落点"更重要，而在"211院校"、公办一般本科院

表4-4　公办高职高专院校专业选择的影响因素

影响因素	完全不重要	不太重要	重要	非常重要	重要性指数	排序
工作机会	4.13%	8.59%	43.42%	43.86%	81.75%	1
职业生涯发展的潜力	5.15%	11.25%	46.03%	37.57%	79.01%	2
自己的兴趣	4.13%	11.92%	47.93%	36.01%	78.95%	3
自己的学（术）科能力	5.31%	16.72%	49.78%	28.18%	75.20%	4
父母和家人的影响	7.82%	28.56%	45.26%	18.36%	68.54%	5
考虑分数落点	10.32%	27.42%	44.16%	18.10%	67.51%	6
师长的影响	11.19%	37.32%	42.48%	9.02%	62.34%	7
朋友、同学、学长（姐）的影响	11.39%	44.48%	37.27%	6.86%	59.90%	8
延续高中或中职时的科类	15.48%	43.34%	31.44%	9.74%	58.86%	9
奖学金	17.27%	44.28%	28.21%	10.24%	57.86%	10
为了进入这所学校	29.46%	42.34%	21.32%	6.88%	51.41%	11

N=6995

数据来源：中国高等教育研究数据库：http://www.hedb.xmu.edu.cn/

校以及普通高校总体中，它们的重要性顺序刚好相反。

4. 独立学院专业选择的主要影响因素

独立学院大学生选择专业的主要影响因素有6个，其重要性由强到弱依次为工作机会、自己的兴趣、职业生涯发展的潜力、自己的学（术）科能力、父母和家人的影响、考虑分数落点，认为这些因素在专业选择时"重要"或"非常重要"的比例分别为85.35%、84.64%、83.52%、78.45%、69.32%、64.00%，见表4-5。不难看出，这一状况与公办高职高专院校比较接近，二者的6个主要影响因素和3个最主要影响因素都相同，只是在重要性顺序上略有差别。在独立

学院中，自己的兴趣居第2位，职业生涯发展的潜力居第3位，而在公办高职高专院校中二者的重要性顺序与此相反。事实上，从具体数值来看，二者在这两个因素的重要性程度上差别很小。与普通高校总体情况不同的是，独立学院学生在选择专业时，工作机会、父母和家人的影响分别大于自己的兴趣和考虑分数落点的影响。

表4-5 独立学院专业选择的影响因素

影响因素	完全不重要	不太重要	重要	非常重要	重要性指数	排序
工作机会	4.26%	10.39%	45.83%	39.52%	80.15%	1
自己的兴趣	3.61%	11.75%	46.94%	37.70%	79.68%	2
职业生涯发展的潜力	5.12%	11.36%	45.35%	38.17%	79.14%	3
自己的学（术）科能力	4.53%	17.02%	48.96%	29.49%	75.85%	4
父母和家人的影响	5.97%	24.71%	47.82%	21.50%	71.21%	5
考虑分数落点	10.33%	25.68%	45.62%	18.38%	68.02%	6
师长的影响	10.62%	37.47%	42.76%	9.15%	62.61%	7
朋友、同学、学长（姐）的影响	11.48%	45.69%	36.62%	6.22%	59.40%	8
延续高中或中职时的科类	15.73%	44.67%	30.29%	9.31%	58.30%	9
奖学金	19.28%	47.90%	24.98%	7.84%	55.35%	10
为了进入这所学校	31.19%	43.60%	19.03%	6.18%	50.05%	11

N=5702

数据来源：中国高等教育研究数据库：http://www.hedb.xmu.edu.cn/

5. 民办本科院校专业选择的主要影响因素

民办本科院校大学生选择专业的主要影响因素和最主要影响因素及其重要性顺序与独立学院完全一致，由强到弱依次为工作机会、自己的兴趣、职业生涯发展的潜力、自己的学（术）科能力、父母和家人的影响、考虑分数落点，认为这些因素在专业选择时"重要"或"非常重要"的比例分别为84.93%、82.31%、81.61%、76.25%、63.57%、60.95%，见表4-6。同样，与普通高校总体情况不同的是，民办本科院校学生选择专业更看重工作机会，其次才是自己的兴趣；

又更多地受到父母和家人的影响，然后才是考虑分数落点的影响，而普通高校的总体情况与此相反。

表4-6 民办本科院校专业选择的影响因素

影响因素	完全不重要	不太重要	重要	非常重要	重要性指数	排序
工作机会	4.93%	10.14%	45.84%	39.09%	79.77%	1
自己的兴趣	4.52%	13.17%	48.38%	33.93%	77.93%	2
职业生涯发展的潜力	5.92%	12.47%	46.69%	34.92%	77.65%	3
自己的学（术）科能力	5.72%	18.03%	50.21%	26.04%	74.14%	4
父母和家人的影响	7.96%	28.47%	45.55%	18.02%	68.41%	5
考虑分数落点	12.47%	26.58%	42.24%	18.71%	66.80%	6
师长的影响	12.40%	38.02%	40.95%	8.64%	61.46%	7
朋友、同学、学长（姐）的影响	13.00%	45.62%	35.00%	6.38%	58.69%	8
延续高中或中职时的科类	16.87%	44.29%	29.12%	9.73%	57.93%	9
奖学金	22.14%	45.20%	24.38%	8.27%	54.69%	10
为了进入这所学校	34.50%	41.73%	17.53%	6.24%	48.88%	11

N=3445

数据来源：中国高等教育研究数据库：http://www.hedb.xmu.edu.cn/

6. 民办高职院校专业选择的主要影响因素

民办高职院校大学生选择专业的主要影响因素有5个，按重要性顺序由强到弱依次为工作机会、自己的兴趣、职业生涯发展的潜力、自己的学（术）科能力、父母和家人的影响，认为这些因素在专业选择时"重要"或"非常重要"的比例分别为86.09%、83.87%、81.97%、75.46%、66.02%，见表4-7。可见，与独立学院和民办本科院校对比，民办高职院校学生选择专业的最主要影响因素及其重要性顺序是一样的，但主要影响因素少了"考虑分数落点"。与普通高校的总体情况不同的是，民办高职院校学生选择专业更看重工作机会，其次才是自己的兴趣，且"考虑分数落点"没有成为民办高职院校学生选择专业的主要影响因素。

表 4-7 民办高职院校专业选择的影响因素

影响因素	完全不重要	不太重要	重要	非常重要	重要性指数	排序
工作机会	4.83%	9.08%	41.01%	45.08%	81.59%	1
自己的兴趣	4.83%	11.30%	46.02%	37.85%	79.22%	2
职业生涯发展的潜力	6.11%	11.92%	43.84%	38.13%	78.50%	3
自己的学(术)科能力	6.22%	18.32%	46.50%	28.96%	74.55%	4
父母和家人的影响	8.51%	25.47%	45.01%	21.01%	69.63%	5
考虑分数落点	12.51%	30.38%	40.42%	16.68%	65.31%	6
师长的影响	12.96%	36.82%	40.75%	9.46%	61.67%	7
朋友、同学、学长(姐)的影响	13.01%	41.64%	37.20%	8.15%	60.12%	8
延续高中或中职时的科类	18.36%	42.18%	29.06%	10.40%	57.88%	9
奖学金	20.99%	43.60%	25.48%	9.94%	56.10%	10
为了进入这所学校	30.72%	42.33%	20.35%	6.59%	50.70%	11

N=4428

数据来源：中国高等教育研究数据库：http://www.hedb.xmu.edu.cn/

7. 6类高校专业选择主要影响因素的比较分析

从以上的描述统计中可以看出，不同类型高校的学生选择专业时的主要影响因素与最主要影响因素既有共同点，又存在一些差别。从相同点来看，除了"211院校"以外，入读其余5类高校的学生在专业选择时都将"自己的兴趣"、"工作机会"和"职业生涯发展的潜力"等3项因素置于相当重要的地位，它们各自都有80%以上的人认为这些因素在专业选择时是"重要"或"非常重要"的原因。"211院校"的学生虽然只将自己的兴趣置于这样的重要地位，但在11个影响因素中，其最重要的前3项影响因素也与5类高校相同。这种高度的一致性充分表明，这三大因素对当前中国学生选择专业的确发挥着相当重要的影响。同时，除了最主要的3个影响因素以外，6类高校在其余的主要影响因素上也比较接近，均为自己的学(术)科能力、考虑分数落点、父母和家人的影响这3个因素或其中的两个因素，表明这几个因素也一致地对学生选择专业产生了重要影响。也就是说，不论是选择哪类高校的专业，学生所考虑的主要因素具有较强的一致性，而根据前面的论述，这些因素从涉及面来看，对于学生依据自己的现实条件选到适合自己的专业无疑是相当必要的。据此可以认为，不论是成绩好坏，各类高校的学生做出的专业选择在总体上都是一种理性的选择。

从不同点来看，各主要影响因素对6类高校的学生选择专业时的影响程度是不同的。表4-8列出了6类高校的学生选择专业时对各主要影响因素的考虑情况。根据卡方统计检验结果，6类高校的学生在6个专业选择的主要影响因素上的差异都达到了显著水平。由于这一检验结果受到样本量大的影响，这里只就其中差异最大的4个主要影响因素进行比较分析。

表4-8 6类高校专业选择的主要影响因素差异

影响因素	高校类型	样本量	完全不重要	不太重要	重要	非常重要	X^2值	P值
自己的兴趣	"211院校"	9 642	3.68%	12.16%	48.63%	35.53%	56.294	0.000
	公办一般本科	15 867	3.52%	11.70%	46.81%	37.97%		
	公办高职高专	6 751	4.13%	11.92%	47.93%	36.01%		
	独立学院	5 490	3.61%	11.75%	46.94%	37.70%		
	民办本科	3 295	4.52%	13.17%	48.38%	33.93%		
	民办高职	3 992	4.83%	11.30%	46.02%	37.85%		
工作机会	"211院校"	9 597	5.53%	14.61%	50.38%	29.48%	580.787	0.000
	公办一般本科	15 777	5.00%	12.25%	46.90%	35.84%		
	公办高职高专	6 714	4.13%	8.59%	43.42%	43.86%		
	独立学院	5 468	4.26%	10.39%	45.83%	39.52%		
	民办本科	3 285	4.93%	10.14%	45.84%	39.09%		
	民办高职	3 975	4.83%	9.08%	41.01%	45.08%		
职业生涯发展的潜力	"211院校"	9 602	6.24%	16.04%	49.90%	27.83%	331.046	0.000
	公办一般本科	15 764	5.75%	13.56%	47.78%	32.92%		
	公办高职高专	6 683	5.15%	11.25%	46.03%	37.57%		
	独立学院	5 473	5.12%	11.36%	45.35%	38.17%		
	民办本科	3 279	5.92%	12.47%	46.69%	34.92%		
	民办高职	3 976	6.11%	11.92%	43.84%	38.13%		

(续)

影响因素	高校类型	样本量	完全不重要	不太重要	重要	非常重要	X^2值	P值
自己的学(术)科能力	"211院校"	9 573	5.37%	17.95%	50.74%	25.95%	62.813	0.000
	公办一般本科	15 744	5.09%	17.00%	49.07%	28.84%		
	公办高职高专	6 685	5.31%	16.72%	49.78%	28.18%		
	独立学院	5 457	4.53%	17.02%	48.96%	29.49%		
	民办本科	3 272	5.72%	18.03%	50.21%	26.04%		
	民办高职	3 957	6.22%	18.32%	46.50%	28.96%		
考虑分数落点	"211院校"	9 618	9.48%	24.15%	47.17%	19.19%	236.824	0.000
	公办一般本科	15 795	9.05%	23.14%	47.15%	20.66%		
	公办高职高专	6 678	10.32%	27.42%	44.16%	18.10%		
	独立学院	5 452	10.33%	25.68%	45.62%	18.38%		
	民办本科	3 265	12.47%	26.58%	42.24%	18.71%		
	民办高职	3 956	12.51%	30.38%	40.42%	16.68%		
父母和家人的影响	"211院校"	9 686	9.27%	32.49%	43.44%	14.79%	419.063	0.000
	公办一般本科	15 881	9.48%	32.84%	42.42%	15.26%		
	公办高职高专	6 765	7.82%	28.56%	45.26%	18.36%		
	独立学院	5 529	5.97%	24.71%	47.82%	21.50%		
	民办本科	3 302	7.96%	28.47%	45.55%	18.02%		
	民办高职	4 008	8.51%	25.47%	45.01%	21.01%		

数据来源：中国高等教育研究数据库：http://www.hedb.xmu.edu.cn/

首先，"工作机会"对6类高校学生选择专业的影响差异最大。该项差异性检验的卡方值最大，达到了580.787。差异主要表现为，办学层次或社会声望较低的学校，其学生选择专业时对"工作机会"的看重程度倾向于更高。"211院校"的学生对这一因素的看重程度最低，认为这一因素在专业选择时"重要"或"非常重要"者所占的比例为79.86%，公办高职高专院校、民办高职院校的学生对这一因素的看重程度最高，对应的比例分别87.28%和86.09%；其余本科院校的学生对这一因素的看重程度居于中间，但其中公办一般本科院校的学生对工作机会的看重程度又低于独立学院和民办本科院校。这一差异既可能反映了6类高校毕业生就业难度的不同，也可能反映了它们设置的专业在职业定向上的差异。专科层次的院校或民办院校，毕业生的就业预期相对较差，他们无疑更加重视毕业后能否找到工作。同时，专科院校或民办院校的专业设置体现出较强的职业性和应用性，与劳动力市场关系较为紧密，学生及其家长对专业的就业方向有更加明确的认知，会更有意识地考虑选读某一专业的"工作机会"。

其次，"父母和家人的影响"对6类高校学生选择专业的影响差异较大，在主要影响因素中居第2位。学生选择专业时受父母和家人的影响最大的是独立学院和民办高职院校，认为这一因素"重要"或"非常重要"的学生所占的比例分别为69.32%、66.02%；其次是在公办高职高专和民办本科院校，对应的比例是63.62%、63.57%；影响最小的是在"211院校"和公办一般本科院校，对应的比例分别为58.23%和57.68%。这一差异格局与学生接受高等教育对家庭条件的依赖程度有关，反映了学生家庭在进行较大教育投资时更加慎重的特点。由于历史和体制上的原因，就读民办院校和公办高职高专院校的学生成绩相对较差，他们需要交纳更多的学费（见表4-9），其高等教育入学机会的获得在更大程度上依靠了家庭的经济力量，家庭力量的这种影响也很容易渗透到子女所进行的各种教育选择之中，包括对专业的选择。在访谈中也了解到，为了使家庭的大额教育投入能够获得更好的回报，父母和家人往往更积极主动地影响着子女进行专业选择，一些父母甚至不顾子女的兴趣和想法，直接替他们做出专业选择的决定。

表4-9 6类高校2007级大学生的平均学费（元/年）

	"211院校"	公办一般本科	公办高职高专	独立学院	民办本科	民办高职
样本量	9 037	14 901	6 328	5 166	3 148	3 700
学费均值	5 315.31	4 884.37	5 416.19	12 264.31	12 346.66	9 144.12

数据来源：中国高等教育研究数据库：http://www.hedb.xmu.edu.cn/

再次，"职业生涯发展的潜力"对6类高校学生选择专业的影响差异也较大，在主要影响因素中居第三位。学生选择专业时对"职业生涯发展的潜力"考虑最多的是在公办高职高专院校和独立学院，认为这一因素"重要"或"非常重要"的学生所占的比例分别为83.60%、83.52%；其次是在民办高职院校和民办本科院校，对应的比例为81.97%、81.61%；影响最小的是在"211院校"和公办一般本科院校,对应的比例分别为77.73%和80.70%。这一差异格局也可能反映了两个方面的不同:一是与"211院校"和公办一般本科院校相比,其余4类高校设置的专业大多具有更明确更具体的职业定位,学生更容易联系自身在这方面的潜力进行考虑,因此更加看重职业生涯发展的潜力。二是能考上"211院校"和公办一般本科院校的学生在学业上应该更加自信,他们在所读专业的职业定位不甚明了的情况下,可能更相信自己的职业转换能力。

最后,"考虑分数落点"对6类高校学生选择专业的差异也比较大,在主要影响因素中居第四位。学生在选择专业时对这一因素考虑得相对更多的是在"211院校"和公办一般本科院校,认为"考虑分数落点"在专业选择时"重要"或"非常重要"者所占的比例分别为66.36%和67.81%;其次是在独立学院和公办高职高专院校,对应的比例为64.00%、62.26%;考虑得相对较少的是在民办本科院校和民办高职院校,对应的比例分别为60.95%和57.10%。不难看出,这一差异格局大致与高校的录取分数差异一致。那些取得较好成绩能够进入较好高校的学生,作为一种相对的"成功者",比那些只能进入专科或民办院校的成绩较差者更怕损失,因此他们在选择专业上更为谨慎,更多地考虑到自己高考分数的落点,以避免选择不当而落入专科院校或民办院校。目前,中国学生入读民办高职院校受高考分数的限制最小,因此受"考虑分数落点"的影响也最小。

从以上的分析中可以看出,尽管6类高校的学生选择专业的主要影响因素存在一定的差异,但这种差异一方面是在主要影响因素基本一致这一基础之上的差异,另一方面是学生(及其家长)基于自身的条件和各类高校的不同情况而做出不同的考虑所形成的差异。由于学生(及其家长)的这些考虑符合他们选择专业的需要,因此这种选择的差异性正好说明了学生选择专业的理性特点。也就是说,他们在选择专业时,并不是不考虑选择对象所在的学校情况而随意地做出决定。

第二节 中国普通高校专业选择影响因素的群体差异分析

由于社会归属的不同,学生在素质、能力、兴趣和观念上存在一些差异,他们对专业选择相关信息的掌握程度也会有差别,在专业学习和就业上所能依据的条件也不尽相同。在这种情况下,学生在根据自身情况理性地选择专业时,所考虑的因素就会存在一定的差异,亦即各因素对学生选择专业的影响程度不会完全一样。本节主要从性别、城乡、社会阶层等三个方面来分析归属于不同群体的学生选择专业时影响因素的差异。

一、普通高校专业选择影响因素的性别差异

表4-10是2007级不同性别大一新生选择专业时影响因素的调查统计结果,从该表中可以看出,虽然11个因素对男生和女生选择专业的影响具有较强的一致性,但男女之间在以下两个方面仍有明显差异:

表4-10 2007级大一新生选择专业时影响因素的性别差异

影响因素	性别	完全不重要(%)	不太重要(%)	重要(%)	非常重要(%)	X^2值	P值	重要性指数(%)	排序
自己的兴趣	男	4.90	12.58	46.04	36.49	158.388	0.000	78.53	1
	女	2.83	11.32	48.82	37.04			80.02	2
工作机会	男	6.51	13.89	46.23	33.37	608.387	0.000	76.62	2
	女	3.26	9.30	46.64	40.79			81.24	1
职业生涯发展的潜力	男	7.46	15.70	46.07	30.77	538.667	0.000	75.04	3
	女	4.05	10.93	48.49	36.53			79.37	3
自己的学(术)科能力	男	6.73	19.32	47.50	26.45	334.302	0.000	73.42	4
	女	3.85	15.50	51.25	29.40			76.55	4
考虑分数落点	男	12.26	26.65	43.34	17.75	339.197	0.000	66.65	5
	女	7.89	23.81	47.73	20.56			70.24	5
父母和家人的影响	男	11.25	33.79	40.33	14.63	844.086	0.000	64.58	6
	女	6.00	26.69	47.87	19.44			70.19	6
师长的影响	男	14.66	40.31	37.55	7.48	747.53	0.000	59.46	7
	女	8.27	35.40	47.00	9.33			64.35	7
延续高中或中职时的科类	男	17.53	42.41	31.14	8.93	60.38	0.000	57.87	8
	女	14.90	44.47	31.22	9.41			58.78	9

(续)

影响因素	性别	完全不重要(%)	不太重要(%)	重要(%)	非常重要(%)	X²值	P值	重要性指数(%)	排序
朋友、同学、学长(姐)的影响	男	15.42	45.08	32.99	6.51	310.947	0.000	57.65	9
	女	10.13	47.42	36.70	5.75			59.52	8
奖学金	男	22.94	47.29	22.72	7.06	191.351	0.000	53.47	10
	女	17.99	48.56	26.21	7.24			55.67	10
为了进入这所学校	男	31.17	41.42	20.84	6.58	33.803	0.000	50.71	11
	女	29.55	43.99	20.49	5.97			50.72	11

N(男生)＝22 768，N(女生)＝23 932

数据来源：中国高等教育研究数据库：http://www.hedb.xmu.edu.cn/

1. 男女学生选择专业主要影响因素的数量和排序不同

从数量上看，如果仍把60%以上的人认为"重要"或"非常重要"的因素界定为"主要影响因素"，把80%以上的人认为"重要"或"非常重要"的因素界定为"最主要影响因素"，可以发现男生在选择专业时的主要影响因素为5个，包括"自己的兴趣"、"工作机会"、"职业生涯发展的潜力"、"自己的学（术）科能力"和"考虑分数落点"；最主要影响因素为1个，即"自己的兴趣"。然而，女生在选择专业时的主要影响因素为6个，除了前5个因素与男生相同外，"父母和家人的影响"还是女生选择专业的主要影响因素；最主要影响因素为4个，包括"自己的兴趣"、"工作机会"、"职业生涯发展的潜力"、"自己的学（术）科能力"。从重要性排序上看，男生将"自己的兴趣"放在最为重要的地位，其次是"工作机会"；而女生则与此相反。这些情况表明，女生在选择专业时看重的因素更多也更为审慎。

2. 男女学生选择专业影响因素的影响程度差异

从表4-10也可以看出，女生对11个影响因素的看重程度都高于男生，而对"自己的兴趣"、"工作机会"、"职业生涯发展的潜力"、"自己的学（术）科能力"、"考虑分数落点"、"父母和家人的影响"6个主要影响因素的看重程度更为明显地超过男生对相应因素的看重程度。在这6个影响因素中，除了"自己的兴趣"以外，其余5个影响因素的性别差异尤其明显，卡方值都超过了300，具体差异情况如下：

87.43%的被调查女生认为自己在选择专业时，"工作机会"是一个"重要"或"非常重要"的因素，而男生持这一看法的比例只有79.60%，比女生低了7.83个百分点，这与童腮军的调查结果相反。85.02%的被调查女生认为自己在选择专业时，"职业生涯发展的潜力"是一个"重要"或"非常重要"的影响因素，而男生持这一看法的比例为76.84%，相差8.18个百分点。80.65%的被调查女生认为自己在选择专业时，"自己的学（术）科能力"是一个"重要"或"非常重要"的影响因素，而男生持这一看法的比例为73.95%，相差6.7个百分点。68.29%的被调查女生认为自己在选择专业时，"考虑分数落点"是一个"重要"或"非常重要"的影响因素，而男生持这一看法的比例为61.09%，相差7.2个百分点。67.31%的被调查女生认为自己在选择专业时，"父母和家人的影响"是一个"重要"或"非常重要"的影响因素，而男生持这一看法的比例为54.96%，相差12.35个百分点。

造成男女生选择专业影响因素的这一差异格局的原因是多方面的，既与女生的就业形势有关，也与女生的性别特征相关。在"工作机会"上，女生比男生就业更困难的现实起着重要影响。中国社会经济发展整体水平还较低，接受高等教育在很大程度上出于一种功利的目的，在高等教育机会尚不充分、学费数额大和女性就业相对更加困难的情况下，女生在选择专业时往往更加看重将来的工作机会。女生更看重"职业生涯发展的潜力"、"自己的学（术）科能力"以及"考虑分数落点"等自身情况方面的因素，与女性共有的一些特征有关，如关注自身、思维缜密细致，以及在自信心和冒险精神上相对不如男生等，这也为许多心理学研究所证明。"父母和家人的影响"对不同性别学生选择专业的影响差异最大，也与性别特征有关。心理学研究表明，在家庭、学校和社会文化等诸方面因素的作用下，中国的女生表现出对父母和家庭更强的依赖性，而男生则表现出更强的独立性。2007级大一新生调查也证明了这一差异，该问卷设计了有关父母影响的一个题目："做决定前，我总是问父母该怎么做"，备选项包括"非常不符合"、"不太符合"、"大部分符合"、"非常符合"4种情况。调查结果显示，男生选择"大部分符合"和"非常符合"的比例之和为27.95%，明显比女生的同一比例（35.04%）低，反映出女生比男生更依赖父母。男女生的这种性别差异是造成

"父母和家人的影响"对二者选择专业时影响程度明显不同的重要原因。

二、普通高校专业选择影响因素的城乡差异

众所周知，在历史和现实等多种因素作用下的结果，中国城乡之间在经济、文化教育、信息等方面发展差距悬殊，城镇都明显优于农村。城镇学生的经济条件较农村学生好，在接受高等教育中的抗风险能力比农村学生强；城镇文化教育比农村发达，信息渠道相对也更为畅通，其学生更能在接受教育的过程中做出合适的选择。在这种情况下，城乡学生接受高等教育所依据的条件（包括经济、信息和选择能力等）就不等同，当他们根据自己的情况做出一种在他们看来是最符合自己的选择时，城乡学生所考虑的因素就会存在一定的差异。表4-11为2007级来自城镇和农村的大一新生选择专业影响因素的统计结果，从该表中可以看出城乡学生选择专业影响因素的这种差异状况。

表4-11 2007级大一新生选择专业时影响因素的城乡差异

影响因素	居住地	完全不重要(%)	不太重要(%)	重要(%)	非常重要(%)	X^2值	P值	重要性指数(%)	排序
自己的兴趣	农村	3.50	11.00	48.90	36.59	46.647	0.000	79.65	1
	城镇	4.05	12.57	46.27	37.11			79.11	1
工作机会	农村	4.50	10.75	47.52	37.24	35.798	0.000	79.38	2
	城镇	5.19	12.06	45.49	37.26			78.70	2
职业生涯发展的潜力	农村	5.53	13.03	48.48	32.96	23.689	0.000	77.22	3
	城镇	5.94	13.36	46.17	34.52			77.32	3
自己的学（术）科能力	农村	4.83	16.74	50.71	27.72	29.777	0.000	75.33	4
	城镇	5.54	17.82	48.39	28.25			74.84	4
考虑分数落点	农村	9.45	25.21	46.88	18.46	36.283	0.000	68.59	5
	城镇	10.55	25.09	44.52	19.84			68.41	6
父母和家人的影响	农村	10.19	35.57	41.35	12.90	901.593	0.000	64.24	6
	城镇	7.22	25.60	46.49	20.69			70.17	5

(续)

影响因素	居住地	完全不重要(%)	不太重要(%)	重要(%)	非常重要(%)	X^2值	P值	重要性指数(%)	排序
师长的影响	农村	11.47	39.11	41.91	7.51	48.204	0.000	61.36	7
	城镇	11.41	36.82	42.67	9.11			62.37	7
延续高中或中职时的科类	农村	15.15	43.51	32.17	9.17	39.308	0.000	58.84	8
	城镇	17.06	43.81	30.03	9.11			57.80	9
朋友、同学、学长(姐)的影响	农村	12.30	46.17	35.73	5.80	18.791	0.000	58.76	9
	城镇	13.09	46.70	33.96	6.25			58.35	8
奖学金	农村	17.35	45.93	28.42	8.30	498.622	0.000	56.92	10
	城镇	23.00	49.81	21.05	6.14			52.58	10
为了进入这所学校	农村	29.83	43.55	20.68	5.93	15.084	0.002	50.68	11
	城镇	31.02	42.07	20.45	6.45			50.58	11

N(农村)=20 291,N(城镇)=24 413

数据来源:中国高等教育研究数据库:http://www.hedb.xmu.edu.cn/

1. 城乡学生选择专业主要影响因素的数量和排序差异

从数量上看,虽然城乡学生选择专业的最主要影响因素均为"自己的兴趣"、"工作机会"、"职业生涯发展的潜力"这3个,即有80%以上的人认为这些因素在专业选择时为"重要"或"非常重要",但二者在"主要影响因素"的个数上存在差异。除了3个最主要的影响因素外,农村学生选择专业的主要影响因素还有"自己的学(术)科能力"和"考虑分数落点"这两个因素,即有60%以上的人认为这些因素在专业选择时为"重要"或"非常重要";城镇学生选择专业的主要影响因素除去上面的3个最主要的因素外,还有"自己的学(术)科能力"、"考虑分数落点"以及"父母和家人的影响"等3个因素,比农村学生多了"父母和家人的影响"这一因素,有67.18%的城镇学生认为这一因素在专业选择时居于"重要"或"非常重要"的位置。从主要影响因素的排序来看,"考虑分数落点"对农村学生选择专业的影响程度居于第五位,明显高于"父母和家人的影响"这一非主要影响因素;然而城镇学生却与此相反,"父母和家人的影响"不仅成为专业选择的主要影响因素,其重要性还超过了"考虑分数落点"这一主要影响因素,从而跃居第五位,见表4-11。

2. 城乡学生选择专业影响因素的影响程度差异

卡方检验的结果显示,11个因素对城镇学生与农村学生选择专业的影响存在显著差异,其中最为明显的差异体现在"父母和家人的影响"以及"奖学金"这两个影响因素上,二者的卡方值分别为901.593和498.622,远远大于其他因素的检验结果。由于样本量大的原因,卡方统计检验容易拒绝零假设——专业选择的影响因素变量与城乡变量之间相互独立,不存在显著相关性。在这种情况下,差异性检验容易达到显著性水平,因此本书在分析这种情况的差异时,只就其中差异最大的项目进行分析。在这里,有67.18%的城镇学生认为"父母和家人的影响"在专业选择时居于"重要"或"非常重要"的程度,比农村学生持这一看法的人所占的比例(54.25%)高出了12.93个百分点,表明城镇学生选择专业时受父母和家人的影响比农村学生选择专业时受父母和家人的影响明显更大。在奖学金方面,有36.72%的农村学生认为"奖学金"在他们选择专业时居于"重要"或"非常重要"的位置,明显高于城镇学生持相同看法的比例(27.19%),见表4-11。

是什么原因造成这种影响差异呢？从理论上讲,父母和家人对子女选择专业的影响程度应该与父母的受教育程度有关,父母受教育程度越高,对高等学校的专业的认识和了解也相对较多,在专业选择上才更有指导能力,反之亦然。本研究以父母受教育程度为自变量,以父母和家人对子女选择专业的影响程度(按完全不重要=1、不太重要=2、重要=3、非常重要=4计算均值)为因变量,采用多重比较的方法对2007级大一新生调查数据进行了统计,结果(见表4-12)显示,父母的受教育程度对"父母和家人的影响"这一因素的影响程度产生了显著的影响。父母受教育程度越高,对子女选择专业的影响程度越大;反之,父母受教育程度越低,对子女选择专业的影响程度越小。例如,与父母为初中、高中或中职中专、大专及以上受教育程度的家庭相比,在父母为小学及以下受教育程度的家庭,父母和家人对子女专业选择的影响程度(平均值)分别要低0.111、0.239和0.403；相反,与父母为高中或中职中专、初中、小学及以下三种受教育程度的家庭相比,在父母为大专以上受教育程度的家庭,父母和家人对子女选择专业的影响程度要分别高0.164、0.292和0.403。概括地说,父母和家人对子女选择专业的影响程度随着父母受教育程度的提高而提高，二者之间是正相关关系。

表 4-12　父母和家人对专业选择影响程度的多重比较（LSD）结果

(I)父母受教育程度	(J)父母受教育程度	Mean Difference (I-J)	Std. Error	Sig.	95% Confidence interval	
					Lower Bound	Upper Bound
小学及以下	初中	-0.111*	0.015	0.000	-0.14	-0.08
	高中或中职中专	-0.239*	0.015	0.000	-0.27	-0.21
	大专及以上	-0.403*	0.016	0.000	-0.43	-0.37
初中	小学及以下	0.111*	0.015	0.000	0.08	0.14
	高中或中职中专	-0.128*	0.010	0.000	-0.15	-0.11
	大专及以上	-0.292*	0.011	0.000	-0.31	-0.27
高中或中职中专	小学及以下	0.239*	0.015	0.000	0.21	0.27
	初中	0.128*	0.010	0.000	0.11	0.15
	大专及以上	-0.164*	0.011	0.000	-0.18	-0.14
大专及以上	小学及以下	0.403*	0.016	0.000	0.37	0.43
	初中	0.292*	0.011	0.000	0.27	0.31
	高中或中职中专	0.164*	0.011	0.000	0.14	0.18

*. The mean difference is significant at the 0.05 level.

注：父母受教育程度以父母中较高的一方为准。

数据来源：中国高等教育研究数据库：http://www.hedb.xmu.edu.cn/

用一个直观的图来表示，不同父母受教育程度下父母和家人对子女选择专业的影响程度见图 4-1。该图中影响程度的数值为根据"完全不重要=1、不太重要=2、重要=3、非常重要=4"而计算出来的平均值。从图中我们可以非常清楚地看出，随着父母受教育程度的提高，父母和家人对子女选择专业的影响程度也随之提高。

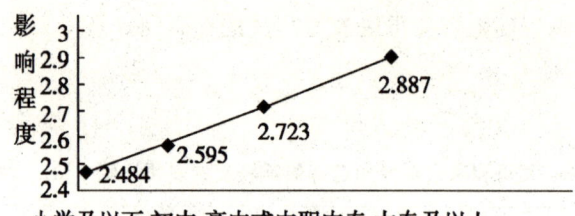

图 4-1　不同父母受教育程度下父母和家人对子女选择专业的影响程度

在这种情况下,如果城乡家庭之间在父母受教育程度上存在显著差异,便可以解释城乡学生在选择专业上受父母和家人影响上的差异。经验和常识告诉我们,城镇家庭的父母在受教育程度上明显高于农村家庭,他们拥有相对较高的文化知识水平,这使他们拥有较强的对子女教育选择的指导能力;农村学生父母文化知识水平一般较低,对高等学校的专业及其就业情况等知之甚少,他们往往缺乏足够的指导能力,因此对子女选择专业的影响力相对较小。从表 4-13 可以看出,在接受调查的 2007 级大一新生中,农村学生的父母在受教育程度上多为初中、高中或中职中专层次,大专以上程度的很少;而城镇学生的父母在受教育程度上多为高中或中职中专以及大专以上,大专以上受教育程度者占 38.10%,远高于农村学生父母的受教育程度在大专以上的比例(4.40%)。从访谈中也了解到,农村学生填报高考志愿时具有更强的独立性,父母和家人的影响程度明显不如城镇学生。

表 4-13　2007 级大一新生父母受教育程度的城乡比较

居住地	统计量	小学及以下	初中	高中或中职中专	大专及以上	合计
农村	频　数	3 115	9 062	7 063	885	20 125
	百分比	15.48	45.03	35.10	4.40	100.00
城镇	频　数	894	4 694	9 377	9 213	24 178
	百分比	3.70	19.41	38.78	38.10	100.00

注:父母受教育程度以父母中较高的一方为准。
数据来源:中国高等教育研究数据库:http://www.hedb.xmu.edu.cn/

"奖学金"虽然在整体上既不是城镇学生也不是农村学生选择专业的主要影

响因素，但它对农村学生的影响面明显大于对城镇学生的影响面。农村学生受经济条件制约更大，这使他们中的一些人在专业选择时更看重能够获得的经济援助，而城镇学生受经济条件制约相对较小，关注奖学金的人所占的比例也相对较低。2007级大一新生调查结果显示，农村学生家庭人均年收入与城镇学生家庭人均年收入差距十分明显，以4 000元为界，农村学生家庭人均年收入在4 000元以下的占调查总数的71.54%，而城镇学生家庭人均年收入在这一水平的仅占35.14%；相反，农村学生家庭人均年收入在4 000元以上的仅占28.46%，又明显低于城镇学生家庭人均年收入在这一水平上的比例（64.86%），见表4-14。

表4-14 2007级大一新生家庭人均年收入的城乡比较

居住地	统计量	4 000元以下	4 001-15 000元	15 000元以上	合计
农村	频　数	13 827	4 285	1 216	19 328
	百分比	71.54	22.17	6.29	100.00
城镇	频　数	7 983	8 177	6 556	22 716
	百分比	35.14	36.00	28.86	100.00

数据来源：中国高等教育研究数据库：http://www.hedb.xmu.edu.cn/

对奖学金的考虑反映的主要是对经济条件的考虑，由于2007级大一新生调查问卷未直接就学费对专业选择的影响设计调查项目，本研究便从学生需要交纳学费的差异来分析城乡学生在专业选择时对经济条件的考虑。2007级大一新生调查结果显示，在同一类型的高等学校，农村学生一年需要交纳的学费平均数都要低于城镇学生一年需要交纳的学费平均数，这种差异既体现在民办高校里，也体现在公办高校里，仅在公办高职高专院校差异最小，见表4-15。这种状况从一个侧面说明，农村学生倾向于选择就读收费相对较低的专业。

表 4-15 2007 级大一新生缴纳学费的城乡比较

高校类型	城镇学生 样本量	城镇学生 平均学费(元/年)	农村学生 样本量	农村学生 平均学费(元/年)	差额(元/年)(城镇—农村)
"211 院校"	5 203	5 423.64	3 346	5 207.03	216.61
公办一般本科	6 900	5 150.40	7 404	4 664.92	485.48
公办高职高专	2 457	5 429.32	3 530	5 386.48	42.84
独立学院	3 328	12 586.48	1 602	11 587.99	998.49
民办本科	1 825	12 715.88	1 189	11 685.56	1 030.32
民办高职	2 026	9 490.21	1 457	8 636.90	853.31

数据来源：中国高等教育研究数据库：http://www.hedb.xmu.edu.cn/

三、普通高校专业选择影响因素的阶层差异

城镇和农村的划分虽然能够反映中国二元社会结构的典型特征，但也因为其相对笼统而掩盖了一些隐含在城镇或农村内部的差异。因此，从社会阶层划分的角度来探讨高等教育的选择问题是本研究的主要内容之一。在绪论的介绍中谈到，本研究根据中国社会科学院"当代中国社会结构变迁研究"课题组提出的标准，将中国社会成员划分为十大阶层，在此基础上又根据各阶层掌握资源的多少按照相近原则把十大社会阶层合并为"优势阶层"、"中间阶层"、"基础阶层"三大阶层。其中，优势阶层掌握了大量的组织资源和经济资源，而基础阶层只掌握少量的三种资源，中间阶层掌握的资源数量居于二者中间。显然，与城乡学生之间的不同一样，来自三大社会阶层的学生接受高等教育所依据的条件也是不一样的，他们总是凭借自身的各种条件，包括家庭经济条件、相关知识的多少和信息掌握程度等，做出最适合他们的选择。在这种情况下，即使每个学生在选择专业时都理性地考虑到了他（她）认为自己必须考虑的因素，但其结果是来自三大社会阶层的学生所考虑的因素必然存在差异。这正如法国社会学者布东（Boudon）指出的那样，社会环境不仅仅是在统计上与某种学业选择相关的因素，它首先是

"行动者在选择某一学业导向时努力权衡利弊和风险的一个参照点"。①

表4-16为2007级不同社会阶层大一新生选择专业影响因素的调查统计结果,从该表中可以看出,不同社会阶层的学生选择专业的影响因素存在以下差异。

1. 各阶层学生选择专业主要影响因素的数量和排序差异

从表4-16可以看出,虽然与总体情况一致,三大社会阶层学生选择专业的主要影响因素大致相同,但也存在数量和排序上的差别。此处仍把60%以上的人认为"重要"或"非常重要"的因素界定为"主要影响因素",把80%以上的人认为"重要"或"非常重要"的因素界定为"最主要影响因素",可知优势阶层和中间阶层的学生选择专业的主要影响因素都有6个,即自己的兴趣、工作机会、职业生涯发展的潜力、自己的学(术)科能力、父母和家人的影响、考虑分数落点,而基础阶层的学生选择专业的主要影响因素为5个,比优势阶层和中间阶层学生少了"父母和家人的影响"这一因素。优势阶层的学生选择专业的最主要影响因素为2个,即自己的兴趣和工作机会,中间阶层和基础阶层的最主要影响因素为3个,比优势阶层多了"职业生涯发展的潜力"这一因素。在主要影响因素的重要性排序上,优势阶层和中间阶层的学生都将"自己的兴趣"看成是最重要的因素,其次是"工作机会",而基础阶层的学生则与此相反,他们最看重的是"工作机会",其次才是"自己的兴趣",这反映了由于生存状态相对较差以及就业的更加困难,基础阶层的学生更强调接受高等教育带来的经济价值。从选择所满足的需要来看,这在一定程度上反映了与优势阶层和中间阶层的学生相比,基础阶层的学生由于生存状态较差,基本需要没有得到充分满足,因此在入学动机上更着眼于获得"工作机会",而把自己的兴趣放在其次的位置。"父母和家人的影响"对优势阶层和中间阶层的学生选择专业的影响程度居第5位,比"考虑分数落点"的影响更大;然而该因素对基础阶层的学生选择专业的影响明显低于"考虑分数落点"的影响,并被排除在主要影响因素之外。

---

① [法]玛丽·杜里-柏拉,[法]阿涅斯·冯·让丹. 学校社会学[M]. 汪凌,译. 上海:华东师范大学出版社,2001. 74-75.

表4-16 2007级大一新生选择专业时影响因素的阶层差异

影响因素	社会阶层	完全不重要(%)	不太重要(%)	重要(%)	非常重要(%)	X^2值	P值	重要性指数(%)	排序
自己的兴趣	优势阶层	4.53	12.60	45.29	37.58	41.011	0.000	78.98	1
	中间阶层	3.58	12.29	46.37	37.76			79.58	1
	基础阶层	3.60	11.56	48.32	36.51			79.44	2
工作机会	优势阶层	5.58	12.97	45.10	36.35	55.001	0.000	78.06	2
	中间阶层	5.02	12.08	45.87	37.03			78.73	2
	基础阶层	4.45	10.84	47.09	37.62			79.47	1
职业生涯发展的潜力	优势阶层	6.49	13.55	45.16	34.80	32.040	0.000	77.07	3
	中间阶层	5.63	13.16	46.84	34.38			77.49	3
	基础阶层	5.36	13.08	48.12	33.44			77.41	3
自己的学(术)科能力	优势阶层	6.22	18.11	47.27	28.40	41.840	0.000	74.46	4
	中间阶层	5.03	17.48	48.67	28.81			75.32	4
	基础阶层	4.88	17.03	50.26	27.83			75.26	4
父母和家人的影响	优势阶层	7.16	22.38	46.47	23.99	1060.818	0.000	71.82	5
	中间阶层	6.87	25.05	47.73	20.35			70.39	5
	基础阶层	9.45	34.98	42.08	13.50			64.91	6
考虑分数落点	优势阶层	11.26	25.69	42.98	20.07	56.793	0.000	67.97	6
	中间阶层	10.18	25.23	44.65	19.94			68.59	6
	基础阶层	9.39	25.04	46.88	18.69			68.72	5
师长的影响	优势阶层	12.07	35.83	41.82	10.28	72.328	0.000	62.58	7
	中间阶层	11.31	38.11	42.24	8.35			61.91	7
	基础阶层	11.11	38.54	42.71	7.64			61.72	7
朋友、同学、学长(姐)的影响	优势阶层	13.68	46.07	33.37	6.88	48.006	0.000	58.36	8
	中间阶层	13.19	47.71	33.53	5.58			57.87	8
	基础阶层	12.18	46.21	35.79	5.83			58.82	8
延续高中或中职时的科类	优势阶层	18.04	43.81	28.78	9.36	70.429	0.000	57.37	9
	中间阶层	16.99	44.60	29.66	8.75			57.54	9
	基础阶层	15.29	43.28	32.31	9.12			58.82	8

(续)

影响因素	社会阶层	完全不重要(%)	不太重要(%)	重要(%)	非常重要(%)	X^2值	P值	重要性指数(%)	排序
奖学金	优势阶层	25.75	49.97	18.53	5.74	650.488	0.000	51.07	10
	中间阶层	23.39	50.63	20.55	5.43			52.00	10
	基础阶层	17.55	46.79	27.59	8.07			56.55	10
为了进入这所学校	优势阶层	31.24	41.44	20.13	7.19	54.134	0.000	50.82	11
	中间阶层	32.38	42.65	19.12	5.85			49.61	11
	基础阶层	29.64	43.39	21.05	5.92			50.81	11

N（优势阶层）＝9 055，N（中间阶层）＝9 422，N（基础阶层）＝25 653

注：学生的社会阶层归属以父母中较高的一方为准。

数据来源：中国高等教育研究数据库：http://www.hedb.xmu.edu.cn/

2. 各阶层学生选择专业影响因素的影响程度差异

表4-16显示，三大社会阶层学生选择专业在11个影响因素上存在显著差异，其中最大的差异在"父母和家人的影响"与"奖学金"两个因素上，二者的卡方值分别为1 060.818和650.488，远远大于其他因素的检验结果，这点与前述的城乡差异是一致的。具体地说，70.46％的优势阶层学生和68.08％的中间阶层学生认为"父母和家人的影响"在专业选择时是一个"重要"或"非常重要"的影响因素，而持相同看法的基础阶层的学生只占55.58％。如前所述，父母的受教育程度越高，父母和家人对子女选择专业的影响程度越大，父母的受教育程度对"父母和家人的影响"这一因素的作用有着显著的影响。因此，造成基础阶层子女选择专业时父母和家人影响程度较低的重要原因之一，就在于基础阶层学生的父母受教育程度较低，文化知识相对匮乏，信息掌握普遍较少，其指导专业选择的能力因此低于优势阶层和中间阶层学生的父母。从表4-17可知，优势阶层和中间阶层学生的父母受教育程度在大专及以上的分别占57.62％和43.51％，但基础阶层学生的父母具有同一文化程度的比例仅为3.98％，差距甚为明显。

表 4-17　2007 级大一新生父母受教育程度的阶层比较

社会阶层	统计量	小学及以下	初中	高中或中职中专	大专及以上	合计
优势阶层	频　数	169	1 003	2 638	5 181	8 991
	百分比	1.88	11.16	29.34	57.62	100.00
中间阶层	频　数	191	1 346	3 752	4 074	9 363
	百分比	2.04	14.38	40.07	43.51	100.00
基础阶层	频　数	3 512	11 135	9 839	1 016	25 502
	百分比	13.77	43.66	38.58	3.98	100.00

注：学生的社会阶层归属以父母中较高的一方为准；父母受教育程度以父母中较高的一方为准。

数据来源：中国高等教育研究数据库：http://www.hedb.xmu.edu.cn/

"奖学金"虽然不是任何社会阶层学生选择专业的主要影响因素，但它对不同社会阶层学生的影响是有显著差异的。认为它在专业选择时"重要"或"非常重要"的学生所占的比例，在优势阶层的学生中为 24.27%，在中间阶层的学生中为 25.98%，但在基础阶层的学生中达到了 35.66%。可见，基础阶层的学生更加看重奖学金，这种情况显然与他们的经济状况密切相关。表 4-18 显示，基础阶层学生家庭人均年收入在 4 000 元以下的占到了 68.13%，4 000 元以上的占 31.87%；与此相反，优势阶层和中间阶层学生家庭人均年收入在 4 000 元以上的居多数，分别占 76.92% 和 67.54%，差距十分明显。

表 4-18　2007 级大一新生家庭人均年收入的阶层比较

社会阶层	统计量	4 000 元以下	4 001-15 000 元	15 001 元以上	合计
优势阶层	频　数	1 944	2 890	3 587	8 421
	百分比	23.09	34.32	42.60	100.00
中间阶层	频　数	2 872	3 537	2 438	8 847
	百分比	32.46	39.98	27.56	100.00
基础阶层	频　数	16 782	6 070	1 782	24 634
	百分比	68.13	24.64	7.23	100.00

注：学生的社会阶层归属以父母中较高的一方为准。

数据来源：中国高等教育研究数据库：http://www.hedb.xmu.edu.cn/

小　结

通过本章的分析，可以比较清楚地把握当前中国普通高校专业选择的影响因素及其差异情况，小结如下：

一、当前中国普通高校专业选择的主要影响因素依次为"自己的兴趣"、"工作机会"、"职业生涯发展的潜力"、"自己的学（术）科能力"、"考虑分数落点"、"父母和家人的影响"等。反映出学生在选择专业时已经考虑到了录取、学业与就业等有关专业选择的最重要方面，他们力图将这些重要方面结合起来，以达到满意的结果，因此他们的选择在过程上是比较理性的，而较少是随意的。在预设的11个影响因素中，师长的影响居于"重要"与"不重要"之间，而"朋友、同学、学长（姐）的影响"、"延续高中或中职时的科类"、"奖学金"、"为了进入这所学校"4个因素对当前中国学生选择专业的影响不大。

二、6类高校学生选择专业的主要影响因素基本一致，表明这些因素对当前中国学生选择专业的确产生了重要影响，但各因素尤其是其中的"工作机会"、"父母和家人的影响"、"职业生涯发展的潜力"和"考虑分数落点"4个因素对6类高校学生选择专业的影响差异非常显著。办学层次或社会声望较低的学校，其学生选择专业时更加看重"工作机会"、"职业生涯发展的潜力"以及"父母和家人的影响"，而不太看重"考虑分数落点"的影响。6类高校的学生选择专业的主要影响因素差异是在他们的主要影响因素基本一致基础上的差异，是学生（及其家长）基于自身的条件和各类高校的不同情况而做出不同的考虑所形成的差异，这些考虑符合他们选择专业的需要，因此这种带有差异性的选择进一步说明了学生选择专业的理性特点。

三、学生选择专业的影响因素存在明显的性别差异。一方面，男生选择专业时的主要影响因素为"自己的兴趣"、"工作机会"、"职业生涯发展的潜力"、"自己的学（术）科能力"和"考虑分数落点"共5个，比女生少了"父母和家人的影响"；男生选择专业的最主要影响因素只有"自己的兴趣"，比女生少了3个，即"工作机会"、"职业生涯发展的潜力"和"自己的学（术）科能力"；男生选择专业时最强调"自己的兴趣",其次是"工作机会",而女生刚好相反。另一方面,女生对11个影响因素的看重程度都高于男生,对"工作机会"、"职业生涯发展的潜力"、"自己的学(术)科能力"、"考虑分数落点"、"父母和家人的影响"5个主要影响因素的看重程度更为明显地高于男生。总之,女生在专业选择时考虑的因素更多也更为审慎,这无疑是在现有社会性别文化中的一种理性选择。

四、学生选择专业的影响因素存在一定的城乡差异。一方面,农村学生选择专业的主要影响因素有"自己的兴趣"、"工作机会"、"职业生涯发展的潜力"、"自己的学(术)科能力"、"考虑分数落点"共5个,比城镇学生少了"父母和家人的影响"。另一方面,11个因素对城乡学生选择专业的影响存在显著差异,其中"父母和家人的影响"与"奖学金"这两个因素的影响差异尤其明显;城镇学生在选择专业时比农村学生更多地受到"父母和家人的影响",更少地受到"奖学金"的影响。城乡学生选择专业时考虑因素的这种差异无疑都是合乎自身情况的,是理性的。

五、学生选择专业的影响因素存在一定的阶层差异。一方面,基础阶层的学生选择专业的主要影响因素为"自己的兴趣"、"工作机会"、"职业生涯发展的潜力"、"自己的学(术)科能力"、"考虑分数落点"共5个,比优势阶层和中间阶层的学生少了"父母和家人的影响"。另一方面,11个影响因素对三大阶层学生选择专业的影响存在显著差异,其中"父母和家人的影响"与"奖学金"这两个因素的影响差异尤其明显;优势阶层和中间阶层的学生在选择专业时比基础阶层的学生更多地受到"父母和家人的影响",更少地受到"奖学金"的影响。毋庸置疑,不同阶层的学生选择专业时考虑因素的这种差异也都是符合自身选择专业需要的,是理性的选择。

第五章 中国普通高校专业选择的结果分析

在现行招生体制下,中国学生选择专业面临着是否被录取的风险,他们即使是在综合考虑了多方面的因素之后做出理性的选择,其结果也并不一定能够如愿以偿。在这种情况下,不同的学生基于自身及其家庭背景的不同,对这一风险表现出不同的态度,从而做出不同的选择。因此,就进入高等学校的大学生来说,作为专业选择的结果之一,一部分学生实现了自己的选择,他们是按志愿录取的,而另一部分学生却没有实现自己的选择,他们是被调剂录取的。不同的学科和专业,由于招生数量和选择的学生数量都不相同,其结果是进入这些学科和专业的学生在志愿的达成度上存在差别,即它们按志愿录取的学生所占比例各不相同。同时,撇开偶然因素的影响,归属于不同群体的学生,由于选择专业所依据的信息、心理、选择能力甚至是可借用的其他条件等方面的不同,他们在专业选择的达成度上就会存在差异。此外,不同群体的学生基于自身接受高等教育的条件和专业选择的相关知识与信息掌握的不同,在理性的支配下选择了在他们看来是最适合的专业,其结果是他们在专业布局上产生明显的差异。

本章主要依据2007级大一新生调查资料,分析中国普通高等学校专业选择的达成度、各类专业选择的达成度以及来自不同群体的学生在专业选择达成度和所读专业上的差异,旨在考察当前中国学生在多大程度上实现了自己的专业选择，不同类的专业又在多大程度上满足了学生选择的需要，归属于不同群体的学生在专业选择达成度上的差异，以及他们在各类专业中的分布情况等。

第一节　中国普通高校专业选择的达成度分析

尽管当前中国许多高校都试行按专业大类招生和转专业制度，使学生拥有再次选择专业的机会，但实施的范围或选择的余地很小。对于绝大部分学生来说，选择专业的主要途径仍然是高考志愿的填报。由于学生的选择和高校各专业的录取不是一对一的过程，使学生虽然通过高考志愿的填报这一专业选择过程而进入了高等学校，但作为专业选择的一种结果：一部分学生实现了自己对专业的选择，他们是按志愿录取的，另一部分学生没有实现自己对专业的选择，他们是被调剂录取进来的，在一定程度上说是被迫进入了某专业。

2007级大一新生调查问卷问及了大学生就读的专业在高考录取时的情况，要求学生在4种情况中做出选择，它们是"按自己所报志愿被录取的"、"在自己所报院系内不同专业间被调剂的"、"在非自己所报院系间被"调剂"的"、"其他____"。根据研究的需要，本书在分析时对调查结果进行了两项处理：一是去掉"其他"情况，将其作为缺失值处理，因为这类情况比较特殊，其所占的比例也只占有效数据的3.6%。通过这一处理，共获得有效样本43 514个。二是把"在自己所报院系内不同专业间被调剂的"和"在非自己所报院系间被调剂的"这两种情况合并为一种情况，即"调剂录取"。这样，通过高考志愿填报的途径实现了专业选择就是"按志愿录取"，未实现专业选择就是"调剂录取"。通过计算"按志愿录取"情况所占的比例，便可以考察中国普通高等学校专业选择的达成度，以及归属于不同群体的学生在这方面的差异。

一、普通高校专业选择达成度的总体分析

1. 普通高校专业选择的达成度

从对2007级大一新生的调查来看，就当前中国已经进入高等学校的学生来说，通过高考志愿的填报，多数学生选择专业的志愿得到了实现，但未能实现自

己专业选择志愿的学生所占的比例也不小。表 5-1 显示，在扣除掉"其他"情况和在志愿录取情况及高校类型上的缺失值后获得的 2007 级大一新生共 43 499 个有效调查样本中，76.6%的学生是按自己所报的志愿被录取的，23.4%的学生是被调剂录取的。从这里可以看出，多数学生实现了自己入学前对专业的选择，但也有近 1/4 的学生未实现这种选择。

表 5-1 2007 级大一新生选择专业达成度调查结果

高校类型	按志愿录取		调剂录取		Pearson 卡方检验
	频数	百分比	频数	百分比	
总体	33 320	76.60	10 179	23.40	——
"211 院校"	6 751	70.98	2 760	29.02	
公办一般本科	11 380	73.88	4 024	26.12	
公办高职高专	5 289	82.04	1 158	17.96	$X^2=507.073$
独立学院	4 425	82.19	959	17.81	$P<0.01$
民办本科	2 584	80.83	613	19.17	
民办高职	2 891	81.30	665	18.70	

数据来源：中国高等教育研究数据库：http://www.hedb.xmu.edu.cn/

造成是否实现专业选择这一不同结果的原因是多方面的，但显然与学生选择专业所依据的知识和信息以及他们所考虑的因素直接相关。因此，学生选择专业时对不同因素的看重程度在一定程度上会影响其选择专业的达成度。为考察这一关系，本研究首先按"完全不重要＝1、不太重要＝2、重要＝3、非常重要＝4"的标准给专业选择影响因素的调查结果进行赋值并计算每一影响因素的重要性程度平均值（平均值越大，表明越重要，反之亦然）。在此基础上，根据被调查学生的专业选择达成度，分"按志愿录取"和"调剂录取"两个独立样本，对各影响因素的重要性程度平均值采用独立样本 t 检验（结果见表 5-2），以分析两种录取类型学生之间对各选择专业影响因素的重视程度差异。

表 5-2 显示，两种录取类型的学生对 11 个影响因素的重视程度在排序上基本上是一致的，但却存在影响程度的不同。按志愿录取的学生较调剂录取的学生更加重视"父母和家人的影响"、"自己的兴趣"、"自己的学（术）科能力"、"职业

生涯发展的潜力"和"工作机会"5个因素，而调剂录取的学生更重视"为了进入

表 5-2　不同录取类型大学生对各选择专业影响因素的重视程度 t 检验

专业选择影响因素	按志愿录取	调剂录取	Sig.（t 检验）
自己的兴趣	3.20	3.12	0.000
工作机会	3.18	3.11	0.000
职业生涯发展的潜力	3.12	3.02	0.000
自己的学（术）科能力	3.02	2.96	0.000
父母和家人的影响	2.71	2.66	0.000
考虑分数落点	2.71	2.84	0.000
师长的影响	2.48	2.49	0.096
朋友和同学的影响	2.34	2.34	0.749
延续高中或中职时的科类	2.33	2.33	0.495
奖学金	2.18	2.19	0.175
为了进入这所学校	1.98	2.17	0.000

数据来源：中国高等教育研究数据库：http://www.hedb.xmu.edu.cn/

这所学校"和"考虑分数落点"两个因素。t 检验结果显示，按志愿录取的学生和调剂录取的学生对以上 7 个因素看重程度的差异达到了显著性水平。由此看来，专业选择的影响因素在一定程度上制约着专业选择的达成度。实现专业选择的学生选择专业时对"自己的兴趣"、"工作机会"、"职业生涯发展的潜力"、"自己的学科能力"、"父母和家人的影响"等因素考虑得更为充分，这种关系说明了在当前的高等学校专业选择机制下，学生经过深思熟虑后理性地选择专业是有其积极作用的。

学生选择专业时对"考虑分数落点"和"为了进入这所学校"这两个因素考虑得越多，却越不容易实现自己对专业的选择，这种相反的作用无疑与因素本身有关。对"考虑分数落点"的强调反映了一些学生担心志愿填报不当而落入较差学校因此更愿意接受调剂录取的风险规避心理，根据第四章的分析，"考虑分数落点"是专业选择的主要影响因素之一，部分学生出于回避风险的需要而在选择专业时对它做了过多的考虑，从而做了服从调剂的选择，其结果是实现专业选择

的程度更低，但他们可能因此进入了对他们的分数来说还算不错的学校。事实上，第四章的分析已指出，好学校的学生选择专业时更多考虑到高考分数的落点，其结果是这类学校调剂录取学生的比例也相对更高（见表5-1）。这就是说，尽管学生对"考虑分数落点"的看重降低了专业选择的达成度，但他们因此也更多地避免了在他们看来不能接受的情况，因此他们的选择仍然是一种理性的选择。对"为了进入这所学校"的过分强调反映了一些学生非常渴望进入某所高校，他们可能因此而不太在意读什么专业，因此从专业选择这个角度来说，这是一种主要由情感支配的非理性的行为。需要指出的是，在11个影响因素中，"为了进入这所学校"是影响力最小的因素，它表明只有很少一部分人表现出这种非理性。

t检验结果显示，"师长的影响"、"朋友和同学的影响"、"延续高中或中职时的科类"、"奖学金"等4个非主要影响因素对两种录取类型的学生选择专业的影响程度不存在显著差异，表明专业选择的达成度与这几个因素的作用大小无关。

2. 不同类型高校专业选择的达成度

根据卡方统计检验的结果，专业选择的达成度在不同高校类型之间存在显著差异。这种差异最为明显地体现在"211院校"、公办一般本科院校与公办高职高专院校及各类民办院校之间。从表5-1可知，在"211院校"和公办一般本科院校中，分别有70.98%和73.88%的学生通过志愿填报实现了自己对专业的选择，而在公办高职高专、独立学院、民办本科、民办高职院校中，通过志愿填报实现了自己对专业选择的学生所占的比例分别达到了82.04%、82.19%、80.83%和81.30%。这种情况表明，在生源相对较好的学校，学生的志愿实现率却不如生源相对较差的学校。这里可能存在两方面的原因：一方面，生源相对较差的学校为了吸引生源，更加注重在专业设置和招生上迎合学生的需要，它们相对更短的办学历史和基础也使它们在专业调整上比较灵活，而对于生源非常充足的"211院校"和公办一般本科院校，在这方面的努力做得不够，或者说因为长期积聚的包袱使专业调整更加困难；另一方面，学生在选择院校和选择专业之间可能存在一种补偿心理，对于那些高考分数刚好能够上"211院校"或公办一般本科院校的学生来说，他们更能在专业选择上做出一些让步，即接受调剂录取；而进入公办高职高专或民办院校的学生则不容易这么做，因为更多的学费和较差的就业预期可能使他们更加坚持自己选择的专业,且这类院校设置的专业大多职业定向明确,这使学生在选择专业上会更加坚定。相关调查在一定程度上支持了这种心理的存在,罗丹于2007年下学期对厦门大学和山东工商学院在校大学生(2005年入学学生为主)的专业选择情况进行了问卷调查,分别获得分析样本147份和316份。分析发现,在选择学校与选择专业的重要性问题上,除去认为两者"都重要"或都"无所谓"的学生以外,厦门大学学生中认为学校更重要的比例为28.57%,认为专业更重要的为4.08%,而山东工商学院的学生中认为学校更重要的比例为10.44%,但认为专业更重要的比例为25.16%。[1] 可见,入读重点院校的学生更看重学校,而入读普通院校的学生更看重专业。由此看来,当前中国学生选择专业在结果上的这种差异也正好说明了他们当初的选择是一种理性的选择。

二、普通高校不同专业学生选择专业的达成度分析

由于学生选择不同的专业在录取竞争程度上存在差异,作为专业选择的结果,各专业在满足学生选择需要的程度上就会有所不同。由于本研究所依据的调查涉及的具体专业数目众多,为了便于分析,本研究在本科层次分别从学科门类和专业类两个层面分析专业选择的达成度,在专科层次分别从专业大类和专业类两个层面分析专业选择的达成度。

在47 170个2007级大一新生调查获得的总体有效样本中,共有本科样本35 444个,专科样本11 726个。根据分析的需要,本研究对调查样本进行了一些处理,以获得最终用于统计分析的样本数。为了保证一定的样本量,本书在分析各类专业的选择情况时,除了扣除那些无法归入本科专业类、专科专业大类或专业类的专业样本以及缺失值以外,还剔除掉样本量少于60的本科专业类样本、专科专业大类样本和专业类样本,具体情况为:在本科学科门类层面,去掉无法归入学科门类的样本(253个)和缺失值(650个),剩下有效样本34 541个,涉及全部11个学科门类。在本科专业类层面,去掉无法归入专业类的样本(1 369

---

[1] 罗丹. 规模扩张以来高校专业结构变化研究[D]. 厦门大学, 2008. 174-175.

个)、缺失值（649个）和样本量小于60的专业类样本（367个），剩下有效样本33 059个，涉及46个本科专业类。在专科专业大类层面，去掉无法归入专业大类的样本（70个）、缺失值（232个）和样本量小于60的专业大类样本（43个），剩下有效样本11 381个，涉及17个专业大类。在专科专业类层面，去掉无法归入专业类的样本（70个）、缺失值（232个）和样本量小于60的专业类样本（463个），剩下有效样本10 961个，涉及33个专业类。此外，分析各具体项目如专业选择的达成度时，还要去掉该项目上的缺失值，才能得出最终用于分析的样本数，这将在相应的数据表格下方予以说明。

1. 本科院校不同专业的选择达成度

本科院校的具体专业在专业目录上隶属于一定的学科门类和专业类，本书分别从这两个层面来分析它们的学生在多大程度上实现了自己的选择，或者说这些专业在多大程度上是学生的志愿选择。

（1）各学科门类的专业选择达成度

从表5-3可以看出，作为专业选择的一种结果，隶属于不同学科门类的本科专业在满足学生的选择需要上存在显著差异（Pearson卡方检验结果：$X^2 = 656.988$，$P<0.01$）。在哲学、法学、教育学、历史学、理学、农学和管理学共7个学科门类，学生按志愿录取的比例低于平均水平，尤其是在哲学、农学、教育学和历史学4个学科门类，按志愿录取的比例分别为26.32%、57.90%、61.42%、64.86%，均大大低于本科总体的这一比例（75.04%）。与此相反，在经济学、文学、工学和医学4个学科门类，按志愿录取的比例又高于平均水平，尤其是在经济学和文学两大学科门类，按自愿录取的比例均在80%以上。这种志愿满足程度的差异直接反映了不同专业的录取竞争程度不同，也反映了不同专业受学生青睐程度的差异。不难看出，那些调剂录取学生比例明显更高的学科门类，正是在社会上属于比较冷门的专业领域，就业相对困难，所能带来的收益，如经济收入、社会地位等都相对较少。因此，学生志愿选择这类专业者偏少，反映了他们中大多数人在选择中追求效益的特点。而对那些志愿选择这类专业的人来说，之所以做出这一选择主要有两种可能，一是自己感兴趣，二是自己掌握的信息不充分。不论是哪种情况，都不能说明学生选择专业的随意性。如前所述，在跟踪调查和访谈中了解到，学生对自己所读专业满意与否的最主要原因是他们

是否感兴趣和就业前景如何,因此作为追求专业满意的理性人,基于自己的兴趣而做出的选择就是理性的选择。对于那些不感兴趣但因为信息不充分而志愿选择了这类专业的人,如果他们也充分考虑到了前述专业选择的主要影响因素,也是一种理性的选择。因为选择行为总是在一定的环境中进行的,选择者在做出选择的过程中总会受既定条件下自身能力的限制,包括以一定知识储备为基础的计算能力、信息掌握及其处理能力等方面的限制。理性与非理性的区别不在于是否达到目的,而在于选择者是在何种意识活动形式支配下开始了选择行为。[①] 换句话说,行为是否理性,在于行为产生的过程是不是经过一定程度的深思熟虑。显然,根据第四章的分析结果,绝大部分学生对与专业选择相关的重要因素是有充分考虑的。

表 5-3 2007 级大一新生选择各学科门类的专业达成度调查结果

学科门类	按志愿录取		调剂录取		Pearson 卡方检验
	频数	百分比	频数	百分比	
总体	24 339	75.04	8 094	24.96	——
哲学	20	26.32	56	73.68	
经济学	1 606	86.34	254	13.66	
法学	1 288	69.47	566	30.53	
教育学	954	61.43	599	38.57	
文学	3 950	80.65	948	19.35	
历史学	249	64.68	136	35.32	$X^2=656.988$
理学	4 509	73.11	1 658	26.89	$P<0.01$
工学	7 222	76.91	2 168	23.09	
农学	348	57.90	253	42.10	
医学	898	79.26	235	20.74	
管理学	3 295	72.96	1 221	27.04	

注:本科样本共有 35 444 个,去掉缺失值和无法归入学科门类的样本,剩下有效样本 32 433 个,涉及 11 个学科门类。

---

① 刘少杰. 国外社会学理论 [M]. 北京:高等教育出版社,2006. 494-495.

数据来源：中国高等教育研究数据库：http://www.hedb.xmu.edu.cn/

(2) 各专业类的专业选择达成度

由于一些学科门类包含的专业相当广泛，这些专业之间的差异也比较大，因此仅从学科门类层面进行专业选择结果的分析会掩盖许多专业之间的差异，这就有必要进一步从专业类层面进行分析。表5-4显示，在所调查的46个专业里，根据卡方检验的结果，学生选择专业的达成度差异达到了显著性水平。值得注意的是，各学科门类包含的专业类之间在学生选择专业的达成度上差异也比较明显。从法学门类看，在专业选择的达成度上，法学类与社会学类、政治学类的差别很大，法学类按志愿录取的比例为77.64%，高于总体水平，而社会学类、政治学类按志愿录取的比例分别只有46.80%和46.67%，即入学者中超过一半的人是被调剂进来的。教育学门类总体按志愿录取的比例为61.43%，但内部差异很大，体育学类专业由于招生比较特殊，超过90%的学生实现了专业选择志愿，但教育学类的这一比例仅占一半左右。在文学门类，艺术类（招生比较特殊）和外国语言文学类的学生实现专业选择的程度较高，而中国语言文学类和新闻传播学类学生的专业选择达成度相对较低。理学门类的学生实现专业选择程度低于总体水平，尤其是地理科学类，只有42.54%的学生实现了专业选择，但理学门类中的生物科学类和化学类的学生实现专业选择的程度高于总体水平。工学门类学生实现专业选择的程度略高于总体水平，其中机械类、土建类、电气信息类尤其明显，但也有不少专业类的学生实现专业选择的程度较低，如测绘类、工程力学类、轻工纺织食品类、环境与安全类、地矿类、化工与制药类，其中测绘类专业的学生实现专业选择的比例仅有37.35%，工程力学类和轻工纺织食品类专业的学生实现专业选择的比例也只是刚超过一半。在农学门类，调查涉及的4个专业类的学生实现专业选择的程度都低于总体水平，森林资源类和植物生产类尤其如此，分别只有39.57%和56.33%。医学门类学生实现专业选择的程度为79.26%，高于总体水平，但内部存在两极分化的现象，在临床医学与医学技术类、基础医学类两个专业类，学生实现专业选择的比例分别达到89.51%和83.70%，而药学类学生实现专业选择的比例只有56.76%。管理学门类学生实现专业选择的程度低于总体水平，但其内部专业类之间也存在明显的两极分化现象，工商管理类专业学生实现专业选择的比例达到81.50%，而公共管理类、图书档案学类专业的学生实现专业选择的比例分别只有51.74%和28.77%。从这里可以看出，同一学科门类的专业在冷热程度上差别很大，以致归属不同专业类的学生实现专业选择的程度出现了巨大差异。这种差较高异仍然体现了一个特点，那就是除了体育、艺术等招生比较特殊的专业类以外，热门专业或能够带来更大经济收入和较高职业地位的专业，学生志愿选择的就多，因此这类专业按志愿录取学生的比例就比较高；而那些冷门专业或预期收益不高的专业，学生志愿选择的较少，因此这类专业按志愿录取学生的比例就比较低。从这个角度上说，除了兴趣的因素之外，当前中国学生选择专业明显具有追求收益的特点，他们与因为兴趣而选择专业的学生一样，尽管所做的选择不一定如愿，但仍然是一种理性选择的结果。

表5-4 2007级大一新生选择各专业类的专业达成度调查结果（本科）

学科门类	专业类	按志愿录取 频数	按志愿录取 百分比	调剂录取 频数	调剂录取 百分比	Pearson 卡方检验
总体		23 284	75.17	7 693	24.83	——
哲学	哲学类	20	26.32	56	73.68	
经济学	经济学类	1 606	86.34	254	13.66	
法学	法学类	1 059	77.64	305	22.36	$X^2=2195.628$
法学	社会学类	117	46.80	133	53.20	$P<0.01$
法学	政治学类	112	46.67	128	53.33	注：此值为
教育学	教育学类	604	51.85	561	48.15	专业类层面
教育学	体育学类	350	90.21	38	9.79	的卡方检验
文学	中国语言文学类	922	75.14	305	24.86	结果
文学	外国语言文学类	1 401	84.65	254	15.35	
文学	新闻传播学类	767	76.39	237	23.61	
文学	艺术类	743	89.84	84	10.16	
历史学	历史学类	249	64.68	136	35.32	

(续)

学科门类	专业类	按志愿录取		调剂录取		Pearson 卡方检验
		频数	百分比	频数	百分比	
理学	数学类	1 041	74.36	359	25.64	
	物理学类	614	69.61	268	30.39	
	化学类	695	76.46	214	23.54	
	生物科学类	519	83.31	104	16.69	
	地理科学类	77	42.54	104	57.46	
	电子信息科学类	727	76.21	227	23.79	
	材料科学类	107	64.46	59	35.54	
	环境科学类	87	66.41	44	33.59	
	心理学类	289	65.09	155	34.91	
	统计学类	41	65.08	22	34.92	
工学	地矿类	187	60.71	121	39.29	
	材料类	106	75.18	35	24.82	
	机械类	1 080	83.79	209	16.21	
	仪器仪表类	64	69.57	28	30.43	
	电气信息类	3 883	79.85	980	20.15	
	土建类	803	80.46	195	19.54	
	测绘类	31	37.35	52	62.65	
	环境与安全类	165	60.00	110	40.00	
	化工与制药类	167	60.95	107	39.05	
	交通运输类	79	75.24	26	24.76	
	轻工纺织食品类	179	56.47	138	43.53	
	工程力学类	60	52.63	54	47.37	
农学	植物生产类	89	56.33	69	43.67	
	森林资源类	55	39.57	84	60.43	
	环境生态类	62	72.09	24	27.91	
	动物医学类	115	74.68	39	25.32	

(续)

学科门类	专业类	按志愿录取		调剂录取		Pearson
		频数	百分比	频数	百分比	卡方检验
医学	基础医学类	113	83.70	22	16.30	
	临床医学与医学技术类	418	89.51	49	10.49	
	护理学类	170	71.43	68	28.57	
	药学类	84	56.76	64	43.24	
管理学	管理科学与工程类	428	69.71	186	30.29	
	工商管理类	2 348	81.50	533	18.50	
	公共管理类	430	51.74	401	48.26	
	图书档案学类	21	28.77	52	71.23	

注：①本科样本共有 35 444 个，去掉缺失值和无法归入专业类的样本以及样本量少于 60 的专业类样本，剩下有效样本 30 977 个，涉及 46 个专业类。②由于样本量不完全一致，本表中学生总体实现专业选择的比例为 75.17%，与表 5-3 的学生总体实现专业选择的比例（75.04%）略有出入。

数据来源：中国高等教育研究数据库：http://www.hedb.xmu.edu.cn/

将学生选择各类专业的达成度（百分比）按由高到低的顺序排列后，通过图 5-1 表示出来，可以非常直观地看出各类专业学生选择专业的达成度差异。

从图 5-1 可以看出，在 17 个专业类，学生实现专业选择的比例高于总体水平的 75.17%，其中在体育学类、艺术类、临床医学与医学技术类、经济学类等专业类，学生实现专业选择的比例超过了 85%，在外国语言文学类、机械类、基础医学类、生物科学类、工商管理类和土建类等 6 个专业类，学生实现专业选择的比例超过了 80%。显然，这种情况表明这些专业类的生源相对较好，学生比较愿意选择，但要进入这些专业也相对比较困难。在其余的 29 个专业类，学生实现专业选择的比例低于总体水平，其中药学类、轻工纺织食品类、植物生产类、工程力学类、教育学类、公共管理类、社会学类、政治学类、地理科学类、森林资源类、测绘类、图书档案学类、哲学类等 13 个专业类，学生实现专业选择的比例低于 60%，而后 7 个专业类内学生实现专业选择的比例不足 50%，即更多的学生是被调剂进来的，这在图书档案学类和哲学类两个专业类最为明显，学生实现专业选择的比例不到30%。显然，这些专业类所包含的专业吸引力比较差，学生不愿意选择，因此大多是被调剂进来的。

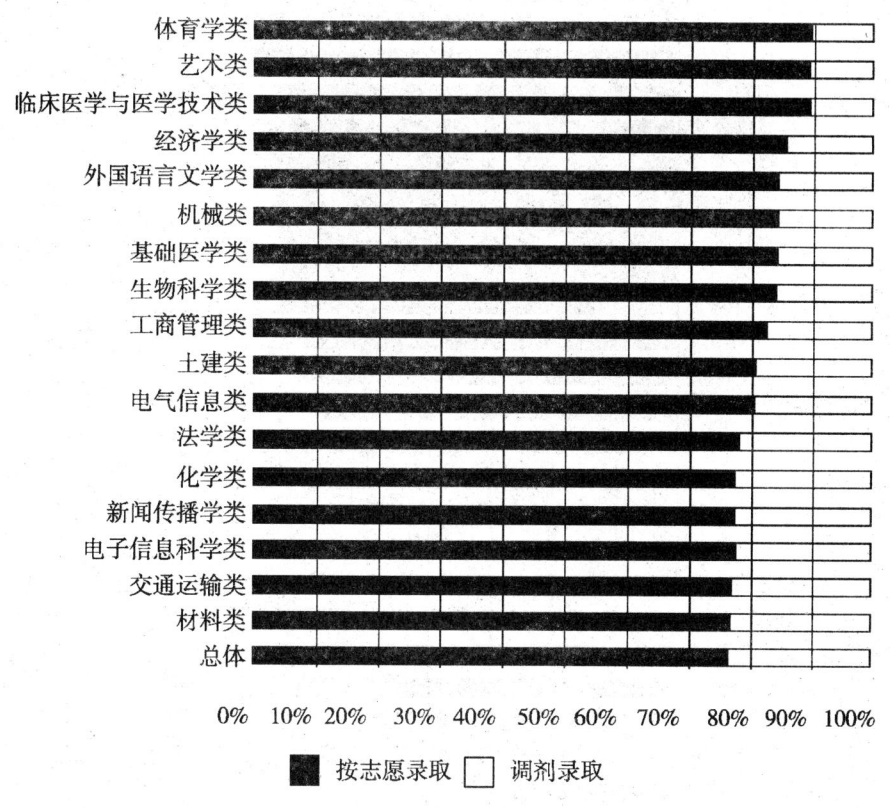

（接上图）

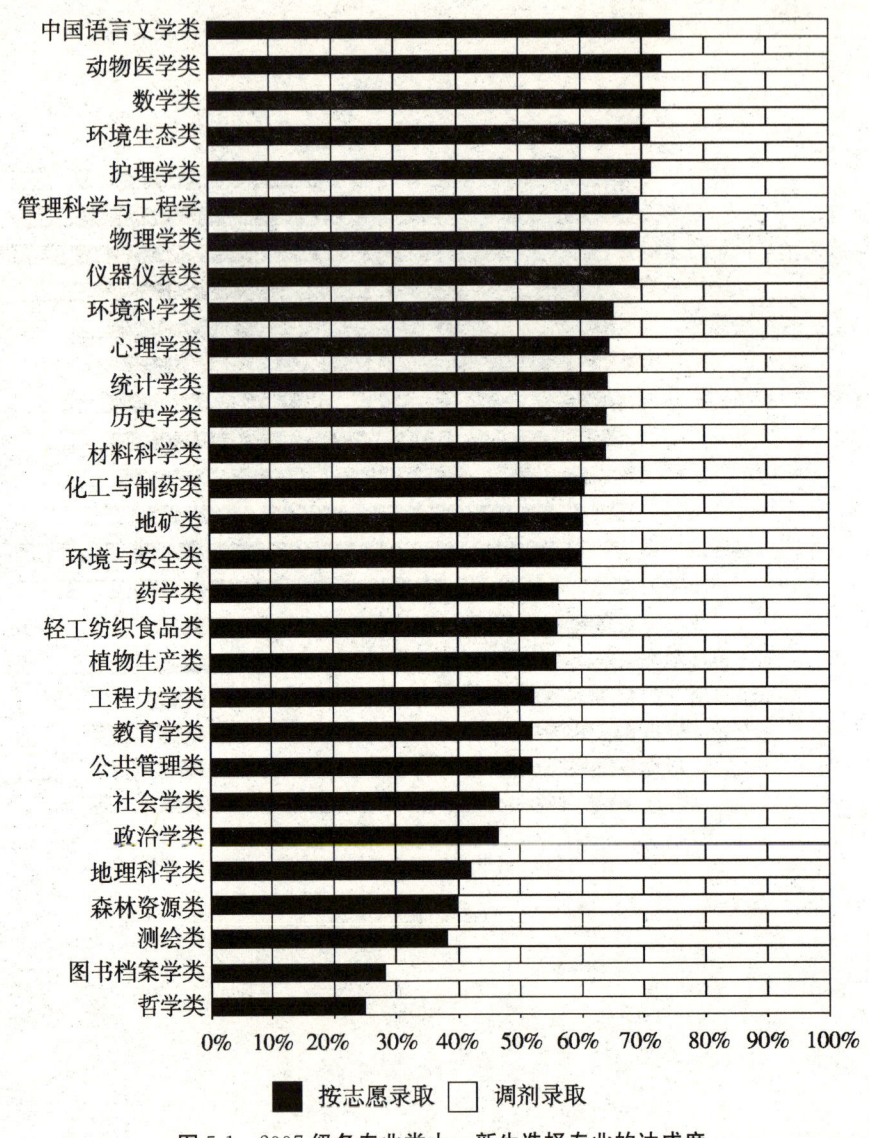

图 5-1 2007 级各专业类大一新生选择专业的达成度

2. 高职高专院校不同专业的选择达成度

高职高专院校的具体专业在专业目录上隶属于一定的专业大类和专业类，本书分别从这两个层面来分析它们的学生在多大程度上实现了自己的选择，或者说它们在多大程度上是学生的志愿选择。

(1) 各专业大类的专业选择达成度

从表5-5可以看出，调查的14个专科专业大类的学生总体实现专业选择的比例为82.08%，明显高于本科11个学科门类的学生总体实现专业选择的比例(75.04%)，表明专科专业在更大程度上满足了学生选择的需要。与本科11个学科门类之间差别较大的是，专科专业大类之间在学生实现专业选择的程度上差异虽然显著（卡方检验结果Pearson卡方值为131.079，P<0.01），但远不如本科各学科门类之间在学生实现专业选择的程度上的差异大。除医药卫生大类的学生

表5-5 2007级大一新生选择各专业大类的专业达成度调查结果（专科）

专业大类	按志愿录取		调剂录取		Pearson 卡方检验
	频数	百分比	频数	百分比	
总体	7 766	82.08	1 696	17.92	——
农林牧渔大类	61	81.33	14	18.67	
交通运输大类	416	84.90	74	15.10	
生化与药品大类	95	81.20	22	18.80	
材料与能源大类	68	78.16	19	21.84	
土建大类	518	75.18	171	24.82	
制造大类	1 254	82.77	261	17.23	
电子信息大类	885	73.87	313	26.13	$X^2=131.079$
环保、气象与安全大类	102	86.44	16	13.56	$P<0.01$
轻纺食品大类	419	84.14	79	15.86	
财经大类	1 640	84.71	296	15.29	
医药卫生大类	290	92.36	24	7.64	
旅游大类	271	76.77	82	23.23	
文化教育大类	1 493	84.73	269	15.27	
艺术设计传媒大类	254	81.94	56	18.06	

注：专科样本共有11 726个，去掉缺失值和无法归入专业大类的样本以及样本量少于60的专业大类样本，剩下有效样本9 462个，涉及14个专业大类。

数据来源：中国高等教育研究数据库：http://www.hedb.xmu.edu.cn/

实现专业选择的程度非常高（92.36%）之外，其余各专业大类的学生实现专业选择的程度均在75%～85%的范围。因此，就所统计的这14个专业大类的调查结果看，每个专业大类的学生实现专业选择的比例都在75%以上，不存在哪个专业大类的学生实现专业选择的比例非常低的现象。这种情况似乎表明，专科层次的专业设置比较符合学生选择的需要，也可能印证了学生对专科层次的专业选择具有更加确定性的一面，他们更不愿意接受调剂。

(2) 各专业类的专业选择达成度

与学科门类的笼统性一样，专业大类可能掩盖了内部各专业之间的巨大差别，为此有必要从专业类这一层面来进行学生选择专业达成度的分析。从表5-6可以看出，各专业类学生在选择专业的达成度上的差异要略大于专业大类之间的这一差异，但两极分化的现象也不明显，这进一步肯定了专科专业在更大程度上满足了学生选择专业的需要。从专业大类具体到专业类，学生选择专业达成度差异变化比较明显的有：在土建大类内部，房地产类专业的学生实现专业选择的比例为61.29%，明显低于建筑设计类（82.31%）、工程管理类（79.17%）和土建施工类（73.04%）专业；在制造大类内部，汽车类专业的学生实现专业选择的比例（68.44%）明显低于机械设计制造类（89.04%）和自动化类（84.65%）；在财经大类内部，财政金融类专业的学生实现专业选择的比例（67.37%）明显低于经济贸易类（88.89%）、财务会计类（86.71%）、工商管理类（85.89%）和市场营销类（80.07%）专业；在医药卫生大类内部，医学技术类专业的学生实现专业选择的比例（76.39%）也明显低于临床医学类（98.75%）和护理类（96.19%）；在文化教育大类内部，体育类专业的学生实现专业选择的比例（91.43%）明显高于语言文化类（82.53%）和教育类（85.91%）专业；在艺术设计传媒大类内部，艺术设计类专业的学生实现专业选择的比例（89.47%）也明显高于广播影视类（79.49%）专业。

表 5-6 2007 级大一新生选择各专业类的专业达成度调查结果（专科）

专业大类	专业类	按志愿录取		调剂录取		Pearson
		频数	百分比	频数	百分比	卡方检验
总体		7 522	82.14	1 635	17.86	——
交通运输大类	公路运输类	293	87.72	41	12.28	
	铁道运输类	80	84.21	15	15.79	
生化与药品大类	生物技术类	61	79.22	16	20.78	
材料与能源大类	材料类	68	78.16	19	21.84	
土建大类	建筑设计类	121	82.31	26	17.69	
	土建施工类	168	73.04	62	26.96	
	工程管理类	190	79.17	50	20.83	
	房地产类	38	61.29	24	38.71	
制造大类	机械设计制造类	585	89.04	72	10.96	
	自动化类	419	84.65	76	15.35	$X^2 = 263.643$
	汽车类	245	68.44	113	31.56	$P<0.01$
电子信息大类	计算机类	647	73.44	234	26.56	
	电子信息类	210	75.00	70	25.00	注：此值为
环保、气象与安全大类	环保类	85	86.73	13	13.27	专业类层面
轻纺食品大类	纺织服装类	224	81.75	50	18.25	的卡方检验
	食品类	195	87.05	29	12.95	结果
财经大类	财政金融类	64	67.37	31	32.63	
	财务会计类	548	86.71	84	13.29	
	经济贸易类	184	88.89	23	11.11	
	市场营销类	229	80.07	57	19.93	
	工商管理类	615	85.89	101	14.11	
医药卫生大类	临床医学类	79	98.75	1	1.25	
	护理类	101	96.19	4	3.81	
	医学技术类	55	76.39	17	23.61	
旅游大类	旅游管理类	271	76.77	82	23.23	

(续)

专业大类	专业类	按志愿录取 频数	按志愿录取 百分比	调剂录取 频数	调剂录取 百分比	Pearson 卡方检验
文化教育大类	语言文化类	600	82.53	127	17.47	
	教育类	829	85.91	136	14.09	
	体育类	64	91.43	6	8.57	
艺术设计传媒大类	艺术设计类	68	89.47	8	10.53	
	广播影视类	186	79.49	48	20.51	

注：①专科样本共有 11 726 个，去掉缺失值和无法归入专业类的样本以及样本量少于 60 的专业类样本，剩下有效样本 9 157 个，涉及 30 个专业类。②由于样本量不完全一致，本表中学生总体实现专业选择的比例为 82.14%，与表 5-5 的学生总体实现专业选择的比例（82.08%）略有出入。

数据来源：中国高等教育研究数据库：http://www.hedb.xmu.edu.cn/

如果我们稍微了解一下这些专业类主要涉及的专业，就知道与本科的情况大体一致，除了体育、艺术类专业以外，各专业类的学生实现专业选择的比例高低与该专业类的冷热程度相关。例如，在土建大类，调查的房地产类专业主要是物业管理（占 80% 多），其次是房地产经营与估价。在制造大类，调查的汽车类专业主要是汽车检测与维修（占 70% 多）、汽车技术服务、汽车电子技术等。由于这类专业相对冷门，因此学生志愿选择者偏少，其结果是这类专业调剂录取学生的比例相对更高。总之，专科各专业类学生选择专业达成度的差异虽然不是很大，但也反映出学生趋于选择预期收益大或学习和从业不太辛苦的专业，他们是理性的选择者。

在专科专业之间，学生选择专业的达成度差异不如本科专业之间大，且达成度很低的专业大类或专业类不多，说明专科专业的设置在整体上比较符合学生选择的需要，不符合学生选择需要的专业非常少。造成这种状况的主要原因可能有三个，一是专科专业生源相对较差，学校为了吸引生源，更注意调整和优化专业设置，尽量满足学生选择需要，二是与本科专业相比，专科专业的学科积累不多，在调整上更加容易、灵活。三是专科专业的职业定向一般比较明确，学生可能比较坚定自己的选择，相对而言更不愿意接受调剂。因此，作为学生理性地选择专业的结果，专科各专业的志愿满足率相对较高。

三、普通高校专业选择达成度的群体差异分析

归属于不同群体的学生，由于选择专业所依据的信息、心理、选择能力甚至是可借用的其他条件等方面的不同，他们在专业选择的达成度上就可能会产生一定的差异。本研究依据2007级大一新生调查资料，从普通高校总体和各类型院校层面分析学生选择专业达成度的性别差异、城乡差异和阶层差异。

1. 性别差异

调查结果显示，男女生选择专业的达成度差异不明显。从总体上看，去掉缺失值后，在20 959名男生中，按志愿录取的学生占76.09%，调剂录取的学生占23.91%；在22 132名女生中，按志愿录取和调剂录取的比例分别为76.89%和23.11%，与男生差别不大。卡方检验结果显示，Pearson卡方值为3.852，$P=0.05$，表明专业选择的达成度在性别之间不存在显著差异。从不同高校类型来看，在"211院校"、公办一般本科、公办高职高专、民办本科、民办高职等5类院校，根据卡方检验的结果，学生选择专业的达成度在性别之间均不存在显著差异。仅在独立学院，男、女生选择专业的达成度存在显著差异。在该类院校的男生中，按志愿录取的学生占82.66%，调剂录取的学生占17.34%；而在该类院校的女生中，按志愿录取的学生占80.18%，调剂录取的学生占19.82%。卡方检验的结果显示，Pearson卡方值为5.123，$P=0.024$，意即在0.05的显著性水平上，学生选择专业的达成度与性别相关。如果考虑到样本量大的原因，就知道在独立学院中男女生选择专业达成度的差异其实并不是很大，见表5-7。根据第四章专业选择影响因素的性别差异可知，女生选择专业时对6个主要影响因素的重视程度都显著地高于男生，但这并没有带来二者在专业选择达成度上的明显差别；而根据本节第一部分t检验的结果，专业选择影响因素制约着专业选择的达成度。这一看似矛盾的结果其实并不矛盾，因为女生对"自己的兴趣"、"工作机会"、"职业生涯发展的潜力"、"自己的学（术）科能力"、"父母和家人的影响"等5个主要影响因素的重视虽然有利于她们实现自己对专业的选择，但她们对"考虑分数落点"的过于看重又降低了她们实现专业选择的可能性，即她们选择

专业虽然相对更为谨慎，但也更愿意接受调剂录取。

表 5-7 2007 级不同性别学生选择专业达成度的调查结果

高校类型	男生			女生			X²值	P值
	样本量	按志愿录取(%)	调剂录取(%)	样本量	按志愿录取(%)	调剂录取(%)		
总体	20 959	76.09	23.91	22 132	76.89	23.11	3.852	0.050
211 院校	5 303	70.45	29.55	4 145	71.85	28.15	2.201	0.138
公办一般本科	7 007	73.48	26.52	8 365	74.20	25.8	1.020	0.313
公办高职高专	2 639	81.09	18.91	3 797	82.78	17.22	3.004	0.083
独立学院	2 485	82.66	17.34	2 599	80.18	19.82	5.123	0.024
民办本科	1 624	81.34	18.66	1 562	80.22	19.78	0.649	0.420
民办高职	1 888	81.41	18.59	1 662	81.23	18.77	0.019	0.890

注：因高校类型存在少数缺失值，故本表中总体样本量与各类型学校样本量之和略有差别。

数据来源：中国高等教育研究数据库 http://www.hedb.xmu.edu.cn/

2. 城乡差异

统计结果显示，城镇和农村学生选择专业的达成度存在差异。在普通高校总体层面上，去掉缺失值后，在 18 986 名来自农村的学生中，按志愿录取的学生占 75.34%，调剂录取的学生占 24.66%；而在 22 397 名来自城镇的学生中，按志愿录取的学生占 77.57%，调剂录取的学生占 22.43%。卡方检验结果显示，Pearson 卡方值为 28.545，$P<0.01$，表明专业选择的达成度在城镇和农村学生之间存在显著差异，城镇学生选择专业的达成度高于农村学生。从不同高校类型来看，城镇学生选择专业的达成度虽然在 6 类高校中都要高于农村学生，但这种差异显著地体现在公办一般本科、独立学院和民办本科 3 类院校；在 "211 院校"、公办高职高专院校、民办高职院校 3 类高校，城镇和农村学生选择专业的达成度差异没有达到显著性水平，见表 5-8。出现这种差异格局的原因是多方面的，至少与学生填报志愿时的不同心态有关。国内大量研究表明，农村学生家庭条件普遍不如城镇学生，接受的基础和中等教育也相对较差，高等教育入学机会不如城镇学生多。在这种情况下，农村学生可以通过接受调剂录取而降低录取风

险。与此相反的是，城镇学生的高等教育入学机会相对较多，更不愿意接受调剂录取，他们也更能凭借家庭拥有的经济和组织资源，通过疏通关系确保自己的选择得以实现。这一差异之所以在中间层次的院校更为明显，可能与学校的录取倾向和学生在不同院校中的求稳心态差异有关。一方面，"211院校"调剂录取学生的比例最高，表明城乡学生愿意接受调剂录取的比例最高，而学校出于经济等因素的考虑如减少贫困生，而更愿意录取城镇学生，这抵消了农村学生更愿意接受调剂录取的份额，从而使城乡学生选择这类院校的专业在达成度上差异不显著。而在高职高专院校，由于专业的职业定向明确和就业预期相对较差等原因，农村学生可能与城镇学生一样，愿意接受调剂录取的人数都比较少。总之，城乡学生在专业选择达成度上的差异既与他们基于自身条件的不同而进行的不同选择有关，也可能与他们实现专业选择可以借助的资源多少有关。如此一来，城镇学生凭借良好的家庭背景，不仅取得了更多的高等教育入学机会，还能更大程度地实现自己对专业的选择，这为他们的学业成就和将来的就业等打下了更好的基础，而农村学生则相对处于不利地位。因此，作为各自理性选择的结果，城乡学生在专业选择达成度上呈现出与自身地位接近的格局，这体现了高等教育的文化再生产功能。

表5-8　2007级城乡学生选择专业达成度调查结果

高校类型	农村			城镇			X^2值	P值
	样本量	按志愿录取(%)	调剂录取(%)	样本量	按志愿录取(%)	调剂录取(%)		
总体	18 986	75.34	24.66	22 397	77.57	22.43	28.545	0.000
211院校	3 492	70.02	29.98	5 492	71.23	28.77	1.520	0.218
公办一般本科	7 596	72.04	27.96	7 191	75.54	24.46	23.382	0.000
公办高职高专	3 590	81.78	18.22	2 500	83.20	16.80	2.038	0.153
独立学院	1 653	80.28	19.72	3 451	83.40	16.60	7.487	0.006
民办本科	1 235	78.70	21.30	1 821	81.93	18.07	4.911	0.027
民办高职	1 410	81.21	18.79	1 937	81.31	18.69	0.006	0.938

注：因高校类型存在少数缺失值，故本表中总体样本量与各类型学校样本量之和略有差别。

数据来源：中国高等教育研究数据库：http://www.hedb.xmu.edu.cn/

3. 阶层差异

2007级大一新生调查结果显示，不同社会阶层的学生在选择专业的达成度上也存在一定差异。从普通高校总体来看，优势阶层、中间阶层和基础阶层的学生按志愿录取的比例分别为76.87％、77.74％、76.04％。表面上看起来差别不大，但卡方检验结果显示，Pearson卡方值为10.908，P＜0.01，表明专业选择的达成度在不同社会阶层之间的差异达到了显著水平，来自中间阶层的学生选择专业的达成度最高，而来自基础阶层的学生选择专业的达成度最低，见表5-9。

表5-9 2007级不同社会阶层学生选择专业达成度调查结果

高校类型	优势阶层			中间阶层			基础阶层			X^2值	P值
	样本量	按志愿录取(%)	调剂录取(%)	样本量	按志愿录取(%)	调剂录取(%)	样本量	按志愿录取(%)	调剂录取(%)		
总体	8 256	76.87	23.13	8 717	77.74	22.26	24 033	76.04	23.96	10.908	0.004
"211院校"	2 180	69.86	30.14	2 328	71.95	28.05	4 630	70.95	29.05	2.381	0.304
公办一般本科	2 337	74.80	25.20	2 852	75.70	24.30	9 380	72.92	27.08	10.263	0.006
公办高职高专	753	83.13	16.87	871	82.66	17.34	4 354	82.02	17.98	0.668	0.716
独立学院	1 514	83.09	16.91	1 299	84.30	15.70	2 234	80.62	19.38	8.544	0.014
民办本科	749	81.04	18.96	668	83.83	16.17	1 579	79.48	20.52	5.765	0.056
民办高职	720	80.83	19.17	698	81.23	18.77	1 846	81.96	18.04	0.500	0.779

注：①因高校类型存在少数缺失值，故本表中总体样本量与各类型学校样本量之和略有差别。②学生的社会阶层归属以父母中较高的一方为准。

数据来源：中国高等教育研究数据库：http://www.hedb.xmu.edu.cn/

如果考虑到样本量大的原因，专业选择达成度的阶层差异在总体上并不明显。但从不同高校类型来看，不同社会阶层学生选择专业达成度的差异显著地体现在公办一般本科院校和独立学院。表5-9显示，在这两类院校，基础阶层的学生选择专业的达成度明显低于中间阶层和优势阶层学生选择专业的达成度。这种专业选择结果可能与学生的家庭背景有关。与来自农村的学生一样，基础阶层学生一方面更期望获得入学机会，因此更愿意服从调剂，另一方面又在专业选择的信息掌握上处于劣势，从而更容易出现选择的"失败"。与城乡差异一样，之所以专业选择的阶层差异在中间层次院校比较明显，可能因为一方面"211院校"调剂录取比例较大，而学校出于自身利益的考虑，更愿意调剂录取较高阶层的学生，这抵消了基础阶层学生更愿意接受调剂录取的份额；另一方面在较低层次学校，由于专业的职业定位明确和就业预期相对较差，基础阶层的学生也不愿意接受调剂录取。值得注意的是，优势阶层的学生实现专业选择的比例略低于中间阶层的学生，可能存在多方面的原因：一是他们的抗风险能力最强，倾向于选择那些对自己的高考分数来说有较大风险的专业领域，这增加了调剂录取的可能性；二是学校出于自身利益的考虑，在录取调剂生时也倾向于录取来自优势阶层的学生；三是由于这类学生家庭拥有最多的组织资源，他们也最有能力在无法实现专业选择后争取调剂录取，以保证入读较好的学校。

总之，不同社会阶层的学生基于不同的资源占有和信息掌握情况，在录取和专业选择的实现上处于不同的局势，这种局势的优劣与各阶层在社会中的位置是相对应的。因此，通过专业选择及其实现过程，各阶层的经济和社会地位以教育的形式在高等学校得以再生产，这为学生毕业后再生产出相应的经济和社会地位奠定了文化基础。

第二节　中国普通高校专业选择的布局分析

中国普通高等学校实行的是按专业或专业大类招生，学生填报高考志愿是他们进行专业选择的最主要途径，而最终进入高等学校后就读的专业或专业类便是其进行专业选择的另一种结果。本节主要依据2007级大一新生调查资料，分析归属于不同群体的学生在各学科、专业内的分布状况，旨在考察他们入读专业类型的差异，从微观层面探讨中国高等教育的公平状况。同样，由于具体专业数目众多，为概括起见，本研究在本科院校主要从学科门类和专业类层面，在专科院校主要从专业大类和专业类层面来分析归属于不同群体的学生选择专业的这一结果。

一、普通高校专业选择的性别布局分析

如前所述,绝大多数中国学生选择专业都是经过深思熟虑的,所进行的选择在总体上是一种理性的选择。由于在社会根深蒂固的观念中存在一些具有性别倾向的学科或专业,不同性别的学生在选择这类专业时就会理性地考虑到是否适合自己性别的问题,他们倾向于选择社会或他(她)自己认为适合自己性别的专业。在这种情况下,某专业的性别倾向越明显,逆向选择的学生便越少,该专业的性别布局就越不平衡。

(一)本科院校专业选择的性别布局分析

作为本科院校专业选择的结果之一,不同性别学生入读专业的差异在宏观上表现为他们进入的学科门类和专业类的差异。

1. 各学科门类的性别布局分析

由于本研究所依据的调查并不是按照学科、专业和性别的全国比例来进行的,为了更为准确地反映不同性别的学生选择专业的结果——就读专业上的差异,本研究以 2007 级大一新生调查资料为依据,采用计算"概率比"的方法(详见绪论)来表示进入高等学校的男女学生在就读专业上的差异,以反映微观层面的高等教育机会问题。

从表 5-10 可以看出,虽然调查样本在总体上男女生大致各占一半,但在 11

表 5-10 男、女生在本科 11 个学科门类的分布

学科门类	样本量	统计量	男	女	性别比(男/女)
总体	34 133	性别构成 A(%)	49.57	50.43	——
哲学	78	性别构成 B1(%)	34.62	65.38	
		概率比*(B1/A)	0.70	1.30	0.54
经济学	1 912	性别构成 B2(%)	39.44	60.56	——
		概率比(B2/A)	0.80	1.20	0.67

(续)

学科门类	样本量	统计量	男	女	性别比(男/女)
法学	1 939	性别构成 B3(%)	40.12	59.88	——
		概率比(B3/A)	0.81	1.19	0.68
教育学	1 683	性别构成 B4(%)	32.80	67.20	——
		概率比(B4/A)	0.66	1.33	0.50
文学	5 139	性别构成 B5(%)	24.56	75.44	——
		概率比(B5/A)	0.50	1.50	0.33
历史学	398	性别构成 B6(%)	36.68	63.32	——
		概率比(B6/A)	0.74	1.26	0.59
理学	6 537	性别构成 B7(%)	55.03	44.97	——
		概率比(B7/A)	1.11	0.89	1.25
工学	9 794	性别构成 B8(%)	72.80	27.20	——
		概率比(B8/A)	1.47	0.54	2.72
农学	643	性别构成 B9(%)	52.88	47.12	——
		概率比(B9/A)	1.07	0.93	1.15
医学	1 254	性别构成 B10(%)	43.30	56.70	——
		概率比(B10/A)	0.87	1.12	0.77
管理学	4 756	性别构成 B11(%)	37.66	62.34	——
		概率比(B11/A)	0.76	1.24	0.60

注：①*概率比：是由条件概率转化而来的一个统计量，此处反映的是调查样本中男女生分布于各学科门类的概率，概率比等于1表明不同性别学生在某学科门类分布完全均衡，大于1则表明某性别学生就读某科类的概率高于平均水平，而小于1则表明某性别学生就读某科类的概率低于平均水平。②本科样本共有35 444个，去掉缺失值和无法归入学科门类的样本，剩下有效样本34 133个，其中男生16 920人，占49.57%；女生17 213人，占50.43%，分布于11个学科门类。③对频数进行Pearson卡方检验结果显示，卡方值为4 141.199，$P<0.01$，表明不同性别学生在学科内部的分布存在显著差异。

数据来源：中国高等教育研究数据库：http://www.hedb.xmu.edu.cn/

个学科门类中，男、女生的分布明显不平衡，表明了男女生选择专业的结果具有明显的性别倾向。在理学、工学和农学三个科类中，男生的概率比高于女生，表明入读这三个科类的专业的学生中,男生占多数。尤其是在工学领域,男生就读的概率是女生的2.72倍,大大高于女生。而在其他8个学科门类,女生就读的概率又明显高于男生,在文学、教育学等领域更是如此。文学中女生就读的概率是男生的3倍,教育学中女生就读的概率是男生的2倍。不难看出,不同性别学生的这种选择倾向或选择结果的差异反映了社会传统观念中根深蒂固的性别差异,理工科在传统观念中是"男性学科",女生就读这类专业的人数较少;而文学、教育学、历史学等往往被看成是"女性学科",因此女生就读者居多。尽管国内外许多研究表明,不同学科学习能力上的性别差异实际很小甚至并不存在,它可能只是一种观念而已,但处于社会中的学生总会或多或少受到这种观念的影响,他们甚至不得不考虑到这种观念的存在而倾向于选择"适合"自己性别的专业,因为这样才能获得"满意"的或最佳的收益。需要特别指出的是,教育选择所追求的收益与单纯的经济行为选择所追求的收益有很大的不同,教育选择所追求的收益不只是经济收益,还包括社会地位、家庭关系等多个方面。例如,一些女生之所以不选择与竞争性强、社会地位高的职业所对应的专业,并不是因为她们没有相应的能力和信心,而是因为她们怕因此而带来她们比较看重的其他方面的损失,如家庭关系。因此,专业选择所追求的收益是多方面收益的总和,而不同性别的人可能看重不同的收益,但无疑都倾向于权衡各方面的利弊,使自己看重的收益之和达到最大化。

除了基于性别差异的考虑而选择相应的专业导致专业选择结果出现性别差异以外,不同性别的学生在社会化的过程中,逐步养成了不同的兴趣领域,在选择专业时基于自己兴趣的考虑,自然而然地选择了"适合"自己性别的专业领域。根据第四章的论述,对兴趣的充分考虑,事实上把握住了影响专业满意度的最主要因素之一,因此从获得回报或收益的角度来看,也是比较理性的考虑。从结果来看,不同性别的学生进入的专业领域也大致与他们选择时的这种考虑基本一致,表明学生理性地选择专业的倾向在较大程度上得到了实现。

2. 各专业类的性别布局分析

从专业类层面能发现不同性别学生就读某较为具体的专业领域的差异。采用与上文同样的方法,可以计算出不同性别学生在学科门类下属各专业类的分布情况,见表5-11。

表 5-11 男、女生在本科 47 个专业类的分布（概率比）

专业类	样本量	男	女	性别比（男/女）
哲学类	78	0.70	1.29	0.54
经济学类	1 903	0.81	1.19	0.68
法学类	1 411	0.84	1.15	0.73
社会学类	271	0.54	1.44	0.38
政治学类	257	0.96	1.04	0.92
教育学类	1 255	0.50	1.48	0.34
体育学类	428	1.17	0.84	1.39
中国语言文学类	1 272	0.59	1.39	0.42
外国语言文学类	1 714	0.33	1.65	0.20
新闻传播学类	1 054	0.56	1.43	0.39
艺术类	900	0.62	1.37	0.45
历史学类	398	0.75	1.24	0.60
数学类	1 491	1.05	0.96	1.09
物理学类	919	1.39	0.62	2.24
化学类	963	0.96	1.04	0.92
生物科学类	667	0.82	1.18	0.69
地理科学类	194	1.21	0.80	1.51
电子信息科学类	1 015	1.48	0.54	2.74
材料科学类	175	1.74	0.28	6.21
环境科学类	142	0.80	1.19	0.67
心理学类	468	0.59	1.39	0.42
统计学类	66	0.62	1.37	0.45
地矿类	323	1.80	0.23	7.83
材料类	147	1.70	0.32	5.31
机械类	1 346	1.73	0.30	5.77
仪器仪表类	92	1.31	0.71	1.85
电气信息类	5 051	1.43	0.58	2.47
土建类	1 048	1.58	0.44	3.59
测绘类	89	1.67	0.35	4.77

(续)

专业类	样本量	男	女	性别比(男/女)
环境与安全类	285	1.21	0.80	1.51
化工与制药类	304	1.23	0.78	1.58
交通运输类	108	1.17	0.84	1.39
轻工纺织食品类	327	0.84	1.15	0.73
工程力学类	116	1.81	0.22	8.23
植物生产类	168	1.22	0.78	1.56
森林资源类	147	1.16	0.84	1.38
环境生态类	93	1.14	0.87	1.31
动物医学类	167	0.87	1.13	0.77
基础医学类	120	1.03	0.97	1.06
预防医学类	73	1.12	0.89	1.26
临床医学与医学技术类	521	1.05	0.95	1.11
护理学类	277	0.42	1.56	0.27
药学类	151	0.93	1.07	0.87
管理科学与工程类	650	1.12	0.88	1.27
工商管理类	3 046	0.67	1.32	0.51
公共管理类	889	0.85	1.14	0.75
图书档案学类	76	0.35	1.63	0.21

注：①本科样本共有 35 444 个，去掉缺失值和无法归入专业类的样本以及样本量小于 60 的专业类样本，剩下有效样本 32 655 个，其中男生 16 042 人，占 49.13%，女生 16 613人，占 50.87%，分布于 47 个专业类。②对频数进行 Pearson 卡方检验结果显示，卡方值为 5 216.526，$P<0.01$，表明不同性别学生在本科 47 个专业类的分布存在显著差异。③由于能够归入专业类的样本（32 655）略少于能够归入学科门类的样本（34 133），因此本表计算出的哲学、经济学、历史学等三个专业类的概率比与上表数据略有出入。

数据来源：中国高等教育研究数据库：http://www.hedb.xmu.edu.cn/

从表 5-11 可以看出，在调查所涉及的 47 个专业类中，男、女生入读概率的差距只有在数学类、化学类、基础医学类、临床医学与医学技术类等几个专业类相对不够大（二者的概率比接近 1），亦即在这几个专业类，男、女分布相对比较平衡。而在调查涉及的其余各专业类,男、女生的分布都很不平衡。其中,男生入读概率是女生入读概率2倍以上的专业类有物理学类、电子信息科学类、材料科学类、地矿类、材料类、机械类、电子信息类、土建类、测绘类、工程力学类等10个专业类,尤其是在材料科学类、地矿类、材料类、机械类和工程力学类,男生入读的概率是女生入读概率的5倍以上,差距最大的是工程力学类,为8.23倍。显然,这些都是典型的工科专业类或理科专业类,是传统观念中男性居于主导地位的专业领域。与此相反的是,女生入读概率是男生入读概率2倍以上的专业类有社会学类、教育学类、中国语言文学类、外国语言文学类、新闻传播学类、艺术类、心理学类、统计学类、护理学类、图书档案学类等10个专业类,差距尤其明显的是外国语言文学类(5倍)、图书档案学类(4.66倍)和护理学类(3.71倍)。此外,在招生人数庞大的工商管理类专业,女生入读的概率是男生的近两倍。显然,这些集中于人文社会科学的专业类又是传统上以女性为主的专业类。可见,作为理性选择的结果,不同性别的学生在一些具有明显性别倾向的专业类中的分布是不平衡的。这与郑新蓉的观点一致,女性在选择专业时一般偏向女性好找工作及社会上认为更适合女性的学科——人文学科、财会、语言、师范等。①

值得注意的是,在西方国家和中国的传统观念中,数学、物理、化学、生物等理科类专业一般被认为是典型的"男性学科"或"男性专业",如美国学者斯顿夫和斯坦利格(Stumpf & Stanleyg)于1998年对大学在校低年级和高年级学生的大范围调查发现,男孩在标准化的数学、物理、化学、计算机科学和生物学的测验中,都比女孩做得好。布朗纳(Bronner)于同年对21个国家的高中最高年级学生的研究中发现,在数学和科学方面,有18个国家出现了同样的结果。贝茨和哈克特(Betz & Hackett,1997)、斯科威鲁伯(Schweingruber,1997)以及诺塞克,巴呐吉和格林沃尔德(Nosek,Banaji & Greenwald,1998)等人的研究都表明,男性比女性有更大的数学自我效能,女性在学习数学能力方面没有男性有信心,尽管在课堂上和测验中,她们有相同的或更好的表现。② 在中国,

---

① 郑新蓉. 性别与教育[M]. 北京:教育科学出版社,2005. 141.
② [美]埃托奥,布里奇斯. 女性心理学[M]. 苏彦捷,等,译. 北京:北京大学出版社,2003. 127.

郑新蓉的研究指出，由于人们对数学能力上所存在的性别差异的看法根深蒂固，因此，尽管许多女生很有数学天分，但她们在选择时依然会避免选择数学或科学的课程或职业。① 然而本次调查发现，中国不同性别学生就读数学类和化学类专业在总体上持平，并不存在明显的性别倾向。在生物科学类专业，男生入读的概率还是女生的0.69倍。这一现象表明，中国学生在学习数学类、化学类专业上的差异已经不明显，而生物科学类专业甚至出现了女性化倾向，至少在入学选择上是如此。与此同时，中国女生已经不再局限于过去集中的人文、教育、语言等专业领域，在社会科学领域中的比例越来越大，即使在其中的经济学类、法学类、工商管理类等招生数额大的热门专业领域，女生入读的概率还明显大于男生。这些情况充分说明，中国女性正在突破传统上的专业限制，人们关于这些专业上的性别偏见正在逐步改变，男女接受高等教育在内容上正在走向公平。当然也必须承认，专业选择的性别差异还远没有缩小到真正公平的程度。

（二）专科院校专业选择的性别布局分析

作为专科院校专业选择的结果之一，不同性别学生入读专业的差异在宏观上表现为他们进入的专业大类和专业类的差异。考察这些差异，有利于把握当前中国专科院校专业的性别倾向性，分析其中的性别公平问题。

1. 各专业大类的性别布局分析

从表5-12可以看出，在调查所涉及的16个专科专业大类中，性别分布不平衡的现象也比较明显。在交通运输大类、资源开发与测绘大类、土建大类、制造大类、电子信息大类、环保、气象与安全大类等6个专业大类，男生入读的概率明显大于女生，其中差距最大的是在交通运输大类、资源开发与测绘大类、制造大类，男生入读概率分别是女生入读概率的6.54倍、5.18倍和5.77倍。与此相反的是，在材料与能源大类、轻纺食品大类、财经大类、医药卫生大类、旅游大类、公共事业大类、文化教育大类等7个专业大类，女生入读的概率又明显大于男生，尤其是在轻纺食品大类、旅游大类、公共事业大类、文化教育大类等4个专业大类，女生入读的概率分别是男生的2.46倍、2.86倍、2.05倍和5.55倍。

---

① 郑新蓉. 性别与教育[M]. 北京：教育科学出版社，2005. 29.

显然，与本科类似，男女生入读专业大类的差异与传统观念中的性别角色有关，男生多进入工程、技术领域内的专业，而女生多进入教育、服务与纺织领域内的专业。

表 5-12　男、女生在专科 16 个专业大类的分布（概率比）

专业大类	样本量	男	女	性别比（男/女）
农林牧渔大类	80	0.92	1.07	0.86
交通运输大类	531	1.83	0.28	6.54
生化与药品大类	133	1.00	1.00	1.00
资源开发与测绘大类	315	1.76	0.34	5.18
材料与能源大类	90	0.81	1.16	0.70
土建大类	770	1.25	0.79	1.58
制造大类	1 778	1.79	0.31	5.77
电子信息大类	1 424	1.23	0.80	1.54
环保、气象与安全大类	126	1.33	0.71	1.87
轻纺食品大类	658	0.56	1.38	0.41
财经大类	2 351	0.71	1.25	0.57
医药卫生大类	320	0.83	1.15	0.72
旅游大类	402	0.50	1.43	0.35
公共事业大类	64	0.64	1.31	0.49
文化教育大类	1 922	0.29	1.61	0.18
艺术设计传媒大类	395	0.95	1.04	0.91

注：①专科样本共有 11 726 个，去掉缺失值和无法归入专业大类的样本以及样本量少于 60 的专业大类样本，剩下有效样本 11 359 个，其中男生 5 271 人，占 46.40%；女生 6 088 人，占 53.60%，分布于 16 个专业大类。②对频数进行 Pearson 卡方检验结果显示，卡方值为 2 791.327，$P<0.01$，表明不同性别学生在专科 16 个专业大类的分布存在显著差异。

数据来源：中国高等教育研究数据库：http://www.hedb.xmu.edu.cn/

2. 各专业类的性别布局分析

具体到专业类的层面上，男、女生选择专业的布局差异更为具体和突出。从

表5-13可知，在调查涉及的33个专科专业类中，男生入读概率是女生2倍以上的有公路运输类、铁道运输类、矿业工程类、测绘类、土建施工类、机械设计制造类、自动化类、汽车类、电子信息类、环保类、临床医学类等共11个专业类；其中在测绘类、机械设计制造类、汽车类，男生入学概率是女生的5倍以上，分别为6.00倍、6.54倍和6.03倍。在公路运输类、铁道运输类、矿业工程类专业，男生入学概率是女生的10倍以上，分别为14.21倍、12.31倍和22.78倍，性别分布极为不平衡。与此相反，在房地产类、纺织服装类、财务会计类、经济贸易类、护理类、旅游管理类、语言文化类、教育类等8个专业类，女生入读的概率又是男生的2倍以上，其中在护理类、语言文化类和教育类，女生入读的概率是男生的5倍以上，分别为10.81倍、6.92倍和5.33倍。

表5-13 男、女生在专科33个专业类的分布（概率比）

专业类	样本量	男	女	性别比（男/女）
公路运输类	362	1.99	0.14	14.21
铁道运输类	96	1.97	0.16	12.31
生物技术类	91	1.21	0.82	1.48
矿业工程类	124	2.05	0.09	22.78
矿物加工类	67	1.35	0.70	1.93
测绘类	98	1.80	0.30	6.00
材料类	90	0.81	1.16	0.70
建筑设计类	157	1.11	0.90	1.23
土建施工类	253	1.69	0.40	4.23
工程管理类	268	1.12	0.89	1.26
房地产类	82	0.47	1.46	0.32
机械设计制造类	739	1.83	0.28	6.54
自动化类	563	1.72	0.37	4.65
汽车类	470	1.81	0.30	6.03
计算机类	1 076	1.11	0.91	1.22
电子信息类	310	1.67	0.42	3.98
环保类	102	1.37	0.68	2.01

(续)

专业类	样本量	男	女	性别比(男/女)
纺织服装类	414	0.45	1.48	0.30
食品类	244	0.74	1.22	0.61
财政金融类	103	0.86	1.12	0.77
财务会计类	815	0.43	1.50	0.29
经济贸易类	223	0.58	1.37	0.42
市场营销类	419	0.97	1.03	0.94
工商管理类	791	0.87	1.12	0.78
临床医学类	81	1.38	0.67	2.06
护理类	110	0.16	1.73	0.09
医学技术类	72	0.96	1.04	0.92
旅游管理类	402	0.50	1.43	0.35
语言文化类	800	0.24	1.66	0.14
教育类	1 043	0.30	1.60	0.19
体育类	79	0.68	1.28	0.53
艺术设计类	109	1.24	0.79	1.57
广播影视类	286	0.84	1.14	0.74

注：①专科样本共有 11 726 个，去掉缺失值和无法归入专业类的样本以及样本量少于 60 的专业类样本，剩下有效样本 10 939 个，其中男生 5 083 人，占 46.47%；女生 5 856 人，占 53.53%，分布于 33 个专业类。②对频数进行 Pearson 卡方检验结果显示，卡方值为 3 236.881，$P<0.01$，表明不同性别学生在专科 33 个专业类的分布存在显著差异。

数据来源：中国高等教育研究数据库：http://www.hedb.xmu.edu.cn/

基于先天生理的不同和社会文化影响下形成的社会角色差异，男生和女生学习相同的专业可能意味着不同的投入和回报，亦即二者的理想发展模式（或称为理想的投入和产出之比）存在于不同的专业领域。从以上的统计分析可知，尽管当前中国女生比以往更多地选择就读过去习惯被认为是"男性专业"的数学、化学、生物等理科类专业，但专业选择的性别差异在其他专业领域仍然非常明显，即男、女生选择专业仍具有明显的性别倾向性，男生大多选择在社会看来更适合男性的专业，而女生更多选择在社会看来更适合女性的专业。如前所述，尽管许多研究证明性别差异并不是那么大，人们对男性和女性的不同看法更多是受到传统观念的影响，带有明显的性别刻板印象乃至性别偏见；但不论怎样，男生和女生总是受到所处社会普遍存在的性别观念的制约，为了以适合于自身的投入取得满意的回报，他（她）们中大多数人在选择那些人们普遍认为具有性别倾向的专业时，往往都会考虑到自身的性别问题。或者，男女生在社会文化影响下形成了不同的兴趣，他们基于自己的兴趣而选择就读"适合"各自性别的专业领域。不论如何，不同性别学生选择专业的倾向性无疑都是为了选到他们认为适合自己的专业，以获得最佳收益。从这个意义上说，不同性别学生选择专业的倾向性事实上反映了他（她）们的选择是一种理性行为，是符合他们各自需要的。

对比本、专科专业选择的性别布局可以发现，专科专业在性别布局的不平衡性上要大于本科专业，这种状况应该与本、专科专业不同的职业定向有关。本科专业的理论性较强，相关的职业领域和岗位的性别兼容性强，这使不同性别的学生都相对更能接受。而专科专业职业定向明确，主要培养服务于生产、管理第一线的应用型人才，许多工作领域具有明显的性别倾向性，学生也比较能够通过知识和经验判断这些专业是否适合自己的性别，自己是否感兴趣等。因此作为专业选择的结果，专科专业的性别布局差异大于本科专业的性别布局差异。

二、普通高校专业选择的城乡布局分析

从前面的文献综述可知，国内外的一些研究表明，经济状况的不同意味着抗风险能力的不同，而人们做出学业选择无疑会考虑到可能承担的风险程度。在这种情况下，经济条件差的学生倾向于选择那些竞争性不大、学费相对不高的专业——尽管这些专业的市场回报较低。相反，高收入阶层的学生更愿意选择市场收入较高的理工类专业。在中国，由于城乡二元结构的长期存在，城镇居民与农村居民的经济状况差别很大（见第四章表4-14），文化教育水平悬殊，农村学生因为家庭经济困难、教育落后等原因，接受高等教育的机会相对较少，因此更倾向于通过选择竞争性不大的专业而降低风险。为在更大的范围和更加准确地描述当前中国城乡学生主要基于"选择"的不同而导致的专业学习领域的差异，本研究依据这次大

规模的调查资料,采用计算"概率比"的方法来对这一问题进行专门分析。

(一) 本科院校专业选择的城乡布局分析

1. 各学科门类的城乡布局分析

在 11 个学科门类,城乡学生分布的差异达到了显著性水平。在哲学、经济学、法学、文学和管理学共 5 个学科门类,城镇学生就读的概率高于农村学生,差异较大的是在经济学、法学和文学领域,前两个学科均为传统的热门专业领域,而文学领域除中国语言文学外,其余的外国语言文学类、新闻传播学类和艺术类等都是热门专业领域,这类专业录取分数一般相对较高;相反,在教育学、历史学、理学、工学、农学和医学共 6 个学科门类,农村学生就读的概率又高于城镇学生,这些又是相对冷门或在总体上不冷不热的专业领域,或学习和就业都相对较为辛苦的专业领域,见表 5-14。值得注意的是,理工科在传统观念中是收益大的专业领域,但当前中国的城镇学生就读这类专业的概率低于农村学生,表明与农村学生相比,他们并不热衷于这类专业,而更喜欢经济学、法学和文学等社会学科或人文学科的专业,这除了专业冷热程度不同以外,还可能与学习这类专业和从事相关职业的辛苦程度不同有关。毋庸置疑,农村学生比城镇学生更能从事艰苦的学习和工作。此外,由于生活环境和经历的不同,城乡学生接触的事物差别较大,这使二者在兴趣领域和对专业的认识上也会产生差异。农村学生基于自己的经历,对高等学校专业了解得较多的主要是中学科目对应的专业,如数学、物理、化学、历史、地理等专业,以及与日常生活关系较为密切的农学、医学门类的专业,而对经济学、法学、管理学等专业知之不多,因此他们在兴趣上可能集中于相应领域。城镇学生信息来源较多,除了农学门类和工学门类中一些与农业相关的专业领域以外,他们对各专业领域的认识和把握要更为充分,这使他们更容易对与城市生活联系紧密的一些专业感兴趣,也更能把握专业的就业情况及其冷热程度。最后,正如第四章分析指出的那样,学费也是影响城乡学生选择专业的因素之一,教育学、历史学、农学等门类的专业学费相对较低,它们更容易成为农村学生积极选择的专业领域。这印证了一个道理:"如果一个人只能为他自己选择，那么他只能选择那些他能够'承受'其成本的选择方案。"① 显然，农村学生在专业选择上受到更多的限制。

表 5-14　城乡学生在本科 11 个学科门类的分布（概率比）

学科门类	样本量	城镇	农村	城乡比（城镇/农村）
哲学	76	1.07	0.91	1.18
经济学	1 930	1.18	0.76	1.55
法学	1 879	1.15	0.80	1.44
教育学	1 607	0.97	1.04	0.93
文学	4 939	1.11	0.85	1.31
历史学	376	0.94	1.07	0.88
理学	6 203	0.90	1.13	0.80
工学	9 420	0.95	1.07	0.89
农学	614	0.81	1.25	0.65
医学	1 189	0.82	1.23	0.67
管理学	4 645	1.06	0.92	1.15

注：①本科样本共有 35 444 个，去掉缺失值和无法归入学科门类的样本，剩下有效样本 32 878 个，其中城镇学生 18 604 人，占 56.58%，农村学生 14 274 人，占 43.42%，分布于 11 个学科门类。②对频数进行 Pearson 卡方检验结果显示，卡方值为 445.894，$P<0.01$，表明城乡学生在本科 11 个学科门类的分布存在显著差异。

数据来源：中国高等教育研究数据库：http://www.hedb.xmu.edu.cn/

概括起来，城乡学生选择专业的布局反映了多方面因素对二者选择专业的不同影响，抗风险能力的差异使农村学生倾向于选择竞争性不强的专业以回避风险；生活经历的不同使农村学生的兴趣受到一些局限，这使他们倾向于选择与中学学科或农村生活关系紧密的专业领域；信息掌握较少使农村学生对专业的认识相对不足，他们选到就业前景好的专业更加困难；学费的多少使农村学生倾向

---

① ［英］安东尼·德·雅赛. 重申自由主义：选择·契约·协议［M］. 陈茅等，译. 北京：中国社会科学出版社，1997. 77.

于选择学费不高的专业；学习和就业的辛苦程度差异使城镇学生倾向于回避那些学习和将来就业比较辛苦的专业。

2. 各专业类的城乡布局分析

由于学科门类相对更为笼统，使差异不是特别明显，而从专业类这一比较具体的本科专业领域，可以更为清楚地看到城乡学生选择专业结果——进入专业领域的差异状况。从表5-15可以看出，在调查涉及的47个专业类中，城乡学生入读多数专业类的差异都比较明显，其中城镇学生入读概率是农村学生的1.2倍以上的专业类有经济学类、法学类、社会学类、外国语言文学类、新闻传播学类、艺术类、工商管理类等7个，尤其是在艺术类专业，城镇学生入读的概率是农村学生入读概率的2.57倍。反过来，农村学生入读概率是城镇学生1.2倍以上的专业类有中国语言文学类、数学类、物理学类、化学类、地理科学类、电子信息科学类、材料科学类、地矿类、材料类、仪器仪表类、土建类、测绘类、环境与安全类、化工与制药类、交通运输类、轻工纺织食品类、植物生产类、森林资源类、环境生态类、基础医学类、预防医学类、护理学类、药学类、图书档案学类等24个专业类。其中在仪器仪表类、植物生产类、预防医学类、护理学类、药学类等5个专业类，农村学生入读的概率是城镇学生的2倍以上，最大的药学类为2.89倍。显然，作为专业选择的一种结果，就已经进入高等学校的大学生来说，城镇学生有更多的机会进入热门专业、学费很高的专业，而农村学生则集中于传统的非热门专业、学费不高的专业，或者是需要比较吃苦的工科类专业。之所以形成这样的差异格局，除了上文提到的经济条件、兴趣、信息、学习和就业的辛苦程度等方面的原因以外，也可能与基于先期环境和教育的不同而导致的能力差异有关。例如，农村中小学的外语教学水平一般很差，即使经过层层选拔最终有机会进入高等学校，但学生的外语水平尤其是听说能力仍然不如城镇学生，这种能力差异最终导致他们进入外语类专业的概率不如城镇学生高。以最大的外语类专业——英语为例，2007级大一新生调查结果显示，城镇学生认为自己的英语听说能力为"强"和"很强"的比例之和为21.71%，而农村学生持这一看法的比例为13.93%。可见，城乡学生对自己英语水平的评价是不同的，如果它只是一种看法而不是事实，就会影响到他们对英语专业的填报；如果它是一种事实，那么这既会影响到学生填报英语专业的愿望，也会影响到是否能被录取。不论哪种情况，都会导致农村学生就读英语专业的概率小于城镇学生。

表 5-15　城乡学生在本科 47 个专业类的分布（概率比）

专业类	样本量	城镇	农村	城乡比（城镇/农村）
哲学类	76	1.07	0.91	1.18
经济学类	1 921	1.18	0.76	1.55
法学类	1 375	1.17	0.77	1.52
社会学类	257	1.13	0.83	1.36
政治学类	247	1.04	0.95	1.09
教育学类	1 203	0.95	1.07	0.89
体育学类	404	1.00	1.00	1.00
中国语言文学类	1 184	0.86	1.18	0.73
外国语言文学类	1 699	1.16	0.79	1.47
新闻传播学类	1 007	1.10	0.87	1.26
艺术类	857	1.36	0.53	2.57
历史学类	376	0.94	1.08	0.87
数学类	1 399	0.86	1.18	0.73
物理学类	847	0.83	1.22	0.68
化学类	925	0.88	1.16	0.76
生物科学类	647	1.02	0.98	1.04
地理科学类	188	0.87	1.17	0.74
电子信息科学类	951	0.87	1.17	0.74
材料科学类	170	0.80	1.27	0.63
环境科学类	141	0.96	1.05	0.91
心理学类	455	1.03	0.97	1.06
统计学类	66	0.96	1.05	0.91
地矿类	308	0.77	1.31	0.59
材料类	141	0.80	1.26	0.63
机械类	1 291	0.98	1.03	0.95
仪器仪表类	85	0.68	1.42	0.48
电气信息类	4 872	1.02	0.97	1.05
土建类	1 004	0.90	1.13	0.80

(续)

专业类	样本量	城镇	农村	城乡比(城镇/农村)
测绘类	89	0.71	1.38	0.51
环境与安全类	280	0.74	1.35	0.55
化工与制药类	291	0.79	1.27	0.62
交通运输类	102	0.81	1.25	0.65
轻工纺织食品类	313	0.72	1.37	0.53
工程力学类	111	1.00	1.00	1.00
植物生产类	161	0.67	1.44	0.47
森林资源类	139	0.80	1.27	0.63
环境生态类	87	0.87	1.17	0.74
动物医学类	160	0.96	1.06	0.91
基础医学类	134	0.88	1.16	0.76
预防医学类	66	0.64	1.47	0.44
临床医学与医学技术类	498	1.03	0.96	1.07
护理学类	259	0.60	1.53	0.39
药学类	140	0.55	1.59	0.35
管理科学与工程类	632	1.03	0.96	1.07
工商管理类	2967	1.09	0.88	1.24
公共管理类	863	0.99	1.01	0.98
图书档案学类	75	0.89	1.14	0.78

注：①本科样本共有35 444个，去掉缺失值和无法归入专业类的样本以及样本量小于60的专业类样本，剩下有效样本31 463个，其中城镇学生17 867人，占56.79%，农村学生13 596人，占43.21%，分布于47个专业类。②对频数进行Pearson卡方检验结果显示，卡方值为832.391，$P<0.01$，表明城镇学生和农村学生在本科47个专业类的分布存在显著差异。

数据来源：中国高等教育研究数据库：http://www.hedb.xmu.edu.cn/

(二) 专科院校专业选择的城乡布局分析

1. 各专业大类的城乡布局分析

从专业大类层面看，城乡学生就读专业领域的差异达到了显著水平，与农村学生相比，城镇学生就读生化与药品大类、轻纺食品大类、财经大类、旅游大类、公共事业大类、环保、气象与安全大类和艺术设计传媒大类等专业的概率更高；而农村学生就读农林牧渔大类、交通运输大类、资源开发与测绘大类、材料与能源大类、医药卫生大类等专业的概率高于城镇学生，见表5-16。虽然专科专业的冷热程度差异不是特别大，但不难看出，城镇学生比农村学生更倾向于就读人文社科领域内的专业和一些新兴专业，而与城镇学生相比，农村学生更倾向于

表5-16　城乡学生在专科16个专业大类的分布（概率比）

专业大类	样本量	城镇	农村	城乡比（城镇/农村）
农林牧渔大类	69	0.64	1.33	0.48
交通运输大类	514	0.52	1.44	0.36
生化与药品大类	118	1.24	0.78	1.59
资源开发与测绘大类	304	0.64	1.33	0.48
材料与能源大类	90	0.91	1.09	0.83
土建大类	716	0.97	1.03	0.94
制造大类	1 693	0.97	1.03	0.94
电子信息大类	1 331	1.00	1.00	1.00
环保、气象与安全大类	121	1.24	0.78	1.59
轻纺食品大类	612	1.10	0.91	1.21
财经大类	2 184	1.06	0.94	1.13
医药卫生大类	310	0.88	1.11	0.79
旅游大类	372	1.21	0.80	1.51
公共事业大类	61	1.13	0.88	1.28
文化教育大类	1 819	1.00	1.00	1.00
艺术设计传媒大类	371	1.41	0.62	2.27

注：①专科样本共有11 726个，去掉缺失值和无法归入专业大类的样本以及样本量少于60的专业大类样本，剩下有效样本10 685个，其中城镇学生5 115人，占47.87%；农村学生5 570人，占52.13%，分布于16个专业大类。②对频数进行Pearson卡方检验结果显示，卡方值为261.610，$P<0.01$，表明城乡学生在专科16个专业大类的分布存在显著差异。

数据来源：中国高等教育研究数据库：http://www.hedb.xmu.edu.cn/

选择就读与农村生活比较紧密的工程技术类专业。显然，这一选择受到城乡学生各自的生活经历的影响，城镇学生对生化与药品、环保、服装、财经、旅游和公共事业等的认识和了解更多，因此比农村学生更容易选择这类专业；而农村学生对农业、资源开发、交通运输、材料与能源等方面的认识相对较多，因此他们比城镇学生更倾向于选择这类专业。事实上，由于中国城乡之间在社会发展方面的巨大差异，使城乡学生在生活经历影响下选择的不同专业领域在一定程度上也包含着专业冷热的不同。与城镇生活接近的专业领域也是相对更为热门的专业领域，而与农村生活接近的专业领域则相反，因为大部分人都不喜欢离开城市参加就业，尽管这里可能不存在经济收益的差距。

2. 各专业类的城乡布局分析

具体从专业类层面来看，在调查涉及的33个专科专业类中，城乡学生选择多数专业类的布局差异都比较明显。其中城镇学生入读概率是农村学生入读概率1.2倍以上的专业类有生物技术类、土建施工类、环保类、纺织服装类、财政金融类、经济贸易类、市场营销类、旅游管理类、语言文化类、体育类、艺术设计类和广播影视类等12个专业类，差距尤其大的是经济贸易类、艺术设计类和广播影视类。在这3个专业类中，城镇学生入读的概率是农村学生的2倍以上，见表5-17。

表5-17 城乡学生在专科33个专业类的分布（概率比）

专业类	样本量	城镇	农村	城乡比（城镇/农村）
公路运输类	351	0.52	1.44	0.36
铁道运输类	91	0.39	1.57	0.25
生物技术类	85	1.20	0.82	1.46
矿业工程类	123	0.52	1.44	0.36
矿物加工类	62	0.77	1.21	0.64
测绘类	94	0.62	1.35	0.46
材料类	90	0.90	1.09	0.83
建筑设计类	148	0.74	1.24	0.60
土建施工类	227	1.14	0.87	1.31
工程管理类	252	1.07	0.93	1.15

(续)

专业类	样本量	城镇	农村	城乡比(城镇/农村)
房地产类	79	0.58	1.39	0.42
机械设计制造类	708	0.96	1.04	0.92
自动化类	531	0.97	1.03	0.94
汽车类	449	0.97	1.03	0.94
计算机类	1 003	1.07	0.94	1.14
电子信息类	292	0.71	1.27	0.56
环保类	97	1.26	0.75	1.68
纺织服装类	383	1.25	0.76	1.64
食品类	229	0.84	1.15	0.73
财政金融类	95	1.25	0.77	1.62
财务会计类	771	0.99	1.01	0.98
经济贸易类	207	1.36	0.67	2.03
市场营销类	392	1.32	0.71	1.86
工商管理类	719	0.88	1.11	0.79
临床医学类	79	0.79	1.20	0.66
护理类	107	0.93	1.06	0.88
医学技术类	69	1.05	0.95	1.11
旅游管理类	372	1.21	0.81	1.49
语言文化类	761	1.13	0.88	1.28
教育类	989	0.88	1.11	0.79
体育类	69	1.24	0.78	1.59
艺术设计类	102	1.39	0.64	2.17
广播影视类	269	1.41	0.62	2.27

注：①专科样本共有 11 726 个，去掉缺失值和无法归入专业类的样本以及样本量少于 60 的专业类样本，剩下有效样本 10 295 个，其中城镇学生 4 952 人，占 48.10%；农村学生 5 343 人，占 51.90%，分布于 33 个专业类。②对频数进行 Pearson 卡方检验结果显示，卡方值为 423.120，$P<0.01$，表明城镇和农村学生在专科 33 个专业类的分布存在显著差异。

数据来源：中国高等教育研究数据库：http://www.hedb.xmu.edu.cn/

纺织服装类的城乡布局之所以出现这样的情况，是因为在调查的这类专业中，主要涉及的专业是服装设计、服装艺术等新兴的比较时髦的专业，能够吸引广大城镇的学生。反过来，在 33 个专业类中，农村学生入读概率是城镇学生入读概率 1.2 倍以上的专业类有公路运输类、铁道运输类、矿业工程类、矿物加工类、测绘类、材料类、建筑设计类、房地产类、电子信息类、食品类、工商管理类、临床医学类、教育类等 13 个专业类；差距特别大的是在其中的公路运输类、铁道运输类、矿业工程类、测绘类、房地产类等 5 个专业类，农村学生入读概率是城镇学生的 2 倍以上，差异最大的是铁道运输类，农村学生入读概率是城镇学生的 4 倍，见表 5-17。不难发现，与本科院校的专业选择布局类似，城镇学生多选择文科领域中相对比较热门的专业领域，尤其是其中学费比较高的专业领域，这类专业也更接近城市生活，一般不会太辛苦；而农村学生除了比城镇学生更多选择农林牧渔大类的专业以外，具体在专业类层面，他们比城镇学生更多地选择工程技术类专业或教育类专业，前者无疑需要吃苦耐劳的品质，而后者毕业后待遇虽然不高，但其学费也不高且就业相对更加稳定，这就更能吸引农村学生。

通过以上对本、专科专业选择的城乡布局分析可以发现，城乡学生之间在选择专科专业上的差异与二者选择本科专业的情况一致：与农村学生相比，城镇学生多选择就读人文社科领域内的热门专业，他们一方面更能避免选择冷门专业，另一方面又倾向于回避学习和从业较为辛苦的专业。如此一来，通过专业选择这一途径，城镇学生凭借各种优势和条件更多地进入热门专业领域或能够带来更高经济社会地位的专业领域，这为他们毕业后步入社会，取得更大的收益和更高的社会地位打下了基础；农村学生则由于经济、信息和先期教育的差距等原因而更多地进入传统的冷门专业或非热门专业领域，以及从业较为辛苦的专业领域，尽管他们大多能够跨出"农门"，在毕业后流向城镇，但与城镇学生相比，他们在社会中的位置仍然居于下方。如此一来，通过高等教育这一途径，中国在推进城市化的过程中，城乡学生之间原有的差异虽然在宏观上有所缩小，但在微观和更深的层面上仍然得以保留，原有的不平等得到复制。从这个意义上说，高等学校通过文化的再生产发挥着社会再生产的功能。并且，根据文化再生产理论，由于新的不平等直接建立在所受学校教育不同的基础之上，使人们觉得经济社会地位的不平等是建立在天赋与努力基础之上的，与既有的不平等无关，这就掩盖了它本身是由社会不平等转化过来的事实,从而使社会不平等的再生产取得了合法化的外衣。

三、普通高校专业选择的阶层布局分析

国外已有研究表明,不同社会阶层的学生,会基于经济条件、信息、能力等等方面的不同,而选择具有不同倾向性的专业,较高阶层子女更多进入能够带来较多经济收入和较高社会地位的专业,这类专业一般竞争性强,所需学费等方面的投入也较大,而较低阶层的子女选择的专业则与此相反。国内一些调查研究也证实,由于经济条件、信息掌握程度等方面的不同,来自较高阶层的学生更多进入热门专业领域,而来自较低阶层的学生更多进入一般专业和冷门专业领域。为从全国范围和在更广泛的学科、专业上把握中国学生选择专业的阶层差异,本书仍依据2007级大一新生调查资料,采用计算概率比的方法,来分析优势阶层、中间阶层和基础阶层的学生选择专业结果的差异。

(一)本科院校专业选择的阶层布局分析
1. 各学科门类的阶层布局分析

调查结果(见表5-18)显示,在本科11个学科门类,优势阶层的学生就读哲学、经济学、法学、文学和管理学门类专业的概率比中间阶层和基础阶层的学生高,尤其是在其中的经济学、法学和管理学门类,优势阶层的学生就读的概率明显高于基础阶层以及中间阶层的学生。显然,这些学科门类的专业相对较为热门,毕业后更容易获得较高的职业地位和经济回报。基础阶层的学生就读教育学、历史学、理学、农学、医学门类专业的概率明显高于优势阶层和中间阶层的学生,这些主要是冷门专业领域或比较辛苦的一般专业领域。除工学门类以外,中间阶层的学生就读其他学科门类专业的概率居于优势阶层的学生和基础阶层的学生之间;从倾向性来看,中间阶层的学生就读经济学门类专业的概率明显高于平均水平,而就读教育学、历史学、农学、医学门类专业的概率又明显低于平均水平。可见,中间阶层的学生虽然就读热门专业的概率不如优势阶层的学生,但他们就读冷门专业的概率也不如基础阶层的学生。

值得注意的是，哲学门类中只有哲学类专业，是近年来就业形势比较差的专业之一，所能带来的经济收益也不大，因此录取分数相对较低。然而，优势阶层的学生就读这类专业的概率高于平均水平，是基础阶层学生就读这类专业的概率的1.15倍。这一现象可能说明，中国的哲学类专业就像布迪厄曾指出的法国的社会学专业那样，成为优势阶层学生的"避难所"，因为该类专业选择性相对较低，可以保证优势阶层的学生"以最小的学习代价换取在知识界的重要地位，从而在教育系统中占有一个不合常理的位置"[①]。统计发现，调查的哲学类专业样本以"211院校"的学生为主，另有少量一般本科院校的学生，这在一定程度上说明了优势阶层学生在这类专业中"避难"的可能性。

表5-18 各阶层学生在本科11个学科门类的分布（概率比）

学科门类	样本量	优势阶层	中间阶层	基础阶层
哲学	76	1.10	0.99	0.96
经济学	1 891	1.37	1.24	0.76
法学	1 877	1.35	0.94	0.89
教育学	1 577	0.62	0.89	1.19
文学	4 905	1.12	1.03	0.94
历史学	388	0.72	0.83	1.18
理学	6 218	0.74	0.98	1.11
工学	9 282	0.95	1.02	1.01
农学	606	0.70	0.71	1.23
医学	1 174	0.86	0.88	1.10
管理学	4 612	1.27	0.99	0.90

注：①本科样本共有35 444个，去掉缺失值和无法归入学科门类的样本，剩下有效样本32 606个，其中优势阶层学生7 018人，占21.52%，中间阶层学生7 357人，占22.56%，基础阶层学生18 231人，占55.91%，分布于11个学科门类。②对频数进行Pearson卡方检验结果显示，卡方值为623.040，$P<0.01$，表明不同社会阶层的学生在本

---

① [法] P. 布尔迪约，J.-C. 帕斯隆. 再生产——一种教育系统理论的要点 [M]. 邢克超，译. 北京：商务印书馆，2002. 97-98.

科 11 个学科门类的分布存在显著差异。③学生的社会阶层归属以父母中较高的一方为准。

数据来源：中国高等教育研究数据库：http://www.hedb.xmu.edu.cn/

2. 各专业类的阶层布局分析

调查结果显示，从专业类层面来看，归属于三大社会阶层的学生在本科院校许多专业类的分布是不平衡的，见表 5-19。

表 5-19　各阶层学生在本科 47 个专业类的分布（概率比）

专业类	样本量	优势阶层	中间阶层	基础阶层
哲学类	76	1.10	0.99	0.96
经济学类	1 882	1.37	1.25	0.76
法学类	1 374	1.44	0.90	0.87
社会学类	255	1.16	1.17	0.87
政治学类	248	0.99	0.93	1.03
教育学类	1 191	0.54	0.90	1.22
体育学类	386	0.84	0.90	1.10
中国语言文学类	1 217	0.72	0.92	1.14
外国语言文学类	1 684	1.13	1.03	0.94
新闻传播学类	991	1.14	1.09	0.91
艺术类	833	1.63	1.14	0.70
历史学类	388	0.72	0.84	1.18
数学类	1 416	0.68	0.90	1.16
物理学类	868	0.58	0.86	1.22
化学类	927	0.62	0.92	1.18
生物科学类	618	0.71	1.08	1.08
地理科学类	182	0.89	1.00	1.04
电子信息科学类	974	0.83	1.11	1.02
材料科学类	168	0.69	0.93	1.15
环境科学类	134	1.00	1.09	0.96
心理学类	447	0.81	1.08	1.04
统计学类	64	0.94	1.39	0.87
地矿类	309	0.73	0.96	1.12

(续)

专业类	样本量	优势阶层	中间阶层	基础阶层
材料类	141	0.72	1.01	1.10
机械类	1 296	0.93	1.12	0.98
仪器仪表类	91	0.56	1.12	1.12
电气信息类	4 789	1.02	1.03	0.98
土建类	970	1.01	0.92	1.03
测绘类	85	0.76	0.68	1.22
环境与安全类	270	0.86	0.84	1.12
化工与制药类	281	0.81	0.90	1.11
交通运输类	97	0.91	1.05	1.01
轻工纺织食品类	303	0.61	0.81	1.23
工程力学类	113	1.02	1.42	0.82
植物生产类	160	0.49	0.56	1.37
森林资源类	143	0.55	0.78	1.26
环境生态类	88	0.79	0.81	1.16
动物医学类	156	0.83	0.80	1.15
基础医学类	132	1.33	0.81	0.95
预防医学类	65	0.93	0.96	1.05
临床医学与医学技术类	488	1.07	1.11	0.93
护理学类	252	0.46	0.53	1.40
药学类	144	0.45	0.68	1.34
管理科学与工程类	627	1.22	0.81	0.99
工商管理类	2 966	1.33	1.02	0.86
公共管理类	843	1.18	1.01	0.93
图书档案学类	72	0.39	1.11	1.19

注：①本科样本共有 35 444 个，去掉缺失值和无法归入专业类的样本以及样本量少于 60 的专业类样本，剩下有效样本 31 204 个，其中优势阶层学生 6 736 个，占 21.59%；中间阶层学生 7 020 个，占 22.50%；基础阶层学生 17 448 个，占 55.92%，分布于 47 个专业类。②对频数进行 Pearson 卡方检验结果显示，卡方值为 1 031.563，$P<0.01$，表明不同社会阶层的学生在本科 47 个专业类的分布存在显著差异。③学生的社会阶层归属以

父母中较高的一方为准。

数据来源：中国高等教育研究数据库：http://www.hedb.xmu.edu.cn/

首先，来自优势阶层的学生更多地选择入读经济学类、法学类、社会学类、外国语言文学类、新闻传播学类、艺术类、基础医学类、管理科学与工程类、工商管理类、公共管理类专业，而较少地选择入读教育学类、体育学类、中国语言文学类、历史学类、数学类、物理学类、化学类、生物科学类、电子信息科学类、材料科学类、心理学类、地矿类、材料类、仪器仪表类、测绘类、化工与制药类、轻工纺织食品类、植物生产类、森林资源类、环境生态类、动物医学类、护理类、药学类、图书档案学类专业。显然，与其他两大阶层的学生相比，他们选择入读热门专业的概率较高而选择入读冷门专业的概率较低。同样值得注意的是，社会学类专业相对较为冷门，或者说是竞争性不强的专业，但与基础阶层的学生相比，优势阶层和中间阶层的学生就读这类专业的概率较高，这可能也与哲学类专业类似，成为来自中上阶层学生的一种"避难所"。

其次，来自基础阶层的学生更多选择入读教育学类、体育学类、中国语言文学类、历史学类、数学类、物理学类、化学类、材料科学类、地矿类、材料类、仪器仪表类、测绘类、环境与安全类、化工与制药类、轻工纺织食品类、植物生产类、森林资源类、环境生态类、动物医学类、护理学类、药学类、图书档案学类专业，而较少选择入读经济学类、法学类、社会学类、艺术类、统计学类、工程力学类、工商管理类专业。显然，从概率来看，他们更倾向于选择就读优势阶层的学生不愿意选择就读的那些专业——冷门专业或与基础性学科联系紧密的传统专业，这些专业所能带来的职业地位和个人收益一般都不高，一些专业从业相对较为辛苦。

再次，与学科门类层面的统计结果一致，来自中间阶层的学生就读许多专业类的概率居于优势阶层的学生与基础阶层的学生之间。从倾向性来看，他们选择就读经济学类、社会学类、艺术类、电子信息科学类、统计学类、机械类、仪器仪表类、工程力学类、临床医学与医学技术类、图书档案学类专业的概率高于平均水平，而选择就读历史学类、测绘类、环境与安全类、轻工纺织食品类、植物生产类、森林资源类、环境生态类、动物医学类、基础医学类、护理学类、药学类、管理科学与工程类专业的概率又低于平均水平。可见，他们一方面与来自优势阶层的学生的选择有共同之处，倾向于选择入读一些热门专业，而较少选择一些非常冷门的专业，但另一方面他们也积极选择一些专业性强的理工类专业。因此可以说，中间阶层学生选择专业的倾向性也与他们的阶层位置相似，居于中间。

（二）专科院校专业选择的阶层布局分析

1. 各专业大类的阶层布局分析

对专科专业选择结果的统计结果显示，从专业大类这一层面来看，来自优势阶层的学生比来自基础阶层的学生有更大的可能就读艺术设计传媒大类、财经大类、生化与药品大类、环保、气象与安全大类等专业，这类专业要么是传统的热门专业，要么是新兴的相对热门的专业，与城市生活比较接近。来自基础阶层的学生比来自优势阶层的学生有更大的可能就读农林牧渔大类、交通运输大类、资源开发与测绘大类、医药卫生大类等专业，这类专业是农村生活能够感受和体验到的专业领域，从业相对较为辛苦，属于冷门专业或一般专业。来自中间阶层的学生比其余两大阶层的学生有更大的可能就读环保、气象与安全大类、轻纺食品大类专业，比基础阶层的学生有更大的可能就读生化与药品大类、财经大类、艺术设计传媒大类等相对热门的专业领域，比优势阶层的学生有更大的可能就读交通运输大类、资源开发与测绘大类、电子信息大类、医药卫生大类、文化教育大类等基础阶层学生倾向于选择的专业，见表5-20。如此看来，与本科的情况比较一致，在三大阶层的学生之间，来自优势阶层的学生有更大的概率就读热门专业或新兴的、贴近城市生活的专业领域，来自基础阶层的学生有更大的概率就读农村生活能够感受和体会到的、学习和从业相对较为辛苦的专业领域，而来自中间阶层的学生在就读专业的倾向性上居于中间位置。

表 5-20 各阶层学生在专科 15 个专业大类的分布（概率比）

专业大类	样本量	优势阶层	中间阶层	基础阶层
农林牧渔大类	62	0.59	0.56	1.22
交通运输大类	503	0.62	0.70	1.17
生化与药品大类	124	1.17	1.02	0.95

(续)

专业大类	样本量	优势阶层	中间阶层	基础阶层
资源开发与测绘大类	280	0.61	0.70	1.18
材料与能源大类	87	0.98	0.86	1.04
土建大类	666	1.08	0.99	0.98
制造大类	1 644	0.99	0.93	1.02
电子信息大类	1 327	0.85	1.01	1.03
环保、气象与安全大类	114	1.12	1.42	0.86
轻纺食品大类	590	1.01	1.34	0.91
财经大类	2 149	1.30	0.99	0.93
医药卫生大类	295	0.64	0.84	1.13
旅游大类	353	0.98	0.92	1.03
文化教育大类	1 803	0.80	1.08	1.03
艺术设计传媒大类	365	1.78	1.27	0.74

注：①专科样本共有11 726个，去掉缺失值和无法归入专业大类的样本以及样本量少于60的专业大类样本，剩下有效样本10 362个，其中优势阶层学生1 707个，占16.47%；中间阶层学生1 795个，占17.32%；基础阶层学生6 860个，占66.20%，分布于15个专业大类。②对频数进行Pearson卡方检验结果显示，卡方值为207.220，P<0.01，表明不同社会阶层的学生在专科15个专业大类的分布存在显著差异。③学生的社会阶层归属以父母中较高的一方为准。

数据来源：中国高等教育研究数据库：http://www.hedb.xmu.edu.cn/

2. 各专业类的阶层布局分析

从专业类层面看，在调查涉及的32个专科专业类中，归属于三大社会阶层的学生在许多专业类的分布也是不平衡的，见表5-21。

首先，来自优势阶层的学生更多地选择入读土建施工类、工程管理类、汽车类、纺织服装类、财政金融类、经济贸易类、市场营销类、艺术设计类、广播影视类专业，而较少地选择入读公路运输类、铁道运输类、矿业工程类、测绘类、建筑设计类、房地产类、机械设计制造类、电子信息类、食品类、临床医学类、护理类、医学技术类、教育类、体育类专业。

其次,来自中间阶层的学生倾向于选择入读土建施工类、环保类、纺织服装类、经济贸易类、市场营销类、临床医学类、语言文化类、体育类、艺术设计类、广播影视类专业,而较少地选择入读公路运输类、铁道运输类、生物技术类、矿业工程类、测绘类、材料类、建筑设计类、房地产类、机械设计制造类、电子信息类、财政金融类、工商管理类、护理类、医学技术类专业。

再次,来自基础阶层的学生较多地选择入读公路运输类、铁道运输类、矿业工程类、测绘类、建筑设计类、房地产类、机械设计制造类、电子信息类、食品类、护理类、医学技术类、教育类专业,较少地选择入读土建施工类、环保类、纺织服装类、财政金融类、经济贸易类、市场营销类、艺术设计类和广播影视类专业。

从这里可以看出,来自优势阶层的学生有更大的可能选择入读那些相对热门的专业,或与社会经济、管理密切相关的专业,或需要大量经费投入的艺术、影视类专业,而较少地选择入读那些与辛苦职业密切相关的交通运输和工程技术等方面的专业,或专业性不强且预期收入不高的专业如房地产类专业或就业不理想的医药卫生类专业。来自基础阶层的学生则与此相反,来自中间阶层的学生大致居于中间状态,并在许多专业类的选择上与优势阶层的学生靠近。需要说明的是,调查的房地产类专业主要是物业管理,或房地产经营,这类专业的专业性不强,在劳动力市场上的竞争力也不强,对口职业的稳定性又差,来自优势阶层和中间阶层的学生自然不愿选择。专科院校的医药卫生类专业由于大量本科生的挤压,就业前景并不乐观,也不能吸引来自优势阶层的学生,其护理类和医学技术类专业也不太能吸引来自中间阶层的学生。

表 5-21 各阶层学生在专科 32 个专业类的分布(概率比)

专业类	样本量	优势阶层	中间阶层	基础阶层
公路运输类	341	0.60	0.67	1.19
铁道运输类	91	0.46	0.69	1.22
生物技术类	86	0.98	0.80	1.06
矿业工程类	112	0.38	0.72	1.23
测绘类	93	0.65	0.55	1.21

(续)

专业类	样本量	优势阶层	中间阶层	基础阶层
材料类	87	0.97	0.86	1.04
建筑设计类	145	0.75	0.75	1.13
土建施工类	208	1.37	1.24	0.84
工程管理类	232	1.22	1.04	0.93
房地产类	72	0.34	0.56	1.28
机械设计制造类	684	0.66	0.83	1.13
自动化类	525	1.09	0.99	0.98
汽车类	430	1.38	1.00	0.91
计算机类	999	0.88	1.10	1.00
电子信息类	291	0.66	0.73	1.16
环保类	93	1.10	1.36	0.88
纺织服装类	365	1.34	1.49	0.78
食品类	225	0.46	1.07	1.12
财政金融类	88	1.79	0.72	0.88
财务会计类	734	1.09	1.02	0.97
经济贸易类	213	2.01	1.29	0.67
市场营销类	384	1.70	1.18	0.78
工商管理类	730	1.03	0.77	1.05
临床医学类	73	0.50	1.57	0.98
护理类	106	0.85	0.49	1.17
医学技术类	65	0.65	0.88	1.12
旅游管理类	353	0.98	0.91	1.03
语言文化类	757	1.01	1.20	0.94
教育类	972	0.64	0.95	1.10
体育类	74	0.65	1.24	1.02
艺术设计类	99	1.89	1.10	0.75
广播影视类	266	1.73	1.31	0.73

注：①专科样本共有 11 726 个，去掉缺失值和无法归入专业类的样本以及样本量少于 60 的专业类样本，剩下有效样本 9 993 个，其中优势阶层学生 1 654 个，占 16.55%；

中间阶层学生 1 743 个，占 17.44%；基础阶层学生 6 596 个，占 66.01%，分布于 32 个专业类。②对频数进行 Pearson 卡方检验结果显示，卡方值为 421.282，P<0.01，表明不同社会阶层的学生在专科 32 个专业类的分布存在显著差异。③学生的社会阶层归属以父母中较高的一方为准。

数据来源：中国高等教育研究数据库：http://www.hedb.xmu.edu.cn/

从以上对本、专科专业选择的阶层布局分析可以看出，由于在经济条件、信息资源等方面的不同，优势阶层的学生比中间阶层和基础阶层的学生更多地就读那些有利于获得更高职业地位和更大经济回报的专业，而基础阶层的学生比优势阶层和中间阶层的学生更多地就读那些对应职业地位不高和经济回报相对较小的专业。这正如布迪厄的文化再生产理论所指出的那样："进入一个给定水平教育的机会最多的那些属类，同样有最多的成功机会，可以进入和以后在学校里及社会上最多的成功机会连在一起的那些学校、科类和专业。"① 如此一来，通过专业选择这一途径，社会的不平等转化为学校教育的不平等，从而为各社会阶层的再生产打下了基础。最后，经过市场机制下毕业生的自主择业，各专业毕业生进入了不同的职业领域，获得了不同的职业地位、经济收益和发展前景，从而使原有的不平等得以延续，最终完成了从文化再生产到社会再生产的过程。当然必须承认，在从文化再生产到社会再生产的过程中，中国高等教育通过规模的扩张，大量地促进了基础阶层向中间阶层流动，生产出越来越多的中间阶层，这对社会的和谐稳定是非常重要的。

小　结

通过高考志愿的填报和高校的录取，中国普通高校专业选择在两个重要方面表现出不同的结果：一是专业选择的达成度，结果分为按志愿录取和调剂录取两种；二是进入的专业领域，不同的群体在进入的专业领域上呈现出不同的倾向性。本章通过对这两个方面的实证分析，就当前中国学生选择专业的结果小结

---

① ［法］P. 布尔迪约，J.-C. 帕斯隆. 再生产——一种教育系统理论的要点 [M]. 邢克超，译. 北京：商务印书馆，2002. 244.

如下：

一、通过高考志愿的填报，76.6％的学生实现了自己对专业的选择，23.4％的学生被调剂到其他专业。两种不同的结果与专业选择时考虑的因素相关，实现了专业选择的学生选择专业时对"自己的兴趣"、"工作机会"、"职业生涯发展的潜力"、"自己的学科（术）能力"、"父母和家人的影响"等因素考虑相对充分，反映出在当前的专业选择机制下，学生经过深思熟虑后理性地选择专业是有其积极作用的。与此相反，学生选择专业时对"考虑分数落点"和"为了进入这所学校"考虑得越多，则越不容易实现专业选择，前者反映了不少学生更愿意接受调剂录取的风险规避心理，后者反映了少数学生不太在意专业选择的非理性特点。

二、专业选择的达成度在不同类型的高校和专业之间差异显著。从高校类型看，与"211院校"和公办一般本科院校相比，公办高职高专院校、独立学院、民办本科院校和民办高职院校学生实现专业选择的比例明显更高，这一方面与4类院校在专业设置和招生上更能迎合学生需要有关，另一方面也可能反映了学生在选择院校和选择专业之间存在的补偿心理，4类院校的学生就业预期相对较差，但学费更高，在其职业定向更加明确的情况下，学生更不愿意接受调剂录取。从专业类看，除了体育、艺术等招生比较特殊的专业类型以外，热门专业或能够带来更高经济、社会地位的专业，学生志愿选择的较多，因此这类专业按志愿录取学生的比例就比较高；冷门专业或预期收益不大的专业，学生志愿选择的较少，因此这类专业按志愿录取学生的比例就比较低；这反映了学生选择专业追求收益的特点，他们与单纯因为兴趣而选择专业的学生一起，尽管所做的选择不一定如愿，但都是一种符合自身需要的理性选择。

三、专业选择的达成度在性别之间差异不明显，但在城乡和不同社会阶层的学生之间存在一些显著差异。城镇学生、来自较高阶层的学生凭借良好的家庭背景，更能实现自己对专业的选择，这为他们的学业成就和将来的就业等打下了更好的基础，而农村学生、来自较低阶层的学生则相对处于不利地位。因此，尽管不同群体的学生都比较理性地选择专业，但城乡和不同社会阶层的学生在专业选择达成度上呈现出与他们的地位相匹配的格局，高等教育再生产了相应的社会不平等，这为学生毕业后再生产出相应的经济和社会地位奠定了文化基础。

四、专业选择的性别布局差异非常明显。当前中国女生比以往更多地选择就读过去习惯被认为是"男性专业"的数学、化学、生物等理科类专业,但专业选择的性别布局差异在其他专业领域仍然非常明显,且专科专业由于职业定向较为明确,其性别布局差异大于本科专业的性别布局差异。男女生大多都选择就读在社会看来更适合自己性别的专业,其目的自然是为了以适合于自身的投入取得满意的回报。或者,男女生在社会文化影响下形成了不同的兴趣,他们基于自己的兴趣而选择就读"适合"各自的专业领域,而对兴趣的充分考虑事实上把握住了影响专业满意度的最主要因素之一。因此不论如何,不同性别学生选择专业的倾向性无疑都是为了选到让他们满意的专业,他们的选择是理性的。

五、专业选择的城乡和阶层布局差异比较明显。城镇学生和较高阶层的学生更多选择就读人文社科领域内的热门专业,他们倾向于避免选择冷门专业以及学习和从业较为辛苦的专业,这为他们毕业后步入社会,取得更大的经济收益和更高的社会地位打下了基础;农村学生、较低阶层的学生更多进入传统的冷门专业、成本较低的专业以及学习和从业较为辛苦的专业。因此,通过专业选择与录取,中国高等教育在推进城市化、促进基础阶层大规模向中间阶层流动的同时,城乡学生和不同社会阶层学生之间原有的差异虽然在宏观上有所缩小,但在微观和更深的层面上仍然得以保留,即原有的不平等得到复制,高等学校发挥着城市中上层文化再生产的功能。这在一定程度上支持了卢卡斯(Lucas)2001年提出的所谓"有效地维持不平等"假设,即社会经济处于优势的成员无论在何时何处都会确保他们自身和子女教育机会的优势。如果教育机会在数量上的差异是明显的,那么优势阶层将获取数量上的优势;如果教育机会在质量上的差异是明显的,那么优势阶层将获取质量上的优势。[①] 可以想象,最后经过市场机制下毕业生的自主择业,各专业毕业生进入了不同的职业领域,获得了不同的职业地位、经济收益和发展前景,从而使原有的不平等得以延续,最终完成了从文化再生产到社会再生产的过程。

总之,归属于不同群体的学生理性地选择专业的结果,就是他们在各自所就读的专业领域上存在明显的差异。这正如法国社会学者布东研究指出的那样:

---

① 丁小浩.规模扩大与高等教育入学机会均等化[J].北京大学教育评论,2006(2):24-33.

"学业指导的社会不平等是个体理性决策的结果,个体由于社会归属不同而置身于不同的选择情境之中。"①

---

① [法] 玛丽·杜里-柏拉,[法] 阿涅斯·冯·让丹. 学校社会学 [M]. 汪凌,译. 上海:华东师范大学出版社,2001. 40.

第六章　中国普通高校专业选择结果的满意度分析

前面的分析表明，中国学生选择专业大多是经过深思熟虑的，他们已考虑到了录取、学业和就业等专业选择最重要的因素并力图将这些因素结合起来，在理想和现实之间找到一个最佳结合点，以期能在投入和回报上符合效益原则。从这个意义上说，中国学生选择专业在很大程度上是理性的，而较少是随意的。根据赫伯特·西蒙的观点，学生理性地选择专业的目的不是要找到最好的专业，而是要找到让自己感到"满意"的专业。然而，在现行的专业选择机制下，理性的过程并不一定能取得成功。一方面，并非所有的学生都能实现自己对专业的选择，这就很难保证他们对就读的专业感到满意。另一方面，学生选择专业时所依据的知识和信息，包括对自己和对专业及其社会需求的认识都很不充分，他们各自所凭借的家庭条件也各不相同。在这种情况下，即使实现了自己对专业的选择，也很难保证他们的选择真正符合他们的需要并让他们感到满意。

大学生对所读专业的满意度评价直接制约着大学生学习的兴趣和动力，进而制约着其学习成绩，影响着学校办学质量的提高。本章主要依据2007级大一新生调查资料和其中部分学生的跟踪调查资料，分析中国大学生对自身专业选择结果即所读专业的满意度评价情况。2007级大一新生问卷调查问及了大学生对目前所读专业的满意度情况，回答选项分别为"非常满意"、"满意"、"一般"、"不满意"和"非常不满意"5种。根据需要，本研究在统计分析中对这一调查资料做了两种处理：一种是将前2个满意程度合并为"达到满意"一组，将后3个满意程度合并为"未达到满意"一组，并通过计算"达到满意"组所占的百分比（即"满意率"）来衡量大学生对专业选择结果即所读专业的满意度。显然，满意率越高，表明有越多的学生对就读专业的评价为"满意"或"非常满意"，平均起来在满意度上就会越高，反之亦然。另一种是在此基础上的进一步处理，按照"达到满意=1，未达到满意=0"的标准对选项进行赋值，并采用逻辑（logistic）回归方法进行计量回归检验，以考察显著地影响大学生对专业选择结果评价的一些因素。

第一节　中国大学生对就读专业满意度的总体分析

本节在对学生不做群体划分的情况下，从院校和各专业类层面分析学生对就读专业的满意度状况，旨在从宏观和较为微观的层面上把握当前中国学生对专业选择结果的评价。

一、大学生对就读专业满意度的总体评价

1. 普通高校大学生对就读专业满意度的评价

从总体上看，在去掉缺失值后的45 552名2007级本专科大一新生中，对所读专业"达到满意"者约占一半左右。具体而言，有49.15%的学生对所读专业"达到满意"，50.85%的学生对所读专业"未达到满意"（见表6-1）。根据这一调查结果可以做出这样一个判断：当前中国大一新生对所读专业的满意度不高。其原因无疑是多方面的，一个重要且比较直接的原因就是专业选择的达成度。统计结果显示，在实现了专业选择（即按志愿录取）的学生中，有54.70%的学生对所读专业达到了满意程度，而在未实现专业选择（即调剂录取）的学生中，仅有33.15%的学生对所读专业达到了满意程度。很显然，实现了专业选择的学生对所读专业感到满意的比例要明显高于未实现专业选择的学生，这反映出学生的选择在一定程度上是符合他们选择需要的，他们曾经的考虑部分地得到了实现。然

而值得注意的是,在实现了专业选择的学生中,还有45.30%的人对所读专业未达到满意程度,表明有相当多学生所进行的选择并非他们真正想要的选择,意味着学生们选择专业时所进行的许多考虑并未得到实现。与此相反,那些未实现专业选择的学生,也有33.15%的人对就读专业的评价达到了满意程度,这进一步证明了学生的选择存在问题。

伴随着学习的推进,学生的认识和兴趣的变化可能导致他们对就读专业的满意度发生一些变化。本研究在大学二年级下学期所进行的跟踪调查(其中的534名本科生)结果显示,大一时对就读专业的评价达到满意的251名学生中有44.22%的人到大二时对就读专业的评价未达到满意,而大一时对就读专业的评价未达到满意的283名学生中又有26.50%的人到大二时对就读专业的评价达到了满意程度,这反映了学生的专业满意度的确发生了较大变化。但从总体上看,到大二下学期,调查的534名学生中对就读专业达到满意的占40.26%,与这部分学生在大一时对就读专业达到满意的比例(47.00%)相比,还有所下降,见图6-1。

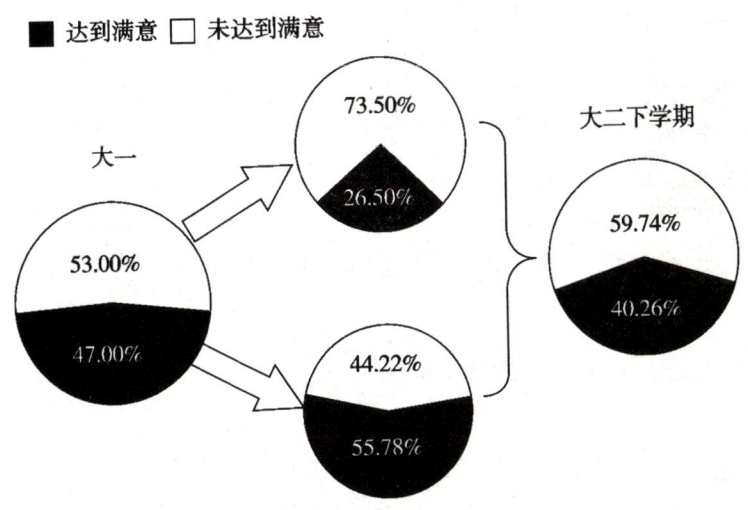

图6-1 大学生专业满意度的变化

如前所述,跟踪调查结果表明,就已经进入大二下学期的2007级学生来说,他们对自己所读专业满意与否的最主要原因,就是他们是否感兴趣和就业前景的好坏,以及该专业是否适合自己等。然而学生理性地选择专业的结果,不仅有相当部分人选择专业的志愿没有得到实现，而且实现了专业选择的人也不一定就满意自己所读的专业，未实现专业选择的人也不一定就不满意自己就读的专业，这一状况折射出了中国高等学校专业选择机制存在的问题。

2. 不同类型高校大学生对就读专业的满意度评价

从不同高校类型来看，通过列联表分析结果，可以发现入读不同类型高校的学生对所读专业的满意度存在一定差异。卡方统计检验的结果显示，这种差异达到了显著性水平。具体地说，"211院校"、独立学院和民办高职院校学生对所读专业"达到满意"的比例超过了50%，而公办高职高专、公办一般本科和民办本科等3类院校的学生对所读专业"达到满意"的比例不如总体水平并依次递减，满意度最低的是民办本科院校，其学生对所读专业达到满意者占46.66%，见表6-1。

表 6-1　大一新生对所读专业满意度调查结果

高校类型	未达到满意		达到满意		Pearson 卡方检验
	频数	百分比	频数	百分比	
总体	23 161	50.85	22 391	49.15	
211院校	4 849	49.68	4 911	50.32	
公办一般本科	8 259	51.61	7 744	48.39	$X^2=23.302$
公办高职高专	3 499	51.20	3 335	48.80	$P=0.000$
独立学院	2 771	49.57	2 819	50.43	
民办本科院校	1 783	53.34	1 560	46.66	
民办高职	2 000	49.73	2 022	50.27	

数据来源：中国高等教育研究数据库：http://www.hedb.xmu.edu.cn/

造成这种状况的原因比较复杂，除了专业设置自身以外，无疑与学校的因素或专业的办学水平有关。由于办学基础或历史积累的原因，"211院校"的专业设置与调整在迎合市场和学生需要上是最不具优势的，但它们的办学水平相对较高，社会声誉也相对较好，因此能够在志愿实现率更低的情况下，使更多的学生对就读专业达到满意。独立学院在专业设置上有着与民办本科院校类似的灵活性和市场针对性，同时占有一些母体高校的资源和优势，学生对专业的满意度也就较高。这些情况似乎表明,学生对专业的满意度与学校的情况或专业的水平是有关系的,即学生对就读专业的满意度评价不完全是对某一抽象出来的专业的评价,他们对学校的满意度在一定程度上会影响着其对专业的满意度。2007级大一新生调查结果显示,"211院校"的学生对学校感到满意的比例最高,达到53.22%,其次是公办一般本科院校和独立学院,分别为38.84%和35.80%(见表6-2),这一情况在一定程度上支持了上述结论。民办高职院校的学生虽然对学校感到满意的比例较低,但这类院校在专业设置上是与市场需求结合得最紧密的学校,其学费在民办院校中又是最低的,因此也较容易获得学生对专业的满意评价。公办高职高专院校、公办一般本科院校、民办本科院校等三类学校在学校声誉或专业设置的市场针对性上不具明显优势,因此其专业满意度也相对较低。

表 6-2 大一新生对所读院校满意度调查结果

高校类型	未达到满意		达到满意		Pearson 卡方检验
	频数	百分比	频数	百分比	
总体	28 068	61.49	17 577	38.51	
"211院校"	4 583	46.78	5 214	53.22	
公办一般本科	9 807	61.16	6 227	38.84	$X^2=1\ 461.577$
公办高职高专	4 750	69.43	2 091	30.57	$P=0.000$
独立学院	3 590	64.20	2 002	35.80	
民办本科	2 414	72.02	938	27.98	
民办高职	2 924	72.57	1 105	27.43	

数据来源:中国高等教育研究数据库:http://www.hedb.xmu.edu.cn/

二、不同专业大学生对就读专业满意度的评价

作为专业选择的结果,学生进入了不同的专业领域,但他们对所读专业的满意度是有差别的,若仍以"达到满意"者所占的比例来衡量学生对就读专业的满意度状况,则发现不同专业学生对所读专业的满意度差异是很大的。

1. 本科不同专业大学生对就读专业满意度的评价

调查结果(见表6-3)显示,在47个样本量达到60以上的本科专业类中,

学生对所读专业的满意率参差不齐，最大的预防医学类专业达到70%，最小的图书档案学类专业只有16%，差距相当大。有20个专业类的学生对专业的满意率高于平均水平（49.20%），其中预防医学类、心理学类和土建类等3个专业类的满意率超过60%；27个专业类的满意率低于平均水平，其中的图书档案学类、哲学类、森林资源类、公共管理类、交通运输类、轻工纺织食品类、测绘类、环境科学类、社会学类、教育学类、环境生态类、工程力学类等12个专业类，学生对专业的满意率低于40%，只有少数人对专业的评价达到了满意的程度。

对比表6-3与第五章本科各类专业选择的达成度（图5-1）可以发现，大部分专业选择实现比例较高的专业类，其学生对就读专业的满意度也相对较高，反之亦然。以总体为参照，在专业选择实现比例高于总体水平的专业类，其学生对就读专业的满意度也大多高于总体水平；同样，在专业选择实现比例低于总体水平的专业类，其学生对就读专业的满意率也大多低于总体水平，这反映了学生选择专业的达成度对专业满意度的重大影响。根据第五章的分析，当前中国学生选择专业明显具有追求收益的特点，以致那些热门专业或能够带来更大经济、社会地位的专业，学生志愿选择的就多，因此这类专业按志愿录取学生的比例就比较高，而那些冷门专业或预期收益不大的专业，学生志愿选择的较少，因此这类专业按志愿录取学生的比例就比较低。对比这里的满意度情况可知，学生选择专业的这种追求收益的心理，在一定程度上得到了实现，因为他们积极选择的专业，大多也是满意度较高的专业。

但是，如前所述，专业选择的达成度并不是专业满意度的决定性因素，因为不少实现了专业选择的学生，对就读专业的评价仍然达不到满意程度；而那些未实现专业选择的学生，也有一部分人对就读专业的评价达到了满意程度。对比专业选择的达成度与专业满意度就可以发现，二者中各专业的高低次序并不是一一对应的，即并非专业选择实现比例越高，其专业满意度就越高。在一些专业类，专业选择的达成度和满意度之间的差距还相当大。例如，在基础医学类、电气信息类、电子信息科学类、交通运输类专业，学生实现专业选择的比例在46个专业类中分别位居第7、第11、第15、第16位，高于总体水平（75.17%），但各自的专业满意度在47个专业类（因缺失值不同而导致样本量在60以上的专业类

表 6-3　2007 级本科 47 个专业类大一新生的专业满意度情况

专业类	样本量	未达到满意(%)	达到满意(%)
预防医学类	60	30.00	70.00
心理学类	461	38.61	61.39
土建类	1 025	39.32	60.68
地矿类	320	40.31	59.69
临床医学与医学技术类	491	40.33	59.67
艺术类	865	40.35	59.65
外国语言文学类	1 740	42.13	57.87
机械类	1 310	43.05	56.95
体育学类	419	44.39	55.61
材料类	146	44.52	55.48
法学类	1 423	46.38	53.62
生物科学类	650	47.08	52.92
经济学类	1 930	48.65	51.35
化学类	943	49.31	50.69
工商管理类	2 948	49.56	50.44
护理学类	244	49.59	50.41
历史学类	395	49.87	50.13
中国语言文学类	1 270	49.92	50.08
新闻传播学类	1 032	50.48	49.52
植物生产类	168	50.60	49.40
总体	32 159	50.80	49.20
材料科学类	169	51.48	48.52
动物医学类	161	51.55	48.45
药学类	151	51.66	48.34
物理学类	904	51.66	48.34
电气信息类	5 016	52.27	47.73
基础医学类	136	52.94	47.06
政治学类	251	53.39	46.61
环境与安全类	279	55.20	44.80

(续)

专业类	样本量	未达到满意(%)	达到满意(%)
电子信息科学类	1 003	55.93	44.07
管理科学与工程类	619	56.06	43.94
数学类	1 460	56.30	43.70
地理科学类	190	56.84	43.16
化工与制药类	284	57.39	42.61
统计学类	66	57.58	42.42
仪器仪表类	92	57.61	42.39
工程力学类	115	60.87	39.13
环境生态类	93	62.37	37.63
教育学类	1 233	62.85	37.15
社会学类	270	62.96	37.04
环境科学类	140	63.57	36.43
测绘类	84	64.29	35.71
轻工纺织食品类	323	64.71	35.29
交通运输类	106	66.04	33.96
公共管理类	873	69.53	30.47
森林资源类	148	74.32	25.68
哲学类	78	76.92	23.08
图书档案学类	75	84.00	16.00

注：对频数进行 Pearson 卡方检验结果显示，卡方值为 690.604，$P<0.01$，表明本科不同专业类之间在学生的专业满意率上存在显著差异。

数据来源：中国高等教育研究数据库：http://www.hedb.xmu.edu.cn/

个数不完全一致）中分别居于第 26、第 25、第 29、第 43 位，低于总体水平（49.20%）。与此相反，在心理学类、地矿类、护理学类、历史学类、植物生产类专业，学生实现专业选择的比例在 46 个专业类中分别位居第 27、第 32、第 22、第 29、第 36 位，低于总体水平，但各自的专业满意率在 47 个专业类中分别居于第 2、第 4、第 16、第 17、第 20 位，高于总体水平。这种情况表明，不少大一本科生对所读专业的评价与填报志愿时的看法（或想象）之间差距较大，学生积极选择的一些专业（表现为按志愿录取者占比例较高的专业），却并不是就读学生满意度高的专业；相反，学生选择积极性不高的一些专业（表现为按志愿录取者占比例较低的专业），却是就读学生满意度较高的专业。这一情况表明，基于知识和信息的不充分等原因，不少学生在填报志愿时尽管也考虑到了专业选择的重要方面，力求选到让自己满意的专业，但他们并不清楚所选专业是否真的符合自己的要求。

2. 专科不同专业大学生对就读专业满意度的评价

调查结果（见表6-4）显示，在30个样本量达到60以上的专科专业类中，学生对所读专业的满意率差距也很大，满意率最高的体育类专业达到65.33%，最低的房地产类专业只有27.94%。体育类、机械设计制造类、工程管理类、环保类、艺术设计类、土建施工类等16个专业类的学生对就读专业的满意率高于总体水平（49.66%），其中体育类和机械设计制造类专业学生对就读专业的满意率超过60%。有14个专业类的学生对专业的满意率低于总体水平，其中房地产类、电子信息类、广播影视类、计算机类专业的学生对就读专业的满意率低于40%，即在这些专业类中，只有少数学生对自己所读的专业感到满意。

对比表6-4与第五章专科各类专业选择的达成度（表5-6）也可以看出，在总体上，专业选择实现比例较高的专业类，其专业满意率大多也相对较高，反之亦然。这种情况表明，与本科院校的情况一致，专业选择的达成度制约着专业满意度，学生选择专业的追求在一定程度上得到了实现。但是，专业选择实现的比例与专业满意度之间也并不是一一对应的，在一些专业类，二者的差距还是很大的。例如，在经济贸易类、公路运输类、食品类、自动化类、铁道运输类专业，学生按志愿录取的比例在30个专业类中分别位居第6、第7、第8、第13、第14位，明显高于总体水平（82.14%）；但各自的专业满意率在30个专业类中分别居于第17、第25、第23、第20、第21位，低于总体水平（49.66%）。相反，在工程管理类、土建施工类、汽车类、材料类、医学技术类专业，学生按志愿录取的比例在30个专业类中分别位居第21、第27、第28、第22、第24位，明显低于总体水平；但各自的专业满意率在30个专业类中分别居于第3、第6、第10、第11、第16位，高于总体水平。因此，与本科院校的情况一样，许多大一专科生对所读专业的评价与填报志愿时的看法（或想象）之间差距较大，学生积极选

表 6-4　2007 级专科 30 个专业类大一新生的专业满意度情况

专业类	样本量	未达到满意(%)	达到满意(%)
体育类	75	34.67	65.33
机械设计制造类	705	38.72	61.28
工程管理类	263	40.68	59.32
环保类	100	42.00	58.00
艺术设计类	82	42.68	57.32
土建施工类	251	43.82	56.18
建筑设计类	154	44.16	55.84
临床医学类	79	44.30	55.70
工商管理类	769	45.25	54.75
汽车类	439	45.79	54.21
材料类	88	46.59	53.41
教育类	1 029	47.04	52.96
语言文化类	792	47.47	52.53
财务会计类	668	50.00	50.00
护理类	110	50.00	50.00
医学技术类	70	50.00	50.00
总体	9 936	50.34	49.66
经济贸易类	219	52.05	47.95
生物技术类	90	52.22	47.78
财政金融类	102	52.94	47.06
自动化类	533	53.10	46.90
铁道运输类	96	54.17	45.83
纺织服装类	286	54.20	45.80
食品类	237	54.85	45.15
旅游管理类	389	55.53	44.47
公路运输类	357	55.74	44.26
市场营销类	332	56.63	43.37
计算机类	974	60.16	39.84
广播影视类	275	61.82	38.18

(续)

专业类	样本量	未达到满意(%)	达到满意(%)
电子信息类	304	62.17	37.83
房地产类	68	72.06	27.94

注：对频数进行 Pearson 卡方检验结果显示，卡方值为 188.966，$P<0.01$，表明专科不同专业类之间在学生的专业满意率上存在显著差异。

数据来源：中国高等教育研究数据库：http://www.hedb.xmu.edu.cn/

择的专业（表现为按志愿录取者占比例较高的专业），并不一定是就读学生满意度高的专业；而学生不太积极选择的专业（表现为按志愿录取者占比例较低的专业），也不一定就是就读学生满意度低的专业，这反映出学生选择专业时并不清楚所选专业是否真的符合自己的要求。

第二节　中国大学生对就读专业满意度的群体差异分析

根据第四章和第五章的分析可知，归属于不同群体的学生选择专业所依据的家庭条件、信息掌握程度等有所不同，他们在选择专业的影响因素、达成度和所进入的专业领域方面也存在一定的差异，这些不同或差异是否会导致他们对就读专业满意度的不同评价呢？本节仍以 2007 级大一新生调查资料为依据，就归属于不同群体的学生对就读专业的满意度评价进行差异性分析。

一、大学生对就读专业满意度的性别差异

根据第四章、第五章的分析，不同性别学生选择专业的影响因素不同，在专业选择的达成度和最终进入的专业领域上也存在差异。基于这些不同以及二者因家庭背景的不同而在其他方面存在的差异，男女生对就读专业的满意度评价也存在一些差异。

1. 从学校层面看专业满意度的性别差异

从总体上看，在去掉缺失值后的 45 146 名大一新生中，有 11 023 名男生对

所读专业的评价达到满意程度，占男生总数（21 986 名）的 50.14%；有 11 138 名女生对就读专业的评价达到满意程度，占女生总数的 48.09%。男生对就读专业达到满意的比例比女生高出 2.05 个百分点。卡方统计检验结果显示，Pearson 卡方值为 18.872，P<0.01，意味着男女生在总体上对就读专业的满意度存在显著差异，见表 6-5。这一统计结果的显著差异与样本量比较大有关，如果将总体样本按 6 类院校分成 6 个样本，则可以发现专业满意度的性别差异只在个别类型学校比较显著。

表 6-5 2007 级大一新生对就读专业满意度的性别差异

高校类型	男生			女生			X^2 值	P 值
	样本量	未达到满意(%)	达到满意(%)	样本量	未达到满意(%)	达到满意(%)		
总体	21 986	49.86	50.14	23 160	51.91	48.09	18.872	0.000
"211 院校"	5 430	48.67	51.33	4 268	50.94	49.06	4.896	0.027
公办一般本科	7 307	51.07	48.93	8 663	52.10	47.90	1.654	0.204
公办高职高专	2 812	50.07	49.93	4 012	51.99	48.01	2.447	0.121
独立学院	2 574	48.99	51.01	2 711	50.94	49.06	2.010	0.160
民办本科	1 691	52.40	47.60	1 643	54.35	45.65	1.282	0.267
民办高职	2 156	47.50	52.50	1 858	52.37	47.63	9.479	0.002

注：因高校类型存在少数缺失值，故本表中总体样本量与各类型学校样本量之和略有差别。

数据来源：中国高等教育研究数据库：http://www.hedb.xmu.edu.cn/

从不同高校类型来看，专业满意度的性别差异在民办高职院校非常显著（Pearson 卡方值为 9.479，P<0.01）。表 6-5 显示，在民办高职院校，男生对就读专业达到满意者所占的比例为 52.50%，明显高于女生对就读专业达到满意者所占的比例，即 47.63%。相反，男生对就读专业未达到满意者所占的比例（47.50%）就明显低于女生对就读专业未达到满意者所占的比例（52.37%）。其次，专业满意度的性别差异在"211 院校"达到了显著水平（Pearson 卡方值为 4.896，P<0.05），表现为男生对就读专业达到满意者所占的比例（51.33%）比

女生对就读专业达到满意者所占的比例（49.06%）高出2.27个百分点。在其余4类院校，专业满意度的性别差异未达到显著性水平。根据第五章的分析结果（见表5-7），除了独立学院以外，其余5类院校的男女生选择专业在达成度上的差异都不显著，因此是否实现自己对专业的选择不是导致"211院校"、民办高职院校不同性别学生专业满意度差异的原因。在这种情况下，专业满意度的性别差异可能源于性别自身的因素，这点将在第三节中进一步论述。

2. 从专业类层面看专业满意度的性别差异

从本科专业类来看，在2007级大一新生调查涉及的47个本科专业类（样本量在60以上）中，有12个专业类的学生对就读专业的满意度存在显著的性别差异。其中在体育学类、数学类、物理学类、生物科学类、心理学类、轻工纺织食品类、植物生产类等7个专业类，女生对就读专业达到满意的比例显著高于男生。而在机械类、电气信息类、土建类、环境与安全类和药学类等5个专业类，男生对就读专业达到满意的比例又显著高于女生，见表6-6。不难看出，这些专业类之所以出现专业满意度的性别差异，在较大程度上与性别特征或性别的职业倾向有关。基础性的专业如数学、物理、生物等虽然过去常被认为是男性的专业领域，这类专业理论性较强，与之相关的职业不需要太多的机械操作技能，也没有超出女性生理的要求和条件，因此女生对这类专业较满意。根据第五章的分析，当前中国女生就读数学类、化学类、生物科学类专业的概率已与男生持平甚至高于男生。结合这里的满意度情况可知，当前在中国的基础性专业领域，如数学类、物理学类、化学类、生物科学类专业，已成为女生比较适合的专业领域。这一现象，可以说是中国女性接受高等教育在内容上的重大突破，也可以说是中国女性的高等教育机会在微观层面上的扩大。

在传统观念和现实实践中，轻工纺织食品类行业从业人员大多为女性，因此女生更能对这类专业达到满意。在隶属于农学门类的植物生产类专业，调查所涉及的主要是农学、种子生产与经营、种子科学与工程、植物保护等专业，相关的工作领域也是女性比较能够承担和接受的。男生在这类专业上满意度明显较女生低，应该说并不是因为这类专业相关的职业具有较强的性别倾向，因为尚无研究证明女性比男性更适合从事这些职业。本研究认为，造成这一性别差异的原因与不同性别学生的抱负水平差异有关。在中国社会中，人们对男生的期望一般都高

于女生，男生自己也大致如此，他们更期望自己能够在将来的职业中取得较高的

表6-6 2007级本科不同专业类大一新生对就读专业满意度的性别差异

专业类	男生			女生			X^2值	P值
	样本量	未达到满意(%)	达到满意(%)	样本量	未达到满意(%)	达到满意(%)		
哲学类	27	66.67	33.33	51	82.35	17.65	2.447	0.159
经济学类	721	47.71	52.29	1 125	49.24	50.76	0.413	0.535
法学类	566	47.70	52.30	816	45.83	54.17	0.470	0.511
社会学类	71	70.42	29.58	199	60.30	39.70	2.299	0.153
政治学类	117	53.85	46.15	133	53.38	46.62	0.005	1.000
教育学类	300	65.00	35.00	931	62.30	37.70	0.710	0.410
体育学类	237	48.52	51.48	181	38.67	61.33	4.035	0.047
中国语言文学类	358	50.56	49.44	890	49.66	50.34	0.082	0.802
外国语言文学类	264	39.39	60.61	1 418	43.30	56.70	1.388	0.250
新闻传播学类	280	49.29	50.71	752	50.93	49.07	0.221	0.675
艺术类	260	36.54	63.46	605	41.98	58.02	2.240	0.151
历史学类	145	49.66	50.34	250	50.00	50.00	0.004	1.000
数学类	751	61.12	38.88	708	51.13	48.87	14.776	0.000
物理学类	615	55.77	44.23	286	42.66	57.34	13.445	0.000
化学类	444	48.87	51.13	498	49.60	50.40	0.049	0.845
生物科学类	255	55.29	44.71	390	41.79	58.21	11.276	0.001
地理科学类	113	56.64	43.36	77	57.14	42.86	0.005	1.000
电子信息科学类	729	54.32	45.68	271	60.15	39.85	2.721	0.100
材料科学类	145	52.41	47.59	24	45.83	54.17	0.357	0.661
环境科学类	55	58.18	41.82	84	66.67	33.33	1.030	0.369
心理学类	133	47.37	52.63	328	35.06	64.94	6.047	0.015
统计学类	20	75.00	25.00	46	50.00	50.00	3.567	0.103
地矿类	282	39.72	60.28	37	45.95	54.05	0.527	0.481

(续)

专业类	男生 样本量	未达到满意(%)	达到满意(%)	女生 样本量	未达到满意(%)	达到满意(%)	X²值	P值
材料类	121	44.63	55.37	24	41.67	58.33	0.071	0.826
机械类	1 113	41.87	58.13	196	50.00	50.00	4.493	0.035
仪器仪表类	59	59.32	40.68	33	54.55	45.45	0.198	0.667
电气信息类	3 459	49.20	50.80	1 484	59.57	40.43	44.712	0.000
土建类	797	37.14	62.86	228	46.93	53.07	7.123	0.009
测绘类	70	60.00	40.00	14	85.71	14.29	3.360	0.076
环境与安全类	165	48.48	51.52	114	64.91	35.09	7.357	0.007
化工与制药类	170	55.88	44.12	113	59.29	40.71	0.322	0.624
交通运输类	61	68.85	31.15	45	62.22	37.78	0.508	0.536
轻工纺织食品类	133	72.18	27.82	190	59.47	40.53	5.531	0.024
工程力学类	102	60.78	39.22	13	61.54	38.46	0.003	1.000
植物生产类	100	60.00	40.00	66	37.88	62.12	7.787	0.007
森林资源类	84	75.00	25.00	63	74.60	25.40	0.003	1.000
环境生态类	51	58.82	41.18	40	67.50	32.50	0.721	0.513
动物医学类	70	55.71	44.29	91	48.35	51.65	0.859	0.427
基础医学类	61	49.18	50.82	59	59.32	40.68	1.243	0.278
预防医学类	36	22.22	77.78	24	41.67	58.33	2.593	0.152
临床医学与医学技术类	261	38.31	61.69	230	42.61	57.39	0.937	0.357
护理学类	56	44.64	55.36	188	51.06	48.94	0.712	0.448
药学类	68	35.29	64.71	82	65.85	34.15	13.909	0.000
管理科学与工程类	341	53.08	46.92	272	59.19	40.81	2.292	0.141
工商管理类	938	49.89	50.11	1 958	49.49	50.51	0.041	0.843
公共管理类	362	70.72	29.28	507	68.84	31.16	0.354	0.601
图书档案学类	13	76.92	23.08	61	85.25	14.75	0.546	0.432

数据来源：中国高等教育研究数据库：http://www.hedb.xmu.edu.cn/

经济收入。2007级大一新生调查结果显示，在就读"植物生产类"专业的学生中，男生认为"享有富裕的物质生活"对自己来说"重要"或"非常重要"者占男生总数的74.49%，明显高于女生持同一看法者所占的比例（58.21%）。然而，隶属于农学门类的植物生产类专业虽然也可以造就高层次人才，但不可否认的是，这类专业一般都是冷门专业，相关职业在社会地位上也处于劣势，所能带来的经济收益相对不被看好，这可能就是男生对这类专业满意度更低的原因之一。

女生就读体育类专业的满意度之所以明显高于男生，显然与该类专业的性别倾向无关，因为从所需的素质和就业情况来看，女生在该类专业上都不具有优势，也无研究证明女生更喜欢体育运动。这一差异首先与专业选择的达成度有关，因为在就读该类专业的学生中，女生按志愿录取的比例为94.74%，明显高于男生按志愿录取的比例（86.57%），这使女生的兴趣（选择体育类专业与兴趣密切相关）得到了更充分的尊重，她们便更可能满意于这类专业。其次，这一差异也可能与男女生不同的抱负水平有关，女生更高的满意度也可以部分归因于她们在事业成功上的追求要低于男生。

在机械类、电气信息类、土建类、环境与安全类和药学类等5个专业类，男生对就读专业达到满意的比例之所以显著高于女生，可能与两个方面的因素有关。一方面，这类专业对应的职业具有明显的性别倾向。前4个专业类对应的职业主要在那些男性占主导地位的工程领域（调查的环境与安全类专业主要是环境工程和安全工程两个专业，也是典型的工程类专业），女生喜欢者相对较少，事实上这类专业的女生数量也不多。药学类专业属于医学门类，性别差异并不显著，但由于这类专业的学习和实践常与药物化学相关，女生由于受家庭观念的影响较大，可能更担心这类专业对身体健康带来的不利影响。因此与男生相比，女生较难满意自己所读的这类专业。另一方面，统计发现，机械类、电气信息类、土建类专业不同性别学生在专业选择达成度上存在显著差异，女生按志愿录取的比例分别为76.06%、74.84%、74.11%，显著低于男生按志愿录取的比例，男生分别为85.09%、82.05%、82.30%，这应该也是导致3类专业的满意度存在显著性别差异的重要原因。值得注意的是，电气信息类和土建类专业主要包括电气工程、自动化、电子信息工程、通信工程、计算机科学与技术、电子科学与技术、软件工程、建筑学、城市规划、土木工程、给水排水工程、道路与桥梁工程技术等专业。前者基本上都是热门专业，就业形势整体较好；而后者是典型的工程类专业，就业形势在整体上也非常不错，然而女生就读这类专业在人数上大大少于男生的情况下，对专业达到满意的比例还显著低于男生，表明这类专业的性别倾向尤其明显。简单地说，这类专业虽然前景不错，但在大学生们看来，它们明显更适合男生就读。不少经验表明，就读这类专业和从事相关的职业往往需要较为坚忍的耐力和吃苦精神，而在传统观念的支配下，女生在这方面一般不如男生，或者说女性的角色决定了她们更不愿意付出相应的努力，她们甚至认为哪怕是自己在学业上做得比男生更好，将来就业也不如男生。在这种情况下，女生对所读专业的满意度自然也就相对较低了。

从专科专业类来看，在2007级大一新生调查涉及的30个专科专业类（样本量在60以上）中，仅有机械设计制造类、汽车类、体育类、艺术设计类等4个专业类的学生对就读专业的满意度存在显著的性别差异（见表6-7），男生对就读专业达到满意的比例都显著高于女生。男女生在前两个专业类的专业满意度差异显然与专业特点或它们的就业领域有关。与本科类似，在这两个典型的工程类专业领域，传统观念中一般是男生强于女生，就业领域也更适合男性。因此，即使女生所占比例很小，但她们对就读专业达到满意的比例也更低。女生就读汽车类专业的满意度低于男生还有一个原因是二者选择专业的达成度不同，女生只有36.62%的人是按志愿录取的，明显低于男生按志愿录取者所占的比例（76.31%）。体育类专业的男生比女生更多地对就读专业感到满意，与本科院校体育类专业的满意度情况刚好相反（女生的专业满意度高于男生），可能与调查对象对自身身体素质的感知状况有关。2007级大一新生调查显示，在体育类专业的专科生中，男女生在"成为某一领域的专家"、"在某方面有特殊贡献"、"创业有成"、"在社会上有影响力"、"享有富裕的物质生活"等反映个人抱负和追求方面并无显著差异，但有50%的男生认为自己在运动、体能方面的能力处于"强"或"很强"的水平，明显高于女生的同一比例（31.37%），这可能是导致男生更满意于就读这类专业的原因之一。调查的艺术设计类专业主要包括广告设计与制作、电脑美术、装潢等专业，实践操作性较强，相关的职业也是传统上男性更适合的领域，因此男生达到满意的比例更高。

表6-7 专业满意度存在显著性别差异的4个专科专业类

专业类	男生			女生			X^2值	P值
	样本量	未达到满意(%)	达到满意(%)	样本量	未达到满意(%)	达到满意(%)		
机械设计制造类	595	36.64	63.36	107	50.47	49.53	7.307	0.009
汽车类	364	43.13	56.87	74	58.11	41.89	5.559	0.021
体育类	24	16.67	83.33	51	43.14	56.86	5.440	0.037
艺术设计类	45	31.11	68.89	37	56.76	43.24	5.459	0.026

数据来源：中国高等教育研究数据库：http://www.hedb.xmu.edu.cn/

二、大学生对就读专业满意度的城乡差异

城乡学生之间在选择专业的影响因素、达成度和进入的专业领域上有所不同，基于这些不同以及二者因家庭背景的不同而在其他方面存在的差异，他们对就读专业的满意度评价也存在一些差异。

1. 从学校层面看专业满意度的城乡差异

从总体上看，在19 719名来自农村的大学生中，对就读专业达到满意的比例为48.18%，未达到满意的比例为51.82%；而在23 564名来自城镇的学生中，对就读专业达到满意的比例为49.83%，未达到满意的比例为50.17%。可见，从总体上看，城镇学生对就读专业达到满意的比例只是略高于农村。由于样本量大的缘故，卡方统计检验结果显示，城镇和农村学生对就读专业的满意度存在显著差异，这点与数据给人的直观感觉不大一样，见表6-8。为更深入地了解专业满意度的城乡差异状况，也有必要对总体数据进行分类后再进行统计分析，以找出专业满意度确切的城乡差异所在。

从不同高校类型来看，专业满意度的城乡差异只在公办一般本科院校、独立学院和民办高职院校中达到显著水平。从表6-8可以看出，在公办一般本科院校和独立学院，城镇学生对就读专业达到满意的比例分别为49.69%和52.18%，比农村学生对就读专业达到满意的比例分别高出3个和4.72个百分点。这种满意度差异一方面与专业选择的达成度有关，另一方面也可能与两个群体在所进入

的专业领域上的差异有关。根据第五章的统计结果（见表5-8），在公办一般本科院校和独立学院，城镇学生按志愿录取的比例显著地高于农村学生，这应该是导致二者在专业满意度上存在显著差异的重要原因。同时，城镇学生有更多的机会进入热门专业领域，尤其是学费比较高的专业领域，而农村学生则集中于传统的、收费不高的非热门专业领域，或者是比较辛苦的工科类专业。在此基础上，城镇学生凭借家庭相对更多的经济和社会资本，在就业预期上好于农村学生，这就导致他们对所读专业的满意度相对更高。

与公办一般本科院校和独立学院不同的是，在民办高职院校，城镇学生对就读专业达到满意的比例为48.48%，比农村学生对就读专业达到满意的比例低4.35个百分点。之所以造成这种相反的状况，可能与学校的录取分数和学费差异有关。目前，入读民办高职院校基本不受分数限制，其学费也是民办院校中最低的。如果将高考分数和学费称为入学投入，那么可以说进入民办高职院校的投入是相对更低的，而这类院校的专业设置又是最贴近市场需求的。农村学生在成绩较差又不具备经济优势的条件下，可以说没有更多的理由挑剔所读的专业，他们更容易接受现实。然而来自城镇的学生却有所不同，他们有着更强大的经济和社会资本，在成绩较差的情况下，他们还有可能想象着依靠家庭拥有的资本优势而进入更好的学校，在这种家庭和学校因素的综合影响之下，他们更不容易满意现在就读的专业。如上一节所述，专业满意度与学校情况不无关系。

表6-8 2007级大一新生对就读专业满意度的城乡差异

高校类型	农村			城镇			X^2值	P值
	样本量	未达到满意(%)	达到满意(%)	样本量	未达到满意(%)	达到满意(%)		
总体	19 719	51.82	48.18	23 564	50.17	49.83	11.743	0.001
"211院校"	3 572	50.70	49.30	5 641	49.37	50.63	1.546	0.215
公办一般本科	7 851	53.31	46.69	7 490	50.31	49.69	13.802	0.000
公办高职高专	3 766	51.25	48.75	2 682	50.86	49.14	0.096	0.762
独立学院	1 692	52.54	47.46	3 597	47.82	52.18	10.273	0.001
民办本科	1 251	52.44	47.56	1 945	53.73	46.27	0.508	0.490
民办高职	1 573	47.17	52.83	2 203	51.52	48.48	6.945	.009

注：因高校类型存在少数缺失值，故本表中总体样本量与各类型学校样本量之和略有差别。

数据来源：中国高等教育研究数据库：http://www.hedb.xmu.edu.cn/

2. 从专业类层面看专业满意度的城乡差异

从本科专业类来看，在2007级大一新生调查涉及的47个本科专业类（每类样本量在60以上）中，有8个专业类的学生对就读专业的满意度存在显著的城乡差异。其中在法学类、政治学类、教育学类、中国语言文学类、历史学类、轻工纺织食品类和动物医学类等7个专业类，城镇学生对就读专业达到满意的比例显著高于农村学生。仅在机械类专业，农村学生对就读专业达到满意的比例显著高于城镇学生，见表6-9。出现这种局面的原因比较复杂，既可能与家庭背景有关，也可能与专业选择的达成度有关。一方面，与农村学生相比，城镇学生家庭拥有更多的经济和社会资本，这使他们在就业预期中处于优势，因此更能满意自己所读的专业，除非他们的确不喜欢自己所读的专业。另一方面，专业选择的达成度也会影响到学生对就读专业的满意度。2007级大一新生调查结果显示，在法学类、政治学类、教育学类、历史学类、轻工纺织食品类、动物医学类等6类专业，城镇学生按志愿录取的比例分别为79.39%、50.37%、58.74%、67.86%、58.20%、86.25%，均高于农村学生按志愿录取的比例（分别是73.90%、41.24%、42.42%、62.13%、54.95%、60.87%），这也是造成城镇学生专业满意度高于农村学生的重要原因。

表6-9 2007级本科不同专业类大一新生对就读专业满意度的城乡差异

专业类	农村			城镇			X^2值	P值
	样本量	未达到满意(%)	达到满意(%)	样本量	未达到满意(%)	达到满意(%)		
哲学类	30	80.00	20.00	46	73.91	26.09	0.372	0.593
经济学类	610	48.20	51.80	1 254	48.48	51.52	0.014	0.921
法学类	448	50.45	49.55	901	44.73	55.27	3.932	0.049
社会学类	91	62.64	37.36	165	63.03	36.97	0.004	1.000
政治学类	99	62.63	37.37	141	45.39	54.61	6.929	0.009

(续)

专业类	农村			城镇			X²值	P值
	样本量	未达到满意(%)	达到满意(%)	样本量	未达到满意(%)	达到满意(%)		
教育学类	546	70.88	29.12	637	57.61	42.39	22.383	0.000
体育学类	172	47.67	52.33	224	42.41	57.59	1.091	0.309
中国语言文学类	591	53.81	46.19	571	46.41	53.59	6.357	0.014
外国语言文学类	569	41.65	58.35	1 103	41.80	58.20	0.003	0.958
新闻传播学类	375	51.73	48.27	612	50.00	50.00	0.279	0.601
艺术类	182	38.46	61.54	644	40.06	59.94	0.152	0.732
历史学类	175	60.00	40.00	199	41.21	58.79	13.156	0.000
数学类	704	59.38	40.63	667	55.02	44.98	2.651	0.113
物理学类	440	55.23	44.77	389	49.10	50.90	3.107	0.082
化学类	455	50.11	49.89	451	48.56	51.44	0.218	0.643
生物科学类	268	47.01	52.99	360	47.50	52.50	0.015	0.936
地理科学类	92	55.43	44.57	93	60.22	39.78	0.433	0.553
电子信息科学类	476	53.36	46.64	461	56.40	43.60	0.873	0.359
材料科学类	93	48.39	51.61	71	53.52	46.48	0.425	0.532
环境科学类	62	72.58	27.42	76	56.58	43.42	3.784	0.075
心理学类	189	38.10	61.90	260	38.85	61.15	0.026	0.922
统计学类	30	66.67	33.33	36	50.00	50.00	1.861	0.215
地矿类	172	44.77	55.23	133	36.09	63.91	2.335	0.129
材料类	75	52.00	48.00	64	35.94	64.06	3.606	0.062
机械类	561	39.39	60.61	696	47.41	52.59	8.115	0.005
仪器仪表类	52	48.08	51.92	33	63.64	36.36	1.968	0.186
电气信息类	2 003	51.92	48.08	2 767	52.58	47.42	0.204	0.660
土建类	483	39.34	60.66	500	39.40	60.60	0.000	1.000
测绘类	50	66.00	34.00	34	61.76	38.24	0.158	0.817
环境与安全类	161	54.04	45.96	113	57.52	42.48	0.326	0.622

(续)

专业类	农村			城镇			X^2值	P值
	样本量	未达到满意(%)	达到满意(%)	样本量	未达到满意(%)	达到满意(%)		
化工与制药类	150	52.67	47.33	123	62.60	37.40	2.724	0.111
交通运输类	54	64.81	35.19	46	63.04	36.96	0.034	1.000
轻工纺织食品类	183	71.58	28.42	127	55.91	44.09	8.119	0.005
工程力学类	48	66.67	33.33	62	58.06	41.94	0.848	0.430
植物生产类	99	51.52	48.48	60	48.33	51.67	0.151	0.745
森林资源类	76	72.37	27.63	63	80.95	19.05	1.402	0.317
环境生态类	42	64.29	35.71	43	62.79	37.21	0.020	1.000
动物医学类	71	69.01	30.99	83	37.35	62.65	15.370	0.000
基础医学类	67	61.19	38.81	66	46.97	53.03	2.709	0.119
预防医学类	37	27.03	72.97	19	36.84	63.16	0.572	0.543
临床医学与医学技术类	197	39.59	60.41	273	41.39	58.61	0.153	0.705
护理学类	149	48.32	51.68	77	57.14	42.86	1.581	0.261
药学类	96	51.04	48.96	43	55.81	44.19	0.271	0.714
管理科学与工程类	243	55.97	44.03	352	55.40	44.60	0.019	0.933
工商管理类	1083	51.43	48.57	1740	48.51	51.49	2.285	0.131
公共管理类	373	71.85	28.15	470	67.23	32.77	2.082	0.154
图书档案学类	36	83.33	16.67	37	83.78	16.22	0.003	1.000

数据来源：中国高等教育研究数据库：http://www.hedb.xmu.edu.cn/

在中国语言文学类专业，城镇学生按志愿录取的比例虽然不是显著地但确是低于农村学生，可是二者在专业满意度上与此相反，城镇学生要显著高于农村学生。造成这种情况的原因，除了可能存在上述的家庭背景因素导致的就业预期差异之外，还可能与基于家庭背景差异而导致的学生相关素质或自信心的差异有关。根据布迪厄的文化再生产理论，学校传播的文化是中上阶层的文化，那些在社会中处于中上阶层的子女更能习得这类文化并在教育获得中处于优势。由于语言是文化的一种外在表现或符号,这使中上阶层子女在掌握学校所传播的语言上更能成功。因此,根据学校的评判标准如考试,那些在社会上处于中上阶层的子女,在学习语言上处于优势,他们更容易取得较好的成绩。在这里,城乡的划分虽然不是阶层的划分,但在中国二元社会结构中,农村学生在社会阶层中大多处于下层。如果这一理论成立,那么中国的农村学生与城镇学生相比,在习得中国语言上应该处于劣势。2007级大一新生调查中的相关项目证实了这种差异的存在。表6-10显示,在中文写作和口语表达这两个与中国语言直接相关的能力上,城镇学生对自己的评价均显著高于农村学生对自己的评价。即使这种差异不是实际能力的差异,但基于对就读专业的信心不同,他们对就读专业的满意度也会受到影响。

表6-10 中国语言文学类专业学生在语言相关能力上的城乡差异

能力项目	农村			城镇			X^2值	P值
	样本量	很弱、弱或普通(%)	很强或强(%)	样本量	很弱、弱或普通(%)	很强或强(%)		
中文写作	587	69.85	30.15	554	63.72	36.28	4.832	0.032
口语表达	584	71.75	28.25	556	59.17	40.83	19.959	0.000

数据来源:中国高等教育研究数据库:http://www.hedb.xmu.edu.cn/

机械类专业带有较强的操作性和技术性,对个人的兴趣和能力有特殊的要求,农村学生的生活经历可能使他们更愿意也更能够从事这方面的学习和工作。调查发现,在2007级入读机械类专业的本科生中,对于操作机械、电子、木工之类的工具的兴趣,农村学生回答"很喜欢"和"有点喜欢"的占91.26%,回答"不喜欢"和"很不喜欢"的占8.74%,而城镇学生的相应比例分别为84%和16%;在这方面的能力上,农村学生认为自己"很强"和"较强"的占80.77%,"较弱"和"很弱"的占19.23%,而城镇学生的相应比例分别为64%和36%。显然,在兴趣和能力上,农村学生的感觉都要高于城镇学生,这可能是造成二者就读机械类专业满意度差异的原因之一。同时,对机械类专业学生的统计结果显示,城镇学生按志愿录取的比例(79.80%)明显低于农村学生

(88.93%），这也是造成二者满意度差异的原因之一。

从专科专业类来看，在2007级大一新生调查涉及的30个专科专业类（每类样本量在60个以上）中，仅有公路运输类、机械设计制造类、自动化类、汽车类、工商管理类等5个专业类的学生的专业满意度存在显著的城乡差异，见表6-11。具体情况是，在公路运输类、自动化类、汽车类、工商管理类等4个专业类，农村学生对就读专业达到满意的比例显著高于城镇学生；在机械设计制造类专业，农村学生对就读专业达到满意的比例显著低于城镇学生。显然，这一局面与本科的情况有所不同，在本科专业上，城镇学生的满意度大多高于农村学生，而在专科专业上，却主要是农村学生的满意度高于城镇学生。究其原因，既与专业选择的达成度有关，也可能与学生的兴趣和能力有关。在专业选择的达成度上，统计结果显示，这5类专业中只有公路运输类专业存在显著的城乡差异，具体为农村学生按志愿录取的比例为90.69%，显著高于城镇学生按志愿录取的比例（80.77%），这可能是造成农村学生达到满意的比例更高的原因之一。调查的自动化类专业主要包括机电一体化、电气自动化等对个人兴趣和能力有特殊要求的专业，要求对机械和电子一类的东西感兴趣，有相应能力，这种要求一般更适合农村学生。2007级大一新生调查显示，在就读自动化专业的学生中，农村学生对于操作机械、电子、木工之类的工具表示"很喜欢"和"有点喜欢"的占82.69%，而城镇学生的这一比例为75%；农村学生认为自己在这方面的能力为

表6-11 专业满意度存在显著城乡差异的5个专科专业类

专业类	农村			城镇			X^2值	P值
	样本量	未达到满意(%)	达到满意(%)	样本量	未达到满意(%)	达到满意(%)		
公路运输类	259	52.12	47.88	86	67.44	32.56	6.147	0.017
机械设计制造类	363	43.25	56.75	311	34.73	65.27	5.101	0.027
自动化类	268	48.51	51.49	241	57.68	42.32	4.281	0.041
汽车类	223	39.91	60.09	197	52.28	47.72	6.454	0.014
工商管理类	407	41.52	58.48	293	51.88	48.12	7.356	0.007

数据来源：中国高等教育研究数据库：http://www.hedb.xmu.edu.cn/

"很强"和"较强"的占 63.46%，而城镇学生的同一比例为 57.33%。可见，在与自动化类专业相关的兴趣和能力上，农村学生的自我认可度都要高于城镇学生，这可能是影响二者的专业满意度差异的原因之一。

调查的汽车类专业主要包括汽车检测与维修、汽车电子技术、汽车技术服务等专业，学习和相关的职业都比较辛苦，相对于城镇学生而言，农村学生更能接受，因此他们达到满意的比例更高。同样，调查的工商管理类专业主要包括物流管理专业（约占 61%），其次是工商企业管理专业和商务管理等专业，前者虽然是新兴的和社会较为缺乏的专业，但不是热门专业，因为目前中国物流业尚在起步阶段，从业较为辛苦且发展依赖于实践锻炼，在这点上农村的学生更能感到满意。

城镇学生就读机械设计制造类专业的满意度高于农村学生，这本科"机械类"专业满意度的城乡差异相反，其原因较难解释，应该是多种因素共同作用的结果。与本科相近的"机械类"专业有所不同的是，在机械设计制造类专业的学生中，对于操作机械、电子、木工之类工具的兴趣和能力（学生自己的评价）不存在显著的城乡差异。在此基础上，家庭背景的不同带来的就业预期不同可能影响着学生的专业满意度，这使城镇学生处于优势。此外，抽样也可能是造成这一满意度差异的原因。从该专业类样本情况看，在农村学生中，女生占 17.37%，比城镇学生中女生的比例（12.27%）要高。根据专业满意度的性别差异分析结果（见表 6-7），女生就读机械设计制造类专业的满意度远低于男生，这可能是造成城镇学生满意度高于农村学生的原因之一。

三、大学生对就读专业满意度的阶层差异

根据第四章和第五章的分析，来自优势阶层、中间阶层和基础阶层的学生在选择专业的影响因素、达成度和最终进入的专业领域上有所不同。基于这些不同以及三者因家庭背景的不同而在其他方面存在的差异，他们对就读专业的满意度评价也存在一些差异。

1. 从学校层面看专业满意度的阶层差异

从总体上看，专业满意度的阶层差异状况是：优势阶层的学生对就读专业达

到满意的比例最高，其次是中间阶层，基础阶层最低。三大阶层对就读专业达到满意的比例，优势阶层为 50.89%，中间阶层为 49.56%，基础阶层为 48.51%。可见，三者对就读专业达到满意的比例呈递减序列，但总体差别不是很大。由于样本量大的原因，卡方统计检验结果显示，三大阶层的学生对就读专业的满意度差异达到了显著水平，见表 6-12。为更深入地了解专业满意度的阶层差异状况，也有必要对总体数据进行分类后再进行统计分析，以找出专业满意度确切的阶层差异所在。

表 6-12 2007 级大一新生对就读专业满意度的阶层差异

高校类型	优势阶层			中间阶层			基础阶层			X^2值	P值
	样本量	未达到满意(%)	达到满意(%)	样本量	未达到满意(%)	达到满意(%)	样本量	未达到满意(%)	达到满意(%)		
总体	8 735	49.11	50.89	9 126	50.44	49.56	24 974	51.49	48.51	15.115	0.001
"211 院校"	2 244	46.93	53.07	2 378	50.93	49.07	4 744	50.46	49.54	9.442	0.009
公办一般本科	2 460	50.12	49.88	2 982	50.47	49.53	9 682	52.65	47.35	7.719	0.021
公办高职高专	817	47.37	52.63	929	50.16	49.84	4 544	51.96	48.04	6.221	0.045
独立学院	1 574	47.78	52.22	1 342	48.36	51.64	2 309	50.67	49.33	3.654	0.161
民办本科	809	53.40	46.60	706	52.41	47.59	1 618	53.09	46.91	0.156	0.925
民办高职	828	52.05	47.95	787	50.95	49.05	2 065	46.92	53.08	7.843	0.020

注：因高校类型存在少数缺失值，故本表中总体样本量与各类型学校样本量之和略有差别。

数据来源：中国高等教育研究数据库：http://www.hedb.xmu.edu.cn/

从不同高校类型来看，在 0.05 的显著性水平上，专业满意度的阶层差异在 "211 院校"、公办一般本科、公办高职高专、民办高职院校中达到了显著水平。值得注意的一个特点是，在 3 类公办院校，各社会阶层的学生对就读专业的满意度水平与该社会阶层在社会中所处的地位大体一致，即社会阶层越高，其对就读专业达到满意的比例也相对更高，反之亦然。然而，在民办高职院校出现了相反的态势，社会阶层越高，其对就读专业达到满意的比例却相对更低。这一情况与前述专业满意度的城乡差异是一致的,即与农村学生相比,这类院校中城镇学生对就读专业的满意度更低,其原因也可能如城乡差异中分析的那样,与学校的录取分数和学费差异有关。这类院校入学分数最低,学费在民办院校中又是最低的,而它们的专业设置更加贴近市场需求,社会阶层低的学生在成绩较差又不具备经济优势的条件下,可以说没有更多的理由挑剔所读的专业;但社会阶层高的学生就有所不同,他们有着更强的经济和社会资本,在成绩较差的情况下,他们还有可能期望依靠家庭拥有的资本而进入本科院校的专业,这使他们更不容易满意现在就读的专业。

2. 从专业类层面看专业满意度的阶层差异

从本科专业类来看,在调查涉及的46个样本量在60以上的本科专业类中,有5个专业类的学生的专业满意度存在显著的阶层差异($P<0.05$),见表6-13。不难看出,在这5类专业中,学生的专业满意度情况呈现出一个特点,那就是达到满意的比例高低与学生所在的社会阶层有较大相关性。来自优势阶层的学生在专业满意度上明显处于优势,在其中的4类专业中,他们达到满意的比例居于最高水平。来自中间阶层的学生就读这5类专业在满意度上也居于中间状态,而来自基础阶层的学生就读这5类专业的满意度均处于最低或较低水平。对这5类专业学生进行专业选择达成度的统计结果显示,三大阶层之间并不存在显著差异,表明他们在专业满意度的差异与是否实现自己对专业的选择无关。造成这一满意度差异格局的原因可能与家庭背景或学生自身的因素有关,如基于家庭背景不同带来的就业预期不同,以及受家庭背景影响的学生素质的差异导致他们对就读专业的兴趣和信心不同等。较高阶层拥有丰富的经济和社会资本,其子女在就业上可以获得更多的家庭帮助,就业预期也就相对更好,这使他们与较低阶层的学生相比,更容易对就读专业感到满意,在相关职业不太辛苦但就业形势也不是太好的专业类更可能出现这种情况,如法学类、中国语言文学类、工商管理类等。这类专业的毕业生目前在整体上已不如那些理工科领域内应用性较强专业的毕业生好找工作,但它们对较高阶层的学生而言仍然是更好的选择,因为这类专业的学习和从事相关职业没那么辛苦,在家庭力量的帮助下,学生仍然能够找到合适的工作,且这种工作对他们来说显然比选择理工科领域那些专业能够带来的收益要大。在中国语言文学类专业,中间阶层的学生对读专业达到满意的比例最高,其

表 6-13 2007 级本科不同专业类大一新生对就读专业满意度的阶层差异

专业类	优势阶层			中间阶层			基础阶层			X^2值	P值
	样本量	未达到满意(%)	达到满意(%)	样本量	未达到满意(%)	达到满意(%)	样本量	未达到满意(%)	达到满意(%)		
哲学类	18	66.67	33.33	17	82.35	17.65	41	78.05	21.95	1.338	0.512
经济学类	547	47.53	52.47	514	50.39	49.61	768	48.31	51.69	0.932	0.628
法学类	422	41.71	58.29	270	48.89	51.11	658	49.09	50.91	6.254	0.044
社会学类	64	67.19	32.81	67	61.19	38.81	123	60.16	39.84	0.923	0.630
政治学类	53	50.94	49.06	51	45.10	54.90	141	57.45	42.55	2.469	0.291
教育学类	136	59.56	40.44	237	60.34	39.66	804	64.68	35.32	2.364	0.307
体育学类	70	45.71	54.29	77	54.55	45.45	236	44.07	55.93	2.582	0.275
中国语言文学类	185	49.19	50.81	250	43.60	56.40	761	52.56	47.44	6.130	0.047
外国语言文学类	409	44.01	55.99	384	43.23	56.77	866	40.30	59.70	1.937	0.380
新闻传播学类	237	46.84	53.16	237	48.95	51.05	498	51.41	48.59	1.411	0.494
艺术类	287	40.77	59.23	207	39.61	60.39	311	39.87	60.13	0.080	0.961
历史学类	60	45.00	55.00	73	43.84	56.16	254	52.76	47.24	2.479	0.290
数学类	204	56.86	43.14	285	54.39	45.61	904	57.41	42.59	0.810	0.667
物理学类	106	54.72	45.28	167	49.10	50.90	577	53.03	46.97	1.048	0.592
化学类	122	50.00	50.00	187	50.27	49.73	601	48.42	51.58	0.250	0.882
生物科学类	93	43.01	56.99	148	50.68	49.32	360	45.00	55.00	1.780	0.411
地理科学类	35	48.57	51.43	40	52.50	47.50	105	61.90	38.10	2.375	0.305
电子信息科学类	173	60.69	39.31	239	56.49	43.51	550	55.09	44.91	1.681	0.432
材料科学类	24	45.83	54.17	34	55.88	44.12	106	49.06	50.94	0.675	0.714
环境科学类	28	53.57	46.43	32	62.50	37.50	71	66.20	33.80	1.367	0.505
心理学类	76	30.26	69.74	107	44.86	55.14	259	38.22	61.78	4.015	0.134
统计学类	13	61.54	38.46	20	40.00	60.00	31	67.74	32.26	3.929	0.140
地矿类	48	37.50	62.50	66	31.82	68.18	191	42.93	57.07	2.644	0.267
材料类	22	27.27	72.73	32	40.63	59.38	87	49.43	50.57	3.686	0.158
机械类	253	43.87	56.13	314	41.40	58.60	698	43.55	56.45	0.490	0.783

(续)

专业类	优势阶层 样本量	优势阶层 未达到满意(%)	优势阶层 达到满意(%)	中间阶层 样本量	中间阶层 未达到满意(%)	中间阶层 达到满意(%)	基础阶层 样本量	基础阶层 未达到满意(%)	基础阶层 达到满意(%)	X^2值	P值
仪器仪表类	11	90.91	9.09	23	52.17	47.83	57	54.39	45.61	5.523	0.063
电气信息类	1 034	51.93	48.07	1 096	53.28	46.72	2 575	51.81	48.19	0.706	0.703
土建类	205	44.39	55.61	197	36.04	63.96	549	36.79	63.21	4.171	0.124
测绘类	13	76.92	23.08	13	53.85	46.15	55	63.64	36.36	1.530	0.465
环境与安全类	49	48.98	51.02	50	64.00	36.00	167	54.49	45.51	2.367	0.306
化工与制药类	47	55.32	44.68	54	59.26	40.74	166	57.23	42.77	0.160	0.923
交通运输类	19	47.37	52.63	23	47.83	52.17	53	77.36	22.64	9.019	0.011
轻工纺织食品类	40	60.00	40.00	55	54.55	45.45	206	68.93	31.07	4.487	0.106
工程力学类	25	52.00	48.00	35	60.00	40.00	52	67.31	32.69	1.728	0.421
植物生产类	17	29.41	70.59	20	60.00	40.00	122	52.46	47.54	3.922	0.141
森林资源类	17	70.59	29.41	25	80.00	20.00	101	73.27	26.73	0.600	0.741
环境生态类	15	66.67	33.33	16	50.00	50.00	55	65.45	34.55	1.384	0.501
动物医学类	25	36.00	64.00	27	44.44	55.56	99	57.58	42.42	4.405	0.111
基础医学类	38	47.37	52.63	24	58.33	41.67	69	56.52	43.48	1.029	0.598
临床医学与医学技术类	104	39.42	60.58	115	40.87	59.13	241	40.66	59.34	0.058	0.971
护理学类	22	59.09	40.91	26	61.54	38.46	171	49.12	50.88	1.943	0.379
药学类	14	42.86	57.14	21	80.95	19.05	108	48.15	51.85	8.158	0.017
管理科学与工程类	157	51.59	48.41	110	52.73	47.27	326	59.20	40.80	3.073	0.215
工商管理类	801	46.19	53.81	652	47.39	52.61	1 375	52.07	47.93	8.272	0.016
公共管理类	206	64.08	35.92	187	71.12	28.88	431	71.69	28.31	4.070	0.131
图书档案学类	5	80.00	20.00	17	76.47	23.53	48	87.50	12.50	1.162	0.559

注：在显著性检验时，若交叉列联表中有20%以上的单元格中的期望频数小于5，则采用似然率卡方检验，否则均用Pearson卡方检验。

数据来源：中国高等教育研究数据库：http://www.hedb.xmu.edu.cn/

次是优势阶层,基础阶层的学生最低,这一状况与三者对自身的相关素质评价一致。统计结果显示,在就读这类专业的学生中,优势阶层的学生认为自己的中文写作能力属于"很强"或"强"者所占的比例为33.52%,而中间阶层的学生在同一比例上为41.80%,基础阶层的学生为30.29%。

从专科专业类来看,在调查涉及的30个样本量在60以上的专科专业类中,有6个专业类的学生对就读专业的满意度存在显著的阶层差异(见表6-14)。来

表6-14 专业满意度存在显著阶层差异的6个专科专业类

专业类	优势阶层 样本量	未达到满意(%)	达到满意(%)	中间阶层 样本量	未达到满意(%)	达到满意(%)	基础阶层 样本量	未达到满意(%)	达到满意(%)	X^2值	P值
铁道运输类	7	100.00	0.00	11	63.64	36.36	73	47.95	52.05	10.117	0.006
房地产类	4	25.00	75.00	5	100.00	0.00	52	75.00	25.00	7.223	0.027
汽车类	95	54.74	45.26	69	49.28	50.72	238	40.34	59.66	6.221	0.045
财政金融类	26	38.46	61.54	11	27.27	72.73	51	60.78	39.22	6.030	0.049
工商管理类	119	42.86	57.14	96	59.38	40.63	494	41.50	58.50	10.515	0.005
护理类	15	13.33	86.67	9	55.56	44.44	82	56.10	43.90	10.348	0.006

注:在显著性检验时,若交叉列联表中有20%以上的单元格中的期望频数小于5,则采用似然率卡方检验,否则均用Pearson卡方检验。

数据来源:中国高等教育研究数据库:http://www.hedb.xmu.edu.cn/

自优势阶层的学生就读房地产类、财政金融类、工商管理类和护理类专业达到满意的可能性相对较大,就读汽车类专业达到满意的可能性相对较小,就读铁道运输类专业达到满意的可能性很小;来自基础阶层的学生就读铁道运输类、汽车类、工商管理类专业达到满意的可能性相对较大,就读房地产类、财政金融类和护理类专业达到满意的可能性相对较小;来自中间阶层的学生就读财政金融类专业达到满意的可能性较大,就读铁道运输类、汽车类专业达到满意的可能性居中,就读房地产类、工商管理类、护理类专业达到满意的可能性较小。

造成这种差异的原因是多方面的,专业选择的达成度、家庭背景不同导致的

就业预期差异、家庭背景影响下的个人兴趣不同以及所进入的高校类型等都可能产生作用。对6类专业学生进行专业选择达成度的统计结果显示，三大阶层的学生之间仅在财政金融类专业存在显著差异，具体为来自基础阶层的学生按志愿录取的比例为48%，远低于来自优势阶层和中间阶层的学生，二者按志愿录取的比例均为90.91%，这应该是导致在这类专业中来自基础阶层的学生的专业满意度明显低于来自优势阶层和中间阶层的学生的主要原因。专科层次的铁道运输类和汽车类专业在学习和从业上较为辛苦，薪资待遇也不高，这可能造成的影响是：来自基础阶层的学生最能接受，来自优势阶层的学生最不容易达到满意，而来自中间阶层的学生在满意度上则居于二者之间。在房地产类和护理类专业，优势阶层的学生达到满意的可能性相对较大，这一结果可能与他们的就业预期相关，来自优势阶层的学生凭借家庭拥有的各种资本优势，应该说毕业后找到合适的工作不存在多大问题，而来自中间阶层和基础阶层的学生则不具备这样好的预期。

在工商管理类专业，来自基础阶层和优势阶层的学生对就读专业达到满意的比例明显高于来自中间阶层的学生，这一满意度差异可能受到家庭背景、各自所进入的具体专业和高校类型的影响。如前所述，调查的工商管理类专业主要是物流管理专业（约占61%），虽然是新兴的和社会较为缺乏的专业，但因为目前中国物流业尚在起步阶段，从业较为辛苦且发展依赖于实践锻炼，这可能会使来自基础阶层的学生更能接受。同时，调查的工商管理类专业也包括一些相对热门的工商（企业）管理专业，而来自优势阶层和中间阶层的学生就读这一专业的比例（大约分别为40%和45%）明显高于基础阶层的学生就读这一专业的比例（约20%），这又在一定程度上能提高优势阶层和中间阶层学生的专业满意度。然而，在就读工商管理类专业的学生中，基础阶层的学生有79.53%的人进入的是公办高职院校，而中间阶层和优势阶层的学生分别有52.04%和56.45%的人进入公办高职院校。也就是说，中间阶层和优势阶层的学生中有相当部分是在民办高职院校中就读这类专业的。由于学费数额较大，来自中间阶层的学生更多受到学费的影响，这使他们表现出更多的不满意，最终形成三者在这类专业中的满意度差异。

此外，还需要正视的是，这里也可能存在抽样问题，如在铁道运输类、房地产类和护理类专业，优势阶层和中间阶层的学生样本都偏少，这也可能使统计结果与实际情况之间存在一些不可忽视的偏差,在房地产类专业出现这种偏差的可能性相当大。

从以上专业满意度的群体差异分析中可以得出这样一个结论,那就是一些专业的满意度评价如何,得视一定的群体而定,因为归属于不同群体的学生在对就读专业进行评价时,不只考虑到专业的情况,还往往把它和自己的情况(包含家庭背景)联系起来,以判断所读的专业对自己(包含家庭背景)的适合程度,其结果便是在专业满意度上产生群体差异。男女、城乡和不同社会阶层学生在专业满意度上的差异是与其个人特征和家庭社会经济地位相一致的,是各自基于自身情况不同的考虑而理性地选择专业并对之进行评价的结果。显然,这进一步印证了这样一个事实:社会环境不仅仅是在统计上与某种学业选择相关的因素,它首先是"行动者在选择某一学业导向时努力权衡利弊和风险的一个参照点"。[1]

第三节　中国大学生对就读专业满意度的影响因素分析

为了考察大学生的个人特性及其专业选择、家庭背景、高中经历、高校特征与专业自身等变量对学生就读专业的满意度的影响,本节主要采用回归分析方法,对2007级大一新生调查结果进行了分析。由于解释变量(自变量)都是分类变量,不能用普通线性回归模型进行回归分析,本研究在将被解释变量(因变量,这里指学生对就读专业的满意度)从五分变量合并为二分变量(即将"非常满意"和"满意"合并为"达到满意"并定义为"1",将"一般"、"不满意"和"非常不满意"合并为"未达到满意"并定义为"0")的基础上,采用logistic回归方法进行计量回归检验,来考察因变量与自变量之间的关系,逻辑回归方程式如下所示:

$$Ln[P/1-P] = \alpha + \Sigma \beta_i X_i + \varepsilon$$

其中P表示大学生对就读专业"达到满意"的概率,$P/(1-P)$是"达到满意"的概率与"未达到满意"的概率之比,本书定义为达到满意的发生比率。Ln

---

[1] [法]玛丽・杜里-柏拉,[法]阿涅斯・冯・让丹. 学校社会学[M]. 汪凌,译. 上海:华东师范大学出版社,2001. 75.

$[P/1-P]$ 为大学生对就读专业达到满意的对数发生比，它是事件发生概率 P 的转换形式。由于 Logistic 回归方程不能直接解释自变量变化对事件发生概率的影响大小，只能通过计算自变量对事件的对数发生比的影响强度来表示自变量的变化对因变量的作用大小。α 为回归方程中的常数项。解释变量 X_i 的含义是学生对就读专业达到满意与否的影响因素。系数 β_i 表示解释变量对就读专业满意度的影响，其取值等于发生比率的变化率，正的系数表示该解释变量有利于学生对就读专业感到满意，负的系数则表示该解释变量不利于学生对就读专业感到满意；在同一解释变量的不同的取值之间，正的系数越大，表明学生对就读专业达到满意的概率就越大；负的系数越小，表明学生对就读专业达到满意的概率就越小。ε 表示随机扰动项。

由于本科专业与专科专业在培养目标上明显不同，它们也隶属于不同的专业目录，因此本研究在将专业自身作为学生是否达到对就读专业感到满意的解释变量时，对本科与专科两组分别进行了回归分析。根据调查情况，回归分析选择的解释变量情况如下：

第一类：大学生的个人特性及其专业选择变量，包括：

（1）性别：以"男"为参照，分"男"、"女"两类。

（2）参加高考的区域：以"东部"为参照，分"东部"、"中部"和"西部"三类。

（3）是否应届生：以"是"为参照，分"是"和"否"两类。

（4）11 个选择专业的影响因素：以"完全不重要"为参照，分"完全不重要"、"不太重要"、"重要"和"非常重要"四类。

（5）选择专业的达成度：以"按志愿录取"为参照，分"按志愿录取"和"调剂录取"两类。

第二类：大学生的家庭背景变量，包括：

（1）家庭所在地：以"农村"为参照，分"农村"、"乡镇"、"县城"、"地级市"和"省会或者直辖市"五类。

（2）父母教育程度：以"小学及以下"为参照，分"小学及以下"、"初中"、"高中或中职中专"、"大专以上"四类（以父母双方教育程度较高的一方为准）。

（3）社会阶层属类：以"优势阶层"为参照，分"优势阶层"、"中间阶层"

和"基础阶层"三类（以父母双方社会阶层较高的一方为准）。

（4）家庭人均年收入：以"4 000元以下"为参照，分"4 000元以下"、"4 001~15 000元"和"15 001元以上"三类。

第三类：大学生的高中或中职、中专经历变量，包括：

（1）办学形式：以"公立"为参照，分"公立"和"私立"两类。

（2）学校类型：以"重点高中"为参照，分"重点高中"、"一般高中"和"职高或中专"三类。

（3）就读科别：以"文科"为参照，分"文科"、"理科"和"艺术类或体育类"三类（调查问卷还有"其他类"选项，因此类情况很少，本研究不做分析）。

（4）班级类型：以"重点班"为参照，分"重点班"和"普通班"两类（调查问卷还有"其他类"选项，因此类情况很少，本研究不做分析）。

（5）是否择校：以"是"为参照，分"是"、和"否"两类。

（6）家中有没有计算机：以"没有"为参照，分"没有"、"有，但不能上网"和"有，且可以上网"三类。

（7）学校使用网络是否方便：以"很方便"为参照，分"很方便"、"不太方便"和"无法上网"三类。

（8）学业总平均成绩：以"优秀"为参照，分"优秀"、"良好"、"合格"和"较差"四类。

（9）毕业时成绩在班上排名：以"上"为参照，分"上"、"中上"、"中等"、"中下"和"下"五类。

第四类：高校特征与专业变量，包括：

（1）高校类型：分本、专科分别进行回归

本科：以"211院校"为参照，分"211院校"、"公办一般本科院校"、"独立学院"和"民办本科院校"四类。

专科：以"公办高职高专院校"为参照，分"公办高职高专院校"和"民办高职院校"两类。

（2）高校所在区域：以"东部"为参照，分"东部"、"中部"和"西部"三类。

（3）专业：以本、专科分别进行回归

本科：以"图书档案学类"为参照，分"哲学类"、"经济学类"、"法学类"等共47个专业类。

专科：以"艺术设计传媒大类"为参照，分"农林牧渔大类"、"交通运输大类"等共16个专业大类（由于专科专业样本量不是特别大，因此在专科专业选择的回归分析中，仅从专业大类层面进行分析）。

在以上31个解释变量中，为找出显著地影响大学生对就读专业满意度的自变量并检验这些自变量各自的变化对专业满意度的作用幅度，同时尽量减小自变量间多重共线性的影响，本研究采用了Logistic回归自动筛选显著自变量的方法（Forward：Conditional）将这些自变量逐步纳入回归方程，以分析大学生对就读专业是否达到满意的各显著影响因素。表6-15是对本科专业满意度的影响因素进行回归分析的结果，从该表可知，在学生的个人及其专业选择、家庭背景与高中或中职中专经历、高校特征与专业自身等三大类自变量中，一些具体变量对大学生是否满意自己就读的专业有显著影响，表明大学生对就读专业满意与否，与这些因素密切相关。

表6-15　大一新生对就读专业是否达到满意的显著影响因素（本科）

	B	Exp(B)		B	Exp(B)
性别***			专业选择达成度***		
男			按志愿录取		
女	-0.123***	0.884	调剂录取	-0.857***	0.424
参加高考所在区域*			家庭所在地类型**		
东部			农村		
中部	0.045	1.046	乡镇	-0.030	0.970
西部	0.112**	1.118	县城	0.124**	1.132
自己的兴趣***			地级市	0.134**	1.143
完全不重要			省会或者直辖市	0.077	1.080
不太重要	0.111	1.118	父母受教育程度**		
重要	0.631***	1.880	小学及以下		
非常重要	0.993***	2.698	初中	-0.007	0.993
自己的学（术）科能力***			高中或中职中专	-0.049	0.952

(续)

完全不重要			大专及以上	0.115	1.122
不太重要	0.041	1.042	高中或中职就读科别***		
重要	0.186	1.205	文科		
非常重要	0.275**	1.317	理科	-0.177***	0.838
延续高中或中职时的科类*			艺术类或体育类	0.055	1.056
完全不重要			高中或中职学业总平均成绩**		
不太重要	-0.106*	0.900	优秀		
重要	-0.056	0.946	良好	-0.023	0.977
非常重要	0.033	1.033	合格	-0.154**	0.857
奖学金*			较差	-0.247*	0.781
完全不重要			高校类型***		
不太重要	0.086	1.090	211院校		
重要	0.157**	1.170	公办一般本科院校	-0.089*	0.915
非常重要	0.053	1.054	独立学院	-0.110*	0.896
为了进入这所学校***			民办本科院校	-0.248***	0.780
完全不重要			专业类***		
不太重要	-0.113**	0.893	图书档案学类		
重要	-0.231***	0.794	哲学类	0.588	1.800
非常重要	-0.307***	0.736	经济学类	1.270**	3.561
职业生涯发展的潜力***			法学类	1.376**	3.961
完全不重要			社会学类	1.186**	3.275
不太重要	-0.020	0.980	政治学类	1.473**	4.363
重要	0.261**	1.298	教育学类	0.972*	2.644
非常重要	0.442***	1.556	体育学类	1.190**	3.286
考虑分数落点***			中国语言文学类	1.270**	3.561
完全不重要			外国语言文学类	1.516***	4.553
不太重要	0.049	1.051	新闻传播学类	1.167**	3.212
重要	-0.157**	0.855	艺术类	1.586***	4.883
非常重要	-0.308***	0.735	历史学类	1.378**	3.969

(续)

数学类	1.050*	2.858	工程力学类	1.113*	3.045
物理学类	1.122**	3.071	植物生产类	1.579***	4.849
化学类	1.378**	3.967	森林资源类	0.501	1.650
生物科学类	1.350**	3.858	环境生态类	1.023*	2.781
地理科学类	1.150**	3.157	动物医学类	1.525**	4.595
电子信息科学类	1.118**	3.060	基础医学类	1.033*	2.810
材料科学类	1.487**	4.422	预防医学类	2.270***	9.676
环境科学类	1.076*	2.932	临床医学与医学技术类	1.660***	5.261
心理学类	1.932***	6.901	护理学类	1.413**	4.109
统计学类	1.184*	3.267	药学类	1.668***	5.303
地矿类	1.929***	6.886	管理科学与工程类	1.227**	3.410
材料类	1.565***	4.781	工商管理类	1.359**	3.892
机械类	1.534***	4.637	公共管理类	0.602	1.825
仪器仪表类	1.205*	3.336	常数项	-1.853***	0.157
电气信息类	1.339**	3.813	Model X^2		2404.970***
土建类	1.804***	6.075	-2 Log likelihood		28 176.974
测绘类	1.102*	3.010	Cox & Snell R Square		0.103
环境与安全类	1.523***	4.585	Nagelkerke R Square		0.138
化工与制药类	1.251**	3.494	Hosmer and Lemeshow Test		X^2=33.484
交通运输类	0.865	2.475			P=0.000
轻工纺织食品类	0.900*	2.461	N		22 062

a Variable(s) entered on step 1：专业选择达成度. b Variable(s) entered on step 2：自己的兴趣. c Variable(s) entered on step 3：专业类. d Variable(s) entered on step 4：职业生涯发展的潜力. e Variable(s) entered on step 5：考虑分数落点. f Variable(s) entered on step 6：父母受教育程度. g Variable(s) entered on step 7：为了进入这所学校. h Variable(s) entered on step 8：高校类型. i Variable(s) entered on step 9：自己的学（术）科能力. j Variable(s) entered on step 10：高中或中职就读科别. k Variable(s) entered on step 11：性别. l Variable(s) entered on step 12：高中或中职学业总平均成绩. m Variable(s) entered on step 13：家庭所在地类型. n Variable(s) entered on step 14：参加高考所在区域. o Variable(s) entered on step 15：奖学金. p Variable(s) entered on step

16：延续高中或中职时的科类.

注：①Wald统计显著性检验：＊$P<0.05$，＊＊$P<0.01$，＊＊＊$P<0.001$。②Exp(B)为发生比率，表示在其他因素保持不变的条件下，某个学生第i项因子从一个类别变化为另一个类别时，该学生对自己就读专业达到满意之几率的变化。由于该值为某项因子在两个类别上达到满意的几率之比，因此当它大于1时表示某项因子从一个类别变化为另一个类别时达到满意的几率增大，小于1时表示达到满意的几率减小，等于1则表示几率不变。③模型预测总正确率，第0步（只有常数项时）为50.5%，第16步为63.7%。

数据来源：中国高等教育研究数据库：http://www.hedb.xmu.edu.cn/

一、学生的个人特性及其专业选择对专业满意度的影响

回归分析结果显示，学生的一些个人特性和专业选择变量对其专业满意度有显著影响。首先，在个人特性因素方面，性别对本、专科大学生的专业满意度都有显著影响，对专科大学生的专业满意度的影响更大。从本科的情况（见表6-15）看，相对于男生而言，女生对就读专业达到满意的几率要低。从具体数据来看，女生对就读专业达到满意的发生比是男生的0.884倍；Wald统计显著性检验结果显示，$P<0.001$，表明性别是本科生对就读专业满意与否的显著影响因素，亦即本科生对就读专业满意与否，与他们的性别密切相关。

专科专业满意度的影响因素回归分析结果（见表6-16）显示，性别对专科大学生的专业满意度的影响与此类似，女生对就读专业达到满意的发生比是男生的0.783倍（Wald检验$P<0.001$）。显然，她们对就读专业达到满意的几率也明显低于男生。对比性别对本科专业满意度的影响程度还可以看出，性别对专科专业满意度的影响大于它对本科专业满意度的影响。

表 6-16　大一新生对就读专业是否达到满意的显著影响因素（专科）

	B	Exp(B)		B	Exp(B)
性别***			高校类型**		
男			公办高职高专院校		
女	-0.245***	0.783	民办高职高专院校	0.197**	1.218
自己的兴趣***			高校所在区域***		
完全不重要			东部		
不太重要	0.432*	1.541	中部	0.227**	1.255
重要	0.735***	2.086	西部	0.382***	1.466
非常重要	1.292***	3.640	专业大类***		
职业生涯发展的潜力***			艺术设计传媒大类		
完全不重要			农林牧渔大类	1.172**	3.229
不太重要	0.145	1.156	交通运输大类	0.079	1.082
重要	0.663***	1.941	生化与药品大类	0.558	1.747
非常重要	0.835***	2.304	资源开发与测绘大类	-0.127	0.881
考虑分数落点***			材料与能源大类	0.630	1.877
完全不重要			土建大类	0.720***	2.054
不太重要	-0.121	0.886	制造大类	0.655***	1.925
重要	-0.267**	0.766	电子信息大类	0.169	1.184
非常重要	-0.401***	0.669	环保、气象与安全大类	0.938**	2.554
专业选择达成度***			轻纺食品大类	0.247	1.280
按志愿录取			财经大类	0.492**	1.636
调剂录取	-0.773***	0.462	医药卫生大类	0.521*	1.684
社会阶层属类*			旅游大类	0.574*	1.775
优势阶层			公共事业大类	0.754*	2.125
中间阶层	-0.200*	0.818	文化教育大类	0.592**	1.807
基础阶层	-0.221**	0.802			
家庭人均年收入**			常数项	-1.544***	0.213
4 000 元以下					
4 001–15 000 元	0.081	1.085	Model X^2	591.834***	
15 001 元以上	-0.195*	0.823	-2 Log likelihood	7 741.083	

(续)

高中或中职学业总平均成绩*			Cox & Snell R Square	0.094
优秀			Nagelkerke R Square	0.125
良好	0.141	1.152	Hosmer and Lemeshow	$X^2=8.659$
合格	-0.038	0.963	Test	$P=0.372$
较差	-0.001	0.999	N	6 014

a Variable(s) entered on step 1：自己的兴趣. b Variable(s) entered on step 2：专业选择达成度. c Variable(s) entered on step 3：职业生涯发展的潜力. d Variable(s) entered on step 4：专业大类. e Variable(s) entered on step 5：高校所在区域. f Variable(s) entered on step 6：性别. g Variable(s) entered on step 7：考虑分数落点. h Variable(s) entered on step 8：高校类型. i Variable(s) entered on step 9：家庭人均年收入. j Variable(s) entered on step 10：社会阶层属类. k Variable(s) entered on step 11：高中或中职学业总平均成绩.

注：①Wald 统计显著性检验：*$P<0.05$，**$P<0.01$，***$P<0.001$。②模型预测总正确率，第 0 步（只有常数项时）为 51.3%，最后一步（第 11 步）为 63.2%。

性别之所以成为专业满意度的显著性影响因素，应该与不同性别学生的期望或抱负水平差异无关，因为 2007 级大一新生调查结果显示，男生认为"成为某一领域的专家"、"在某方面有特殊贡献"、"创业有成"、"在社会上有影响力"等目标对他们来说"重要"或"非常重要"者所占的比例分别为 49.04%、59.96%、80.36%和 64.12%，均高于女生认为这些目标为"重要"或"非常重要"者所占的比例，女生分别为 38.12%、51.93%、77.57%和 56.57%，见表 6-17。心理学研究发现，期望和抱负水平越高的人对现实状态越不满，因此男生对就读专业的满意度高于女生并非期望或抱负水平差异所致。在这种情况下，专业满意度的性别差异可能与现行高等教育的性别偏向和男女生的就业预期不同有关。许多研究表明，现行的高等教育在专业与课程设置、教材编写、师资配备等方面都存在男性化倾向，对女性的尊重和考虑不足，这影响着女生们对就读专业的评价；与此同时，不同性别学生存在就业难度差异，女生的就业预期也相对较差，这可能也会导致女生的专业满意度低于男生。

表6-17 2007级大一新生认为各目标"重要"或"非常重要"者所占比例

目 标	认为某目标为"重要"或"非常重要"者所占比例(%)	
	男生	女生
成为某一领域的专家	49.04	38.12
在某方面有特殊贡献	59.96	51.93
创业有成	80.36	77.57
在社会上有影响力	64.12	56.57

数据来源：中国高等教育研究数据库：http://www.hedb.xmu.edu.cn/

学生参加高考的区域对本科生的专业满意度有显著影响，与在东部地区参加高考的学生相比，在中西部地区，尤其是在西部地区参加高考的学生对自己就读的专业达到满意的几率更高。其中在中部地区参加高考的学生对自己所读的大学专业达到满意的发生比是在东部地区参加高考的学生的1.046倍，在西部地区参加高考的学生对自己所读的专业达到满意的发生比是在东部地区参加高考的学生的1.118倍（Wald检验$P<0.01$），见表6-15。这一状况可能与来自三大地区的学生的经历和高等教育机会有关。根据需要层次理论的原理，东部地区经济和社会发展水平（包括教育水平）较高，人们的物质生活得到较为充分的满足，他们的更高层次的需要（包括教育消费）更为强烈，也有着更高标准的要求，因此他们对教育的要求也更高，更不容易得到满足；而中西部地区经济和社会发展水平相对较低，人们的物质生活满足程度也相对较低，高等教育入学机会也相对较少，对于已经进入高等学校的学生来说，他们对更高层次的需求没有那么强烈，因此相对更容易满足于现实。logistic回归分析结果（见表6-16）显示，学生参加高考的区域对专科生的专业满意度没有显著影响，这可能与专科生的期望值普遍不是很高有关。logistic回归分析结果显示，是否应届生对本、专科生的专业满意度均没有显著影响。

其次，学生选择专业的一些影响因素也显著影响着他们对就读专业是否达到满意。从本科的情况看，在选择专业的影响因素中，自己的兴趣、自己的学（术）科能力、为了进入这所学校、职业生涯发展的潜力和考虑分数落点等5个因素对大学生是否达到满意自己的专业有着极其显著的影响（Wald检验$P<$

0.001），分两种情况：

第一，那些在选择专业时越强调自己的兴趣、自己的学（术）科能力以及职业生涯发展的潜力的学生，越可能对自己就读的专业达到满意，表明在专业选择时这些因素的作用对后来大学生的专业满意度起着积极影响。

第二，那些在选择专业时越强调为了进入这所学校和考虑分数落点等因素的学生，对自己就读的专业达到满意的可能性越小，表明了在专业选择时这些因素的过度作用对后来大学生的专业满意度起着消极影响。

对本科生来说，在选择专业时对"延续高中或中职时的科类"和"奖学金"这2个因素的不同重视程度对他们是否满意自己所读的专业有着显著的影响（Wald 检验 $P<0.05$）。对"延续高中或中职时的科类"完全不看重或非常看重的学生有着更大的可能对自己就读的专业达到满意。这里可能存在的原因是，调查样本主要是由高中升学而来，选择专业时若考虑延续高中时的科类则主要选择进入那些基础性学科和专业，而这类专业除外国语言文学类以外，学生达到满意的比例普遍较低。然而，选择专业时非常看重这一因素的学生却会出现另一种情况，他们基于对某一学科的浓厚兴趣而比较认可自己所选的专业。那些在选择专业时考虑到"奖学金"因素的学生对自己就读的专业更可能达到满意，反映了高校的奖学金对学生的专业满意度起着一定程度的积极影响。logistic 回归分析结果显示，选择专业时他人的影响和建议包括"父母和家人的影响"、"师长的影响"、"朋友、同学和学长（姐）的影响"对本科生是否满意自己的专业没有显著影响。可见，当前大学生对就读专业的评价有着较强的独立性。

专科专业满意度的回归分析结果（见表6-16）显示，在选择专业的11个影响因素中，只有"自己的兴趣"、"职业生涯发展的潜力"、"考虑分数落点"这3个因素对专科生的专业满意度有显著影响。那些在选择专业时越强调自己的兴趣或职业生涯发展的潜力的学生，越可能对自己就读的专业达到满意；而那些在选择专业时考虑分数落点越多的学生，对自己就读的专业达到满意的可能性越小（Wald 检验 $P<0.001$），这点与本科相同。但对比本、专科专业满意度回归分析结果中这3个因素变化引起的发生比的变化量可知，这3个因素对专科生的专业满意度的影响程度大于对本科生的专业满意度的影响程度。值得注意的是，"自己的学（术）科能力"、"为了进入这所学校"这两个专业选择的影响因素对本科

生的专业满意度有显著影响，但对专科生的专业满意度没有显著影响，这可能与两类院校的吸引力和所需的学科（术）能力差异有关。专科专业大多与职业岗位密切相连，与学科基础的关系不密切，这使学生的学（术）科能力未成为专业满意度的显著影响因素。专科院校的吸引力不如本科，学校间的办学水平和社会声望差异也不如本科之间大，学生执着于进入某学校的影响力也就不会很大。

再次，学生选择专业的达成度对本、专科学生是否达到满意自己所读的专业均有着极其显著的影响（Wald检验$P<0.001$）。从本科的情况看，调剂录取的学生对就读专业达到满意的发生比是按志愿录取的学生的0.424倍，见表6-15。从专科的情况看，调剂录取的学生对就读专业达到满意的发生比是按志愿录取的学生的0.462倍，见表6-16。可见，是否实现自己对专业的选择对于大学本、专科学生的专业满意度影响很大。

二、家庭背景与高中（中职中专）经历对专业满意度的影响

表6-15显示，在回归分析所选择的家庭所在地类型、父母受教育程度、社会阶层属类、家庭人均年收入等4个家庭背景变量中，前两个变量对本科生是否达到满意自己所读的专业有着非常显著的影响（Wald检验$P<0.01$）。在家庭所在地类型变量中，与家庭在乡镇和农村的学生相比，家庭在县城、地级市、省会或者直辖市的大学生对就读专业达到满意的几率相对较高。这可能与学生的期望和就业预期有关，来自农村和乡镇的学生对接受高等教育寄予了较高的期望，但在就业形势严峻和家庭所拥有的社会资本不足的情况下，他们可能更难满意自己的专业。在父母受教育程度这一变量中，与父母受教育程度在小学及以下、初中、高中或中职中专的学生相比，父母受教育程度在大专及以上的学生对就读的专业达到满意的几率明显更高，这可能与学生的学习信心和就业预期有关。父母受教育程度高的家庭，更有资本和能力帮助子女学习和就业，这对提高他们的专业满意度起着积极影响。logistic回归分析结果显示，在家庭背景因素中，社会阶层属类、家庭人均年收入这两个因素对本科生是否达到满意自己所读的专业没有显著影响。

与本科不同的是，在4个家庭背景变量中，对专科生的专业满意度有显著影

响的不是家庭所在地类型和父母受教育程度，而是社会阶层属类和家庭人均年收入。表 6-16 显示，与来自优势阶层的学生相比，中间阶层和基础阶层的学生对就读专业达到满意的几率更低；然而单纯从经济因素来看，与家庭人均年收入为 4 000 元以下以及 4 001-15 000 元的学生相比，家庭人均年收入在 15 001 元以上的学生（占调查专科生总数的 16.8%）对就读专业达到满意的几率更低。这种现象可能与家庭背景不同带来的认识差异有关，优势阶层掌握的组织资源、经济资源和文化资源都相对较多，他们既重视教育，也使子女有着更好的发展预期，进而使他们更可能满意自己所读的专业。而那些在经济资源上占优势但在组织资源和文化资源上不一定占优势的群体，基于自身的发展经历，在对教育的重视程度和子女发展预期上都相对较低，他们更可能挑剔现有的高等教育，这对他们子女的专业满意度产生着消极影响。

在高中（中职中专）经历中，学生就读的科别与学业总平均成绩这两个变量对本科生的专业满意度有极其显著或非常显著的影响（Wald 检验分别为 $P<0.001$ 和 $P<0.01$）。在就读的科别方面，高中（中职中专）就读艺术类和体育类的学生进入高校后对所读专业达到满意的几率最大，这无疑与他们的兴趣和特点相关；高中就读理科的学生进入高校后对所读专业达到满意的几率最小，不仅显著小于高中就读文科的学生，更显著小于高中就读艺术类和体育类的学生。文、理科之间这种差异有些出乎意料，其原因也就比较复杂，可能与文、理科学生不同的思维特点有关。有研究表明，理科生思维更加严谨，他们比文科生有着更挑剔的眼光。因此，理科生更不容易对所读专业感到满意。在学业总平均成绩方面，与"优秀"的学生相比，高中（中职中专）学业总平均成绩越差的学生，对就读专业达到满意的几率越小，这可能与他们较小的专业选择余地和学习信心相对不足有关。logistic 回归分析结果显示，在高中（中职中专）经历因素中，学生进入的学校在办学形式、学校类型上的划分以及学生进入班级类型的不同、学生是否择校、家中有没有计算机、学校使用网络是否方便以及毕业时成绩在班上的排名等因素对大学生的专业满意度没有显著影响。

专科生的专业满意度回归结果（见表 6-16）显示，在回归分析预先选择的 9 个高中（中职中专）经历变量中，只有学业总平均成绩对他们的专业满意度有显著影响（Wald 检验 $P<0.05$），成绩优良的学生对就读专业达到满意的比例明显

高于成绩为合格和较差的学生，这点与本科的情况基本一致。究其原因，也可能与学生的专业选择余地和学习信心不同有关。与成绩优良的学生相比，成绩合格和较差的学生在专业选择上相对较为被动，他们受分数的限制更多，选择的自由度不高，学习的信心也相对不足，这对他们的专业满意度产生着消极影响。

三、高校特征与专业自身对专业满意度的影响

在表征高校特征的高校类型和高校所在区域这两个变量中，高校类型对本科生是否达到满意自己所读的专业有显著影响。从本科院校的情况看，与"211院校"的学生相比，公办一般本科院校和独立学院的学生对自己就读的专业达到满意的几率要低（Wald检验 $P<0.05$），而民办本科院校的学生对自己就读的专业达到满意的几率更低（Wald检验 $P<0.001$）。具体地说，公办一般本科院校、独立学院、民办本科院校的学生对自己所读专业达到满意的发生比是"211院校"的0.915倍、0.896倍和0.780倍。显然，学生对自己所读专业的满意度与学生所在的高校类型密切相关。在那些办学基础相对雄厚的、社会声望较好的高等学校，大学生也更容易对所读的专业感到满意，这是在排除其他影响因素的条件下得出的结果。从这里可以看出，作为一种影响大学生对就读专业满意度的因素，公办一般本科院校比独立学院要略占优势。然而从前面的统计结果（表6-1）可知，独立学院的学生对就读专业达到满意的比例要高于公办一般本科院校。之所以造成这种结果，与高校的专业设置或者说学生就读的专业有关。虽然公办一般本科院校作为一种专业满意度的影响因素要略胜于独立学院，但由于独立学院既傍有母体高校的优势资源，又兼具民办院校的灵活机制，在专业设置上更有市场针对性，更能适合学生的需要，这使它们在专业满意率上处于上风。logistic回归分析结果显示，高校所在区域的不同对本科生的专业满意度没有显著影响。

与本科有所不同，专科专业的满意度回归分析结果（见表6-16）显示，高校类型和高校所在区域对专科生的专业满意度都有显著影响（Wald检验分别为 $P<0.01$ 和 $P<0.001$）。与公办高职高专院校相比，民办高职院校的学生对就读专业达到满意的几率更高，这可能与专业设置的市场针对性有关，民办高职院校在这方面做得相对较好，因此更能让学生满意。与东部地区的高等学校相比，中西部

地区尤其是西部地区的高等学校的大学生对就读专业达到满意的可能性更大。这一状况可能与学校的社会地位有关，由于各地区高校数量和水平的差距，专科院校在东部地区的社会地位相对较低，这可能使学生的专业满意度也相对更低。与此相反，在中西部尤其是西部地区，专科院校的社会地位相对东部而言较高，这可能对学生的专业满意度产生积极影响。

回归分析结果显示，专业自身对本、专科生的专业满意度都有着极其显著的影响。从本科的情况看，与图书档案学类专业相比，其余46类本科专业的学生对所读专业达到满意的几率不同程度地增加，即在这47个本科专业类中，图书档案学类专业的学生对所读专业达到满意的几率是最低的。从表6-15也可以看出，由于与"图书档案学类"专业相比，不同专业类的学生对所读专业达到满意的几率增加的幅度差异很大，意味着这些专业对大学生的专业满意度影响也差别很大。外国语言文学类、艺术类、心理学类、地矿类、材料类、机械类、土建类、环境与安全类、植物生产类、预防医学类、临床医学与医学技术类、药学类等专业的学生对就读专业达到满意的可能性明显处于优势，而哲学类、教育学类、数学类、环境科学类、统计学类、仪器仪表类、测绘类、交通运输类、轻工纺织食品类、工程力学类、森林资源类、环境生态类、基础医学类和公共管理类专业的学生对就读专业达到满意的可能性相对较小。

从专科专业的满意度回归分析结果（见表6-16）来看，与艺术设计传媒大类专业的学生相比，农林牧渔大类、土建大类、制造大类、环保、气象与安全大类、财经大类、医药卫生大类、旅游大类、公共事业大类、文化教育大类等9大类专业的大学生对就读专业达到满意的几率均有显著的增加，但各自增加的幅度又有明显的不同。这反映了两种情况，一是以上9大类专业的大学生对就读专业达到满意的可能性都显著地大于艺术设计传媒大类专业的大学生，二是在这9大类专业之间，学生对就读专业达到满意的可能性也有明显差别。与艺术设计传媒大类专业的学生相比，交通运输大类、生化与药品大类、资源开发与测绘大类、材料与能源大类、电子信息大类、轻纺食品大类等6大类专业的大学生对就读专业达到满意的几率没有显著的变化，意即这些专业类的大学生对就读专业达到满意的可能性差别不显著。

四、本、专科专业满意度影响因素的比较分析

从以上分析可知，在事先选择的共计 31 个解释变量中，经过回归方程的筛选，有 16 个变量成为本科生专业满意度的显著影响因素，11 个变量成为专科生专业满意度的显著影响因素。比较本、专科专业满意度的显著影响因素可以发现，在本科专业的满意度与专科专业的满意度之间，起着显著作用的影响因素既有相同或相似点，也有不同点。从相同或相似点来看，二者的显著影响因素都有性别、选择时对自己兴趣的考虑、选择专业时对职业生涯发展潜力的考虑、选择专业时对高考分数落点的考虑、专业选择达成度、高中或中职学业总平均成绩、高校类型、专业自身（专业类或专业大类）等共 8 个变量。从不同点来看，本、专科专业满意度的显著影响因素又存在以下几方面的不同。

一是显著影响因素个数不同。从上面的论述可知，在预先选择的 31 个解释变量中，经过 logistic 回归分析对解释变量的筛选，有 16 个因素成为本科专业满意度的显著影响因素，但只有 11 个因素成为专科专业满意度的显著影响因素。这意味着，本科生对就读专业的满意度情况受到更多因素的影响。

二是相同影响因素的影响程度不同。根据 8 个相同影响因素变化所引起的达到满意的发生比的变化量（见表 6-18），即发生比率 Exp（B）的大小，可以判断同一影响因素对本、专科专业满意度的影响程度差异。从该表可以看出，在控制其他因素的条件下，女生达到满意的发生比在本科院校是男生的 0.884 倍，在专科院校是 0.783 倍。显然，性别的变化所引起的专科专业满意度的变化量大于本科专业满意度的变化量，因此性别对专科专业满意度的影响更大。同理，学生在选择专业时对"自己的兴趣"、"职业生涯发展的潜力"、"考虑分数落点"这 3 个因素的不同重视程度对专科专业满意度的影响大于对本科专业满意度的影响。专业选择达成度对本科专业满意度的影响略大于它对专科专业满意度的影响程度。高中或中职阶段的学业总平均成绩对本科专业满意度的影响明显大于它对专科专业满意度的影响。由于高校类型在本、专科上划分各不相同，不具有可比性，在此不能判断它对本、专科专业满意度的影响差异。同时，因回归分析中把专业自身纳入解释变量时，本、专科使用的专业层面不同，本科使用的是专业类，而专

表 6-18　各显著影响因素对本、专科专业满意度的影响程度比较

	本科		专科	
	B	Exp(B)	B	Exp(B)
性别				
男				
女	-0.123***	0.884	-0.245***	0.783
自己的兴趣				
完全不重要				
不太重要	0.111	1.118	0.432*	1.541
重要	0.631***	1.880	0.735***	2.086
非常重要	0.993***	2.698	1.292***	3.640
职业生涯发展的潜力				
完全不重要				
不太重要	-0.020	0.980	0.145	1.156
重要	0.261**	1.298	0.663***	1.941
非常重要	0.442***	1.556	0.835***	2.304
考虑分数落点				
完全不重要				
不太重要	0.049	1.051	-0.121	0.886
重要	-0.157**	0.855	-0.267**	0.766
非常重要	0.308***	0.735	-0.401***	0.669
专业选择达成度				
按志愿录取				
调剂录取	-0.857***	0.424	-0.773***	0.462
高中或中职学业总平均成绩				
优秀				
良好	-0.023	0.977	0.141	1.152
合格	-0.154**	0.857	-0.038	0.963
较差	-0.247*	0.781	-0.001	0.999
高校类型	略		略	
专业类(专业大类)	略		略	

数据来源：中国高等教育研究数据库：http://www.hedb.xmu.edu.cn/

科使用的是专业大类,这使二者内部的差异大小不一致,它们所能引起的满意度变化自然也就不同,不具有可比性,在此不做比较。

三是本、专科专业各自存在特有的显著影响因素。除了共同的影响因素之外,本科专业的满意度还有"参加高考所在区域"、"为了进入这所学校"、"自己的学(术)科能力"、"奖学金"、"延续高中或中职时的科类"、"家庭所在地类型"、"父母受教育程度"、"高中或中职就读科别"等 8 个因素成为显著影响因素,而专科专业另有"家庭人均年收入"、"社会阶层属类"和"高校所在区域"等 3 个因素成为显著影响因素。

小 结

本章依据 2007 级大一新生调查资料,就当前中国学生对专业选择结果的评价——满意度进行了多维分析,得出了以下几点结论:

一、当前中国学生对就读专业的满意度状况。从总体上看,在 45 552 名 2007 级大一新生中,对就读专业的评价达到满意程度的比例为 49.15%,其中 534 名本科生到大二下期时对就读专业的评价达到满意程度的比例为 40.26%。在不同类型的高校之间,学生对就读专业的满意度存在一定差异,"211 院校"、独立学院和民办高职院校要高于公办高职高专院校、公办一般本科院校和民办本科院校等 3 类高校。不同类专业的学生对就读专业的满意度评价差异很大,学生积极选择的热门专业,大多是满意度较高的专业;学生选择积极性不高的冷门专业,大多是满意度较低的专业。但是,也存在许多相反的情况,学生积极选择的一些热门专业,却并不是就读学生满意度高的专业;而学生选择积极性不高的一些冷门专业,却是就读学生满意度较高的专业,这说明学生在选择专业时并不清楚所选专业是否真的符合自己的要求。

二、学生对就读专业的满意度存在一定的性别、城乡和阶层差异。从性别差异上看,女生对就读专业的满意度在总体和一些典型的"男性专业领域"中显著低于男生,在一些典型的"女性专业领域"中显著高于男生,但在基础性的数学类、物理学类、生物科学类等过去习惯被看成是"男性专业领域"中,女生的专业满意度显著高于男生,表明男生并不比女生更适合这些专业领域,反映了当前中国女性在所受高等教育内容上的一些突破符合她们选择专业的需要。从城乡差异和阶层差异上看，农村学生和较低阶层的学生对就读专业的满意度在总体和一些热门专业或一般专业领域中显著低于城镇学生和较高阶层的学生，在一些相对冷门的、层次低的或比较吃苦的专业领域中高于城镇学生和较高阶层的学生。总之，一些专业的满意度评价与学生所属的群体有关；男女、城乡和不同社会阶层学生在专业满意度上的差异是与其个人特征和家庭社会经济地位相一致的，是各自基于自身情况不同的考虑而理性地选择专业并对之进行评价的结果。

三、学生对就读专业的满意度受到多种因素的影响。在预设的31个变量中，有16个因素对本科专业满意度有着显著影响，11个因素对专科专业满意度有着显著影响，这些因素按不同类别对专业满意度的影响情况如下：

第一，学生的一些个人特性和专业选择变量对其专业满意度有显著影响。在个人特性因素方面，首先，性别对本、专科大学生的专业满意度都有显著影响，对专科大学生的专业满意度影响更大。相对于男生而言，女生对就读专业达到满意的几率更低。其次，学生参加高考的区域对本科生的专业满意度有显著影响，但对专科生的专业满意度没有显著影响。与在东部地区参加高考的学生相比，在中西部地区尤其是在西部地区参加高考的学生对自己就读的本科专业达到满意的几率更高。在专业选择变量方面，首先，学生选择专业的一些影响因素显著影响着他们对就读专业的满意度。从本科的情况看，那些在选择专业时越强调自己的兴趣、自己的学（术）科能力以及职业生涯发展的潜力的学生，越可能对自己就读的专业达到满意；那些在选择专业时越强调考虑分数落点和为了进入这所学校等因素的学生，对自己就读的专业达到满意的可能性越小。从专科的情况看，那些在选择专业时越强调自己的兴趣或职业生涯发展潜力的学生，越可能对自己就读的专业达到满意；而那些在选择专业时考虑分数落点越多的学生，对自己就读的专业达到满意的可能性越小。其次，学生选择专业的达成度对本、专科学生的专业满意度均有着极其显著的影响，调剂录取的学生对就读专业达到满意的可能性明显低于按志愿录取的学生。

第二，学生的一些家庭背景与高中（中职中专）经历变量对专业满意度有显著影响。在家庭背景变量中，家庭所在地类型和父母受教育程度对本科专业的满意度有显著影响：与家庭在乡镇和农村的学生相比，家庭在县城、地级市、省会或者直辖市的学生对就读专业达到满意的几率相对较高；与父母受教育程度在小学及以下、初中、高中或中职中专的学生相比，父母受教育程度在大专及以上的学生对就读专业达到满意的几率更高。在家庭背景变量中，社会阶层属类和家庭人均年收入对专科专业的满意度有显著影响：与优势阶层的学生相比，中间阶层和基础阶层的学生对就读专业达到满意的几率要低；然而单纯从经济因素来看，与家庭人均年收入为4 000元以下以及4 001-15 000元的学生相比，家庭人均年收入在15 001元以上的学生对就读专业达到满意的几率要低。在高中（中职中专）经历变量中，学生就读的科别与学业总平均成绩对本科生的专业满意度有显著的影响：高中（中职中专）就读艺术类和体育类的学生进入高校后对所读专业达到满意的几率最大，就读理科的学生进入高校后对所读专业达到满意的几率最小，就读文科的学生进入高校后对就读专业达到满意的几率则处于中间状况；在学业总平均成绩方面，与"优秀"的学生相比，高中（中职中专）学业总平均成绩越差的学生，对就读专业达到满意的几率越小。在高中（中职中专）经历变量中，只有学业总平均成绩对专科专业满意度有显著影响，成绩优良的学生对就读专业达到满意的比例明显高于成绩为合格和较差的学生。

第三，表征高校特征的个别变量与专业变量对专业满意度有显著影响。从高校特征变量来看，高校类型对本、专科生是否达到满意自己所读的专业有显著影响。与"211院校"的学生相比，公办一般本科院校和独立学院的学生对自己就读的专业达到满意的几率要低，而民办本科院校的学生对自己就读的专业达到满意的几率更低。与公办高职高专院校相比，民办高职院校的学生对就读专业达到满意的几率更高。高校所在区域对本科生的专业满意度没有显著影响，但对专科生的专业满意度有显著影响。与东部地区的专科学校相比，中西部地区尤其是西部地区的专科学校的大学生对就读专业达到满意的可能性更大。从专业变量来看，专业自身（专业类或专业大类）对本、专科生的专业满意度都有着极其显著的影响，意即在不同的专业类或专业大类，学生对就读专业达到满意的可能性差别很大。

第七章 中国普通高校专业选择的问题分析与对策建议

根据本书对中国普通高校专业选择的影响因素、达成度、群体布局和满意度等几个方面的分析,可以发现在现有的专业选择机制下,中国普通高校专业选择存在一些明显的问题。本章在前面实证分析的基础上,结合跟踪调查和访谈情况,对当前中国普通高校专业选择中存在的主要问题进行分析,并针对这些问题就今后应采取的措施和改革方向进行尝试性探索。

第一节 中国普通高校专业选择的问题分析

如前所述,基于专业选择的重要性,当前中国学生选择专业时表现出比较理性的特点,他们综合考虑到了有关专业选择的重要方面,力图找到各方面的最佳结合点,选到他们认为最好的或满意的专业。然而通过高考志愿的填报和高等学校的录取,大约1/4的学生没有实现自己对专业的选择,1/2的学生对就读专业未达到满意。也就是说,许多理性的考虑并没有达到目的,这无疑反映了中国普通高校专业选择存在的问题。遵照第三章的专业选择评价依据,当前中国普通高校专业选择的主要问题表现在以下几个方面。

一、学生选择专业的主体性不强

根据第三章的论述,专业选择的主体是学生,学生的主体性发挥如何应该是专业选择的一个评价依据。从当前中国普通高校专业选择的情况来看,许多学生的主体性没有得到充分发挥。

学生选择专业的主体性不强最为明显的体现,无疑是那些"被迫"地选择某专业的学生。这里有两种情况,一种是大约1/4的学生是被调剂录取的,他们选择专业的主体性完全没有得到尊重。另一种是基于自身性别或家庭条件的考虑,而被迫地选择某类专业放弃心中的理想专业。根据第五章的分析可知,归属于不同群体的学生在不同专业类的分布呈现出一定的差异,女生、来自农村和较低阶层的学生在专业选择中受到的限制相对更多。显然,这类学生选择专业的主体性也没有得到充分发挥。不论是哪种情况,都会影响着学生的学习积极性及其学业成绩。

学生选择专业的主体性不强还体现在他人的决定性作用上。本书第四章专业选择的影响因素分析结果表明,"父母和家人的影响"成为专业选择的主要影响因素之一,有超过60%的学生认为这一原因在专业选择时"重要"或"非常重要",且有17.11%的学生认为在自己选择专业时这一原因"非常重要"。与此同时,也有超过50%的学生认为自己选择专业时"师长的影响"是一个"重要"或"非常重要"的因素。在访谈中也了解到,一些学生对选择专业的认识很少,他们不得不询问父母、老师或其他人,并往往以父母或老师的意见为准,这可能导致选择专业时对学生自己的情况考虑得不够充分。统计结果显示,在认为"父母和家人的影响"这一因素"重要"或"非常重要"的学生中,分别有12.97%、12.79%和18.38%的人认为"自己的兴趣"、"职业生涯发展的潜力"、"自己的学(术)科能力"在他们选择专业时"完全不重要"或"不太重要"。显然,中国学生选择专业时受他人的影响非常大,以致有不少学生的专业选择在很大程度上是由其父母或老师决定的。学生本人的主体性没有得到充分发挥,这为他们后来学习的积极性问题埋下了隐患。不难理解,专业选择中学生主体性的不足会影响到他们在学习中的主体性。

术业有专攻，隔行如隔山，高等教育提供的高级专门知识并非一般人所能充分了解，且中国高等教育的大规模扩展只是近十几年来的事情，系统地接受过高等教育的人并不多，这使他人的知识和信息也存在很大的不足，最终也可能导致学生选上一个不满意的专业而影响学习的积极性。即使他人的知识和信息比较充分，又可能会出现对学生本人的情况把握不够的局面，而教育要受制于人的身心发展特点，专业与学生的匹配度直接制约着教育的成效，极大地影响着学生的学业成绩。

造成学生选择专业主体性没有得到充分发挥的原因是多方面的，除了中国传统文化中家庭中心主义的影响，教育过程中对学生主体地位的忽视等原因外，现有的专业选择机制存在的问题也必然削弱学生选择专业的主体性。许多调查表明，"应试"特点明显的中国中小学教育尤其是高中教育使中学生基本没有接受过职业生涯教育，他们也没有精力自主地进行职业生涯方面的探索，对大学的专业知之不多，但在现行的专业选择机制下，他们必须在入学前就做出专业选择。在这种情况下，学生考虑到专业选择的重要性，不得不征求其他人的意见和建议。如果他们自己的相关知识很少或向来缺乏主见，那么他们受到其他人的影响可能性就很大。2007级大一新生调查结果显示，31.61%的大一新生认为"做决定前总是问父母该怎么做"非常符合或大部分符合自己的情况，33.67%的大一新生认为"为自己做决定没什么困难"不太符合或非常不符合自己的情况，这反映出大约有1/3的大一新生缺乏独立自主性，见图7-1。离开父母和亲友的大一新生尚且如此，就更不用说上大学前还在父母和亲友身边的高中毕业生了。

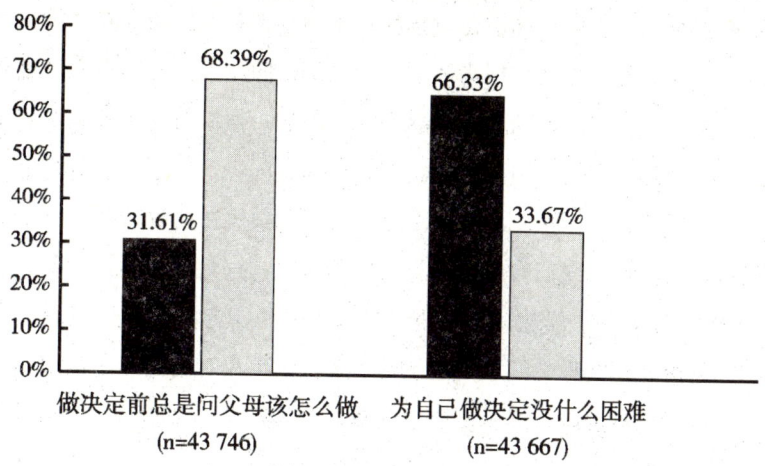

图 7-1 反映大一新生独立自主性的两个方面调查结果

数据来源：中国高等教育研究数据库：http://www.hedb.xmu.edu.cn/

从理性的角度看，学生在相关知识和信息很不充分的情况下，对他人建议的考虑无疑是对的，它有利于学生选择到更热门或更有就业机会的专业。根据第五章专业选择达成度的分析可知，那些选择专业时越看重"父母和家人的影响"的学生，越可能实现自己对专业的选择，这表明了在现行的专业选择机制下，学生选择专业时主体性发挥不足有其必然性。

二、学生选择专业的自由度不高

根据第三章专业选择的评价依据可知，专业选择的自由度体现在三个方面：选择机会的限制条件、选择的范围、对选择对象的认识和把握。若以这三个方面为尺度来衡量，则可以判断当前中国学生选择专业的自由度不高。

1. 相关知识和信息的不足限制了学生入学前选择专业的自由

当前中国学生选择普通高校专业的途径是以入学前高考志愿的填报为主，以入学后的转专业或确定具体专业为辅。从目前实施的情况来看，学生在入学前选择专业没有明确的条件限制，多数人都可以在广泛的专业领域范围内选择，这似乎意味着入学前选择专业是比较自由的，但事实并非如此。从第三章的论述可知，从认识论角度看，自由意味着对事物的认识和把握，选择的自由是主体对客体认识的必然结果，因此选择主体对选择对象的认识和把握情况是选择自由度的体现。而从上面的论述可知，因为知识和信息不足的原因，学生在入学前对选择的对象——高等学校专业的认识和把握是很有限的，他们无法有效地把握这种自由，这就使其选择专业的自由度大打折扣。正如英国经济学家，诺贝尔经济学奖获得者哈耶克所言："当某人因无知或迷信而不去做他在获致较佳信息的情形下会去做的事情的时候，我们有时也会视他为不自由；据此，我宣称'知识使人自由'。"① 这样看来，中国学生入学前选择专业的自由只是一种表面的自由，而不是实质性的自由。抛开哲学的思辨也不难理解，学生在对高校专业认识很不充分的情况下，他们虽然可以在许多专业中选择，但其认识的局限性使他们很难自由地做出决定，他们往往难以确定自己的选择是否恰当，因此常常出现犹豫、迟疑或摇摆不定的心理。2007级大一新生调查问卷设计了学生选择专业前对高等学校专业了解情况的问题，在"选择主修专业前并没有多方了解各个不同的领域"这一项上，学生回答"非常符合"或"大部分符合"的共占58.76%，可见大部分学生在选择专业前对高等学校的专业了解不多。即便是已经进入高等学校的大一新生，也有将近一半的人（46.69%）认为"不能确定自己是否选对专业"与自己的情况"非常符合"或"大部分符合"，见图7-2。显然，学生入学前对高等学校的专业的认识和把握不足以支持他们自由地选择专业。

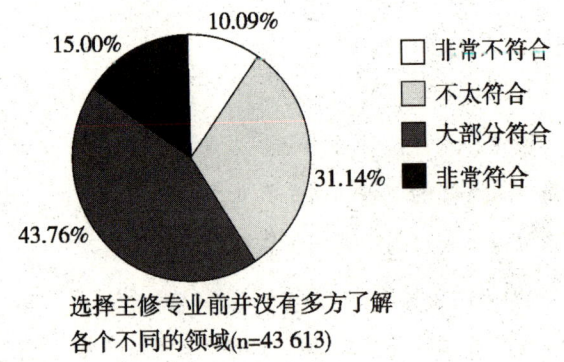

选择主修专业前并没有多方了解
各个不同的领域(n=43 613)

---

① [英] 弗里德利希·冯·哈耶克. 自由秩序原理（上）[M]. 邓正来，译. 北京：生活·读书·新知三联书店，1997. 9.

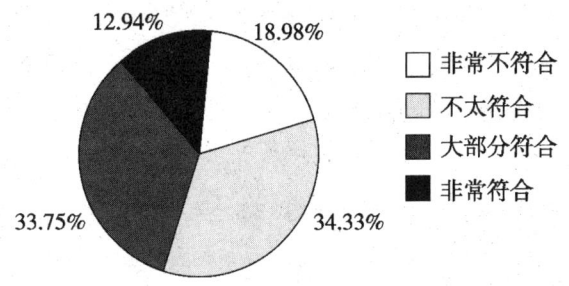

不确定自己是否选对专业(n=43 686)

图 7-2 学生入学前后对专业的认识和了解情况

数据来源：中国高等教育研究数据库：http://www.hedb.xmu.edu.cn/

2. 学生入学后选择专业的机会和范围受限制太多

伴随着大学生认识水平的提高，他们在入学后一段时间再选择专业的价值或意义自然更加明显。然而，中国学生在入学后选择专业的机会比较少，受到的限制较多，选择的范围也往往比较有限，因此选择的自由度在总体上也比较低。从第五章的分析中可知，本科院校学生实现专业选择的比例相对更低，而本研究对本科生的跟踪调查（二年级下学期进行）结果表明，在 534 名本科生中，68.73%的学生认为入校后拥有再选专业（或转专业）的机会；看似比例不小，但在这些自认为拥有再选择专业（或转专业）机会的学生中，仅有 14.60%的学生认为自己获得该机会的难易度为"容易"；进一步看，在"容易"获得再选专业（转专业）机会的这些学生中，又只有 51.92%的学生觉得选择余地"大"，见图 7-3。如果计算一下，就知道在所有学生中，认为拥有再选专业（或转专业）机会且"容易"获得这种机会，并在选择余地上又"大"的学生所占比例只有 5.21%。如果不考虑获得再选专业（或转专业）机会的难易度，就拥有这一机会的学生来说，他们认为选择专业的余地"大"的只占 25.28%。根据第三章中国普通高校专业选择机制的论述可知，尽管近年来许多高校实行按专业大类招生，学生可以第二次选择专业，这种现象对于扩大学生专业选择的自由度来说是一种进步趋势。然而，从目前实施的情况来看，大多数"专业大类"涉及的专业范围仍然不够宽，学生入学后进一步选择的余地很小。这进一步说明，不管入学后的专业选择机会获得难易程度如何，学生如果想再选专业（或转专业），他们可以选择的余地在多数情况下是很有限的。因此，从总体上看，中国学生在进入高等学校后选择专业受到的限制太多,要么是难以获得选择专业的机会,要么是选择余地不大。综合入学前后的专业选择情况,可以做出这样一个判断,当前中国学生选择普通高校专业的自由度在总体上不高。

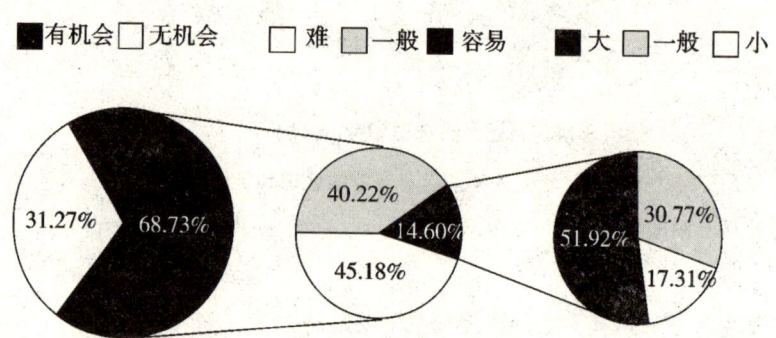

图7-3 学生入学后选择专业的机会及其难易度和选择余地大小

总之,学生选择专业表面上看起来是自由的,但实际上由于各种原因,学生选择专业存在着诸多的不自由。学生选择专业既受到一些潜在的"法则"所支配,又受到高等学校的现实制度所制约。

专业选择自由的重要意义不仅在于它能增强专业与学生的匹配性,提高学生的专业满意度,还在于它同时给予了学生学好专业的责任。从法理学上讲,自由是人们追求的一种权利,而权利总是与一定的责任或义务相对应的,有什么样的自由权利就应该承担相应的责任,履行相应的义务。专业选择的自由与法律上的自由有所不同,主要表现为相应的责任和义务并不具有法律效力,学生可以不承担和履行相应的责任和义务,因为它不构成对他人的或社会利益的损害,而只对自己造成不良影响。这就是说,在专业选择自由中,学生承担责任和履行义务的对象是学生自己,他(她)不承担责任和不履行义务就得由自己来追究。于是,通过心理因素的作用,专业选择自由与责任和义务的对应关系也是存在的,它在多数情况下都会产生影响和作用。在这种情况下,如果学生选择专业比较自由,那么他们就更可能对自己的选择行为负责,因此更可能认真努力地学习;相反,如果学生选择专业很不自由,他们愿意为自己的选择行为负责的可能性就会降低,或者说责任感在总体水平上会减弱,从而更可能消极地对待学习。承担责任必然要求责任主体具有相应的责任能力,因此自由与责任的这种关联性,意味着对自由的主张只能适用于那些被认为具有责任能力的人。国外早有学者对这一关系做过论述,哈耶克指出:"对自由的主张,对于那些从经验中尚未习得足够的知识或无能力习得知识的人,不具有适用力……个人责任的范围只能以他被认为可以做出判断的情形为限。"① 另一位诺贝尔经济学获得者,被称为关注最底层人的印度经济学家阿马蒂亚·森(Amartya Sen)也指出:"没有实质自由和可行能力去做一件事,一个人就不能为那件事负责。但是,实际上有实质自由与可行能力去做某一件事,也就向一个人施加了义务去考虑是否做那件事,而这确实涉及个人责任。"② 中国学生选择专业主要是在高中阶段进行的,由于高中生尚未习得足够的相关知识或能力,自由并不适用于他们,因为他们无法承担相应的责任。国际上的研究也揭示了这种专业选择存在的问题,世界银行、联合国教科文组织高等教育与社会特别工作组在其研究报告《发展中国家的高等教育:危机与出路》中指出:"一些发展中国家大学生面临的问题之一是入校甚至录取时就要选择专业领域。一旦他们选定专业,几乎很难再改变或者根本不可能改变。这种僵化的模式剥夺了学生的选择自由,使他们难以在不同的学科领域选修课程。过早的专业化可以使学生尽早明确专业目标,但学生为此付出的代价是巨大的,这种体制不能释放和发挥许多学生真正的潜力。"③

原因已经非常明确,中国学生选择专业的自由度问题是现有专业选择机制所规定了的。学生主要在入学前就选定自己的专业或专业类,入学后视情况给予转专业或确定具体专业的机会,而转专业在机会乃至选择范围上都往往受到很大的限制。进一步探究其原因,这种限制与现有的高等教育体制、课程设置以及教育资源等密切相关。

首先,从高等教育体制上看,现有的招生、培养和管理体制制约着学生选择专业自由的扩大。专业按计划招生并实施相应的管理制度可以说是目前中国高等

---

① [英]弗里德利希·冯·哈耶克. 自由秩序原理(上)[M]. 邓正来,译. 北京:生活·读书·新知三联书店,1997. 91,99.
② [印度]阿马蒂亚·森. 以自由看待发展[M]. 任赜,于真,译. 北京:中国人民大学出版社,2002. 285.
③ 世界银行,联合国教科文组织高等教育与社会特别工作组. 发展中国家的高等教育:危机与出路[M]. 蒋凯,主译. 北京:教育科学出版社,2001. 19.

教育领域中计划色彩最为浓厚的地方之一，这一传统始于1952年学习前苏联时进行的院系调整。为了培养各行各业急需的专门人才，政府首先按照国家经济、文教、政法等各方面建设的需要确定全国应该设立的专业，再结合各高等学校的师资、设备条件，在每校设置一定的专业。专业决定以后，几个性质相近的专业，可以结合成一系；同时一系也可以只有一个专业。① 经过若干年的院系调整，中国普通高校在发展中逐步形成了以专业为中心的招生、培养和管理制度。学校按专业招生、按专业分班和培养、学籍按专业管理、教师按专业配置，甚至连教室、实验设备、实习场所和图书资料等都按专业划拨使用。这样一来，专业成为大学教学制度的核心，大学的教学活动是以专业为基本单位而展开的。② 有研究指出，中国普通高校专业背后存在三大实体：同一专业学生所组成的班集体、教师组织（与专业同名的教研室）、与教师组织相连的经费、教室、实验室、仪器设备、图书资料以及实习场所等，这导致专业设置具有规模效益问题。专业成为相对独立的资源使用和产出单位，专业实体的资源基本上只服务于本专业的人才培养。③ 在这种体制下，学生入学后选择专业无疑会给管理带来很大的不便和困难，这就使管理部门不愿意给予学生再次选择专业的机会，因此倾向于对其进行严格的限制。同时，各专业或专业类的教师和管理人员等为了维护自身的利益，如保持正常的教学秩序，留住更多的学生以获得经费、人事等方面的支持，一般都不愿意自己的学生转到其他专业。此外，从宏观管理体制上看，政府对高等学校专业设置的限制也制约着高等学校扩大学生的专业选择自由。出于规范和调控的目的，中国政府公布了本专科专业目录，绝大多数高等学校只能在目录范围内设置专业，另设专业的自由度不高。在这种情况下，高等学校难以紧密结合劳动力市场的需求进行专业设置和调整，因此也不愿意让反映市场的力量——学生自由地选择专业。否则，这种僵化的宏观管理体制将使学校在满足学生选择需要上

---

① 曾昭伦. 高等学校的专业设置问题 [J]. 人民教育, 1952年9月号, P6-7. 转引自胡建华. 现代中国大学制度的原点：50年代初期的大学改革 [M]. 南京：南京师范大学出版社, 2001. 176-177.

② 胡建华. 现代中国大学制度的原点：50年代初期的大学改革 [M]. 南京：南京师范大学出版社, 2001. 178.

③ 卢晓东, 陈孝戴. 高等学校"专业"内涵研究 [J]. 教育研究, 2002 (7): 47-52.

面临困难。

其次,从课程设置上看,中国普通高校专业的课程面较窄,这使学生入学后选择专业容易出现适应性困难,自由度必然受到限制。1952年院系调整后,中国普通高校各专业的专业课程主要是依据该专业对人才规格的要求而设置的,同样具有典型的计划色彩。专业与课程之间的顺序是先设专业,再根据专业要求设置课程。显然,中国学生在高等学校里读什么专业,学什么课程,都是高等学校根据社会需求按步骤事先一一计划好的。由于各专业培养的人才具有较强的针对性,这就使专业之下的课程设置专业化起步早、程度高。与此相适应,选修课程迅速减少,必修课程迅速增加。教育部在《关于各校拟定1951年度教学计划时应注意的几项原则的指示》中指出:"拟订各系科的教学计划,编排课程时,应从培养一定专门人才所必需的课程着眼,业务课程应有重点,选修课尽量减少,以贯彻'在系统理论的基础上实行适当的专门化'的原则。"① 根据这一指示,许多大学制订了以专门课程与必修课为重点的教学计划或课程草案⋯⋯专门化的发展以及培养人才规格的统一要求使得选修课大幅度减少,到1952年下半年开始的以专业设置为中心的教学改革之后,在大学课程中就基本上看不到选修课了。② 上世纪80年代中期以后,出于拓宽知识面,加强通识教育,增强人才适应性的目的,中国普通高校又在政府的号召下,逐步增设选修课程,但这类课程往往不受重视。从目前的情况来看,全国绝大多数高等学校开设的选修课程所占比例仍然较低,学生所学知识的专门化仍然较早,程度仍然较高。赵颂平等人对浙江省五所高校的1 502名大学生的调查发现,在回答"你对选课权利的渴望程度"时,有93.12%的学生选择"强烈"或"较为强烈"。在回答"你的选课权利是否得到了充分实现"时,有61.71%的学生认为"不太充分",有24.6%的学生认为"很不充分";在问及原因时,有78.29%的学生认为是因为"选课的自由度受

---

① 关于各校拟定1951年度教学计划时应注意的几项原则的指示[Z]. 高等教育文献法令汇编(1949年-1952年). P64. 转引自胡建华. 现代中国大学制度的原点:50年代初期的大学改革[M]. 南京:南京师范大学出版社,2001. 180.

② 胡建华. 现代中国大学制度的原点:50年代初期的大学改革[M]. 南京:南京师范大学出版社,2001. 180.

到严重限制，选择余地太小"。① 总之，选修课少是与人才培养高度专门化的需要相适应的。

中国学生较早地走上了专门化人才培养的道路，也因此较早地积累起了专用性人力资本。在这种情况下，其较窄的知识基础使他们转换专业不仅面临知识上的困难，也导致他们曾经积累的专用性人力资本遭到贬值。阻力不小而动力不足，这从两个方面制约着学生再选择专业的自由。跟踪调查和访谈中了解到，一些学生对就读专业并不满意，但他们在转专业机会容易且选择余地大的情况下也不愿意重选专业，主要原因就是考虑到学习新专业的困难和已学专业知识的贬值，他们不愿意放弃自己已取得的成绩而去冒留级的危险。

再次，从教育资源上看，当前中国普通高校教育资源的不足也使扩大学生选择专业的自由面临一些的困难。中国普通高校专业选择的重要性日益增强的过程也是高等学校教育资源日趋紧张的过程，这导致了专业选择的自由缺乏必要的客观条件支撑。在绪论和第三章中谈到，上世纪90年代以来，伴随着高等教育规模的扩展，中国高等教育在投资体制和毕业生就业制度上进行了重大改革，学生缴纳学费迅速增加，毕业生自主择业制度全面推行，就业形势日益严峻，这使中国学生选择专业的重要性日益突出。与此同时，由于高等教育规模的迅速扩展，高等学校的教育资源日趋紧张，师资、经费、教室、仪器设备等办学条件无法跟上人才培养的需要。在这种情况下，学生选择专业的自由遭遇条件不足的制约。

学生选择专业的自由必然依赖于较充分的教育资源，尤其是相应的师资、仪器设备等，而这些教育资源过去一直都是按照各专业的计划招生人数配置的，具有专业独占性，如果放开专业选择限制，给予学生充分的专业选择自由，那么很可能出现学生由冷门专业流向热门专业、由录取分数低的专业流向录取分数高的专业、由学校的弱势专业流向强势专业等现象，这样势必导致一些专业原已非常紧张的教育资源严重不足，而另一些专业的教育资源又因此而可能出现闲置浪费的局面。从课程资源来看，中国普通高校由于师资的不足，所能开设的课程不多，大多数院系在满足自己各专业学生上课的需要上都显得非常紧张，要接收更多的学生就存在困难，更不用说让其他院系学生选课了。国外优秀大学能提供

---

① 赵颂平，张荣祥，张素勤. 大学生选择权的现实状况及实现途径 [J]. 辽宁教育研究，2004（8）：22-24.

6 000~10 000门课程供学生选择，而中国许多高校资源匮乏，最多也只能开出 3 000~6 000门课程。① 对于大多数条件不错的高等学校来说，一般只能开设 2 000门左右的课程。由于目前中国普通高校尤其是本科院校大多规模庞大，这就使课程资源尤其紧张，而课程资源的紧张无疑限制着大学生们选择专业的自由，在课程作为专业的固定资源的中国高等学校尤其如此。此外，放开专业选择的限制必然要求加强对学生进行专业选择的指导，而这项工作在目前中国普通高校基本没有开展起来，如果要开展这项工作，则必然增加教师工作量，这对生师比已经过高、教师负担已非常繁重的中国高等学校来说显然是难以应付的。增加师资似乎是解决问题的重要出路，但在经费困难又存在资源浪费的情况下，增加师资也是非常有限的。

三、学生选择专业的不公平问题突出

根据本研究的实证分析可知，受社会传统观念、家庭背景等方面不同及其影响下形成的学生在兴趣、能力等方面差异的影响，不同的学生、归属于不同群体的学生在选择专业上存在着明显的不公平现象。

1. 不同群体学生之间在选择专业上的不公平

如前所述，由于传统观念的影响和学生在抗风险能力、信息掌握情况、早期教育以及经历形成的兴趣等方面的不同，归属于不同群体的学生在选择专业中受到的限制是有所不同的。与另一个群体的学生相比，某个群体的学生选择专业的自由度相对更高或更低，其结果是归属于不同群体的学生在专业选择的达成度、所进入的专业领域和专业满意度上存在差异。

从专业选择的达成度上看，与城镇学生和较高阶层的学生相比，农村学生和基础阶层的学生在专业选择的达成度上处于劣势。在所进入的专业领域上，女生、农村学生和基础阶层的学生受到的限制相对更多：与男生相比，女生更多进入传统观念中认为比较适合女性的专业领域；与城镇学生和来自较高阶层的学生相比，农村学生、来自较低阶层的学生更多进入传统的一般专业、冷门专业或比

---

① 赵雄辉. 论大学生的选择权 [J]. 辽宁教育研究，2007 (1)：9-12.

较吃苦的专业领域。在专业选择的满意度上，男生对就读专业的满意度在总体上和一些典型的"男性专业领域"中高于女生，女生对就读专业的满意度在一些典型的"女性专业领域"会高于男生。城镇学生、来自较高阶层的学生对就读专业的满意度在总体上高于农村学生和来自较低阶层的学生，农村学生和来自较低阶层的学生的专业满意度仅在较低层次的学校和相对冷门或比较吃苦的专业领域会相对更高。显然，基于家庭社会经济地位的不同，不同群体的学生理性地选择专业的结果，便是在他们各自进入的专业领域上存在不公平现象。

由于在入学前选择专业的不利以及更差的就业预期等原因，农村学生和来自较低阶层的学生入学后转专业的愿望似乎更加强烈。以本科为例，统计结果显示，大一时 13 888 名农村学生中打算转专业的比例占 18.54%，而 15 196 名城镇学生中打算转专业的比例为 16.21%，差异达到了显著性水平（$P<0.01$）。然而到大二下学期时，转专业的结果却与此相反，跟踪调查的 276 名农村学生中转过专业的比例为 14.49%，明显低于 248 名城镇学生中转过专业的比例（17.34%）。同样，在 6 851 名、7 188 名和 17 819 名分别来自优势阶层、中间阶层和基础阶层的本科大一新生中，打算转专业的比例分别为 17.11%、16.04% 和 17.68%，然而到大二下学期时，在 100 名、109 名、316 名分别来自优势阶层、中间阶层和基础阶层的本科生中，转过专业者分别为 15.00%、20.18% 和 13.92%。可见，农村学生和来自基础阶层的学生在转专业上的机会不如城镇学生和来自中间阶层、优势阶层的学生，这使专业选择的不公平进一步扩大。

2. 不同学生之间在选择专业上的不公平

与群体之间的公平追求相比，个体之间的公平追求是一种更高层次的公平追求，是个性张扬时代人性的一种回归。根据本书前面的分析可知，就一个个选择专业的学生个体来说，由于家庭背景以及知识和信息掌握情况的不同，在选择专业的结果上存在不公平现象，主要表现在两个方面：

一方面，不同的学生之间在选择专业的达成度上不同。根据第五章的分析，经过学生的志愿填报和高等学校的录取，76.60% 的学生实现了自己对专业的选择，他们是按自己所报的志愿被录取的，23.40% 的学生未实现自己对专业的选择，他们是被调剂录取的；在"211 院校"和公办一般本科院校，被调剂录取的学生所占比例还更高。从满足个体选择需要的角度上说，专业选择的结果是不公平的。对那些未实现专业选择的学生来说,他们并不一定是因为成绩差而被调剂录取,而是现有的专业选择机制下的一种必然结果。需要指出的是,从表面上看,专业选择和录取是比较公平的,但这只是一种形式上的公平,因为不同的学生在选择专业时尽管大都比较理性,都力图选上自己期望入读的某个专业,但他们所考虑的因素以及所依据的相关知识和信息总是有所不同,最终造成了结果上的不公平,即有部分学生的选择得到了实现,部分学生的选择未能达成。

另一方面,不同的学生之间在专业匹配性和满意度上不同。这是第三章所述的"差异的公平"问题。如前所述,由于中国的高中毕业生对高等学校专业知之甚少,他们也缺少对自己进行职业生涯方面的探索,这使许多学生在选到适合自己的专业上存在不小的困难。在这种情况下,作为专业选择的结果,一部分学生选到了适合自己的专业,他们一般感到满意,而另一部分学生没有选到适合自己的专业,他们一般对自己就读专业的评价未达到满意程度。从第六章对专业选择结果的评价分析可知,在调查的全国 45 552 名 2007 级本专科大一新生中,有 49.15% 的学生对所读专业"达到满意",50.85% 的学生对所读专业"未达到满意"。而到大二下学期时对其中的 534 名本科生的跟踪调查结果显示,对就读专业达到满意的学生占 40.26%,未达到满意者占 59.74%。由于专业与学生的匹配性和学生的专业满意度直接制约着学生的学业成绩及其教育回报,而它们又并不是由入学分数决定的,因此对那些未能选到适合自己专业的学生来说,显然是不公平的。

四、学生选择专业的达成度与满意度不高

如前所述,专业选择的目标是否达成,可以从两个方面来进行衡量,一是专业选择的达成度,二是专业满意度。从当前的情况看,中国学生选择专业在这两个方面都不是很高。

1. 专业选择达成度不高

虽然总体上有 76.60% 的学生实现了自己对专业的选择,但也有近 1/4 的学生未实现这一选择,这是个不小的比例。从不同的高校类型来看,在"211 院校"和公办一般本科院校,专业选择达成度更低,分别只有 70.98% 和 73.88%。

在不同专业类，学生选择专业达成度差别很大，有的专业能够达到90%以上，而有的专业不到30%。显然，在许多专业，学生被迫入读的比例非常大。根据上文的分析，被迫选择某专业的学生遭遇了不公平的结果，他们的选择没有得到充分尊重，就读某专业并非他们的选择。根据第六章专业满意度影响因素的分析结果可知，专业选择达成度是专业满意度的显著影响因素，与未实现专业选择的学生相比，那些实现了专业选择的学生对就读专业达到满意的可能性明显更大。

2. 专业选择满意度不高

虽然说在信息不充分的条件下，中国学生选择专业达成与否并不能决定他们对就读专业的满意度，但是在信息不充分的条件下，由于学生、家长和中学老师对高校的专业设置并不十分了解，学生个性特点与大学学科专业的匹配是无法实现的。这给学生的大学学习带来很多困难，甚至带来很多大学生的心理问题。①在这种情况下，学生的专业满意度自然难以保证。从2007级大一新生调查的结果来看，中国学生对就读专业达到满意的比例明显不高。在总体上，当前中国学生对所读专业"达到满意"的比例只有49.15%，还有1/2的学生对就读专业"未达到满意"。当然，如第六章所述，学生对就读专业的满意度可能随着学习的推进而发生变化，但本研究在大学二年级下期所进行的跟踪调查（其中的534名本科生）结果显示，学生对就读专业的评价达到满意的比例为40.26%，与这部分学生在大一时对就读专业达到满意的比例（47.00%）相比，还有所下降。

大量的学生对就读专业的评价达不到满意程度，这对他们进行专业学习来说显然是不利的。由于专业化较早，中国大学生在二年级下期已经较多地进入了专业学习，此时他们学习专业知识的热情度对其整个大学期间的学业成绩有着重要影响。对大二下期的学生进行的跟踪调查结果显示，专业满意度不同，学生学习专业知识的热情度差异很大：那些对就读专业满意的学生，学习专业知识的热情度普遍较高，而那些对就读专业未达到满意的学生，学习专业知识的热情度就更多处于一般或较低水平，见图7-4。

---

① 金顶兵. 美国七所世界一流大学本科生专业选择的比较分析[J]. 北京大学教育评论，2006（3）：129-139.

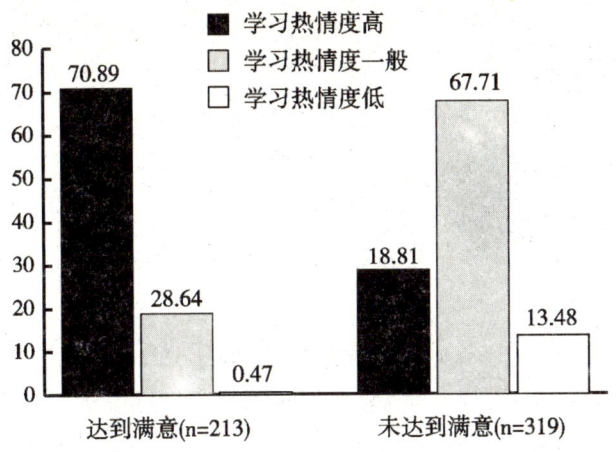

图 7-4　不同专业满意度学生学习专业知识的热情度比较

作为专业选择的结果及其评价，学生选择专业的达成度和专业满意度不高，在客观上既是现行专业选择机制下学生选择专业的主体性不强、自由度不高的最终结果，又与当前中国普通高校的专业设置问题密切相关。从选择机制上看，学生入学前做出专业选择，而高等学校根据学生的选择和高考分数等情况录取学生，专业招生的计划性与学生之间填报志愿的信息阻隔，必然导致招生计划与学生选择之间在数量上的不对应，致使许多学生无法实现自己的专业选择，而入学后转专业又受到严格限制。更为重要的是，学生入学前不仅对高等学校专业的认识和了解不多，他们的心理成熟度也不高，个性尚未完全定型，这使他们对自身的认识和把握还不够，又因学习压力而缺少对自己进行职业生涯的探索。总之，由于相关知识和信息的缺乏，他们容易表现出选择的被动性，受他人的影响较大，而入学前后选择的自由度都不高，其结果是他们做出的专业选择主要是在信息不对称的情况下进行的，无论他们选择专业的过程有多理性，最终选到的专业并不一定适合他们。前面的分析指出，2007级大一新生调查结果证实，近60%的大学生认为自己"选择主修专业前并没有多方了解各个不同的领域"非常符合或大部分符合自己的情况。在对自己的认识和了解方面，调查结果显示，在43 659名大一本专科学生中，有35.64%的人认为"我不确定自己的兴趣或能力"非常符合或大部分符合他们自己的情况，见图7-5。显然，入学前的认识和了解程度只会更低。总之，由于学生对高等学校的专业和自己的认识都非常不足，这是他们不论实现专业选择与否,对就读专业的满意度都不高的一个重要原因。

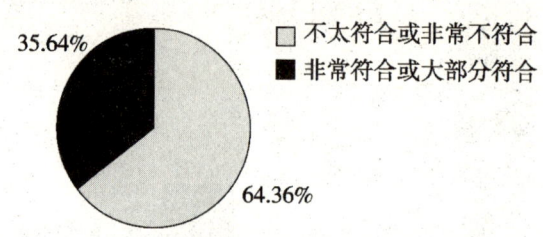

我不确定自己的兴趣或能力(n=43 659)

图7-5 大一新生对自己的兴趣或能力认识情况

数据来源:中国高等教育研究数据库:http://www.hedb.xmu.edu.cn/

从专业设置方面看,中国普通高校在专业设置上拥有一定的自主权。1999年1月1日实施的《中华人民共和国高等教育法》第三十二条规定:高等学校依法自主设置和调整学科、专业。但是,教育部又要求严格按照全国统一的专业目录审批高等学校设置新专业,这使高等学校在设置新专业上受到许多限制,而设置目录外专业更是困难,其结果是高等学校在专业调整上无法灵活地适应劳动力市场的需求和学生选择专业的需要。因此,在中国普通高校的各专业中,一方面比较缺乏劳动力市场需求的专业,另一方面又存在着许多既不是劳动力市场大量需求的又不受学生欢迎的专业。毋庸置疑,进入这类专业的学生有相当大比例是调剂录取的,他们大多对就读专业的评价也达不到满意程度。本书在第五章和第六章对2007级大一新生调查结果的分析结果也表明,各类专业的学生实现专业选择的比例和对就读专业达到满意的比例差别很大,其中也不乏学生选择积极性低、满意度也低的专业。第六章专业满意度的影响因素分析也显示,本科专业类或专科专业大类自身就是专业满意度的一个显著影响因素。

1998年颁布的《普通高等学校本科专业设置规定》第十九条规定,普通高等学校根据社会特殊需要及自身优势和特点,可在完成基础课教学后,在现设专业范围内自主审定专业方向。然而,由于中国普通高校专业的课程范围相对比较窄,这使专业范围内的方向调整对学生来说意义不是很大,因此难以提升学生的专业满意度。

第二节 中国普通高校专业选择的对策建议

本书在第三章中分析指出，充分的高等学校专业选择对于学生增强主体性、提高学业成就和教育回报，对于高校提高教育质量和适应社会发展，对于社会缓解结构性就业问题、促进教育公平等都具有重要意义。本节针对中国普通高校专业选择中存在的问题，依据有关调查资料，分别从高等学校、政府和学生三个方面提出相应的一些对策建议。

一、对高等学校的改革建议

尽管市场竞争最终必然迫使高校通过变革以尽量满足学生选择专业的需要，但高校如果能够积极通过改革顺应这一趋势，不仅有利于提高人才培养质量，还能保持和增强其对社会的适应性，从而在今后的竞争中处于上风。

1. 确立以生为本的教育理念

中国普通高等学校之所以严格限制学生选择专业，是与高等教育理念中对教育活动的基本认识和要求出现偏差以及对学生权利和地位的漠视等密切相关的。有研究指出，长期以来，我们的大学教育的价值目标取向一直是为一定的政治、经济等目标服务，是为在此基础上确定的培养目标服务的，而往往忽视、排斥、甚至完全不顾及学生个体成长和未来发展的需求。长此以往的这种状况，已经给中国的大学教育及人才培养造成了相当不良的后果。①

培养人才是高等学校最基本的职能，高等学校及其教师是因为学生而存在的，而不是因为学科或专业而存在的。因此，学生的身心发展是高等学校的首要目标，高等学校的教师、管理者，都应围绕促进学生的身心发展而开展工作；学校与学生有关的各种规章制度，都应着眼于学生的未来发展。教育教学的效果如何、目的是否达到等，就是看在教育的影响下，学生身心方面是否得到了应有的

---

① 陈学飞. 应确立为大学生未来发展服务的价值目标 [J]. 中国高等教育，2001 (22)：23-24.

发展。由于人的身心发展有自身的规律,使教育的成效对学生的身心参与有较强的依赖性,靠强制灌输的办法就是不按规律办事,其收效必然不大。总之,学校的教育教学活动最终是为了学生的身心发展,而学生身心的发展又依赖于他们自身的积极参与。简言之,一切为了学生,一切依靠学生,这便是以生为本的教育理念。显然,为了学生就应考虑学生身心发展的需要,尊重学生所进行的教育选择,比如专业选择,因为只有这样,学生才能取得更快更好的发展。依靠学生就需要发挥学生的主体性,让他们真正成为学习的主人,而自主地选择专业便是学生主体性的重要体现。

随着中国高等教育大众化的继续发展,学生的入学需求日趋多元化,这使按计划招生培养的统一模式无法适应,必须发挥学生在接受高等教育中的主体性,让他们为自己的行为负责,这就要求必须首先确立以生为本的教育理念。

2. 在现有条件下,尽可能扩大专业选择的自由

前人的研究从认识论、政治论(受教育权、学习权或消费权)和现实需要等角度充分论证了学生应当享有专业选择的自由,本研究也分析了充分的专业选择对于学生、高等学校和社会的重要意义。专业选择自由的重要性已为学界所认识,蔡克勇教授说,"只有基于个人选择自由的教育才是真正'人性化'的教育"。[1] 中国普通高校专业选择的自由度不高,在今后的改革中必须加以调整,以扩大学生选择专业的自由。

在中国现行的专业选择机制下,扩大专业选择的自由主要是扩大入学后选择专业的自由。不少调查表明,大学生们对就读专业的满意度不高,相当比例的人希望能够转专业或获得再选专业的权利。北京大学"大学本科通识教育课题组"于2000年6月对北大404位教师和659位大四学生的问卷调查发现,大部分学生和教师都认为专业确定时间过早,不利于学生根据兴趣选择专业;有40.1%的学生在大学四年中曾经有过换专业的念头,但没有机会。[2] 赵颂平等人对浙江省五所高校的1 502名大学生的调查发现,大学生对选择权充满了渴望,但是他们对

---

[1] 程瑛,周剑虹. 我喜欢,我选择——高等教育体系逐步敞开"自主选择专业"空间[N]. 中国教育报,2003-02-19 (2).

[2] 陈向明. 从北大元培计划看通识教育与专业教育的关系[J]. 北京大学教育评论,2006 (3):71-85.

现实又表现出了无可奈何的情绪。在回答"你对选择专业这一权利的渴望程度"时，有95.47%的学生选择"强烈"或"较为强烈"，有89.13%的学生认为选择专业的权利实现得不充分。① 赵雄辉对湖南省13所高校1 315名在校大学生的调查结果表明，在13项权利中选出最期待享有的5项时，比例最高的就是选择权，73.6%的学生期待享有这一权利。而84.5%的学生"完全赞成"或"基本赞成"学校应该允许大学生自己选择专业、自己决定学习年限。②

2007级大一新生调查以大规模的全国样本进一步证实，中国大学生对就读专业的评价达到满意者所占比例不大，相当多的学生没有选到他们理想中的专业，这使他们学习热情度不高，往往消极应付学习。为了改变这种状况，一些人打算转专业。调查结果显示，在44 227名本专科学生中，打算转专业者占16.88%，其中对就读专业未达到满意的22 437名学生中，有27.06%的人打算转专业；在对就读专业达到满意的学生中，也有6.40%的学生打算转专业，见图7-6。此外，调查结果还显示，在2007级大一本专科学生（有效样本43 862个）中，还有5.90%的人打算转学或重新参加高考，同时改变主修领域，其中对就读专业未达到满意者（22 156人）的这一比例为8.48%。两项加起来，在现行的专业选择机制下，学生打算转换专业的比例在总体上超过22%，其中专业不满意者超过35%。

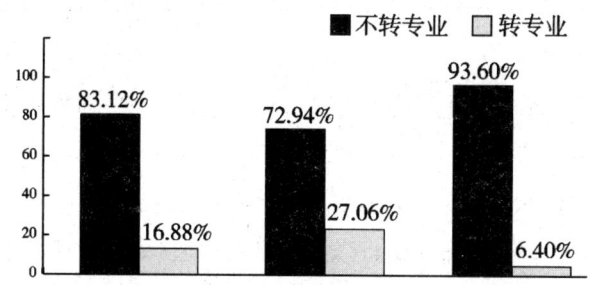

图7-6 大一时不同专业满意度学生打算转专业者所占比例

数据来源：中国高等教育研究数据库：http://www.hedb.xmu.edu.cn/

---

① 赵颂平，张荣祥，张素勤. 大学生选择权的现实状况及实现途径 [J]. 辽宁教育研究，2004（8）：22-24.

② 赵雄辉. 论大学生的选择权 [J]. 辽宁教育研究，2007（1）：9-12.

事实上，这还没有全面反映当前中国大学生对转专业的期待，因为有一部分学生因为转专业的诸多限制而打消了转专业的念头。同时，由于学生对就读专业的满意度评价可能发生改变，因此大学生们是否打算转专业也可能发生变化。为了更为客观地了解当前中国大学生转换专业的真实需求，本研究对进入大二下学期的本科生进行了这方面的跟踪调查。当问及"如果您获得再选专业（或转专业）的机会较容易且选择余地大，是否打算转换专业或专业类"时，在529份有效答卷中，有42.53%的学生打算转专业，其中对就读专业未达到满意（大二下期）的学生中选择打算转专业的比例达到了59.75%，见图7-7。可见，当前中国学生转专业的需求非常大。

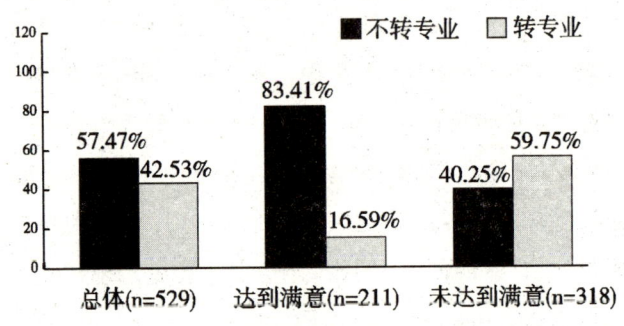

图 7-7 大二下学期不同专业满意度学生打算转专业者所占比例

在现有条件下，扩大专业选择自由的主要做法主要是增加转专业的机会，实行按专业大类招生并扩大其"类"的范围。如前所述，中国学生选择专业的问题与教育体制和教育资源都有关系，而在现行的教育体制和现有的教育资源条件下，完全按照西方一些国家那样实行入学后自由地选择专业的做法是不现实的，在实践中难免带来一系列的问题，如专业（学科）失衡问题、教育资源严重不足与闲置浪费并存的问题、教育公平问题等。在这种情况下，适合的做法仍然是通过局部的调整，努力创造条件，逐步扩大学生选择专业的自由。

(1) 增加学生转专业或重新选择专业的机会

俗话说，鞋子合适不合适，只有脚才知道。学生要认识自己、认识高等学校的专业不是在接受高等教育之前能完成的，必须经过不断地探索和实践，才能逐步趋于事实。因此，专业的选择应该有多次的机会，而不能仅有一次学生无法有效把握的机会,这样才能使选择的结果更符合个人的实际和需求,提高学生的学习积极性,改善教育成效。中国科技大学副校长程艺认为,允许在校大学生选择专业,仅仅是把学生应有的权益重新交给他们,培养他们自我负责的一种精神,也仅仅是高校为培养更符合社会需求的高素质人才的一种改革。① 国外在这方面有相关教训,根据阿根廷的官方统计数字,在阿根廷国立大学中,每百名入学的大学生中最终仅有 19 名能毕业,绝大多数中途辍学。调查报告认为,大学生辍学比例高的主要原因之一是:学生在入学时对所学专业抱有过高的期望,而入学后逐步发现现实和原先的期望距离太大,因失望而放弃学业。这与学生在选择专业时缺乏指导,学业紧张,不能随意换专业都有关系。② 中国高等学校因为缺乏淘汰机制,所以淘汰率接近为零,但这并不代表人才培养质量都很高。不可否认,因为专业选择不当而影响学业成就的大有人在。

转专业或再选专业的机会不是无限的,在中国现有体制和资源条件下进行必要限制更是必然的。首先,在时间上,为了避免学生的盲目性和保证必要的教育效益,入学后转专业或再选择专业应有一个合适的时间,如第一学年末到第二学年末。这样,学生学习一段时间后再确定专业,有利于学生更清楚地把握自己的需要、兴趣、能力、性格以及专业的重要方面,如学习内容和学习特点,对知识、能力和性格的要求以及就业前景等,在此基础上比较理性地选择适合自己的专业。而考虑到教育资源的不足和专门化的要求,中国学生也不适合在高年级再进行专业选择。其次,对专业人数进行限制也是必要的。由于中国普通高校专业的专门化程度高,各高校在教育资源紧缺的情况下又集中力量抓少数专业和少数学科建设,使同一所学校各专业的办学基础和条件相当悬殊,专业冷热差别非常明显,如果完全放开专业选择的人数限制,可能导致一些专业挤破门槛而另一些专业却无人问津的局面。在这种情况下,可借鉴国外一些高校的"封顶专业",进行人数限制。需要指出的是,限制的主要途径是相关学科的入学分数或入学后的成绩考核是符合公平原则的,但出于人才培养需要的考虑,入学后的成绩考核

---

① 程瑛,周剑虹. 我喜欢,我选择——高等教育体系逐步敞开"自主选择专业"空间 [N]. 中国教育报,2003-02-19 (2).

② 转引自曾惠燕. 高校学生的权利与义务 [M]. 北京:中国社会科学出版社,2006. 258.

理应是转入专业的知识和技能考核,而不应是当前不少高校实施的转出专业的成绩排名。由于中国普通高校在人才培养过程中专业化较早,让本专业的优秀者转学其他专业,既是对本专业的一种彻底否定,又是对学生的一种不合理要求。前者会给本专业其他学生带来消极影响,后者对学生学习新专业来说显然是不利的,因为他(她)花了更多时间和精力于自己不想就读的专业。

事实上,从当前中国一些高等学校如北京大学、中国科技大学、复旦大学、中国地质大学、华南理工大学等的实践来看,转专业的放开虽然出现了学生更多由冷门专业转到热门专业的现象,但确实有不少学生是根据自己的兴趣、能力和爱好等原因转专业,因此并没有导致学科、专业的失衡问题,反映出学生选择专业已经趋于理性。

(2) 实施按专业大类招生并扩大"类"的范围

出于拓宽基础和在一定范围内延迟专业选择的考虑,当前中国不少高校都在试行按专业大类招生的做法,这在一定程度上扩大了学生选择专业的自由。但就目前实施的情况来看,根据2007级大一新生调查结果,许多高校所设置的专业大类的"类"在范围上并不大,本科院校大多局限于学科门类下的二级类,如文学门类的新闻传播学类、教育学门类的体育学类、理学门类的数学类、工学门类的土建类等,专科院校大多局限于专业大类下的专业类,如农林牧渔大类下的畜牧兽医类、生化与药品大类下的生物技术类、制造大类下的计算机类等。很显然,一个专业"类"所包含的专业数很少,且大多比较接近,它们大多属于同一院系的专业。在这种情况下,学生入学后再选专业的余地很小,他们仍然很可能无法在确定具体专业中满足自己的需要或兴趣。为此,扩大学生选择专业的自由一方面可以在除少数特殊专业之外,全面实施按专业大类招生,另一方面应进一步扩大专业"类"的范围,在优化院系之间教育资源的基础上,突破院系范围或学科门类范围,给学生更大的选择空间。

当然,按专业大类招生和扩大专业"类"的范围与放宽转专业的限制一样,有赖于更充足的教育资源和灵活有效的教学管理制度。据悉,2004年"五一"期间,武汉某高校在媒体上表示,将取消原来招生中按院系招生而恢复过去的专业招生,学校资源不足是取消按院系招生的重要原因。① 且与转专业不同的是,按专业大类招生涉及人才培养模式的转变,对基础性或通识性教育课程要求较高,"类"越大要求越高,而目前中国许多普通高校在这方面还准备不足。北京大学教务部部长关海廷认为,"大类招生是高等教育的趋势,但是它要求学校要有相对齐全的学科和高质量的基础课和通识课"②。在这种情况下,高等学校可考虑先在相关学科基础比较齐全的专业领域实行按专业大类招生,并尽量扩大专业"类"的范围,同时出于拓宽基础,适应高等教育专业化上移和尊重学生选择需要的趋势,应不断积累相关学科资源,为实行更大范围的专业大类招生准备条件。

3. 优化教育资源配置,增强专业调整的灵活性

高等学校在应对学生选择专业需要上的调整能力不强是学校严格限制学生选择专业自由的一个重要原因,而专业调整能力不强除了与教育资源不足有关外,在一定程度上又是现行管理体制下教育资源利用率低造成的。如前所述,中国普通高校的教师及由其决定的课程资源不足是制约高等学校扩大学生选择专业自由的重要因素,但这些资源的不足也与现行的管理体制有关。与西方国家不同的是,中国许多普通高校的院系之间在占有教育资源上相对独立,尤其是师资和相应的课程资源,除了外语、政治、计算机等全校性公共课以外,绝大部分的基础性课程资源成为各个院系的自有资源,基本上只为本院系的教学服务。麻雀虽小,五脏俱全,各院系为了保证最低的教学要求,都不得不配备基本的师资和开设必需的课程,而这些资源在一些院系之间是完全可以共享的,因此可以说是一种重复建设,无疑是教育资源的一种浪费。正是在这种情况下,一方面有不少教师课程太多,教学任务相当重,而另一方面又存在一些教师课程太少,工作量不足的情况。

造成这一院系资源分割的主要原因是高等学校现行的人事与经费划拨制度,各院系的教师编制和经费划拨都是依据其学生规模确定的,在缺乏经费刺激的情况下自然不愿意为其他院系的学生提供教学服务,这也是当前许多高校实施按专

---

① 吕慈仙. 高等学校按学科大类招生的现状分析 [J]. 宁波大学学报(教育科学版),2007(2):65-68,78.

② 陈士夫,王瑛. 关于地方高校大类招生培养模式的思考 [J]. 中国大学教学,2008(1):64-65.

业大类招生的专业"类"往往限于院系范围的主要原因。为了能够更好地满足学生选择专业的需要，高等学校可以逐步改革现行的管理制度，打通院系教育资源分割，提高教育资源利用率，为学生选择专业提供更充分的条件。在人事制度上，应逐步改变按院系及其专业定编进人的做法，根据学校的学科、专业布局和发展方向统筹安排，为院系间教育资源的共享提供师资条件；与此相适应，在经费划拨方式上，应改变根据院系注册的学生规模划拨经费的做法，按照院系提供的课程量和学生的选课量来划拨经费，以调动院系已有的教师资源，增加课程开设量。这样一来，经过院系间教师及其课程资源的整合，原有的教育资源得到优化配置，学生能够在基础性课程中获得更多的选择机会，这为扩大专业选择自由准备了资源性条件。

4. 积极采取多种措施，弥补学生选择专业的不当

对于无法转专业或不愿意转专业但认为自己选择专业存在一些不足的学生，学校可以采取一些弥补性措施，以减轻专业选择可能产生的不良影响。毋庸置疑，在现有条件和体制下，相当部分学生是无法转专业的；即使尽量增加学生选择专业的机会，也无法做到让所有想转专业的学生重新选择专业。根据前面的分析，2007级大一新生打算通过转专业或重新参加高考而改变专业的人占总数的比例超过22%，而对其中的529名本科生到大二下学期时进行的跟踪调查结果显示，有15.49%的学生换过专业，而当问及在再选专业的机会比较容易且选择余地大的情况下是否打算转专业时，有42.53%的学生持肯定的回答。显然，换过专业的人数离想转专业的人数差距还很大。即便如此，仍有比例不小的学生对就读专业未达到满意但他们并不打算转专业，见表7-1。因此，在现有条件和体制下扩大学生转专业机会的同时，也应积极采取多种渠道，以弥补学生选择专业的不足。

表7-1 专业未达到满意者、打算转专业者及到大二下学期时实际转专业者比较

	专业未达到满意者比例	打算转专业者比例	实际转专业者比例
大一新生	50.85%	22.78%*	—
大二下学期学生	59.74%	42.53%	15.49%

注：*包含打算转专业者和通过转学或重新参加高考而改变专业者。

大一新生数据来源：中国高等教育研究数据库，http://www.hedb.xmu.edu.cn/

当前许多高校实行的双学位制、双专业制、主辅修制等培养模式就是对现存专业选择问题的一种弥补性措施。这些培养模式兴于上世纪90年代，它既可以弥补专业选择的一些问题，发展学生的兴趣特长，也适应复合型人才培养的需要，还能整合学校教育资源。对于那些无法转专业或不愿意转专业的学生来说，它在一定程度上可以弥补已选专业的不足。当然，一些已选到让自己满意专业的学生，在学有余力和兴趣广泛的情况下，也能从中受益。2007级大一新生调查结果显示，不论是专业满意者还是专业未达到满意者，都有相当部分学生打算进行双主修（双专业）或辅修专业，见表7-2。这里需要说明的是，打算双主修和打算辅修专业的学生所占比例加起来超过了100%，表明一部分学生既选择了双主修，又选择了辅修专业，而由于精力有限等原因，这种可能性是相当小的。导致这一选择局面的原因可能源于学生对双主修和辅修专业的认识不足。进一步统计发现，在打算攻读辅修专业的28 014名本专科大一新生中，有49.12%的人打算进行双主修，这更显得不可能。虽然这里可能是因为学生的理解问题而导致了他们的回答存在失真现象，但这里的调查结果至少可以说明相当部分学生有修习其他专业的愿望。从当前中国的实践来看，由于教育资源的不足和教学管理上的困难，双学位、双专业与主辅修制等在高等学校实施的范围还比较小，且由于通识教育不足和专业化较早的问题，学生通过这些办法来弥补专业选择的不当会付出太大的成本。在今后的发展中，应在充实教育资源和创新管理体制的基础上，改革人才培养模式，尽量满足学生采取双学位、双主修和辅修专业的需要。

表7-2 大一新生的几项学业规划

		双主修*	辅修专业	修习跨院系学程
达到满意	打算	37.37%	65.21%	41.63%
	不打算	62.63%	34.79%	58.37%
未达到满意	打算	38.48%	63.53%	43.38%
	不打算	61.52%	36.47%	56.62%

注：*即双专业。

数据来源：中国高等教育研究数据库：http://www.hedb.xmu.edu.cn/

提供更多的跨院系课程也是弥补专业选择不足的一项措施。专业与课程密切相关,"专业"是课程的一种组织形式。① 学生对本专业的一些不满意情况就与其课程有关。跟踪调查结果发现,相当部分学生对专业的满意度评价与专业兴趣或该专业是否能学到有用的知识有关,而这显然与该专业所开设的课程有着密切联系。在这种情况下,提供丰富的跨院系课程可以满足部分学生学习其他专业知识的需要。当然,那些对就读专业达到满意的学生,也能从修习跨院系课程中满足自己的兴趣和知识面拓展的需要。2007级大一新生调查结果也显示,不论是专业满意者还是专业未达到满意者,都有相当部分学生在大学期间打算修习跨院系学程,见表7-2。

然而如前所述,新中国普通高等学校的专业教育在经过高度专门化而基本取消选修课之后,在考虑到拓宽学生知识面、满足学生兴趣的需要而又逐步走上增加选修课的发展道路,但长期以来形成的专业意识使师生和管理人员对选修课重视程度普遍不够,学校较少考虑到学生选修跨院系学程的需要,跨院系课程及学生修习人数在许多高校所占比例相当小。例如,北京大学"大学本科通识教育课题组"于2000年6月对北大404位教师和659位大四学生的问卷调查发现,65%的学生和45.8%的教师认为必修课所占比例过大,选修课数量太少,系科界限过于分明,不能实现跨系自由选课;在"最缺乏的课程领域"方面,理科学生认为是人文社会课程,而文科学生认为是自然科学课程。②

针对学生修习跨院系学程的需要和当前中国普通高校在满足这一需要上存在的不足,在今后的发展中,普通高校应打破院系之间的壁垒,整合全校课程资源,为学生修习跨院系学程提供更多的机会。当然,学生选修的课程并非越多越好,太泛的选修课程尤其是跨院系课程对专门人才的培养显然是不利的,这也为选修课发达的美国高等教育实践所证明。1903年,哈佛大学由教授会主持的调查发现,学生选课的标准往往不是根据课程本身的内容,而是授课时间是否方便和是否容易取得学分。据1898年学生选课情况的统计分析,哈佛的学生中约有55%只选初级课程,75%的学生选择的课程根本就没有中心和重点。为适应学生选修的需要,很多学校都开设了一批内容贫乏、组织零散、学术价值不高的课

---

① 潘懋元,王伟廉. 高等教育学[M]. 福州:福建教育出版社,1995. 128.
② 陈向明. 从北大元培计划看通识教育与专业教育的关系[J]. 北京大学教育评论,2006(3):71-85.

程。而学生学习这样的课程照样可以得到学分和学位,因而严重地影响了大学培养学生的质量。①

因此,为了既能满足学生广泛的兴趣又能确保基本的专业水平,学校一方面要提供广泛的可供选择的跨院系课程,另一方面又要对学生选课的范围和门数做出一定的限制,避免学生因选课太宽而导致所学知识支离破碎的结果。

5. 通过体制改革,逐步建立新的专业选择机制

充分的专业选择之所以有利于改善学业成就,提高高等学校的人才培养质量,其原因不仅在于学生个性与专业特点之间的匹配性能够带来更高的学习效率,还在于它满足了学生的高层次心理需要,成为他们努力学习和达到更高要求的一种驱动力。从整个社会来看,生产力发展到一定阶段,人们在物质生活需要(生理需要)、安全需要得到较充分的满足之后,一般会产生更高级的需要,如尊重的需要、自我实现的需要等。因此,社会发展的必然趋势是对人的尊重,高等教育无疑也要朝着尊重学生的方向发展,其中基本的也是非常重要的尊重便是对他们所进行的教育选择的尊重。正因为此,国际上曾多次呼吁尊重大学生在教育领域的各种选择,包括对学习领域的选择,如国际教育发展委员会曾建议:"应使学习者成为教育活动的中心;随着他的成熟程度允许他有越来越大的自由;由他自己决定他要学习什么,他要如何学习以及在什么地方学习与受训。这应成为一条原则……学习者,特别是成人学习者,必须有选择他要进哪一类机关、获得哪一种训练的自由。他应该能进入适合于他程度的教育体系,并挑选他感兴趣的选修学科。"② 1998 年在巴黎召开的世界高等教育大会通过的《21 世纪的高等教育:展望与行动世界宣言》第 1 条提出要求:"为接受高等教育和终身教育提供各种机会,使学生有各种选择及入学和退学时间的灵活性,以及个人发展的社会流动的机会。"③ 这显然也包括了学生对专业(主修)的选择机会。由此看来,给予学生充分的专业选择自由已成为高等教育发展的必然趋势,而要做到这点,必

---

① 陈学飞. 美国高等教育发展史 [M]. 成都:四川大学出版社,1989. 99-100.
② 联合国教科文组织国际教育发展委员会. 学会生存——教育世界的今天和明天 [R]. 上海师范大学外国教育研究室,译. 上海:上海译文出版社,1979. 288.
③ 联合国教科文组织. 21 世纪的高等教育:展望和行动世界宣言 [A]. 厦门大学高等教育科学研究所. 高等教育思想高级研讨班参考资料(一)[Z]. 49. 注:该参考资料编著时间不详,特此说明。

须逐步改革现有体制，建立新的专业选择机制。

为了顺应这一发展趋势，中国普通高校应在逐步扩大学生选择专业自由的基础上，通过不断改善办学条件，充实教育资源，待条件成熟后突破现有体制，实行新的专业选择机制，给学生充分的专业选择机会。新的专业选择机制可以借鉴国外尤其是美国高等学校的做法，招生一般不分专业，学生在入学一至二年后再选择专业，相应的学籍管理实行学分制，学生不按专业分班、培养，低年级主要修习通识类课程，确定主修方向后再根据该主修对课程及其学分的要求修习相应的专业类课程，毕业时达到规定条件后授予相应的学位。

根据前面的问题分析和对策，高等学校在逐步实行新的专业选择机制中至少需要做好几个方面的事情：一是进一步转变观念，真正确立以生为本的教育理念，为学生自由地选择专业做好思想和舆论准备；二是积累教育资源，增强高等学校的专业调整能力，为学生自由地选择专业创造条件；三是逐步改革现有的人才培养模式，加强通识教育，延迟专业化，为学生选择专业提供更广阔的空间；四是改革教学管理制度和相关的人事、经费等制度，为学生自由地选择专业搭建制度平台。当然，新的专业选择机制不是单靠高等学校能够完成的，还依赖于政府在宏观管理上予以配合，这点在下文中有专门论述。

为了稳步推进新的专业选择机制，可以采取先在部分高校试点，待积累一定经验后再逐步推广的做法。当前，北京大学元培学院在学生的专业选择上改革力度非常大，可以说是新的专业选择机制在局部范围的一种实验。该院不按专业招生，学生进校时只分文、理两类，低年级主要进行通识教育，在学生对学校的学科状况、专业设置、培养目标等有了进一步了解后，根据自己的志趣于第二学期末提出专业选择意向，一般在第三学期末最后确定专业。该实验始于2001年的元培计划，经过几年的实践，已证明了它对学生选择专业的重要意义。根据金顶兵对元培计划实验班与非实验班学生的调查分析，发现2001级和2002级实验班学生（有效问卷160份）认为"我进入了想选择的专业，而且对专业也很感兴趣"的比例为71.3%，而非实验班学生（北大几个具有代表性院系2001级学生共401人）持同一看法的比例为54.9%。实验班2003、2004级学生（有效问卷259份）到2006年时认为所读专业符合自己意愿且有兴趣的比例为70.7%，而非实验班学生（北大教务部网上调查，共1 321人）认为"进入了想进专业，并有兴趣"的比例为47.1%。实验班80.4%的学生认为,这种机制有助于他们选择适合自己的专业。[①] 北京大学元培计划实验班显然已突破了中国现行的专业选择机制,其大胆探索为中国普通高校实行全新的专业选择机制积累了经验。当然,北京大学具有雄厚的学科基础和较为充分的教育资源,其学生的基础又比较好,这些对实施元培计划实验来说都是非常好的条件。因此,中国普通高校推行新的专业选择机制,还需要结合国情和学校的办学条件等进行长期的探索。

6. 加强对大学生进行选择专业的教育和指导

在考试竞争带来的巨大压力下,中国的中学对学生进行职业生涯教育和选择专业指导的动力不足,而相关信息的不充分也使中学教师在指导学生选择专业上能力不强,学生由于应对紧张的学习也往往无暇顾及自己的职业生涯探索,加上对高等学校专业的认识局限,这使他们缺乏足够的专业选择能力。然而基于专业选择的重要性日益突出,他们不得不在专业选择中慎之又慎,力图以现有的条件达到最佳或满意的结果,从而表现出比较理性的特点。正是由于特定条件下学生选择专业的能力不足,他们理性地选择专业的过程却产生大量未达到满意的结果。从上一节的论述可知,学生对专业选择的认识不足在入学后并没有立刻消除,以致有46.69%的大一新生认为"不能确定自己是否选对专业"与自己的情况"非常符合"或"大部分符合",35.64%的大一新生认为"我不确定自己的兴趣或能力"与自己的情况"非常符合"或"大部分符合"。从职业定向来看,在2007级大一新生中,分别有44.27%的本科生和44.40%的专科生认为"不清楚自己毕业后要做什么"与自己的情况"大部分符合"或"非常符合",见图7-8。总之,许多大一新生对专业选择和自己职业定向的认识还很不充分,因此高等学校在逐步扩大学生选择专业的自由的情况下,必须辅以相应的教育和指导。可以说,大学的本科教育应该义不容辞地承担起指导学生选择专业的重要责任。这一点应该成为中国高校本科教育改革的方向之一。[②]

[①] 金顶兵. 中国制度环境下本科学生自主选择专业的探索与实践——北京大学元培计划实验班的案例分析[J]. 高等教育研究,2006(9):88-93.

[②] 金顶兵. 美国七所世界一流大学本科生专业选择的比较分析[J]. 北京大学教育评论,2006(3):129-139.

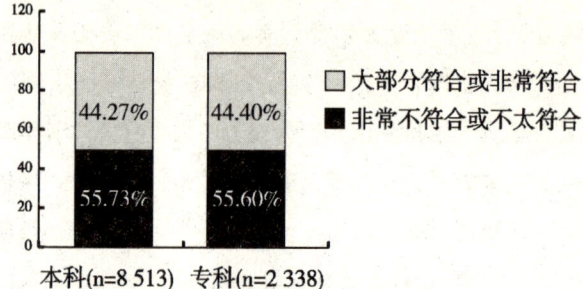

图 7-8 本、专科大一新生对自己职业定向的认识情况

数据来源：中国高等教育研究数据库：http://www.hedb.xmu.edu.cn/

对大学生进行选择专业的教育和指导，主要包括可供选择的专业介绍，如专业的性质、特点、发展前景，专业所需的学科基础，专业与个性的匹配性，毕业生的主要就业领域等；帮助和指导学生认识自己，如认识自己的兴趣爱好、知识、能力、性格、气质等，分析自己的优势和特点，找到适合自己的专业领域；培养学生选择专业的意识、能力和相应的责任感等。总之，学校可以根据学生的需要，对他们进行专业选择的教育和指导工作。

在实行入学后选择主修领域的美国，高等学校采取多种途径对学生选择主修进行教育和指导。如在哈佛大学、耶鲁大学、普林斯顿大学、麻省理工学院、加州大学伯克利分校、斯坦福大学和加州理工学院等七所顶尖大学，学生可以通过多种途径获得专业选择的相关知识。跨院系的通识课程、新生讨论班、各种宣传手册和材料等都扩大着新生们对专业的认识；而学生的指导老师、高年级学生则通过各种交流活动帮助学生认识和了解专业；这七所大学还为学生找到与自己个性特点相匹配的专业进行了相应的课程安排和咨询指导。最终在辅导老师的帮助下，学生做出选择专业的决定。可见，这些美国大学担负了指导学生专业选择的责任。[①]

中国也有部分学校在扩大学生选择专业自由的过程中，开展了对学生选择专

---

① 金顶兵. 美国七所世界一流大学本科生专业选择的比较分析 [J]. 北京大学教育评论，2006（3）：129-139.

业的教育和指导工作,如北京大学元培计划实验班就聘请各门学科教学经验丰富的教师30多人为导师,导师通过讲座、座谈、咨询答疑等多种形式介绍各个学科专业的特点,为学生选择专业提供指导。① 复旦大学于2005起正式成立了复旦学院,主要是对新生实施通识教育,学生入学时虽有自己的专业,但不按专业编班、住宿,经过一年的通识教育之后转入专业学习。他们也可以根据自己的发展、兴趣、特长重新选择自己的专业。复旦学院就请各专业学院院长、系主任、知名教授开讲,讲大学的理念,校情校史,如何选择专业,各学科发展前景,知名学者的治学方法等。②

美国高等学校和中国少数高校指导学生选择专业的许多做法,可供中国大量普通高校今后扩大学生自由选择专业后指导学生选择专业时借鉴。毋庸置疑,多渠道、多形式开展有关专业选择的教育和指导工作是今后的发展方向。

二、对政府的改革建议

1. 进一步下放高等学校专业设置和调整的权力

与世界高等教育发展趋势一样,中国高等教育的发展方向也必然要求逐步扩大学生选择专业的自由,并在条件成熟的情况下推行新的专业选择机制。如前所述,这不是单靠高等学校能够完成的,还依赖于政府在宏观管理上予以配合。

根据国际惯例,高深学问的性质决定了"教什么"是高等学校学术自由的重要组成部分。因此,课程由高等学校自行设置,而专业作为课程的一种组织形式,理所当然也应由高等学校设置和进行调整。然而从目前中国的情况看,政府仍然保持着对高等学校尤其是本科院校专业设置的严格控制,高等学校设置和调整专业的灵活性受到制约。主要表现为,政府通过《普通高等学校本科专业目录》(1998年)、《高等学校本科专业设置规定》(1999年)、《普通高等学校高职高专教育指导性专业目录(试行)》(2004年)、《普通高等学校高职高专教育专

---

① 金顶兵. 中国制度环境下本科学生自主选择专业的探索与实践——北京大学元培计划实验班的案例分析 [J]. 高等教育研究,2006 (9):88-93.

② 朱强. 复旦学院:推崇"通识"的现代书院——访复旦学院首任院长熊思东 [N]. 南方周末,2005-10-13 (D26).

业设置管理办法（试行）》（2004年）等政策性文件，要求高等学校根据专业目录进行招生和培养，并按照相应的专业设置政策进行专业的设置和调整工作。重要的是，《高等学校本科专业设置规定》所规定的专业设置条件明显把专业当成一个实体来对待，其第五条规定，高等学校设置和调整专业必须具备下列基本要求：

（一）符合经学校主管部门（指省、自治区、直辖市教育行政部门、国务院有关部门）批准的学校发展规划，有人才需求论证报告，年招生规模一般不少于60人（特殊专业如艺术类专业执行具体规定）；（二）有专业建设规划、符合专业培养目标的教学计划和其他必需的教学文件；（三）能配备完成该专业教学计划所必需的教师队伍及教学辅助人员，一般应有已设相关专业为依托；（四）具备该专业必需的开办经费和教室、实验室及仪器设备、图书资料、实习场所等办学基本条件。①

显然，这是1952年全国普通高校广泛设置专业以来实行的计划框架，专业成为一个实体单位。如本章第一节所述，专业的实体性制约着学校扩大学生选择专业的自由，因为它成为了大学教学制度的核心，学生对专业的改变将带来太多管理上的麻烦，不同专业的教师和管理人员也会因为自身利益的问题而不愿意学生转专业。除了专业设置条件的规定以外，《高等学校本科专业设置规定》还对设置权限规定如下：

第十条：省、自治区、直辖市教育行政部门统筹协调本行政区域内高等学校的专业设置、调整工作。国务院有关部门审核或审批所属学校专业，应征求学校所在省、自治区、直辖市教育行政部门的意见。

第十一条：高等学校依据高等学校本科专业目录，在核定的专业设置数和学科门类内自主设置、调整专业。设置、调整核定的学科门类范围外的专业，由学校主管部门审批，报教育部备案。

第十二条：高等学校设置、调整专业目录外的专业，由学校主管部门按规定程序组织专家论证并审核，报教育部批准。

---

① 中华人民共和国教育部高等教育司. 中国普通高等学校本科专业设置大全（2005年版）[Z]. 北京：高等教育出版社，2006. 683.

第十三条：高等学校设置、调整国家控制布点的专业，由学校主管部门审核，报教育部批准。国家控制布点的专业由教育部确定并公布。

第十四条：高等学校专业设置数和自主审定专业的学科门类，由学校主管部门按有关规定核定，报教育部备案。

第十五条：国务院有关部门所属高等学校设置、调整专业，须考虑所在地区人才需求和现有专业设置情况，学校在向主管部门备案或申报专业时，须将备案或申报材料同时抄报学校所在省、自治区、直辖市教育行政部门。

显然，严格按照这一规定，本科院校设置和调整专业的灵活性较差，无法应对市场的需求和学生选择专业的需要。因此，适应扩大学生选择专业自由的需要，必须改革政府对专业设置的管理。一方面，改变政府对专业设置条件的实体性规定，还专业本来面目，使之仅为课程的组织形式，以增强学校的专业调整能力。另一方面，减少政府对专业设置的限制，由高等学校依据自身的课程资源和学生选修课程情况确定和调整专业，以增强其灵活性。对专业设置条件的放宽并不是降低要求，而主要是观念和制度的改变，国内已有研究指出在专业设置条件的规定上可以去除其实体组织的规定：1. 去除第（三）点：不需要按专业固定教师队伍。专业是课程的组织形式，专业背后没有固定的教师队伍。2. 去除第（四）点：推进教学硬件条件的共享。教室资源是开办学校的基础，而非开办专业的必须。3. 去除第（一）点：消解专业的规模规定。专业仅是课程的组织，不是单独的资源使用和产出单位，因此不存在规模效益问题。系开出的课程可以由全校学生选修，因此也没有系的规模效益问题，剩下来的只有学校的规模效益问题。专业年招生规模不少于60人的规定完全不必要。[①] 的确，《高等学校本科专业设置规定》对专业设置条件的这些规定不仅无法适应学生选择专业的需要，还在一定程度上导致了教育资源的重复建设和利用率低下等问题，从长远看必须去除。

2. 加强对高等学校专业发展的宏观调控

学生对高等学校专业的选择意味着他们是一种影响高等学校专业发展的市场

[①] 卢晓东，陈孝戴. 高等学校"专业"内涵研究 [J]. 教育研究，2002 (7)：47-52.

力量，因此扩大学生选择专业的自由将增强市场机制在高等学校专业及与其密切相关的学科发展中的影响力，而市场的过度作用又可能产生负面作用。市场机制的"竞争"和"效益"原则往往使它的影响在高等教育领域能得以迅速地漫延。如自上个世纪70、80年代以来，一些国家的高校在市场机制的导向下，受经济利益的驱使，其学科之间的"生态平衡"被打破，能与经济利益密切联系的专业规模迅速扩大，相反的专业则极快地萎缩。[1]

市场需求量大的专业就应得到大力发展，而市场需求量小甚至没有需求的专业就不需要发展甚至应该取缔，这比较符合实用主义的原则，但从长远发展的需要来看，它已被证明是错误的。众所周知，历史上有许多对人类社会做出重大贡献的探索和发现，并不是基于这些领域的"有用性"而进行并取得的，这也是理性主义高等教育哲学的价值所在。曾任美国普林斯顿大学校长的亚伯拉罕·弗莱克斯纳（Abraham Flexner）以大量的科学发展事例为依据指出："在整个科学史中，已最终证明，有益于人类的大多数真正的伟大发现，并不是由实用愿望所推动的，而是由满足好奇的愿望所推动的。"[2] 传承文化是高等学校的基本功能，高等学校特别是其中的大学是探索和传播高深学问与普遍学问的场所，这都决定了高等学校无法摆脱提供社会所需公共品的使命，它也不是单纯的职业培训机构，不能完全跟着市场转。正因为此，西方现代高等学校进行的市场化，并未涉及它的全部活动，而且"对于面对市场的那部分活动可能产生的潜在不利后果保持较高的警惕，如它在招收学生和设置专业或课程时，除了市场信息还要考虑系科的合理平衡"[3]。

基于扩大学生专业选择自由可能带来市场力量的负面影响，政府在下放专业设置和调整权力的同时，对于一些因缺乏市场价值而不受学生欢迎但对人类知识发展具有重要意义的专业，应积极采取保护措施，抑制市场的负面影响。由于学生的兴趣原本是多样的，但各专业的就业前景差距造成了他们在专业选择中集中

---

[1] 樊明成. 论知识经济时代大学与市场的关系［J］. 教育学术月刊，2009（2）：80-82.

[2] ［美］亚伯拉罕·弗莱克斯纳. 无用知识的有用性［J］. 陈养正，赵汐潮，编译. 科学对社会的影响（中文版）. 1999（1）：50-54.

[3] 韩骅. 高校、政府、市场——对高等学校与社会关系的比较研究［J］. 教育研究，1996（8）：34-39.

于就业机会多、经济回报和职业地位较高的专业领域。因此，政府可以主要采取经济手段如减免学费、提供高额奖学金、改善就业待遇等途径，确保那些就业前景不好但仍具有重要价值的专业及其相关学科得到发展。这不仅能维护学科之间的一种生态平衡，还能维护学生对不同专业、学科的多样化兴趣，有利于人才培养质量的提高。事实上，中国政府在相关政策中也曾采取了一些措施，如1985年发布的《中共中央关于教育体制改革的决定》提出："要改革人民助学金制度。师范和一些毕业后工作环境特别艰苦的专业的学生，国家供给膳宿并免收学杂费。"① 1993年中共中央、国务院印发的《中国教育改革和发展纲要》规定："国家、企事业单位、社会团体和学校均可设立奖学金，对品学兼优的学生和报考国家重点保证的、特殊的、条件艰苦的专业的学生给予奖励。"② 在今后扩大学生选择专业自由带来市场力量增强的过程中，需要进一步强化政府对市场中弱势专业的保护。

3. 积极采取配套措施，维护和促进高等教育公平

大量的调查研究已经证明，通过高等教育规模的扩张，中国大量女生、农村学生或来自基础阶层的学生获得了越来越多的高等教育入学机会，这为促进社会流动，增进性别、城乡、阶层之间的教育公平，推进城市化和中产阶层的崛起，维护社会和谐稳定等，有着非常重要的积极意义。例如，1998年，在全国普通高等学校本专科招生数和在校生数中，女生的比例分别占39.75%和38.31%③；到2006年，在全国普通高等学校本专科招生数和在校生数中，女生的比例分别占到了49.04%和48.06%。④经过8年的发展，女生所占的比例提高了大约10个百分点。在城乡差异上，根据谢维和、李雪莲于1998年对全国37所高校一年级（1997级）的调查，城镇学生占调查总数的64.9%，农村占35.1%。⑤ 若以1997

---

① 中共中央关于教育体制改革的决定 [EB/OL]. http://www.moe.edu.cn/. 1985-05-27/2009-04-12.

② 中共中央，国务院. 中国教育改革和发展纲要 [EB/OL]. http://www.moe.edu.cn/. 1993-02-13/2009-04-12.

③④ 数据来源：教育部. 普通高等学校基本情况 [EB/OL]. http://www.moe.edu.cn/. 2005-05-27/2009-04-12.

⑤ 曾满超，魏新，萧今. 教育政策的经济分析 [M]. 北京：人民教育出版社，2000. 258-259.

年全国人口的城乡构成（分别为 31.91% 和 68.09%①）为参照，可以计算出当年城镇学生和农村学生接受高等教育的概率分别为 2.03 和 0.52，城镇学生接受高等教育的机会是农村学生的 3.95 倍。然而到了 2004 年，根据谢作栩等人对全国 51 所高校共 10 747 名学生的有效调查数据，可计算出城镇居民的高等教育入学机会是农村居民高等教育入学机会的 1.89 倍。表明随着高等教育大众化的推进，城乡学生接受高等教育的机会差距得到了明显缩小。② 阶层差异上的变化也大致如此，根据王伟宜的调查分析，1990 年以来，随着中国高等教育规模的扩张，新增加的入学机会已经开始下移至一些中间阶层子女，普通本科院校及高职高专院校中的部分机会已经惠及工人阶层子女。③

尽管如此，中国高等教育领域中的不公平问题还比较突出。本研究在前面通过大量实证分析所揭示的，是中国高等教育在非表层的微观领域（专业选择）中的不公平现象。因此，在今后的改革和发展中，需要政府积极采取各种措施，促进高等教育走向更加公平。

在性别上，上世纪 90 年代中后期以来，由于毕业生就业制度的改革带来了女大学生就业的困难，使不少女生在选择专业时不得不放弃自己感兴趣的专业，去选择那些社会上认同的女性专业，从而在专业选择中受到更多的限制。而那些选择了热门专业但在社会观念中属于男性专业的女生成了另类，她们在学习和就业中仍然处于劣势。为了充分利用女性人力资源，促进男女平等，政府需要采用经济、评估、法律乃至行政手段等敦促高等学校根据性别特点改革现有高等教育教学和管理制度，给予女生更多的关注和考虑，促进她们取得更好的学业成绩，同时调整和完善大学生就业政策，优化女生就业环境。

如前所述，充分的专业选择有助于弱化家庭背景对学生选择专业的影响，从而有利于促进高等教育公平。然而，仅有这一机制还不够，因为不同的专业在学费和其他相关投入上存在差距，这就使一部分学生因为家庭经济困难而放弃选择

---

① 中华人民共和国国家统计局. 中国统计年鉴——2005 [Z]. 北京：中国统计出版社，2005. 93.
② 樊明成. 我国高等教育入学机会的城乡差异研究 [J]. 教育科学，2008 (1)：63-67.
③ 王伟宜. 中国不同社会阶层子女高等教育入学机会差异研究 [D]. 厦门大学，2006. 222.

那些学费和相关投入较高的专业。因此，为了促进城乡学生或不同社会阶层的学生在选择专业上趋于公平，政府需要进一步完善大学生资助体系，主要是通过合理的制度设计，切实加大奖、助、贷学金的投入力度，使那些经济困难的学生有更多的机会进入他们想读的专业。

三、对学生选择专业的建议

1. 加强对自身职业生涯的探索

尽管说一个人就读的专业并不能决定他（她）将来从事的职业，但专业对职业的影响无疑是很大的，且中国的专业对职业的影响更为明显。中国普通高等学校设置专业的目的是适应当时各行各业急需的专门人才，其主要依据之一是社会分工，加上计划体制的影响，一个具体专业所涉及的知识体系较为狭窄，专门化程度较高。虽然随着经济体制改革的推进，为增强专业对社会主义市场经济体制的适应性，中国高等教育又通过削减专业数量来扩大专业口径。然而从实践来看，中国普通高等学校的专业在口径上并没有得到明显改观，专业在社会中的适应面仍然比较小。在这种情况下，选择专业与选择职业的关系非常密切。因此，对许多学生来说，选择了专业就意味着他（她）在一定程度上也选择了自己的职业，这决定了职业生涯的探索对于中国学生选择专业来说非常重要。

在考试竞争压力下，中国的中学集中于强调智育，而社会本位主义又使中学和高等学校都强调集体意识的培养，忽视个性的培养。高等学校因为学生已选定了规定其职业方向的专业和教师工作任务繁重等原因，而很少对学生开展职业生涯教育。中学生本人为了提高考试成绩而专注于课本知识，无暇顾及自身职业生涯的探索。其结果如前所述，中国大一新生对自身许多方面的认识都不太清楚，表现为"不确定自己的兴趣和能力"、"不确定自己是否选对专业"和"不清楚自己毕业后要做什么"的人占了相当一部分。

由于中学和高等学校是学生进行职业生涯探索的重要时期，而学生最迟在接受高等教育一二年之内需要做出专业选择，因此在今后的发展中，除了高等学校需要负担起大学生的职业生涯教育和专业选择指导责任以外，中学生和大学生，出于选到适合自己专业的需要，都应积极进行一些职业生涯的探索。从满足专业选择需要这一目的出发，中学生和大一、大二学生进行职业生涯的探索主要任务是认识自己、认识专业和认识社会，将这三者密切结合起来，为自己的专业选择服务。具体地说，认识自己主要包括对自己需要、兴趣、能力、性格、气质等方面的认识；认识专业主要是了解专业的性质、学习特点、所需的学科基础、发展前景、就业机会以及它与自己各方面的匹配度等；认识社会主要是了解社会对人才的需求状况及其发展方向等。毋庸置疑，合适的专业选择应该是个人、专业与社会需求及其发展方向的吻合。

2. 尽可能理性地选择专业

根据第五章专业选择的达成度分析可知，学生选择专业时对自己的兴趣、自己的学（术）科能力、职业生涯发展的潜力等因素考虑得越充分，便越可能实现自己对专业的选择；对"考虑分数落点"和"为了进入这所学校"这两个因素考虑得越重，却越不容易实现自己对专业的选择。同时，根据第六章专业满意度影响因素的分析也发现，学生选择本科专业时越是强调"自己的兴趣"、"自己的学（术）科能力"、"职业生涯发展的潜力"等因素，对就读专业达到满意的可能性越大；反之，对"考虑分数落点"和"为了进入这所学校"这两个因素的过度强调会降低他们对就读专业达到满意的可能性。学生选择专科专业时越是强调"自己的兴趣"、"职业生涯发展的潜力"等因素，对就读专业达到满意的可能性越大；而越是强调"考虑分数落点"，就越不可能对就读专业达到满意。这种关系说明了在当前的高等学校专业选择机制下，学生经过深思熟虑后理性地选择专业是有其积极作用的。

与此同时，本书在第六章的分析中指出，学生积极选择的一些热门专业并不一定是就读学生满意度高的专业，而学生选择积极性不高的一些冷门专业也不一定就是就读学生满意度低的专业，表明盲目追求热门专业有其局限性。在性别上，除了数学、物理、化学、生物等理学门类基础性专业以外，女生选择传统观念中的"男性专业"在满意度上一般低于男生，而男生选择传统观念中的"女性专业"在满意度上一般又低于女生。城乡学生之间、不同社会阶层的学生之间，在就读一些专业的满意度上也存在显著差异。此外，根据调查的2007级大一新生的统计分析结果，本科的专业类和专科的专业大类都对专业满意度有着显著的影响，这意味着选择不同类的专业，学生对就读专业达到满意的可能性差别很大。当然，专业满意度会随着社会需求的变化而变化，这是需要注意的问题。

基于这些结论性关系，为了增加选到让自己满意的专业的可能性，学生们在专业选择中可以根据专业满意度的影响因素，在认真分析自己的情况如兴趣、学科基础、职业生涯发展潜力、所属群体特征等以及选择对象的基础上做出理性的思考；既不能盲目从众，更不能不加重视而随意地做出选择；在不是由明确的兴趣决定的情况下，还要尽量避免选择那些在一定时期内使就读学生达到满意的可能性非常低的专业。

小 结

本章依据前面的研究结论，结合跟踪调查资料和国内其他一些研究成果，分析了中国普通高校专业选择中存在的主要问题，并针对这些问题提出了一些对策建议，在此小结如下：

一、中国普通高校专业选择中存在着学生的主体性不强、选择的自由度不高、选择的不公平问题突出、选择的达成度和满意度不高等问题。造成这些问题的原因是多方面的，既有观念的、制度性的原因，也有现实条件的原因。中国教育理念中对学生主体地位的忽视，社会传统观念中存在的性别偏见，计划性的教育体制，社会既有的不公平和普通高校现有教育资源的短缺等是主要原因。

二、针对中国普通高校专业选择中存在的主要问题，高校、政府和学生本人可以从各自的角度采取对策，优化专业选择。高等学校应确立以生为本的教育理念，在现有条件下尽可能扩大专业选择的自由；同时优化教育资源配置，增强专业调整的灵活性；积极采取多种措施，弥补学生选择专业的不当；待条件成熟后应通过体制改革，逐步建立新的专业选择机制，并加强对大学生进行选择专业的教育和指导。政府需要进一步下放专业设置和调整的权力，同时加强宏观调控，并积极采取配套措施，维护和促进高等教育公平。学生则应加强对自身职业生涯的探索，并尽可能理性地选择专业。

结　语

受传统观念和计划体制等因素的影响，中国普通高校专业选择的问题一直没有成为学界关注的领域，然而无论是从促进高等教育公平、提高高等教育质量和效益来说，还是从有效地开发和利用人力资源、增强高等教育的社会功能来说，它都是高等教育研究值得重视的问题。本研究首先根据教育学、心理学、社会学和经济学等学科的基本观点，结合国内外相关研究资料和中国高等教育现状，论证了中国普通高等学校专业选择的重要意义，然后综合运用了理性选择理论、文化再生产理论和需要层次理论，结合访谈资料，对 47 170 名 2007 级本专科大一新生及其中 536 名跟踪调查的本科生入学前后选择专业的基本情况进行了实证性分析，验证了本研究的基本假设，最后分析了中国普通高校专业选择中存在的主要问题并提出了一些对策建议，研究得出了以下观点和结论：

一、中国普通高校专业的选择具有非常重要的现实意义。学生充分自由地选择专业对学生本人、对高等学校和整个社会来说具有非常重要的现实意义。对学生来说，充分自由的专业选择是对学生在教育中主体地位的尊重，有利于提高其学业成就和教育回报。对高等学校来说，充分自由的专业选择有利于增强其社会适应性，促进高等学校不断改革以提高教育质量。对社会来说，充分自由的专业选择有利于减轻结构性就业问题，促进高等教育公平。

二、当前中国学生对选择专业非常重视,大部分人在入学前选择专业时考虑到了自己的兴趣、就业机会、职业生涯发展的潜力、自己的学(术)科能力、高考分数落点、父母和家人的影响等事关录取、学业与就业的重要方面,这表明学生在选择专业时力图将专业选择的重要方面结合起来,以达到能够带来最大收益的结果或满意的结果,因此说他们的选择是比较理性的。然而结果却不尽如人意,大约1/4的大一新生未实现自己对专业的选择,1/2的大一新生和近60%的大二学生对就读专业的评价未达到满意程度;学生入学后选择专业的机会不多,选择余地也不大。

三、不同类型的高校由于办学历史、社会声誉、专业设置、学费情况和就业预期等方面的不同,学生理性地选择专业时所考虑的主要因素存在差异,他们选择专业的达成度和对就读专业的满意度评价也不尽相同。办学层次或社会声望较低的高校以及职业定向比较明确的高校,学生选择其专业时对"工作机会"、"职业生涯发展的潜力"、"父母和家人的影响"更看重,而对"考虑分数落点"则不甚看重。与生源相对较差的专科院校或民办院校相比,"211院校"和公办一般本科院校的学生选择专业的达成度更低,但从专业满意度评价来看,6类院校差异虽然显著,但差别不是很大,这反映出院校因素对专业满意度的影响不大。

四、不同的专业因为就业预期、学习辛苦度等方面的不同,学生志愿选择的积极性明显不同,对专业的满意度差别也很大。总的看来,学生选择热门专业的积极性更高,对热门专业的评价也更可能达到满意。但研究也发现,学生积极选择的一些热门专业,却并不是就读学生满意度高的专业;相反,学生选择积极性不高的一些冷门专业,却是更多就读的学生感到满意的专业。这种情况表明,专业满意度与专业冷热程度并不是完全对应的,学生在选择专业时并不清楚所选专业是否真的符合自己的要求。

五、归属于不同群体的学生由于传统观念或家庭拥有各种资源的不同,以及他们基于这些不同而形成的兴趣和能力上的差异,在选择专业的影响因素、达成度和所进入的专业领域上产生了差异,他们对专业选择的结果即所读专业的满意度也有所不同。女生选择专业时考虑的因素更多也更为审慎;与农村学生和来自基础阶层的学生相比,城镇学生和来自优势阶层与中间阶层的学生选择专业时更多受到父母和家人的影响,更少地受到奖学金的影响。男女生在专业选择的达成度上差异不显著，但在入读的专业领域上差异非常显著，表现出明显的性别倾向；女生对就读专业的满意度在总体和一些典型的"男性专业领域"中显著低于男生，在一些典型的"女性专业领域"中显著高于男生，但在基础性的数学、物理、生物等类专业中有所例外。与城镇学生和较高阶层的学生相比，农村学生和较低阶层的学生在专业选择达成度和进入的专业领域上均处于劣势，他们更多进入冷门的、一般的或学习和从业较为辛苦的专业领域。在专业满意度上，农村学生和较低阶层的学生对就读专业的满意度在总体和一些热门专业或一般专业领域中显著低于城镇学生和较高阶层的学生，在一些相对冷门的、层次低的或比较辛苦的专业领域中高于城镇学生和较高阶层的学生。作为一种调整措施，农村学生和来自基础阶层的学生获得再选专业的机会相对较小。专业选择是不公平的，它具有一定的文化再生产功能。

六、学生对就读专业的满意度受到多种因素的影响。在预设的31个变量中，有专业选择达成度、专业选择时对自己兴趣的考虑、专业自身（专业类）、专业选择时对职业生涯发展潜力和高考分数落点的考虑等16个因素对本科专业的满意度有着显著影响；有专业选择时对自己兴趣的考虑、专业选择达成度、专业选择时对职业生涯发展潜力的考虑、专业自身（专业大类）、高校所在区域等11个因素对专科专业的满意度有显著影响。因此，选择专业时认真分析和考虑自己的兴趣与职业生涯发展的潜力，加深对专业的认识，提高专业选择达成度等都可以成为学生和学校提高专业满意度的行动方向。

七、专业满意度不同的学生在学业规划上既有不同点也有相同点。专业满意度不高的学生更希望转换专业，然而现行的专业选择机制严格限制学生转专业，因此难以满足学生选择专业的需要。与本研究的基本假设有所不同的是，不论是对就读专业达到满意还是未达到满意的大一新生，他们对双主修、辅修专业和修习跨院系学程的愿望都比较强烈，两者之间的差距并不大。但不管怎样，这些人才培养模式对弥补学生选择专业的不当是有积极作用的，而中国普通高校并未为此提供充分的机会和足够的便利。

八、中国普通高校专业选择中存在着学生的主体性不强、选择的自由度不高、选择的不公平问题突出、选择的达成度和满意度不高等问题。造成这些问题的原因是多方面的，既有观念的、制度性的原因，也有现实条件的原因。中国教育理念中对学生主体地位的忽视，社会传统观念中存在的性别偏见，计划性的教育体制，社会既有的不公平和普通高校现有教育资源的短缺等是主要原因。针对这些问题，高校和政府应积极通过改革优化专业选择机制，尽量满足学生选择专业的需要，同时采取措施维护专业结构平衡，促进专业选择的公平；学生应主动进行职业生涯的探索，并尽可能理性地选择专业。

正是由于目前国内对普通高校专业选择的研究比较缺乏，因此本书在总体上只是一项基础性研究成果，主要是对专业选择的一些基本问题进行分析和探讨，因此研究在许多方面还比较粗糙，不够细致深入；同时，本研究对前人尚未触及领域的一些探索，以及从新的视角或使用新的方法进行的探索还只是一种尝试性的拓展，其结论有待于进一步验证。具体地说，本研究存在的不足之处及未来展望主要表现在以下几个方面：

第一，从内容上看，本研究主要是对专业选择的影响因素、达成度、群体布局和满意度等几个基本方面进行分析，由于分类还不够细，因此在研究内容上还可以向细致深入方向拓展。在群体划分上，除了性别差异以外，本研究从城乡、阶层划分的角度做了群体差异分析，未单独按照某一种资源的占有情况进行专门的群体差异分析，这样做的目的是因为任何群体划分不可能避免资源的交叉占有情况，按单一资源占有情况进行的群体划分只能突出该资源的影响和作用，并不能排除其他资源的影响和作用。这就说明，该资源更多地体现为一种影响因素，而不是一种群体信号，按单一资源进行群体划分和做相应的分析并不能有效反映群体差异。然而，本研究所做的群体划分也有其局限性，主要是城乡二分法和社会阶层三分法都比较笼统，它掩盖了同一群体内部的差异，而这种差异有时也是比较显著的。因此从未来研究展望看，进一步细化群体分类是必要的。同时，性别、城乡与阶层三者只是划分群体的不同维度，所包含的对象是完全相同的，都是所有社会成员，其中一个维度的群体差异会因为其余两个维度的群体变化而有所不同，意味着通过交叉分析可以发现更深层次的群体差异，这也是今后的研究需要深入下去的方向。

第二，本研究在方法的运用上也存在需要进一步完善的地方。在文献法上，由于专门研究资料的缺乏，本研究在对历史的梳理上还比较欠缺，这有待于在后续的研究中通过其他相关资料进行补充。在调查法上，本研究在实证分析中使用的调查数据主要源于"2007级大一新生调查",该调查抽样范围比较广,样本量也大,因此在代表性上具有一定的优势,但其使用的是采集大学生基本数据的调查问卷——《大一新生调查问卷》,该问卷源自台湾,而台湾的这一问卷又源于美国,虽然经过台湾和厦门大学教育研究院不少师生参与的多次修改、试测,但仍可能存在一些与中国大陆的实际情况不完全适应的问题,且它并不是专业选择的专项调查,针对性不强。同时,本研究的跟踪调查采用 e-mail 方式虽然比较能够反映事实真相,但由于样本量偏小,这使得通过细划分类而进行多视角和深入的分析受到一定的限制;并且,接受调查者与未接受调查者(收到邮件但未回复答卷的学生)这两个群体之间在选择专业上是否存在差异,是本研究无法证明的。因此,为深入专业选择的研究,需要编制专门的专业选择调查问卷,扩大跟踪调查的样本。在比较法上,受外语水平等因素的限制,本研究在国际视野上主要局限于美国和法国的情况,因此没有单列国际比较部分,这也是今后拓展研究需要强化的方面。

第三,在理论运用方面,本研究将理性选择理论、文化再生产理论和需要层次理论结合起来,既能分析专业选择背后的影响因素,也能对学生选择专业的行为进行理论解释,但也存在不足之处,主要表现为以下几点:首先,不论是理性选择理论还是文化再生产理论,在社会学乃至经济学领域也有其局限性,其本身也是一个不断发展的过程,本人由于相关学科知识的局限性,在把它运用于高等学校专业选择研究的过程中,可能会出现把握不当的问题。其次,由于选择行为非常复杂,学生选择专业不可能完全理性,非理性因素有时会产生重要影响,以致少数学生选择专业并不是理性的,带有盲目性和随意性。但因为非理性因素的影响很难把握,受研究时间所限,本研究并未对这类情况进行专门分析。再次,本研究依据的调查问卷并非标准化量表,用它的相关项目来衡量学生的个性心理是无法保证其信度的,这就使本研究在运用需要层次理论进行分析时,难以依据同一调查获得的相关结果进行论证,因此在这方面的理论分析相对不足。展望未来,钻研选择学和社会再生产理论知识,并借助心理学研究方法,加强对非理性因素和不同群体学生的需要差异分析,将会成为深化专业选择研究的重要方面。

参 考 文 献

一 著作类

［1］中共中央马克思、恩格斯、列宁、斯大林著作编译局．马克思恩格斯全集（第3卷）［C］．北京：人民出版社，1960．

［2］［德］黑格尔．小逻辑［M］．贺麟，译．北京：商务印书馆，1980．

［3］熊明安．中国高等教育史［M］．重庆：重庆出版社，1988．

［4］［美］赫伯特·西蒙．现代决策理论的基石——有限理性说［M］．杨砾，徐立，译．北京：北京经济学院出版社，1989．

［5］陈学飞．美国高等教育发展史［M］．成都：四川大学出版社，1989．

［6］张卓民，宋曙．一般选择学［M］．沈阳：辽宁人民出版社，1991．

［7］刘翔平．优化人生——心理选择学［M］．济南：山东教育出版社，1992．

［8］潘懋元，王伟廉．高等教育学［M］．福州：福建教育出版社，1995．

［9］［英］伯特兰·罗素．罗素思想小品［M］．庄敏，江涛，编．上海：上海社会科学院出版社，1996．

［10］潘懋元，吴丽卿，黄锦汉．新编高等教育学［M］．北京：北京师范大学出版社，1996．

[11] 陈列. 市场经济与高等教育 [M]. 北京：人民教育出版社，1996.

[12] [英] 安东尼·德·雅赛. 重申自由主义：选择·契约·协议 [M]. 陈茅，等，译. 北京：中国社会科学出版社，1997.

[13] [英] 弗里德利希·冯·哈耶克. 自由秩序原理（上）[M]. 邓正来，译. 北京：生活·读书·新知三联书店，1997.

[14] 包亚明. 文化资本与社会炼金术——布尔迪厄访谈录 [M]. 包亚明，译. 上海：上海人民出版社，1997.

[15] 董保城. 教育法与学术自由 [M]. 台北：月旦出版社，1997.

[16] [法] 皮埃尔·布迪厄，[美] 华康德. 实践与反思——反思社会学导引 [M]. 李猛、李康，译. 北京：中央编译出版社，1998.

[17] 时蓉华. 社会心理学 [M]. 杭州：浙江教育出版社，1998.

[18] [美] 詹姆斯·S. 科尔曼. 社会理论的基础（上）[M]. 邓方，译. 北京：社会科学文献出版社，1999.

[19] 刘凤英，许锐. 有限理性的奠基人——西蒙评传 [M]. 太原：山西经济出版社，1999.

[20] [印度] 阿马蒂亚·森. 伦理学与经济学 [M]. 王宇，王文玉，译. 北京：商务印书馆，2000.

[21] 曾满超，魏新，萧今. 教育政策的经济分析 [M]. 北京：人民教育出版社，2000.

[22] [美] 伯顿·R·克拉克. 高等教育新论 [M]. 王承绪，等译. 杭州：浙江教育出版社，2001.

[23] [加] 约翰·范德格拉夫等. 学术权力——七国高等教育管理体制比较 [M]. 王承绪等，译. 杭州：浙江教育出版社，2001.

[24] [荷兰] 弗兰斯·F·范富格特. 国际高等教育政策比较研究 [M]. 王承绪等，译. 杭州：浙江教育出版社，2001.

[25] [美] 罗伯特·M·赫钦斯. 美国高等教育 [M]. 汪利兵，译. 杭州：浙江教育出版社，2001.

[26] [法] 玛丽·杜里-柏拉，[法] 阿涅斯·冯·让丹. 学校社会学 [M]. 汪凌，译. 上海：华东师范大学出版社，2001.

[27] 潘懋元. 多学科观点的高等教育研究［M］. 上海：上海教育出版社，2001.

[28] 谢作栩. 中国高等教育大众化发展道路的研究［M］. 福州：福建教育出版社，2001.

[29] 胡建华. 现代中国大学制度的原点：50年代初期的大学改革［M］. 南京：南京师范大学出版社，2001.

[30] 谢维和，王洪才. 从分配到择业：大学毕业生就业状况的实证研究［M］. 北京：教育科学出版社，2001.

[31] 王济川，郭志刚. Logistic回归模型——方法与应用［M］. 北京：高等教育出版社，2001.

[32] ［法］P. 布尔迪约，J.-C. 帕斯隆. 继承人——大学生与文化［M］. 邢克超，译. 北京：商务印书馆，2002.

[33] ［法］P. 布尔迪约，J.-C. 帕斯隆. 再生产——一种教育系统理论的要点［M］. 邢克超，译. 北京：商务印书馆，2002.

[34] ［美］赫伯特·西蒙. 西蒙选集［M］. 黄涛，译. 北京：首都经济贸易大学出版社，2002.

[35] ［印度］阿马蒂亚·森. 以自由看待发展［M］. 任赜，于真，译. 北京：中国人民大学出版社，2002.

[36] 陆学艺. 当代中国社会阶层研究报告［R］. 北京：社会科学文献出版社，2002.

[37] 沙莲香. 社会心理学［M］. 北京：中国人民大学出版社，2002.

[38] ［美］埃托奥，布里奇斯. 女性心理学［M］. 苏彦捷，等，译. 北京：北京大学出版社，2003.

[39] 刘海峰，谢作栩. 公平与效率：21世纪高等教育改革与发展［M］. 福州：福建教育出版社，2003.

[40] 周光礼. 学术自由与社会干预——大学学术自由的制度分析［M］. 武汉：华中科技大学出版社，2003.

[41] 翁文艳. 教育公平与学校选择制度［M］. 北京：北京师范大学出版社，2003.

[42][美]詹姆斯·B.鲁尔.社会科学理论及其发展进步[M].郝名玮、章士嵘,译.沈阳:辽宁教育出版社,2004.

[43]潘懋元.高等教育大众化的理论与政策[M].福州:福建教育出版社,2004.

[44]邬大光.中国高等教育大众化问题研究[M].北京:高等教育出版社,2004.

[45]王洪才.大众高等教育论——高等教育大众化的文化——个性向度研究[M].广州:广东教育出版社,2004.

[46]杨昌勇.新教育社会学:连续与断裂的学术历程[M].北京:中国社会科学出版社,2004.

[47]余秀兰.中国教育的城乡差异——一种文化再生产现象的分析[M].北京:教育科学出版社,2004.

[48]薛薇.SPSS统计分析方法及应用[M].北京:电子工业出版社,2004.

[49]杨晓明.SPSS在教育统计中的应用[M].北京:高等教育出版社,2004.

[50][美]巴里·施瓦茨.无从选择[M].凌伟文,译.北京:中国商务出版社,2005.

[51]王道俊,郭文安.主体教育论[M].北京:人民教育出版社,2005.

[52]钱民辉.教育社会学[M].北京:北京大学出版社,2005.

[53]刘精明.国家、社会阶层与教育[M].北京:中国人民大学出版社,2005.

[54]郑新蓉.性别与教育[M].北京:教育科学出版社,2005.

[55]万力维.控制与分等:大学学科制度的权力逻辑[M].南京:南京师范大学出版社,2005.

[56][美]戴维·斯沃茨.文化与权力:布尔迪厄的社会学[M].陶东风,译.上海:上海译文出版社,2006.

[57]刘少杰.国外社会学理论[M].北京:高等教育出版社,2006.

[58]周书俊.选择论[M].北京:中央编译出版社,2006.

[59] 胡春明. 教育社会学 [M]. 北京：中国社会科学出版社，2006.

[60] 杨东平. 中国教育公平的理想与现实 [M]. 北京：北京大学出版社，2006.

[61] 叶文振. 女性学导论 [M]. 厦门：厦门大学出版社，2006.

[62] 何大安. 选择行为的理性与非理性融合 [M]. 上海：上海三联书店、上海人民出版社，2006.

[63] 周文文. 伦理、理性、自由——阿马蒂亚·森的发展理论 [M]. 上海：学林出版社，2006.

[64] 曾惠燕. 高校学生的权利与义务 [M]. 北京：中国社会科学出版社，2006.

[65] 潘玉进. 教育与心理统计——SPSS 应用 [M]. 杭州：浙江大学出版社，2006.

[66] 吴江霖. 社会心理学 [M]. 广州：广东教育出版社，2007.

[67] 张斌贤，王晨. 大学：社会分层与社会流动 [M]. 北京：北京师范大学出版社，2007.

[68] 蔡荣生，汪永红. 实现梦想：高考招生政策研究 [M]. 北京：中国人民大学出版社，2007.

二　论文类

[69] 方跃林. 社会阶层化与高等教育入学机会的差异研究 [D]. 厦门大学，1991.

[70] 赵乐华. 从二次专业选择看本科教育的发展 [J]. 中国地质教育，1996（2）：48-49.

[71] 刘宏元. 努力为青年人创造平等的受教育机会——武汉大学 1995 级新生状况调查 [J]. 青年研究，1996（4）：7-11.

[72] 孟东方，李志，周顺文，朱勋春，苏玲. 学生家庭社会经济地位与高等学校类型及专业选择的相关性研究（下）[J]. 渝州大学学报：哲学社会科学版，1996（4）：65-79.

[73] 韩骅. 高校、政府、市场——对高等学校与社会关系的比较研究 [J].

教育研究，1996（8）：34-39.

[74] 孟东方，李志. 学生父亲职业与高等学校专业选择关系的研究 [J]. 青年研究，1996（11）：24-29.

[75] 周长城. 理性选择理论：社会学研究的新视野 [J]. 社会科学战线，1997（4）：224-229.

[76] 丘海雄，张应祥. 理性选择理论述评 [J]. 中山大学学报：社会科学版，1998（1）：117-124.

[77] 李凡，刘华. 管理服务教学，试行重选专业 [J]. 高等工程教育研究，1998（1）：55-56.

[78] [美] 亚伯拉罕·弗莱克斯纳. 无用知识的有用性 [J]. 陈养正，赵汐潮，编译. 科学对社会的影响（中文版），1999（1）：50-54.

[79] 潘懋元. 走向21世纪高等教育思想的转变 [J]. 高等教育研究，1999（1）：1-6.

[80] 钟宇平，陆根书. 收费条件下学生选择高校影响因素分析 [J]. 高等教育研究，1999（2）：31-37，41-42.

[81] 赵叶珠，钱兰英. 九十年代大学生专业选择行为研究 [J]. 青年研究，1999（4）：12-15.

[82] 申淑琴，杜晶波. 大学生学习目的与动机的调查 [J]. 思想教育研究，1999（4）：46-48.

[83] 陈学飞. 应确立为大学生未来发展服务的价值目标 [J]. 中国高等教育，2001（22）：23-24.

[84] 余小波. 当前我国社会分层与高等教育机会探析——对某所高校2000级学生的实证研究 [J]. 现代大学教育，2002（2）：44-47.

[85] 邬大光. 注重市场，办出特色，促进发展 [J]. 浙江树人大学学报，2002（4）：1-4.

[86] 卢晓东，陈孝戴. 高等学校"专业"内涵研究 [J]. 教育研究，2002（7）：47-52.

[87] 张杨波. 社会分层与农村学生受教育机会不平等——家庭经济、社会背景对农村考生高考填报志愿的影响 [J]. 青年研究，2002（11）：20-26.

[88] 潘懋元, 覃红霞. 高考: 从选拔性考试到适应性考试 [J]. 湖北招生考试, 2003 (Z1): 22-23.

[89] 童腮军. 高考学生专业选择行为研究 [D]. 江西师范大学, 2003.

[90] 李福华. 高等学校学生主体性研究 [D]. 华东师范大学, 2003.

[91] 彭志忠. 大学生专业自主权问题探析 [J]. 当代教育论坛, 2003 (7): 72-73.

[92] 孟大虎. 不确定环境中的抉择: 从专业选择到职位决策 [J]. 北京师范大学学报: 社会科学版, 2004 (3): 99-104.

[93] 赵宏斌. 人力资本投资收益——风险与大学生择业行为 [J]. 北京师范大学学报: 社会科学版, 2004 (3): 119-125.

[94] 荆磊. 大众化背景下我国大学生学习自由问题 [J]. 医学教育探索, 2004 (3): 11-13.

[95] 彭志武. 教学管理制度创新与大学生创造能力培养 [J]. 交通高教研究, 2004 (4): 80-82.

[96] 秦毅. 高校学生权力的探索 [J]. 扬州大学学报: 高教研究版, 2004 (6): 44-47.

[97] 赵颂平, 张荣祥, 张素勤. 大学生选择权的现实状况及实现途径 [J]. 辽宁教育研究, 2004 (8): 22-24.

[98] 刘彤, 孟凡波. 浅谈高校学生自由选择专业的利与弊 [J]. 黑龙江高教研究, 2004 (9): 23-24.

[99] 代成功. 公立高等学校学生权利研究 [D]. 吉林大学, 2005.

[100] 薛艳. 大学生的专业匹配性对学习和发展的影响 [D]. 南京师范大学, 2005.

[101] 钟宇平, 雷万鹏. 风险偏好对个人高等教育需求影响的实证研究——以高中生对农业、林业和师范院校需求为例 [J]. 高等教育研究, 2005 (1): 19-24.

[102] 王伟宜, 顾自安. 各阶层子女对高校科类选择的偏好与入学机会差异——基于偏好模型的解释 [J]. 教育与经济, 2005 (2): 19-23.

[103] 谢作栩, 王伟宜. 社会阶层子女高等教育入学机会差异研究——从科

类、专业角度谈起 [J]. 大学教育科学, 2005 (4): 58-62, 66.

[104] 周光礼. 学习自由的法学透视 [J]. 高等工程教育研究, 2005 (5): 24-28.

[105] 孟大虎. 拥有专业选择权对大学生就业质量的影响 [J]. 现代大学教育, 2005 (5): 94-97.

[106] 张亚群, 巨玉霞. 高考改革观点述评 [J]. 基础教育参考, 2005 (6): 10-13.

[107] 孟大虎. 从专业选择到职业定位——专用性人力资本视角下大学生就业行为分析 [J]. 中国青年研究. 2005 (7): 48-51.

[108] 李旭荣. 按专业大类培养人才, 促进教学改革的深入 [J]. 经济与社会发展, 2005 (12): 205-206, 213.

[109] 郭凯. 文化资本与教育场域——布迪厄教育思想述评 [J]. 当代教育科学, 2005 (16): 33-37.

[110] 应松宝. 我国大学生就业过程研究 [D]. 西南交通大学, 2006.

[111] 王伟宜. 中国不同社会阶层子女高等教育入学机会差异研究 [D]. 厦门大学, 2006.

[112] 杨东平. 高等教育入学机会: 扩大之中的阶层差距 [J]. 清华大学教育研究, 2006 (1): 19-25.

[113] 陈彬. 关于理性选择理论的思考 [J]. 东南学术, 2006 (1): 119-124.

[114] 武毅英, 吴连海. 高校收费对教育机会均等的负面影响及反思 [J]. 复旦教育论坛, 2006 (2): 60-65.

[115] 陈安朝, 余嘉政, 杨静. 学生选择专业与学习成绩的关系分析 [J]. 卫生职业教育, 2006 (2): 98-99.

[116] 陈向明. 从北大元培计划看通识教育与专业教育的关系 [J]. 北京大学教育评论, 2006 (3): 71-85.

[117] 金顶兵. 美国七所世界一流大学本科生专业选择的比较分析 [J]. 北京大学教育评论, 2006 (3): 129-139.

[118] 李中原, 徐春丽. 科尔曼的理性选择理论及其局限 [J]. 长春师范学

院学报：人文社会科学版，2006（6）：12-15.

[119] 金顶兵. 中国制度环境下本科学生自主选择专业的探索与实践——北京大学元培计划实验班的案例分析［J］. 高等教育研究，2006（9）：88-93.

[120] 刘冰. 中国高等学校学生权利救济研究［D］. 东北师范大学，2007.

[121] 周劲松. 影响高校毕业生就业的教学因素研究［D］. 湖南师范大学，2007.

[122] 赵雄辉. 论大学生的选择权［J］. 辽宁教育研究，2007（1）：9-12.

[123] 雷树祥. 高校学生转专业的现状分析与思考［J］. 高教与经济，2007（1）：21-24.

[124] 何大安. 个体和群体的理性与非理性选择［J］. 浙江社会科学. 2007（2）：42-47.

[125] 徐献忠，陈峰，陈家荪. 高校学生学习权初探［J］. 江西师范大学学报：哲学社会科学版，2007（2）：109-113.

[126] 吕慈仙. 高等学校按学科大类招生的现状分析［J］. 宁波大学学报：教育科学版，2007（2）：65-68，78.

[127] 薛成龙，邬大光. 论学分制的本质与功能——兼论学分制与教学资源配置的相关性［J］. 北京大学教育评论，2007（3）：138-156.

[128] 方惠坼. 对高校转专业现状的思考［J］. 天津师范大学学报：社会科学版，2007（3）：77-80.

[129] 郝大海. 中国城市教育分层研究（1949-2003）［J］. 中国社会科学，2007（6）：94-107.

[130] 赵锦山. 大学生就业压力与专业承诺——一个理性选择理论的视角［J］. 科技和产业. 2007（6）：4-6，28.

[131] 蒋国河. 当前我国高等教育入学机会的城乡差异——基于对江西、天津高校的实证调查分析［J］. 现代大学教育，2007（6）：57-62.

[132] 郭丛斌，曾满超，丁小浩. 中国高校理工类学生教育及就业状况的性别差异［J］. 高等教育研究，2007（11）：89-101.

[133] 啸天. 理科专业选择：兴趣比学习成绩更起作用［J］. 成才之路，2007（21）：27.

[134] 李枭鹰. 高等教育选择问题研究 [D]. 厦门大学，2008.

[135] 罗丹. 规模扩张以来高校专业结构变化研究 [D]. 厦门大学，2008.

[136] 陈士夫，王瑛. 关于地方高校大类招生培养模式的思考 [J]. 中国大学教学，2008（1）：64-65.

[137] 樊明成. 我国高等教育入学机会的城乡差异研究 [J]. 教育科学，2008（1）：63-67.

[138] 樊明成. 论知识经济时代大学与市场的关系 [J]. 教育学术月刊，2009（2）：80-82.

[139] Mark C. Berger. Predicted Future Earnings and Choice of College Major. Industrial & Labor Relations Review; Apr 1988; 41, 3; Pg. 418-429.

[140] Solnick, Sara J. Changes in Women's Majors from Entrance to Graduation at Women's and Coeducational Colleges. Industrial & Labor Relations Review; Ithaca; Apr 1995. Vol. 48, Iss. 3; pg. 505.

[141] Jacqueline C Simpson. Segregated by Subject: Racial Differences in the Factors Influencing Academic Major Between European Americans, Asian Americans, and African, Hispanic, and Native Americans. The Journal of Higher Education; Jan/Feb 2001; 72, 1; Pg. 63-100.

[142] Chunyan Song; Jennifer E Glick. College Attendance and Choice of College Majors Among Asian-American Students. Social Science Quarterly, 2004 (5)：1401-1421.

[143] Bradford F Lewis; Shelley Connell. African American Students' Career Considerations and Reasons for Enrolling in Advanced Science Courses. Negro Educational Review; 2005（2/3）：221-231.

[144] Charles A Malgwi; Martha A Howe; Priscilla A Burnaby. Influences on Students' Choice of College Major. Journal of Education for Business; May/Jun 2005; 80, 5; Pg. 275-282.

三 其他类

[145] 联合国教科文组织国际教育发展委员会. 学会生存——教育世界的今

天和明天［R］.上海师范大学外国教育研究室,译.上海:上海译文出版社,1979.

［146］中共中央关于教育体制改革的决定［EB/OL］.http://www.moe.edu.cn/.1985-05-27/2009-04-12.

［147］国家教育委员会.普通高等学校学生管理规定［EB/OL］.http://www.moe.gov.cn/.1990-01-20/2009-03-23.

［148］顾明远.教育大辞典（第3卷）［Z］.上海:上海教育出版社,1991.

［149］顾明远.教育大辞典（第6卷）［Z］.上海:上海教育出版社,1992.

［150］中共中央,国务院.中国教育改革和发展纲要［EB/OL］.http://www.moe.edu.cn/.1993-02-13/2009-04-12.

［151］联合国教科文组织.21世纪的高等教育:展望和行动世界宣言［A］.厦门大学高等教育科学研究所.高等教育思想高级研讨班参考资料（一）［Z］.49.注:该参考资料编著时间不详,特此说明。

［152］世界银行.1998/99世界发展报告——知识与发展［Z］.蔡秋生等,译.北京:中国财政经济出版社,1999.

［153］冯契.哲学大辞典（修订本·下）［Z］.上海:上海辞书出版社,2001.

［154］世界银行,联合国教科文组织高等教育与社会特别工作组.发展中国家的高等教育:危机与出路［R］.蒋凯,主译.北京:教育科学出版社,2001.

［155］程瑛,周剑虹.我喜欢,我选择——高等教育体系逐步敞开"自主选择专业"空间［N］.中国教育报,2003-02-19（2）.

［156］金柯.求职,专业对口最主要［N］.解放日报,2005-01-09.

［157］中华人民共和国国家统计局.中国统计年鉴——2005［Z］.北京:中国统计出版社,2005.

［158］中华人民共和国教育部.普通高等学校学生管理规定［EB/OL］.http://www.moe.gov.cn/.2005-03-25/2008-09-20.

［159］中华人民共和国教育部.普通高等学校基本情况［EB/OL］.http://www.moe.edu.cn/.2005-05-27/2009-04-12.

［160］朱强.复旦学院:推崇"通识"的现代书院——访复旦学院首任院长

熊思东 [N]. 南方周末, 2005-10-13 (D26).

[161] 吉林大学.《吉林大学章程》[EB/OL]. http://xiaobao.jlu.edu.cn/php/xwview.php?page=1&&id=4578&&qk=199. 2005-12-29/2008-09-12.

[162] 王秀槐. 大学生的科系选择——正视学生志趣不合问题 [R]. 台湾高等教育研究电子报, 第一期: 14-24. http://info.cher.ed.ntnu.tw/epaperi/index.php. 2006/2008-07-22.

[163] 中华人民共和国教育部高等教育司. 中国普通高等学校本科专业设置大全（2005年版）[Z]. 北京: 高等教育出版社, 2006.

[164] 郭莹. 上海交通大学: 各省前30名可自由选专业 [N]. 京华时报, 2007-04-04 (6).

[165] 中华人民共和国教育部. 普通本、专科分学科学生数 [EB/OL]. http://www.moe.edu.cn/. 2007-10-09/2009-04-12.

[166] 李春莲. 20万名毕业生调查显示, 越热专业就业越难 [N]. 中国青年报, 2008-06-23 (2).

附　录

附录一　大一新生调查问卷

亲爱的同学：

　　您好！

　　这是一项旨在了解有关大学生受教育状况的调查。请您填答本问卷，提供相应的个人基本资料、高中经验和大学感受。我们将根据这些材料进行研究分析，以便今后为教育行政部门制定决策和高校改进教学和管理提供依据和建议。您所提供的资料非常宝贵，对于今后我国大学的改革和发展，有着重要的参考价值。我们衷心希望能得到您的支持，共同为高等教育事业贡献一份力量。

　　对您提供的资料，我们将以匿名处理，仅供学术研究之用。学校人员及其他资料使用者将无从知悉您个人的身份，请安心填写。

　　填写本问卷所需时间约20分钟。谢谢您的合作！

厦门大学教育研究院

提示：

1. 请在相应选项前的"□"中画"√"或在"_____"处填写相应内容；
2. 请注意问题后面括号中所附的提示语或重点说明。

学校_____　专业_____　入学年份_____

一、背景资料

1. 性别：□男　□女

2. 民族_____

3. 出生地所在省份_____，地级市_____，您参加高考的省份_____。

　家庭所在地是：□农村　□乡镇　□县城　□地级市　□省会或者直辖市

4. 年龄_____周岁，身高_____厘米，体重_____公斤

5. 与您长期一起居住的家庭成员有哪些？

   □祖父　　　□祖母　　　□外祖父　　　□外祖母
   □父　　　　□母　　　　□兄___人　　 □弟___人
   □姐___人　 □妹___人　 □其他___人

6. 父母亲的教育程度（以已获得学历为准）。

父	母	教育程度
□	□	小学及以下
□	□	初中
□	□	高中或中职中专
□	□	高职高专
□	□	大学本科
□	□	研究生及以上

7. 您与父母的关系如何？

	亲密	普通	疏远
父亲	□	□	□
母亲	□	□	□

8. 父母亲的工作类型（以现在的情况为准，若已退休，则填写退休前的情况）。

父	母	工作类型
□	□	在党政机关、社会团体及全民企事业单位中行使实际行政管理职权的乡科级及以上行政领导干部
□	□	企业中非业主身份的高中层管理人员及部分作为部门负责人的基层管理人员
□	□	雇工在8人及以上的私营企业的业主
□	□	在各种机构中专门从事各种专业性工作和科技工作的人员，如医生、教师、工程师、会计师、律师等
□	□	党政机关中乡科级以下不含乡科级的普通公务员和各种企事业单位中的基层管理人员和非专业性文职人员

☐	☐	雇工8人以下的小雇主、自我雇佣者以及小股东、小股民、房屋出租者等
☐	☐	在商业和服务行业中从事非专业性的、非体力的和体力的工作人员
☐	☐	从事体力、半体力的生产工人、建筑业工人及相关人员，包括农民工
☐	☐	有农业户口且仍主要从事农、林、牧、渔业生产的农民
☐	☐	无固定职业的劳动年龄人群，城乡无业、失业、半失业者
☐	☐	其他_____

9. 父母亲的工作部门（以现在的情况为准，若已退休，则填写退休前的情况）。

父	母	工作部门
☐	☐	政府机关和军队
☐	☐	公办企事业单位
☐	☐	私人企事业单位
☐	☐	合资企事业单位
☐	☐	无

10. 您家庭的人均年收入大约是（请注意：填写的是人均年收入）。

☐1 000元以下　　　　☐1 001～4 000元
☐4 001～7 000元　　　☐7 001～10 000元
☐10 001～15 000元　　☐15 001～20 000元
☐20 001～30 000元　　☐30 001～40 000元
☐40 001～50 000元　　☐50 001元以上

11. 是否单亲家庭？
☐否　　　☐是，和父亲一起生活　　　☐是，和母亲一起生活
☐是，和其他亲人生活在一起

二、您的高中或中职生涯（请根据您的高中或中职经历填写）

12. 您入读高中或中职的年份是_____。
13. 进入大学之前，您就读的是哪一类型学校、科别及班级？
    (1) 公私立： □公立　　　□私立
    (2) 学校类型：□重点高中　□一般高中　□职高或中专
    (3) 就读科别：□文科　　　□理科　　　□艺术类或体育类　□其他类
    (4) 班级类型：□重点班　　□普通班　　□其他类
14. 请问当初您是以何种方式进入所就读高中或中职的？
    □中考　　　　□保送　　　　□其他_____
15. 您入读高中或中职时，是否择校？
    □是　　　　　□否
16. 您读高中或中职时需交纳的学费（含择校费、赞助费等）为_____元/年。
17. 就读高中或中职时，您是否接受过以下资助？
    □减免学费或助学金　□奖学金　　　□社会捐助
    □无任何资助　　　　□其他_____
18. 您就读高三时的住宿情形？（请选择最主要的一项）
    □与家人同住　　□住亲友家　　□学校宿舍
    □自己独自租屋　□与朋友合租　□其他_____
19. 高中或中职阶段家中有没有计算机？
    □没有　　□有，但不能上网　　□有，且可以上网
20. 在您就读的高中或中职，使用网络是否方便？
    □很方便　　□不太方便　　□无法上网
21. 高中或中职阶段，您会以下的计算机功能吗？

	完全不会	不太会用	会用	很熟练
（1）处理文本	□	□	□	□
（2）制作网页	□	□	□	□
（3）查找资料	□	□	□	□
（4）使用 e-mail	□	□	□	□
（5）使用 BBS（QQ、网上论坛等）	□	□	□	□
（6）设计程序	□	□	□	□
（7）编制软件	□	□	□	□

22. 高中或中职阶段，常用的上课方式为何？

	从不	很少	有时	经常
（1）老师单向讲解课本或讲义	□	□	□	□
（2）老师使用多媒体辅助教学	□	□	□	□
（3）老师以解题方式上课	□	□	□	□
（4）师生互动学习（发问、讨论）	□	□	□	□
（5）学生分组讨论、设计、发表	□	□	□	□
（6）学生在老师协助下实践、实验或研究	□	□	□	□
（7）由学生选择主题，并搜集整合数据做研究报告	□	□	□	□

23. 高中或中职阶段，下列教学方式是否有助于您的学习？

	完全没帮助	少有帮助	有点帮助	很有帮助
（1）老师单向讲解课本或讲义	□	□	□	□
（2）老师使用多媒体辅助教学	□	□	□	□
（3）老师以解题方式上课	□	□	□	□
（4）师生互动学习（发问、讨论）	□	□	□	□
（5）学生分组讨论、设计、发表	□	□	□	□
（6）学生在老师协助下实践、实验或研究	□	□	□	□
（7）由学生选择主题，并搜集整合数据做研究报告	□	□	□	□

24. 您就读高中或中职阶段曾在课外补习过以下哪些科目？（若无则不填写）

　　　　　　　　　　　　　　　　　　　　　　　高一　高二　高三

　　(1) 语文 ……………………………………… □　□　□
　　(2) 英文 ……………………………………… □　□　□
　　(3) 第二外语（如日文、法文等其他外语）…… □　□　□
　　(4) 数学 ……………………………………… □　□　□
　　(5) 地理 ……………………………………… □　□　□
　　(6) 历史 ……………………………………… □　□　□
　　(7) 物理 ……………………………………… □　□　□
　　(8) 化学 ……………………………………… □　□　□
　　(9) 生物 ……………………………………… □　□　□
　　(10) 音乐 ……………………………………… □　□　□
　　(11) 美术 ……………………………………… □　□　□
　　(12) 工艺 ……………………………………… □　□　□
　　(13) 体育 ……………………………………… □　□　□
　　(14) 舞蹈 ……………………………………… □　□　□
　　(15) 地理 ……………………………………… □　□　□
　　(16) 计算机 …………………………………… □　□　□
　　(17) 其他_____（请说明）…………… □　□　□

25. 就读高中或中职阶段，您是否利用过以下校外教育手段？
　　□家教　　□课外补习班　　□网络课程或教辅软件　　□没有

26. 请问您高中或中职阶段的学业总平均成绩？
　　□优秀　　□良好　　□合格　　□较差

27. 请问毕业时，您的成绩在班上处于怎样的排名水平？
　　□上　　□中上　　□中等　　□中下　　□下

28. 您在高中或中职阶段担任过下列职务吗？（可复选）
　　□班长或副班长　　□其他班级干部　　□校学生会主席　　□校学生会干部
　　□学生社团或协会干部　　　　　　　□学生社团或协会负责人
　　□共青团干部　　□其他_____　　□无

29. 您在高中或中职阶段，常阅读下列课外书刊吗（含电子书报)?

	从不	很少	有时	经常
（1）报纸 …………………………………	□	□	□	□
（2）杂志 …………………………………	□	□	□	□
（3）小说 …………………………………	□	□	□	□
（4）散文诗词 ……………………………	□	□	□	□
（5）学术书籍 ……………………………	□	□	□	□
（6）漫画 …………………………………	□	□	□	□
（7）通俗读物 ……………………………	□	□	□	□

三、大学生涯（请根据您进入大学后的经历填写）

30. 请问您进入大学就读的方式？
　　□高考　　　　□保送入学　　　　□特招免考（体育、艺术或奥赛等）
　　□各大学自主招生　□中职对口升学考试　□其他_____

31. 请勾选您参加的高考各科目并填写您的成绩（复读生请填写最后一次高考成绩）

　　□高考总分____分，其中：
　　□语文____分　　　□外语____分　　　□数学（理科）____分
　　□数学（文科）____分　□历史____分　　□地理____分
　　□政治____分　　　□物理____分　　　□化学____分
　　□生物____分　　　□文科综合____分　□理科综合____分
　　□大综合____分

32. 请问您是否为高中或中职应届毕业生？　□是
　　　　　　　　　　　　　　　　　　　　□否，您复读_____年

33. 在您选择目前所读的大学时，下列原因有多重要？

	完全不重要	不太重要	重要	非常重要
（1）父母、家人或其他亲属的影响或建议 ……	□	□	□	□
（2）中学教师及其他非亲属长辈的影响或建议 ……	□	□	□	□
（3）朋友、同学、学长（姐）的影响或建议 ……	□	□	□	□
（4）学校的声望 ……	□	□	□	□
（5）离家较远 ……	□	□	□	□
（6）离家较近 ……	□	□	□	□
（7）有亲朋好友在本校 ……	□	□	□	□
（8）校园环境、设施、设备 ……	□	□	□	□
（9）特殊项目（如实验班、特色班或按大类招生等）	□	□	□	□
（10）大学师资 ……	□	□	□	□
（11）学校知名度 ……	□	□	□	□
（12）学科、专业声誉 ……	□	□	□	□
（13）学费和生活费用因素 ……	□	□	□	□
（14）就业前景 ……	□	□	□	□
（15）学校招生分数段 ……	□	□	□	□
（16）大学所在地的经济发达程度 ……	□	□	□	□

34. 请问您对所读的大学满意吗？

　　□非常满意　□满意　□一般　□不满意　□非常不满意

对现在所读院系是否满意？

　　□非常满意　□满意　□一般　□不满意　□非常不满意

对目前专业满意吗？

　　□非常满意　□满意　□一般　□不满意　□非常不满意

35. 在您选择院系和专业时，下列原因有多重要？

	完全不重要	不太重要	重要	非常重要
(1) 父母、家人的影响或建议 ……………	□	□	□	□
(2) 师长的影响或建议 ………………………	□	□	□	□
(3) 朋友、同学、学长（姐）的影响或建议 ……	□	□	□	□
(4) 自己的兴趣 ………………………………	□	□	□	□
(5) 自己的学（术）科能力 …………………	□	□	□	□
(6) 延续高中或中职时期就读的科类 ………	□	□	□	□
(7) 奖学金 ……………………………………	□	□	□	□
(8) 为了进这所学校（选校不选系）………	□	□	□	□
(9) 职业生涯发展的潜力 ……………………	□	□	□	□
(10) 工作机会 ………………………………	□	□	□	□
(11) 考虑分数落点 …………………………	□	□	□	□

36. 您现在就读的专业，在高考录取时属于下列哪些情况？

□按自己所报志愿被录取的 　□在自己所报院系内不同专业间被调剂的

□在非自己所报院系间被调剂的 　□其他_____

37. 在读期间，您住哪里？

□与家人同住 　□校内学生宿舍或公寓 　□校外学生宿舍或公寓

□自己独自租屋 　□与朋友合租 　□亲友家 　□其他_____

38. 就读大学期间，您是否打算做下列事情？

	是	否
(1) 转专业 ……………………………………………………	□	□
(2) 转学或重新参加高考（主修领域改变）………………	□	□
(3) 转学或重新参加高考（主修领域不变）………………	□	□
(4) 双主修 ……………………………………………………	□	□
(5) 辅修专业 …………………………………………………	□	□
(6) 做专题研究 ………………………………………………	□	□
(7) 修习教育学课程（为从事教师职业做准备）…………	□	□

(8) 修习跨院系学程 ……………………………………	□	□
(9) 参加职业证照或国家考试 ………………………	□	□
(10) 准备出国留学 ……………………………………	□	□
(11) 准备考研 ………………………………………	□	□
(12) 参加海外游学方案（如参加校际交换项目）………	□	□
(13) 提早毕业 ………………………………………	□	□

39. 您希望在大学期间，能获得哪些课业以外的经验？（可复选）

□遍读中外名著　□旅游

□在学术会议上发表论文　□组织大型活动

□代表学校参加校际竞赛活动　□担任社团干部

□到业界实习　□谈恋爱

□考职业资格证　□结交许多朋友

□其他________

40. 您平均每天花多少小时从事下列活动？

	每天（小时）							
	无	0至1	1至3	3至5	5至7	7至9	9至11	11以上
(1) 预习、复习或完成作业（含上网搜集资料）……………………………	□	□	□	□	□	□	□	□
(2) 阅读课外读物 …………………………	□	□	□	□	□	□	□	□
(3) 打工（如家教、校外或校内工读）	□	□	□	□	□	□	□	□
(4) 从事运动或户外休闲活动（旅游、逛街）……………………………	□	□	□	□	□	□	□	□
(5) 交通时间 ……………………………	□	□	□	□	□	□	□	□
(6) 睡觉 ………………………………	□	□	□	□	□	□	□	□
(7) 闲聊 ………………………………	□	□	□	□	□	□	□	□
(8) 娱乐（包括上网、游戏、打扑克、弹琴等等）…………………………	□	□	□	□	□	□	□	□
(9) 谈恋爱 ……………………………	□	□	□	□	□	□	□	□

(10) 什么也不做（发呆） …………… □ □ □ □ □

41. 您目前最常在哪里上网？（单选）
    □家里　　　□学校图书馆　　　□学校宿舍　　　□院系的公共机房
    □网吧　　　□学校计算机教室　□租屋处　　　　□手机上网
    □其他_____

42. 每周平均总共花多少小时在网上？（单选）
    □少于1　　□1～5　　□6～10　　□11～15
    □16～20　 □21～25　□26～30　 □31以上

43. 每周平均花多少小时上网做下列工作？

每周（小时）

	无	0至1	1至3	3至6	6至9	9至12	12以上

(1) 上网找与课业有关的信息 ………… □ □ □ □ □ □
(2) 上网查其他信息 ……………………… □ □ □ □ □ □
(3) 上网交友、聊天 ……………………… □ □ □ □ □ □
(4) 上网打网络游戏 ……………………… □ □ □ □ □ □
(5) 上网购物 ………………………………… □ □ □ □ □ □
(6) 收发 e-mail ……………………………… □ □ □ □ □ □
(7) 其他_____（若无则不填）……… □ □ □ □ □ □

44. 您大一第一学期修多少学分？_____共多少门课？_____

45. 以下人或物对您选修课程的影响如何？

	完全没影响	有点影响	有相当影响	非常有影响

(1) 家庭成员（例如：父母、兄姐）……… □ □ □ □
(2) 导师（教师、辅导员）………………… □ □ □ □
(3) 男同学（含学长）……………………… □ □ □ □
(4) 女同学（含学姐）……………………… □ □ □ □
(5) 该科目是否容易及格…………………… □ □ □ □

(6) 上课时段 …………………………………… □ □ □
(7) 授课老师的讲授特点 ………………………… □ □ □
(8) 兴趣爱好 …………………………………… □ □ □
(9) BBS 上的讨论 ……………………………… □ □ □
(10) 网页上的课程大纲 ………………………… □ □ □
(11) 课程内容的实用性 ………………………… □ □ □
(12) 自己的修课计划（例如：转专业、辅修等） □ □ □

46. 您入学以来，参加过哪一类社团？（可复选）
    □自治类（如学生会等）
    □服务类（如志愿者组织、记者协会等）
    □体育类（如球队、登山队等）
    □美术类（如美术协会、漫画协会等）
    □音乐类（如声乐协会、舞蹈协会等）
    □文学类（如文学会、诗社、话剧社等）
    □学术类（如物理协会、电子协会等）
    □综合类（如校友会、同乡会等）
    □其他_____

47. 您就学期间需交纳的学费为_____元/年，学费来源
    主要来源：（单选）   次要来源：（单选，若无则不填写）
    □由父母或亲戚支付   □由父母或亲戚支付
    □自行支付（存款、打工收入）   □自行支付（存款、打工收入）
    □奖学金   □奖学金
    □助学金   □助学金
    □助学贷款   □助学贷款
    □社会捐赠   □社会捐赠
    □其他_____（请说明）   □其他_____（请说明）

48. 您就学期间的生活费为_____元/年，生活费来源
    主要来源：（单选）   次要来源：（单选，若无则不填写）
    □由父母或亲戚支付   □由父母或亲戚支付
    □自行支付（存款、打工收入）   □自行支付（存款、打工收入）

□奖学金　　　　　　　　　　□奖学金

□助学金　　　　　　　　　　□助学金

□助学贷款　　　　　　　　　□助学贷款

□社会捐赠　　　　　　　　　□社会捐赠

□其他_____（请说明）　　□其他_____（请说明）

四、您的看法与意见（请根据您现在的实际情况填写）

49. 您对下列领域的兴趣与能力如何？

	兴趣			能力			
	很喜欢	有点喜欢	不喜欢	很不喜欢	很强	较强	较弱	很弱

（1）操作机械、电子、木工之类的工具 ……………………… □ □ □　□ □ □ □

（2）修理家电、家具或水电 ……… □ □ □　□ □ □ □

（3）研读数学/生物/理化方面的课程、书籍或杂志 ………… □ □ □　□ □ □ □

（4）运用数学来解决实际问题 …… □ □ □　□ □ □ □

（5）写作、绘画、表演或演奏乐器 ………………………… □ □ □　□ □ □ □

（6）从事需要创意的工作 ………… □ □ □　□ □ □ □

（7）和不同类型的人互动 ………… □ □ □　□ □ □ □

（8）开导他人的烦恼 ……………… □ □ □　□ □ □ □

（9）领导和监督别人工作 ………… □ □ □　□ □ □ □

（10）说服他人依照我的方式行事 ………………………… □ □ □　□ □ □ □

（11）整理紊杂的资料文件（资料、物品等）……………… □ □ □　□ □ □ □

(12) 记录细项事务 ……………… □ □ □　□ □ □

50. 您认为自己在下列各方面的能力如何?

	很弱	弱	普通	强	很强
(1) 艺术 ……………………	□	□	□	□	□
(2) 计算机 …………………	□	□	□	□	□
(3) 组织领导 ………………	□	□	□	□	□
(4) 中文写作 ………………	□	□	□	□	□
(5) 口语表达 ………………	□	□	□	□	□
(6) 人际（沟通、合作） …	□	□	□	□	□
(7) 创造力 …………………	□	□	□	□	□
(8) 运动、体能 ……………	□	□	□	□	□
(9) 英语听说 ………………	□	□	□	□	□
(10) 英语阅读 ……………	□	□	□	□	□
(11) 数理逻辑 ……………	□	□	□	□	□
(12) 分析 …………………	□	□	□	□	□
(13) 批判思考 ……………	□	□	□	□	□
(14) 视觉空间 ……………	□	□	□	□	□
(15) 自我了解、内省 ……	□	□	□	□	□
(16) 观察力 ………………	□	□	□	□	□
(17) 情绪管理 ……………	□	□	□	□	□

51. 请选一项最能体现您情形或意见的答案。（请认真考虑每一题目，但不用花很多时间在某一题上）

	非常不符合	不太符合	大部分符合	非常符合
(1) 我不知如何与异性交朋友 ………………………	□	□	□	□
(2) 对我而言，完成课程、作业是有困难的 ………	□	□	□	□
(3) 我不知怎样和同宿舍的人友好相处 ……………	□	□	□	□

(4) 当学习上有问题时，我知道到哪里去找数据或向谁去请教 ………… □ □ □ □
(5) 我有很好的体力和耐力 ………………………… □ □ □ □
(6) 我很难与别人合作完成团体作业 ………… □ □ □ □
(7) 当遇到意外或失望情境时，我可以有效地调适过来 ……………… □ □ □ □
(8) 能找到各种方法、资源来帮助自己有效地处理各种负面情绪 …………… □ □ □ □
(9) 我可以担任许多不同职务，但仍保持好成绩 … □ □ □ □
(10) 即使与老师意见不同，在课堂上我仍能自由地表达我的看法……… □ □ □ □
(11) 做决定前，我总是问父母该怎么做………… □ □ □ □
(12) 如果觉得会失败，我宁可不要尝试新事务…… □ □ □ □
(13) 我不好意思拒绝别人……………………………… □ □ □ □
(14) 在团体中，我可以和与我不同的人相处融洽… □ □ □ □
(15) 我期待亲密好友或恋人符合我的标准与需求… □ □ □ □
(16) 我参加各种聚会…………………………………… □ □ □ □
(17) 在别人面前，我常觉得不自在…………………… □ □ □ □
(18) 我常不能肯定自己的所作所为…………………… □ □ □ □
(19) 为自己做决定，没什么困难……………………… □ □ □ □
(20) 我对自己有信心并能为自己所做的决定负责 …… □ □ □ □
(21) 我不确定自己的兴趣或能力……………………… □ □ □ □
(22) 我并不清楚自己毕业后要做什么………………… □ □ □ □
(23) 选择主修专业前，我并没有多方了解各个不同的领域……………………… □ □ □ □
(24) 我不确定自己是否选对专业……………………… □ □ □ □
(25) 我感觉不到学习的意义…………………………… □ □ □ □
(26) 我不知道怎样安排自己的学习和生活…………… □ □ □ □

52. 请问在最近两个星期内,您有以下这些感觉吗?

	从来没有	很少	偶尔	常常	总是
(1) 不想吃东西,胃口不好	☐	☐	☐	☐	☐
(2) 觉得自己的人生经历是场失败	☐	☐	☐	☐	☐
(3) 对自己感到失望	☐	☐	☐	☐	☐
(4) 觉得做什么都很吃力	☐	☐	☐	☐	☐
(5) 睡不好觉	☐	☐	☐	☐	☐
(6) 不能集中精神做要做的事	☐	☐	☐	☐	☐
(7) 感到悲伤	☐	☐	☐	☐	☐
(8) 做任何事都提不起劲	☐	☐	☐	☐	☐
(9) 对于每次所发生的坏事都会责怪自己	☐	☐	☐	☐	☐
(10) 觉得快乐	☐	☐	☐	☐	☐
(11) 过度疲劳	☐	☐	☐	☐	☐
(12) 有原因不明的头痛	☐	☐	☐	☐	☐
(13) 有原因不明的作呕、胸闷	☐	☐	☐	☐	☐
(14) 有原因不明的眼睛不适	☐	☐	☐	☐	☐
(15) 感到头晕	☐	☐	☐	☐	☐
(16) 有原因不明的腹痛或胃痛	☐	☐	☐	☐	☐
(17) 有原因不明的出疹或其他皮肤病	☐	☐	☐	☐	☐
(18) 有原因不明的疼痛(头痛、胃病除外)	☐	☐	☐	☐	☐
(19) 觉得孤独、寂寞	☐	☐	☐	☐	☐
(20) 觉得我跟别人没什么话好说	☐	☐	☐	☐	☐
(21) 觉得我没有一个亲近的朋友	☐	☐	☐	☐	☐
(22) 觉得没有人需要我,或我对任何人都不重要	☐	☐	☐	☐	☐
(23) 觉得没有人理解我	☐	☐	☐	☐	☐
(24) 觉得不能与任何人交心	☐	☐	☐	☐	☐
(25) 觉得活着没意思	☐	☐	☐	☐	☐

53. 您认为以下目标对您重要吗?

	不重要	有点重要	重要	非常重要
(1) 成为某一领域的专家	☐	☐	☐	☐
(2) 在某方面有特殊贡献	☐	☐	☐	☐
(3) 创业有成	☐	☐	☐	☐
(4) 在社会上有影响力	☐	☐	☐	☐
(5) 拥有一个幸福的家庭	☐	☐	☐	☐
(6) 拥有良好人际网络	☐	☐	☐	☐
(7) 享有富裕的物质生活	☐	☐	☐	☐
(8) 享有优质的精神生活	☐	☐	☐	☐

54. 您认为大学教育的下列作用有多重要?

	不重要	有点重要	重要	非常重要
(1) 获得专业知识	☐	☐	☐	☐
(2) 扩大知识视野	☐	☐	☐	☐
(3) 增加就业竞争力	☐	☐	☐	☐
(4) 建立人际网络	☐	☐	☐	☐
(5) 扩大生活领域	☐	☐	☐	☐
(6) 增进自我了解	☐	☐	☐	☐
(7) 寻找生命的意义	☐	☐	☐	☐
(8) 增进对社会环境与时代脉动的了解	☐	☐	☐	☐

55. 您认为这份调查问卷有哪些地方需要进一步完善?

我们也许需要进一步与您联络，若您同意，请留下列资料。

姓名：

您最常用的 e-mail 信箱：

联络电话一：

联络电话二：

MSN：

QQ：

其他：

谢谢您的作答！

附录二　中国普通高校专业选择的调查
（补充问卷）

亲爱的同学：

感谢您曾经认真仔细地填写了大一新生调查问卷，现根据研究需要补充几个问题，望您能再次给予支持！特别感谢！

以下是补充的几个问题，您可直接回复自己的选择，也可附件做答！

1. 入校后您是否换过专业？——　1. 是　2. 否
2. 目前对所读专业的满意度：——　1. 满意　2. 一般　3. 不满意
   满意与否的最主要原因是：_____
3. 您入校后是否拥有再选专业（或转专业）的机会？——　1. 是　2. 否
   如果有，请问：
   A. 获得该机会的难易度：——　1. 难　2. 一般　3. 容易
   B. 如果获得该机会，其选择余地大小：——　1. 大　2. 一般　3. 小
4. 如果您获得再选专业（或转专业）的机会较容易且选择余地大，是否打算转换专业或专业类？——　1. 是　2. 否
5. 您目前学习本专业知识的热情度：——　1. 高　2. 一般　3. 低

附录三　中国普通高校专业选择的调查
（访谈提纲）

一、所读专业情况

所读专业名称？是否按志愿录取？是否按专业大类招生？

入学前对志愿选择的专业了解情况？了解专业的主要途径是什么？

二、专业选择影响因素

为什么选某个专业（专业类）？主要考虑的因素是什么？有没有考虑家庭情况？他人（父母和家人、亲友、老师、学兄学姐和同学等）对选择专业的影响？

三、专业满意度及其主要的决定因素？

四、入学后选择专业情况

如果是按专业大类录取,则进校后再选专业的余地大小?

如果已转过专业,则转专业的主要原因是什么?

五、学校的专业选择制度情况

是否可以转专业?转专业的主要条件?转专业难度及其可选余地大小?学校对转专业的主要限制,要不要收取费用?

六、学习和打算

专业学习热情度?如果转专业容易且选择余地大,是否想转专业?为什么转?

后 记

本书是在我的博士学位论文基础上修改而成的，它的修改和出版常使我回忆起两年前在厦门大学的学习生活，上课、学术例会、学术沙龙、查资料、听报告、做报告、写论文、答辩……6年研究生学习生活片断不断浮现，忆不尽的酸甜苦辣使我对母校的爱恋越积越深。

到厦门大学教育研究院从事高等教育研究的学习和训练是我认为最值得自我肯定的教育选择。在潘懋元先生和刘海峰院长的带领下，教育研究院一直保持着浓厚的学术氛围，以探究高等教育的重大理论和实践问题为己任，受市场的功利思想影响小，展现了大学的理性主义精神境界。身居这样的学术环境，经过6年的研究性学习和陶冶，我感觉自己在专业学习和相关的品性养成方面都有了很大的进步，为毕业后从事高等教育研究打下了基础。在此，我要感谢全院的老师们，感谢他们为营造良好的学习环境所做出的不懈努力。

成为谢作栩教授的弟子是我今生的荣幸。恩师为人谦和，言谈风趣幽默，以致他的不少话语成为美谈，学生每每在背后提及他时，言谈中都充满着轻松和快乐；但在学问上，恩师治学非常严谨，一丝不苟，对学生要求甚严，指导也认真细致，学生学习很辛苦，但受益颇深。在6年的研究生学习期间，恩师对我的学习和生活一直关怀备至，使我的学业在愉快的生活中不断进步。离开恩师参加工作后，再不能像过去那样常伴左右，免不了时常怀念，唯有继续努力学习和工作，才能不负他的期望。

本书在完成博士学位论文的过程中获得了不少老师和同学的指导和帮助，在此需要特别感谢。首先要感谢潘懋元先生、刘海峰教授、张亚群教授对本研究提出的宝贵意见和建议；感谢潘先生、邬大光教授在课堂、学术报告、学术沙龙等场合的悉心教导，正是在这些教导的深刻启发之下，论文在构思和写作过程中才取得顺利进展；其次要感谢周国平博士、罗奇萍老师、陈小伟博士生对论文研究提出的意见和建议；再次要感谢小师妹宋钰劼、许文静和尹秋莲为论文的数据处理或翻译所提供的热心帮助。

博士论文的写作生活虽然紧张，却又是非常愉快的，这需要感谢周国平、闫飞龙、樊本富、姜传松、李国强、刘自团、谭敏、陈小伟、刘额尔敦吐、王蔚虹、杨倩、宋钰劼、文静、许文静、李小娃、柯丹云等对我的关心和帮助，通过打球、散步、爬山、郊游和聚会等形式，我在与他们的交往中获益颇多，尤其是为自己紧张的学习生活增添了不少快乐。

最后需要感谢我的家人对我的理解和支持。在撰写博士学位论文的过程中，父母已年近七十，而我仍无力尽赡养之义务，然而他们对我求学上进的行为是一如既往地支持，这使我深刻地感受到在父母简单质朴的表达方式中，蕴含着他们对儿子无私的爱；妻子管弦女士远在四川工作，无时不期待与我团聚，但为了我能顺利完成学业，她努力表达着自己的坚强和独立，默默地采用在校历上划"×"的办法记录相见的日子。感谢父母和妻子对我的理解与支持，祝愿他们一生平安。

樊明成

2011年3月于广州番禺青山湖

图书在版编目（CIP）数据

中国普通高校专业选择的研究/樊明成著．—福州：福建教育出版社，2011.8
（21世纪初中国高等教育调查研究丛书/谢作栩主编）
ISBN 978-7-5334-5588-0

Ⅰ．①中… Ⅱ．①樊… Ⅲ．①高等学校－专业－选择－调查研究－中国 Ⅳ．①G647.32

中国版本图书馆CIP数据核字（2011）第154160号

21世纪初中国高等教育调查研究丛书
主编　谢作栩
中国普通高校专业选择的研究
樊明成　著

出版发行	海峡出版发行集团 福建教育出版社 （福州梦山路27号　邮编：350001　电话：0591－83706771 　83733693　传真：83726980　网址：www.fep.com.cn）
出 版 人	黄　旭
发行热线	0591－87715073
印　　刷	福州华彩印务有限公司 （福州新店南平路鼓楼工业小区　邮编：350012）
开　　本	720毫米×1000毫米　1/16
印　　张	21.75
字　　数	353千
插　　页	2
版　　次	2011年9月第1版　2011年9月第1次印刷
书　　号	ISBN 978-7-5334-5588-0
定　　价	43.00元

如发现本书印装质量问题，影响阅读，
请向本社出版科（电话：0591－83726019）调换。